幼儿美术教育活动设计与指导

主编
吴丽芳

副主编
叶丽芬
管琳
陈莹

高等职业教育

"岗课赛证"融通

新形态一体化教材

中国教育出版传媒集团
高等教育出版社·北京

内容提要

本教材是高等职业教育"岗课赛证"融通新形态一体化教材。

本教材主要包括4个项目。一是"看"的艺术：幼儿美术欣赏活动的设计与指导；二是"画"的艺术：幼儿绘画活动的设计与指导；三是"做"的艺术：幼儿手工活动的设计与指导；四是"玩"的艺术：幼儿美术综合探究活动的设计与指导。

本教材的主要特色是立足专业标准和岗位能力的"项目—任务"的编排体例、模块化的内容结构、问题导向的学习设计和紧密对接岗位的实训活动安排，凸显师德师风涵养、岗位能力淬炼和创新能力培育。

本教材可用作高等职业教育专科、本科学前教育、早期教育及婴幼儿托育服务与管理等专业教材，也可供幼儿教育工作者学习和参考。

图书在版编目（CIP）数据

幼儿美术教育活动设计与指导 / 吴丽芳主编. -- 北京：高等教育出版社，2024.10
ISBN 978-7-04-062020-7

Ⅰ.①幼… Ⅱ.①吴… Ⅲ.①学前教育 – 美术教育 – 高等职业教育 – 教材　Ⅳ.①G61

中国国家版本馆CIP数据核字（2024）第058628号

YOU'ER MEISHU JIAOYU HUODONG SHEJI YU ZHIDAO

策划编辑	赵清梅	责任编辑	赵清梅	封面设计	张志奇	版式设计	徐艳妮
责任绘图	李沛蓉	责任校对	刘丽娴	责任印制	高　峰		

出版发行	高等教育出版社	网　　址	http://www.hep.edu.cn
社　　址	北京市西城区德外大街4号		http://www.hep.com.cn
邮政编码	100120	网上订购	http://www.hepmall.com.cn
印　　刷	广东新京通印刷有限公司		http://www.hepmall.com
开　　本	787mm×1092mm　1/16		http://www.hepmall.cn
印　　张	22.75		
字　　数	500千字	版　　次	2024年10月第1版
购书热线	010-58581118	印　　次	2024年10月第1次印刷
咨询电话	400-810-0598	定　　价	49.80元

本书如有缺页、倒页、脱页等质量问题，请到所购图书销售部门联系调换
版权所有　侵权必究
物　料　号　62020-00

前 言

党的二十大报告提出，我们要办好人民满意的教育，加快建设高质量教育体系，发展素质教育，促进教育公平，特别指出，要在幼有所育、学有所教上持续用力。教育高质量发展的关键是师资队伍建设，党的二十大报告强调要加强师德师风建设，培养高素质教师队伍。此外，党的二十大报告还谈到加强教材建设与管理等。为贯彻落实党的二十大精神，深化教师教育改革和教材建设，培养造就厚师德情怀、善科学保教、能全面育人、勤实践反思的高素质专业化创新型幼儿园教师，我们编写了本教材。

本教材践行《幼儿园教师专业标准（试行）》（以下简称《专业标准》）《幼儿园教育指导纲要（试行）》和《3—6岁儿童学习与发展指南》的教育理念和要求，符合高等职业院校学前教育专业教学和幼教一线工作实际，融合教学团队长期的教学实践和课题研究成果，是一本"岗课赛证"融通、"理实一体"的新形态教材，主要特色如下。

1. 立足专业标准和岗位能力的模块化内容结构

《专业标准》倡导"幼儿为本""师德为先""能力为重""终身学习"的基本理念，对于幼儿来说，美术不仅仅是"看一看"，更要"画一画""做一做"和"玩一玩"。本教材依据《专业标准》和幼儿美术教育岗位能力要求，打破原有的学科知识逻辑体系，将教材内容整合为"看"的艺术、"画"的艺术、"做"的艺术和"玩"的艺术4个项目，聚焦幼儿美术欣赏活动的设计与指导、幼儿绘画活动的设计与指导、幼儿手工活动的设计与指导和幼儿美术综合探究活动的设计与指导。这4个项目既相对独立又有内在逻辑关系，形象生动地呈现幼儿美术教育岗位的现实情境，凸显师德师风涵养、岗位能力淬炼和创新能力培育。

2. 全面提升专业素养的"项目—任务"编排体例

基于幼教岗位实际情况和师范生成长成才规律，聚焦学生专业素养提升和职业能力培养，设计了"项目—任务"的编排体例，4个项目设计16个典型学习任务。以"项目一 '看'的艺术：幼儿美术欣赏活动的设计与指导"为例，具体分为"幼儿美术欣赏能力的分析与评价""自然景观美欣赏活动的设计与指导""人文生活美欣赏活动的设计与指导""艺术作品美欣赏活动的设计与指导"4个任务。"项目—任务"式的编排体例，有助于学生对幼儿美术教育工作形成清晰完整的认知，学生既可以依据教材顺序进行全面系统地学习，也可以依据自己的学习需求和下园实践的具体情况进行不同模块的组合。这样的编排体例使学生对幼儿美术教育工作既有感性的认知、理论的提升和实践的磨炼，又能满足个性化学习和发展的需求。

3. 基于问题导向和岗位实践的"理实一体"学习

根据幼儿美术教育的工作实际，每个学习任务以"任务情境"导入；基于问题导向激发学习兴趣；通过"任务描述"明晰学习目标和内容要求；以"任务探究"结合"案例分析"的方式，具体呈现该任务涉及的主要知识点和技能要求，匹配以典型案例分析及可评可测的观察评价表，帮助学生系统掌握本任务所涉及的专业知识、基本步骤和方法策略；通过"岗位应用"下园同步开展真实岗位任务的实践活动和学习评价，有效融通理论学习与实践训练。学生通过"理实一体"全实践的学习，能系统掌握幼儿美术教育的基本理论与基础知识，形成有效指导幼儿感受美、发现美、创造美的岗位实践能力和创新能力，树立科学的美术教育理念及指导幼儿美术教育活动的信心，涵养爱岗敬业、注重中华优秀文化传承与创新等教育情怀。

4. 促进可持续发展的"岗课赛证"融通的实训设计

每个学习任务通过"任务情境"的问题导入、"任务描述"的目标定位、"任务探究"的知识学习、"案例分析"的知识运用、"岗位应用"的实践训练、"拓展学习"的开阔视野、"赛证真题"的评价检验，实现"岗课赛证"综合育人，同时以二维码链接的方式提供相应的线上学习资源，实现个性化的学习支持，帮助学生明晰学习目标，明确学习内容，掌握学习要点，习得学习方法，拓宽学习视野，增强赛考能力、岗位实践能力和创新能力，全面提升学生学习与实训的针对性和实效性，有力促进学生专业能力可持续发展。

本教材建议学习时间为一个学期，课时安排为36学时，教师也可以根据本校的人才培养方案和实际学习情况进行适当的调整。

本教材由高校专业教师和幼儿园一线教师合作编写，由福建幼儿师范高等专科学校的吴丽芳、叶丽芬、管琳、陈莹、蔡佳佳、翁静、许文鹏、洪欣瑜、李子筠和闽江师范高等专科学校的郭佳及厦门城市职业技术学院的林小青共同完成，编写成员大多具有多年的教学、科研及国家级、省级在线精品课程建设经验。吴丽芳担任主编，负责全书的总体设计、组稿和统稿工作，叶丽芬、管琳和陈莹担任副主编，共同参与全书的统稿和修改工作。各模块的编写分工如下：吴丽芳（项目一）、翁静（项目二的任务一）、管琳（项目二的任务二和任务三）、郭佳（项目二的任务四）、陈莹（项目三的任务一）、叶丽芬（项目三的任务二和任务三）、林小青（项目三的任务四）、陈莹、李子筠、许文鹏、翁静（项目四的任务一）、蔡佳佳（项目四的任务二）、许文鹏（项目四的任务三）、洪欣瑜（项目四的任务四），此外，福建学前儿童美术教育研究中心课题基地园的多位幼儿园美术教学能手共同参与了教学案例及拓展学习资源的研发与撰写。

本教材是吴丽芳主持的国家级职业教育教师教学创新团队课题研究项目"高职院校学前教育专业'双元育人'模式创新研究"（YB2020140103）的研究成果。

本教材编写参考并借鉴了国内外幼儿美术教育专家、学者及高校同行的教学研究成果。特别感谢福建师范大学博士生导师胡泊教授在百忙之中拨冗为本教材进行专业严谨的审稿工作,为本教材的编写提出宝贵的建设性意见。在教材编写和资源建设的过程中,得到了福建学前儿童美术教育研究中心课题基地园的园长和教师的大力支持,在此一并表示感谢。

现代美育的奠基者蔡元培先生指出,美育不仅发生在人们生活、学习、工作的场所和空间,还存在于人们衣食住行的方方面面,应在传承中华优秀传统文化的基础上,通过审美活动来实现人格的培育和美育的生活化。幼儿美术教育是儿童美育的重要基础,我们希望通过本教材的编写,能够为学习者开展幼儿美术教育活动提供有益的启示和借鉴,让我们一起探索幼儿美术教育的新思路、新方法,用我们的教育热情、专业智慧和诗意美育,实现对儿童幸福成长的润泽与促成。

因作者学识、能力所限,本教材不足之处在所难免,恳请各位专家、读者批评指正,以利于我们在修订时纠正,不断提高教材质量。

福建幼儿师范高等专科学校

吴丽芳

2024 年 5 月

目 录

1 项目一
"看"的艺术：幼儿美术欣赏活动的设计与指导……1

岗位要求……………………………………………………………2
学习目标……………………………………………………………2
学习导图……………………………………………………………3
任务一　幼儿美术欣赏能力的分析与评价………………………4
　　任务情境………………………………………………………4
　　　　幼儿欣赏只能"眼观手不动"吗？…………………………4
　　任务描述………………………………………………………4
　　任务探究………………………………………………………5
　　　一、幼儿美术欣赏能力的发展特点和行为表现………………5
　　　二、幼儿美术欣赏能力发展水平的观察与分析………………8
　　　三、基于幼儿美术欣赏能力发展水平的指导策略……………12
　　案例分析………………………………………………………16
　　　　小班美术欣赏活动：有趣的表情…………………………16
　　岗位应用………………………………………………………19
　　　　实训活动一　幼儿美术欣赏能力的个案观察、
　　　　　　　　　　分析与评价…………………………………19
　　　　实训活动二　幼儿美术欣赏能力的抽样观察、
　　　　　　　　　　分析与评价…………………………………20
　　拓展学习………………………………………………………20
　　　　《幼儿园教育指导纲要（试行）》的相关内容……………20
　　　　《3—6岁儿童学习与发展指南》的相关内容………………21
任务二　幼儿自然景观美欣赏活动的设计与指导………………25
　　任务情境………………………………………………………25

目录

   自然景观美的欣赏要点是什么？ ················· 25
  任务描述 ·· 25
  任务探究 ·· 26
   一、幼儿自然景观美欣赏活动的目的和意义 ········· 26
   二、幼儿自然景观美欣赏活动的内容选择 ············ 27
   三、幼儿自然景观美欣赏活动的设计与实施 ········· 28
   四、幼儿自然景观美欣赏活动的观察与评价 ········· 32
  案例分析 ·· 37
   大班美术欣赏活动：春如线 ·························· 37
  岗位应用 ·· 40
   实训活动一 幼儿自然景观美欣赏活动的观察、
        分析与评价 ······························ 40
   实训活动二 幼儿自然景观美欣赏活动的实习与
        反思 ·· 41
  拓展学习 ·· 41
   在劳动实践中感受与表现自然美 ····················· 41
   基于地域文化背景的幼儿美术教育——以美术活动
   "市花百合"为例 ······································ 45

任务三 幼儿人文生活美欣赏活动的设计与指导 ················· 48
  任务情境 ·· 48
   走进生活美的欣赏方法有哪些？ ····················· 48
  任务描述 ·· 48
  任务探究 ·· 49
   一、幼儿人文生活美欣赏活动的目的和意义 ········· 49
   二、幼儿人文生活美欣赏活动的内容选择 ············ 50
   三、幼儿人文生活美欣赏活动的设计与实施 ········· 52
   四、幼儿人文生活美欣赏活动的观察与评价 ········· 58
  案例分析 ·· 61
   中班美术欣赏活动：有趣的糖画 ····················· 61
  岗位应用 ·· 65
   实训活动一 幼儿人文生活美欣赏活动的观察、
        分析与评价 ······························ 65
   实训活动二 幼儿人文生活美欣赏活动的设计、
        实施与评价 ······························ 65

拓展学习···66
　　　　让民间美术欣赏走进幼儿园·······························66
任务四　幼儿艺术作品美欣赏活动的设计与指导···············71
　　任务情境··71
　　　　如何开展儿童视角的艺术作品美欣赏活动？···········71
　　任务描述··71
　　任务探究··72
　　　　一、幼儿艺术作品美欣赏活动的目的和意义···········72
　　　　二、幼儿艺术作品美欣赏活动的内容选择··············73
　　　　三、幼儿艺术作品美欣赏活动的设计与实施···········74
　　　　四、幼儿艺术作品美欣赏活动的观察与评价···········81
　　案例分析··83
　　　　大班美术欣赏活动：花草地·······························83
　　岗位应用··87
　　　　实训活动一　幼儿艺术作品美欣赏活动的观察、
　　　　　　　　　　分析与评价·······························87
　　　　实训活动二　幼儿艺术作品美欣赏活动的设计、
　　　　　　　　　　实施与评价·······························87
　　拓展学习··88
　　　　基于学习品质视角的美术活动问题诊断与教育反思
　　　　——以大班美术欣赏活动"蛙声十里出山泉"为例······88
赛证真题··95

2 项目二
"画"的艺术：幼儿绘画活动的设计与指导··········99

岗位要求···100
学习目标···100
学习导图···101
任务一　幼儿绘画能力的分析与评价························102
　　任务情境··102
　　　　如何透过绘画作品了解幼儿的绘画能力发展水平？····102
　　任务描述··103
　　任务探究··103

目录

  一、幼儿绘画能力的发展特点和行为表现……………………103
  二、幼儿绘画能力的观察与分析……………………………111
  三、基于幼儿绘画能力发展水平的指导策略………………117
 案例分析………………………………………………………119
  大班幼儿绘画作品《热热闹闹过新年》赏析………………119
 岗位应用………………………………………………………120
  实训活动一 幼儿绘画能力发展水平的个案观察、
       分析与评价……………………………120
  实训活动二 幼儿绘画能力发展水平的抽样观察、
       分析与评价……………………………121
 拓展学习………………………………………………………122
  儿童画画的时候,心里在想什么……………………………122

任务二 幼儿主题画活动的设计与指导……………………123
 任务情境………………………………………………………123
  如何确定幼儿主题画活动的内容?…………………………123
 任务描述………………………………………………………123
 任务探究………………………………………………………124
  一、幼儿主题画活动的目的和意义…………………………124
  二、幼儿主题画活动的内容选择……………………………125
  三、幼儿主题画活动的设计与实施…………………………128
  四、幼儿主题画活动的观察与评价…………………………134
 案例分析………………………………………………………138
  大班绘画活动:滨江夜色……………………………………138
 岗位应用………………………………………………………141
  实训活动一 幼儿主题画活动的观察、分析与评价……141
  实训活动二 幼儿主题画活动的设计、实施与评价……141
 拓展学习………………………………………………………142
  绘画教学活动提升幼儿观察力的策略研究…………………142

任务三 幼儿意愿画活动的设计与指导……………………145
 任务情境………………………………………………………145
  如何引发幼儿的意愿画创作?………………………………145
 任务描述………………………………………………………146
 任务探究………………………………………………………146
  一、幼儿意愿画活动的目的和意义…………………………146

二、幼儿意愿画活动的内容选择…………………………147
　　三、幼儿意愿画活动的设计与实施………………………150
　　四、幼儿意愿画活动的观察与评价………………………155
　案例分析………………………………………………………159
　　大班美术区域活动：有趣的水墨画………………………159
　岗位应用………………………………………………………161
　　实训活动一　幼儿意愿画活动的观察、分析与评价……161
　　实训活动二　幼儿意愿画活动的设计、实施与评价……161
　拓展学习………………………………………………………162
　　彰显美感体验　回归游戏精神——幼儿园美术区域
　　活动的研究与实践………………………………………162

任务四　幼儿装饰画活动的设计与指导…………………………166
　任务情境………………………………………………………166
　　如何确定幼儿装饰画活动的内容？………………………166
　任务描述………………………………………………………166
　任务探究………………………………………………………167
　　一、幼儿装饰画活动的目的和意义………………………167
　　二、幼儿装饰画活动的内容选择…………………………167
　　三、幼儿装饰画活动的设计与实施………………………169
　　四、幼儿装饰画活动的观察与评价………………………171
　案例分析………………………………………………………175
　　大班装饰画活动：青花瓷…………………………………175
　岗位应用………………………………………………………177
　　实训活动一　幼儿装饰画活动的观察、分析与评价……177
　　实训活动二　幼儿装饰画活动的设计、实施与评价……177
　拓展学习………………………………………………………178
　　恰当投放材料　促进幼儿发展……………………………178
赛证真题……………………………………………………………180

3　项目三
"做"的艺术：幼儿手工活动的设计与指导…………183

岗位要求……………………………………………………………184
学习目标……………………………………………………………184

目录

学习导图 ·· 185

任务一　幼儿手工能力的分析与评价 ···································· 186

　任务情境 ·· 186
　　如何分析幼儿的手工能力？ ·· 186
　任务描述 ·· 186
　任务探究 ·· 187
　　一、幼儿手工能力的发展特点和行为表现 ······················ 187
　　二、幼儿手工能力发展水平的观察与分析 ······················ 193
　　三、基于幼儿手工能力发展水平的指导策略 ·················· 199
　案例分析 ·· 204
　　幼儿手工作品《西瓜》等赏析 ······································ 204
　岗位应用 ·· 205
　　实训活动一　幼儿手工能力发展水平的个案观察、
　　　　　　　　分析与评价 ··· 205
　　实训活动二　幼儿手工能力发展水平的抽样观察、
　　　　　　　　分析与评价 ··· 205
　拓展学习 ·· 206
　　幼儿创意手工的评价 ·· 206

任务二　幼儿泥塑活动的设计与指导 ···································· 208

　任务情境 ·· 208
　　如何巧妙使用泥塑工具与材料？ ·································· 208
　任务描述 ·· 208
　任务探究 ·· 209
　　一、幼儿泥塑活动的目的和意义 ··································· 209
　　二、幼儿泥塑活动的内容选择 ······································· 211
　　三、幼儿泥塑活动的设计与实施 ··································· 213
　　四、幼儿泥塑活动的观察与评价 ··································· 218
　案例分析 ·· 220
　　大班泥工活动：蟳埔簪花围 ·· 220
　岗位应用 ·· 222
　　实训活动　幼儿泥塑活动的设计、实施与评价 ············· 222
　拓展学习 ·· 223
　　幼儿园"泥趣"课程的目标 ·· 223

任务三　幼儿纸艺活动的设计与指导 ···································· 226

任务情境 ·· 226
　　　　幼儿纸艺活动的指导要点是什么？ ················ 226
　　任务描述 ·· 226
　　任务探究 ·· 227
　　　一、幼儿纸艺活动的目的和意义 ···················· 227
　　　二、幼儿纸艺活动的内容选择 ······················ 228
　　　三、幼儿纸艺活动的设计与实施 ···················· 230
　　　四、幼儿纸艺活动的观察与评价 ···················· 236
　　案例分析 ·· 238
　　　　大班剪贴画活动：古香古色的三坊七巷 ·········· 238
　　岗位应用 ·· 241
　　　　实训活动　幼儿纸艺活动的设计、实施与评价 ···· 241
　　拓展学习 ·· 241
　　　　纸工探索活动中教师的支持策略 ·················· 241
　任务四　幼儿综合制作活动的设计与指导 ················ 244
　　任务情境 ·· 244
　　　　哪些材料可以用于综合制作活动？ ················ 244
　　任务描述 ·· 244
　　任务探究 ·· 245
　　　一、幼儿综合制作活动的目的和意义 ················ 245
　　　二、幼儿综合制作活动的内容选择 ·················· 246
　　　三、幼儿综合制作活动的设计与实施 ················ 249
　　　四、幼儿综合制作活动的观察与评价 ················ 252
　　案例分析 ·· 255
　　　　大班手工活动：海龙王嫁女 ······················ 255
　　岗位应用 ·· 258
　　　　实训活动　幼儿综合制作活动的设计、实施
　　　　　　　　　与评价 ································ 258
　　拓展学习 ·· 258
　　　　幼儿综合制作活动中的家园共育 ·················· 258
赛证真题 ·· 259

4 项目四 "玩"的艺术：幼儿美术综合探究活动的设计与指导 ……… 261

岗位要求 ……… 262
学习目标 ……… 262
学习导图 ……… 263
任务一　幼儿主题美术活动的设计与指导 ……… 264
　　任务情境 ……… 264
　　　　如何在主题背景下逐步生成系列美术活动？ ……… 264
　　任务描述 ……… 264
　　任务探究 ……… 265
　　　　一、幼儿主题美术活动的目的和意义 ……… 265
　　　　二、幼儿主题美术活动的内容选择 ……… 267
　　　　三、幼儿主题美术活动的设计与实施 ……… 270
　　　　四、幼儿主题美术活动的观察与评价 ……… 274
　　案例分析 ……… 276
　　　　大班主题美术活动：闽南风情 ……… 276
　　岗位应用 ……… 285
　　　　实训活动　幼儿主题美术活动的设计、实施与评价 ……… 285
　　拓展学习 ……… 285
　　　　主题探索中的美术教育 ……… 285
任务二　幼儿亲子美术活动的设计与指导 ……… 287
　　任务情境 ……… 287
　　　　如何发挥家长在美术活动中的协同作用？ ……… 287
　　任务描述 ……… 287
　　任务探究 ……… 288
　　　　一、幼儿亲子美术活动的目的和意义 ……… 288
　　　　二、幼儿亲子美术活动的内容选择 ……… 289
　　　　三、幼儿亲子美术活动的设计与实施 ……… 292
　　　　四、幼儿亲子美术活动的观察与评价 ……… 295
　　案例分析 ……… 297

　　　　　小班亲子美术活动：有趣的格子画 …………………297
　　　岗位应用 …………………………………………………301
　　　　　实训活动　幼儿亲子美术活动的实施与反思…………301
　　　拓展学习 …………………………………………………301
　　　　　学前儿童美术教育的家庭促进策略………………301
任务三　幼儿节庆美术活动的设计与指导 ……………………303
　　　任务情境 …………………………………………………303
　　　　　幼儿节庆美术活动应该如何开展？………………303
　　　任务描述 …………………………………………………304
　　　任务探究 …………………………………………………304
　　　　　一、幼儿节庆美术活动的目的和意义……………304
　　　　　二、幼儿节庆美术活动的内容选择…………………306
　　　　　三、幼儿节庆美术活动的设计与实施………………308
　　　　　四、幼儿节庆美术活动的观察与评价………………311
　　　案例分析 …………………………………………………313
　　　　　大班艺术活动：端午节　点雄黄………………………313
　　　岗位应用 …………………………………………………316
　　　　　实训活动　幼儿节庆美术活动的实施与反思…………316
　　　拓展学习 …………………………………………………316
　　　　　中国传统节日与节庆文化融入幼儿园课程的
　　　　　策略研究…………………………………………316
任务四　其他形式幼儿美术活动的设计与指导 ………………319
　　　任务情境 …………………………………………………319
　　　　　幼儿园还有哪些其他形式的美术活动？……………319
　　　任务描述 …………………………………………………319
　　　任务探究 …………………………………………………320
　　　　　一、其他形式幼儿美术活动的目的和意义…………320
　　　　　二、其他形式幼儿美术活动的内容选择……………321
　　　　　三、其他形式幼儿美术活动的设计与实施…………324
　　　　　四、其他形式幼儿美术活动的观察与评价…………334
　　　案例分析 …………………………………………………336
　　　　　大班美术区域活动：美丽的螺旋………………………336
　　　岗位应用 …………………………………………………341
　　　　　实训活动　其他形式幼儿美术活动的实习与反思……341

拓展学习 ·· 341
　　以图画书为载体,整合语言教育与美术教育················341
赛证真题 ·· 343

参考文献··· **344**

"看"的艺术：幼儿美术欣赏活动的设计与指导

　　幼儿美术欣赏活动是教师引导幼儿感受自然景观、人文生活和艺术作品中的美，体验其形式美和内容美，涵养幼儿的审美情趣、提升幼儿的审美素养、温润幼儿的美好心灵的美术教育活动。幼儿美术欣赏活动是美术教育活动的启蒙和基础，与绘画活动、手工活动和美术综合探究活动共同构成完整的幼儿美术教育体系。

　　幼儿美术欣赏活动对幼儿的发展有着极为重要的作用。大多数幼儿将来也许不会成为艺术家，但是，在幼儿现在和未来的生活中，接触和谈论艺术是不可避免的事情，从这个意义上讲，较之绘画、手工等美术创作活动，美术欣赏对幼儿当下的生活与未来的发展更有意义。通过美术欣赏活动的开展，幼儿从小就能感受和体验自然景观美、人文生活美和艺术作品美，不仅能够加强美术教育的情感体验和文化滋润，培养幼儿拥有美好、善良的心灵和懂得珍惜美好事物，还能够有效促进幼儿审美素质的提升和人格的和谐发展。因此，观察、记录幼儿美术欣赏能力的行为表现，分析、评价幼儿美术欣赏能力的发展水平，设计、实施各类美术欣赏教育的活动方案，评价、反思各类美术欣赏教育的活动成效成为幼儿美术教育活动设计与实施课程的主要学习任务。

岗 位 要 求

幼儿美术欣赏活动的设计与指导是幼儿园教师必备的岗位能力和基本工作内容。《幼儿园教师专业标准(试行)》中将"教育活动的计划与实施"列为幼儿园教师的七大专业能力之一。《幼儿园教育指导纲要(试行)》(以下简称《纲要》)艺术领域部分指出:幼儿园教师要"引导幼儿接触周围环境和生活中美好的人、事、物,丰富他们的感性经验和审美情趣"。《3—6岁儿童学习与发展指南》(以下简称《指南》)艺术领域感受与欣赏部分进一步明确:幼儿园教师要"和幼儿一起感受、发现和欣赏自然环境和人文景观中美的事物""创造条件让幼儿接触多种艺术形式和作品"。引导幼儿初步感受并喜爱环境、生活和艺术中的美,是涵养幼儿健康审美情趣和美好心灵的重要基础。大自然和社会文化生活中蕴含着丰富的美术欣赏教育资源和契机,幼儿园教师应该做到:

1. 充分创造条件和机会,在大自然和社会文化生活中萌发幼儿对美的感受和体验,有目的地观察并记录幼儿在欣赏自然景观美、人文生活美、艺术作品美中的行为表现。

2. 在观察、记录与分析幼儿欣赏能力的基础上进行幼儿美术欣赏活动的设计、实施与反思、推进。

3. 有效支持幼儿在感受大自然和社会文化生活中的美好事物和欣赏艺术作品美的过程中涵养审美情趣、提升审美素养、温润美好心灵。

学 习 目 标

知识目标

☐ 1. 识别并判断幼儿美术欣赏能力的发展特点和行为表现。
☐ 2. 理解并掌握自然景观美、人文生活美和艺术作品美等不同类型美术欣赏活动的设计与指导方法。
☐ 3. 区分集中教育活动和区域活动设计与组织实施的基本步骤和实施策略。

能力目标

☐ 1. 能观察、分析和评价幼儿美术欣赏能力的发展水平。
☐ 2. 能在观察与分析幼儿美术欣赏能力的基础上进行各类美术欣赏活动的设计、

实施与反思、推进。

☐ 3. 在校内外联动、课内外联通的小组项目实践中形成有效指导幼儿发现美、感受美和欣赏美的岗位实践能力。

素养目标

☐ 1. 逐步形成指导幼儿美术欣赏活动的信心，在以美育人中提升审美素养，厚植爱岗敬业、传承中华美育文化与创新实践等教育情怀。

☐ 2. 勤于独立思考、主动参与项目小组合作学习实践，乐于接受教师与同伴的合理建议。

☐ 3. 关注美术欣赏与幼儿生活、美术创作及与其他领域教育的密切联系，注重美术欣赏活动中幼儿的情感体验和心灵润泽。

学 习 导 图

"看"的艺术：幼儿美术欣赏活动的设计与指导

- 任务一 幼儿美术欣赏能力的分析与评价
  - 幼儿美术欣赏能力的发展特点和行为表现
  - 幼儿美术欣赏能力发展水平的观察与分析
  - 基于幼儿美术欣赏能力发展水平的指导策略

- 任务二 幼儿自然景观美欣赏活动的设计与指导
  - 幼儿自然景观美欣赏活动的目的和意义
  - 幼儿自然景观美欣赏活动的内容选择
  - 幼儿自然景观美欣赏活动的设计与实施
  - 幼儿自然景观美欣赏活动的观察与评价

- 任务三 幼儿人文生活美欣赏活动的设计与指导
  - 幼儿人文生活美欣赏活动的目的和意义
  - 幼儿人文生活美欣赏活动的内容选择
  - 幼儿人文生活美欣赏活动的设计与实施
  - 幼儿人文生活美欣赏活动的观察与评价

- 任务四 幼儿艺术作品美欣赏活动的设计与指导
  - 幼儿艺术作品美欣赏活动的目的和意义
  - 幼儿艺术作品美欣赏活动的内容选择
  - 幼儿艺术作品美欣赏活动的设计与实施
  - 幼儿艺术作品美欣赏活动的观察与评价

任务一　幼儿美术欣赏能力的分析与评价

幼儿欣赏只能"眼观手不动"吗?

教师带领大班幼儿户外活动时,发现幼儿园的"嘻哈农场"开了许多漂亮的花,于是引导幼儿一起过来欣赏。小朋友们围观了一会儿,就各自上前与花朵互动起来。有的拿起花朵摸一摸,说:"这个花瓣有好多层,叶子是滑滑的。""这个花瓣是圆圆的,叶子是毛毛的。"有的鼻尖凑近花朵闻一闻,说:"这朵花好香呀。""这朵花的香味淡淡的。"有的耳朵靠近花朵听一听,说:"老师,小花在和我说悄悄话呢。"有的藏到花树后面,玩起了捉迷藏游戏……教师看小朋友们欣赏得差不多了,就请他们说说喜欢哪朵花,为什么;也可以说说这朵花像什么,让你想到了什么。小朋友们你一言我一语地发表了自己的看法和想法。有的说:"我觉得向日葵很漂亮,像太阳公公的笑脸。"有的说:"我喜欢黄色的小花,因为它很香。"有的说:"我喜欢这棵大大的花树,因为可以玩捉迷藏的游戏。"有的说:"我喜欢这朵花,颜色红红的,很鲜艳"……

请结合案例想一想:幼儿美术欣赏有哪些行为表现?反映了幼儿美术欣赏能力发展的什么特点?针对这些特点,案例中教师的指导是否适宜?作为未来幼儿园教师的我们应该怎么做呢?

此项任务将围绕幼儿美术欣赏能力的分析与评价展开,涉及幼儿美术欣赏能力的发展特点、行为表现,以及教师的有效回应。在此项任务中,需要理解、观察、分析幼儿美术欣赏能力的发展水平,掌握幼儿美术欣赏能力的发展特点和行为表现,学会观察、记录幼儿美术欣赏发展水平的方法并付诸实施,而且能够基于对幼儿美术欣赏行为的分析与评价明晰指导幼儿美术欣赏活动的有效策略。

一、幼儿美术欣赏能力的发展特点和行为表现

幼儿美术欣赏相对于成人美术欣赏而言,还处于审美理解的初级阶段,表现出与成人美术欣赏的差异性。成人美术欣赏是理性与感性相结合的活动,而幼儿由于心理发展水平的限制,在进行美术欣赏活动时,则有更多的直觉因素参与其中。我们常常可以发现,有些成人赞赏有加的美术作品,幼儿并不接受,而有些幼儿看得津津有味的美术作品,成人可能一时还不解其中奥妙。幼儿美术欣赏明显表现出审美知觉的多通道性和审美理解的情感性、想象性和容易泛化等特点,幼儿在美术欣赏活动中,不仅是用眼睛看,还常常情不自禁地用语言、表情、动作来表达自己的认知、情感和想象,充满主观色彩。所以,教师在设计和指导幼儿美术欣赏活动时,一定要从幼儿美术欣赏的心理特点出发,这样才能有效启发、引导幼儿在美术欣赏活动中主动探索、体验和表达。

(一) 幼儿的审美感知和体验具有形象性和多通道性

首先,幼儿的审美感知和体验具有形象性,他们喜欢感知描绘熟悉的物体和令人愉快的现实主义美术作品,而且偏爱风格简洁明快的美术作品,这些作品一般具有鲜明的形象、明快的色彩、夸张的造型、简单的构图等特征。幼儿对作品内容的感知先于对作品形式的感知。当一幅美术作品呈现在幼儿面前时,他们首先感知的是"画上画了什么"。受其心理发展水平的制约,幼儿还不能完全自发地像成人那样把审美注意集中到美术作品的形式和结构上,而且受到其自身认知能力和知识积累的限制,他们还不能深入地感知、理解作品内容所蕴含的深刻主题和所暗喻的精神内涵。

在美术欣赏活动中,幼儿的眼睛注视的是那些贴近他们生活的与他们性格特点接近的东西,当他们发现图片中有自己熟悉的东西时,会欢呼雀跃、连续不断地重复着喊"蝴蝶、蝴蝶""花、花"……绝大多数幼儿喜欢描绘人、动物、花草、树木、太阳、星星、月亮等内容的作品,这些与幼儿生活贴近的作品,看起来有一种亲切感,幼儿易于理解。而且,幼儿似乎对活泼可爱的小动物形象情有独钟,如果用认知心理学的观点来解释,这是幼儿心理发展中"泛灵论"的典型反映。

其次,幼儿的审美感知和体验还具有多通道性。由于幼儿的感官发育还不太完善与成熟,所以,与成人相比,幼儿无法一直静观审美对象,他们常常需要多感官参与来帮助自己实现审美感知,例如,在本任务开篇的"任务情境"中,幼儿不仅要用眼睛看一看花的形象,还要用小手摸一摸花的造型、用耳朵听一听花的密语、用鼻子闻一闻花的气味,3岁前的幼儿甚至会把花朵放到嘴里尝一尝,"眼观手不动"是远远无法满足幼儿的审美需求的。幼儿感官的这种相互协调、相互补充的功能,较好地实现各感官间的相互沟通和共鸣,形成一种彼此联系、相互感应的综合心理现象,这种现象在心理学中称为"联觉"。从艺术的角度来说,这种联觉现象被称为"通感",借助人类的想象,通感可以使人类的情感体验能量扩大,含量增加,力度增强,从而达到审美的较高境界,所以,教师要珍视幼儿审美感知的多通道性,使幼儿在美术欣赏活动中获得丰富的审美体验。

(二) 幼儿的审美理解和想象具有情感性和泛灵性

首先,幼儿的审美理解具有情感性。因为幼儿的心理分化程度低,对事物的感受和情绪反应比较容易泛化,所以幼儿的审美理解具有明显的个人情感色彩,容易将自己的情感投射到审美对象上,常常以自己的主观爱好为标准进行审美判断。幼儿认为妈妈最漂亮就是这个原因,幼儿也常常把最亲爱的爷爷奶奶、外公外婆和最亲近的幼儿园教师纳入最美行列。在开展幼儿作品互相欣赏评价的活动时,幼儿也常常给予好朋友的作品好评,可见在幼儿美术欣赏活动中情感的强烈主观倾向性,所以幼儿在积极的情感体验下容易对事物产生美感,在消极的情感体验下容易对事物产生反感。教师需要依据幼儿的生活经验和欣赏对象的特质,创设适宜的审美意境,引发幼儿良好的审美情感,实现有效的美术欣赏教育。

其次,幼儿的审美想象具有情感性和泛灵性。在美术欣赏活动中,审美理解不仅仅是依靠认知、判断和推理来进行的,更主要是依靠想象来实现的。审美想象可以使审美感知更加鲜明生动,还可以使审美理解更加丰富深刻。幼儿美术欣赏尤为如此,幼儿心理发展的自我中心特点决定了他们审美想象的主观情感性与泛灵性特点,使幼儿的审美想象常常可以达到物我不分的境界,例如,花朵是会说悄悄话的,春风吹过是春天姐姐来了,阳光照耀是太阳公公眯眯笑等,情感性和泛灵性的特点赋予幼儿丰富的审美想象力。研究发现,幼儿虽然喜欢感知写实主义的作品,但在教育的引导下,他们对抽象作品的欣赏更具潜力,因为抽象作品并不直接描绘真实的物体或具体的人物,而是用各种线条、形状、颜色进行组合,留给欣赏者极大的想象空间。幼儿在面对抽象作品时,可以展示自己丰富的想象力和创造力,更容易与作品达成默契和相通。例如,在欣赏当代著名画家吴冠中的彩墨画《春如线》(见图1-1)

彩图1-1　**图1-1　吴冠中作品《春如线》**

时,幼儿认为,绿色的线是春雨滴滴答、是柳条飘呀飘、是地上的青草;细细的黑线是小蝌蚪快乐地游呀游,粗粗的黑线是大榕树茂密的枝丫;黄色的点是雨过天晴透过树冠洒进来的阳光,是站在枝头叽叽喳喳歌唱的小鸟;彩色的点是草地上盛开的五颜六色的小花朵……幼儿对作品所表达的意象和在情感表现性方面所展开的天真烂漫的想象,很多时候是绝大多数成人所不能企及的。

(三) 幼儿的审美表现和创造具有行动性和浅表性

首先,幼儿的审美表现和创造具有行动性特点。相关研究表明,审美并非理性的认识过程,而是感性与理性相交织所创造的"具身化"的感知过程。① 审美既是"具身化"的感知过程,自然也是"具身化"的表达过程。幼儿的审美表达和创造体现出明显的行动性。由于幼儿审美感知的形象性、多通道性及审美理解的情感性,他们的审美感受常常毫不掩饰地直接以动作、表情和各种活动的方式表现出来。在美术欣赏活动中,我们常常可以看到,幼儿一边词不达意地陈述着,一边手舞足蹈地比画着,只言片语加上生动的表情和具象的肢体动作组合成幼儿完整的审美表现和创造。我们在一次欣赏榕树的研讨活动中,请幼儿用动作表现对榕树的审美感受,幼儿以各种肢体语言演绎了榕树旺盛的生命力:有的幼儿互相拥抱,表现榕树交错缠绕的气根;有的幼儿或站或蹲错落聚集,呈现榕树气根沿着树干长长短短生长到地面的繁茂景象;还有一个小男孩独立表演,双腿分开挺拔站立,双手在身体两侧用力下划,把榕树向上旺盛的长势和向下扎进土地的发达气根表现得淋漓尽致。众所周知,幼儿的思维以直觉行动思维和具体形象思维为主,所以并不擅长流畅完整的语言表达,但是幼儿具有良好的具身感知和表现创造能力,这是幼儿在美术活动中的优势而非缺点,教师要充分利用幼儿审美感知的多通道性和审美表达的行动性特点,开展情境性的美术欣赏活动,增强幼儿美术欣赏的体验性和愉悦性。

其次,幼儿审美表现和创造还具有浅表性的特点,他们对一幅美术作品的审美表现和创造更多体现的是对作品具体形象的感知和理解,还不能较好地展示形象之间的内在联系及丰富的形式美感和精神内涵。研究表明,幼儿的审美表现能力和创造能力随着年龄的增长、知识经验的丰富和欣赏教育的持续开展逐步提高。小班幼儿往往表现的是对美术作品单个形象的感知、理解与想象,有时和家长一起看图画书,看着看着会说:"这里有树,好大的树",再看一会儿又说:"还有小鸟飞""还有小兔子跳跳跳",他们还不能区别主要形象和次要形象,不会把各个形象组合成一个整体的画面情境进行表现和创造。中班幼儿能展现出画面形象之间简单的相互关系和生活经验联想,但还不善于把主要事件与背景有机联系在一起,也不善于把一个一个画面串成连贯的情

---

① 王亚芹.身体美学的当代建构意义[J].厦门大学学报(哲学社会科学版),2017(4):37.

图1-2 米罗的作品《人投鸟一石子》

彩图1-2

节；他们能够区分主要形象和次要形象，如果画面内容是他们熟悉的生活经验，他们能够依据画面形象关系表述出画面中的简单情节片段，但是表达得还不够连贯完整。大班幼儿开始能够表达出画面与形象之间的关系、主要事件与背景之间的关系、画面呈现的完整情节等。例如，我们在引导大班幼儿欣赏超现实主义画家米罗的作品《人投鸟一石子》(见图1-2)时，让幼儿猜猜画家画这幅画想要表达什么。有的幼儿说："是外星人来到地球，看到一只红色的小鸟，觉得很好玩，就用石头丢它，看它会不会飞。"有的幼儿说："我觉得是一个人走在沙滩上看到一只鸟，就用脚踢石头逗小鸟玩。"可见，大班幼儿逐渐能够进行连贯完整的表达和一定的描述，体现出一定的审美表达能力和创造水平，当然，更进一步的鉴赏性的评价仍要在接受一定的美术欣赏教育后才会出现。教师要依据幼儿美术欣赏发展的年龄特点给予幼儿有针对性的指导。

二、幼儿美术欣赏能力发展水平的观察与分析

观察、记录与分析幼儿美术欣赏能力发展水平是开展幼儿美术欣赏活动的设计、实施与反思、推进的前提，教师首先要明确幼儿美术欣赏能力发展的观测点和具体评价标准，其次要学习根据观察内容使用等级评定法或行为检核法制作的观察记录表、辅之以典型事件描述等方法展开有效的观察记录，然后，依据相关理论，对观察记录到的现象进行科学的分析，为有效支持幼儿美术欣赏活动的开展奠定良好的基础。

（一）明晰幼儿美术欣赏能力的观测点和具体评价标准

根据幼儿美术欣赏能力发展特点和行为表现所涉及的三个方面，我们可以确定幼儿美术欣赏能力发展水平的三个观测点，即审美感知和体验、审美理解和想象、审美表现和创造，其中，"审美感知和体验"是审美理解和想象的基础，"审美理解和想象"是审美表现和创造的关键，"审美表现和创造"是审美理解和想象的自然表达，同时也是进一步开展审美感知和体验的最佳动力，三者缺一不可，构成相互交融、紧密相关的完整的审美心理结构。

"审美感知和体验"这一观测点可以分解为以下评价标准：一是喜欢欣赏花草树木等自然美，美食服装等生活美及绘画、泥塑等艺术作品美；二是能够专心地欣赏自己喜欢的美好事物或艺术品，有模仿的意愿或行为；三是在欣赏自然美、生活美和艺术

作品美时能关注其色彩、形态等特征;四是运用多感官与欣赏对象互动,通过看一看、摸一摸、闻一闻等方式进行审美感知与体验。"审美理解和想象"这一观测点可以分解为以下评价标准:一是欣赏自然美、生活美和艺术作品美时会产生相应的情绪反应;二是欣赏自然美、生活美和艺术美时会展开相应的联想;三是在欣赏活动过程中能回应教师的指导;四是在欣赏过程中能主动提问,有自己的理解和想象。"审美表现和创造"这一观测点可以分解为以下评价标准:一是乐于和教师与同伴分享、交流自己的审美体验;二是能用表情、动作、语言等多种方式表达自己的审美理解和想象;三是能用相应的工具、材料和表现手法表达自己的审美创想;四是能用语言对欣赏对象进行较为完整连贯的表达和一定的描述。

(二)设计幼儿美术欣赏能力发展水平观察记录表

为更高效地观察、记录幼儿美术欣赏能力的发展特点和行为表现,以及更精准地分析幼儿美术欣赏能力发展水平,我们可以将已经明确的幼儿美术欣赏能力的观测点和具体评价标准设计成相应的观察记录表,以方便教师快速准确记录幼儿美术欣赏行为的主要表现。表1-1是供参考的幼儿美术欣赏能力发展水平观察记录表。对于观察记录表中无法详尽的情况,教师也可以在记录表后面适当做一些典型事件的描述,以便于后续更好地分析幼儿的美术欣赏水平。

表1-1 幼儿美术欣赏能力发展水平观察记录表

幼儿		班级		观察者		时间	
观测点		具体评价标准				判断依据(行为实录)	
A.审美感知和体验		□A1.喜欢欣赏自然美、生活美和艺术作品美					
		□A2.能够专心欣赏喜欢的美好事物,有模仿的意愿或行为					
		□A3.在欣赏自然美、生活美和艺术作品美时能关注其色彩、形态等特征					
		□A4.通过看一看、摸一摸、闻一闻等方式进行审美感知与体验					
B.审美理解和想象		□B1.欣赏自然美、生活美和艺术作品美时会产生相应的情绪反应					
		□B2.欣赏自然美、生活美和艺术作品美时会展开相应的联想					
		□B3.在欣赏活动过程中能回应教师的指导					
		□B4.在欣赏过程中能主动提问,有自己的理解和想象					
C.审美表现和创造		□C1.乐于和教师与同伴分享、交流自己的美感体验					
		□C2.能用表情、动作、语言等多种方式表达自己的审美理解和想象					
		□C3.能用相应的工具、材料和表现手法表达自己的审美创想					
		□C4.能用较为完整连贯的语言和一定的描述表达自己的审美感受					

注:观察记录表中每个观测点分为四个具体评价标准,当幼儿出现符合标准的行为时,在相应项目前的□中打"√",并真实记录相应的行为作为判断依据。

教师可以用上述观察记录表对同一个幼儿美术欣赏能力的发展特点和行为表现进行连续的观察。对于日常的欣赏活动，可以每天观察一次，依据幼儿园一日生活游戏过程中出现欣赏活动比较高的时段进行；可以结合户外活动中融入的自然美欣赏活动进行观察记录；也可以结合阅读区活动进行图画书等艺术作品美欣赏的观察记录；还可以结合有些幼儿园开展的一日欣赏分享谈话环节进行生活美感受的观察记录。集中美术欣赏活动可以一周或两周观察一次，视幼儿园开展集中美术欣赏活动的频率来确定，通过对一个幼儿的能力发展特点和行为表现进行连续多次的观察记录，比较稳定地反映该幼儿的美术欣赏水平和美术欣赏能力发展情况。教师也可以利用上述观察表对几个幼儿同时展开记录，可以是同年龄班的幼儿，也可以是不同年龄班的幼儿，据此可以比较分析同年龄班幼儿或不同年龄班幼儿美术欣赏水平的个体差异和发展特点。

（三）梳理分析幼儿美术欣赏能力发展水平和表现特点

用表1-1对幼儿进行连续的观察记录后，可以用表1-2对连续几次的观察记录做梳理统计，并将每次的观察记录情况进行汇总，就可以比较清楚地显示该幼儿的美术欣赏水平和发展特点。

表1-2 幼儿美术欣赏能力发展水平系统观察分析表

幼儿		班级				观察者						
观察次数	观察时间	A. 审美感知和体验				B. 审美理解和想象				C. 审美表现和创造			
		A1	A2	A3	A4	B1	B2	B3	B4	C1	C2	C3	C4
1	周一												
2	周二												
3	周三												
4	周四												
5	周五												

表1-3是刘老师对大班幼儿圆圆的美术欣赏能力发展水平和行为表现进行的一周内为期5天的观察汇总分析。

表1-3体现了对幼儿圆圆美术欣赏能力发展水平持续5天的系统观察记录，从记录中我们可以看出，圆圆喜欢欣赏活动，当她在欣赏活动时，能关注欣赏对象的色彩、形态等特征，能运用多感官与欣赏对象互动并进行感知与体验，在欣赏时会产生相应的情绪反应，能用表情、动作、语言等多种方式表达自己的理解和想象，有时能用较完整连贯的语言进行分享和交流，但是欣赏时还不够专注，欣赏想象还不够丰富，主动用较为完整连贯的语言与教师同伴进行分享和交流的能力有待提升。

任务一　幼儿美术欣赏能力的分析与评价

表 1-3　幼儿美术欣赏能力发展水平系统观察分析表

幼儿	圆圆	班级		大班			观察者		刘老师			
观察次数	观察时间	A. 审美感知和体验				B. 审美理解和想象				C. 审美表现和创造			
		A1	A2	A3	A4	B1	B2	B3	B4	C1	C2	C3	C4
1	周一	√	√	√	√	√	√	√	√	√	√	√	√
2	周二	√	√	√	√		√				√		
3	周三	√	√	√	√			√					
4	周四	√	√	√	√								
5	周五	√	√	√	√								

用表 1-1 幼儿美术欣赏能力发展水平观察记录表也可以对同年龄不同班级和水平的幼儿进行同一主题欣赏活动的观察记录，教师可以随机抽取若干名幼儿或选择不同能力水平的幼儿进行观察记录，之后可以采用表 1-4 幼儿美术欣赏能力发展水平比较观察分析表对不同幼儿的观察记录做一个梳理统计，将不同幼儿的观察记录情况进行汇总，就可以比较分析同年龄班幼儿的欣赏能力和发展特点的一般水平和个体差异。

表 1-4　幼儿美术欣赏能力发展水平比较观察分析表

主题			班级			观察者			时间			
幼儿人数	幼儿姓名	A. 审美感知和体验				B. 审美理解和想象				C. 审美表现和创造			
		A1	A2	A3	A4	B1	B2	B3	B4	C1	C2	C3	C4
1													
2													
3													
4													
5													

表 1-5 是张老师对 5 个大班幼儿在欣赏吴冠中的作品《春如线》中能力发展水平和行为表现的观察汇总分析。

表 1-5 体现了对 5 个大班幼儿在一次美术欣赏活动中的行为表现的比较观察记录。从记录中，我们可以了解大班幼儿美术欣赏能力的一般水平：大班幼儿喜欢欣赏活动，能关注色彩、形态等形式特征，能运用多感官与欣赏对象互动，会产生相应的情绪反应和联想，能回应教师的指导，乐于和教师与同伴分享，能用多种方式表达自己的审美理解和想象，能用相应的工具、材料表现自己的审美创想，大部分幼儿欣赏时比

较专心,还能用较完整连贯的语言表达审美感受。从记录中也可以发现幼儿的个体差异：东东与明明各方面的欣赏能力都发展得比较好；笑笑在主动提问与自主理解想象方面需加强,方方在欣赏的专注性、主动性和语言表述方面有待提升,欢欢欣赏的专注性、主动性、互动性、想象力和语言交流方面需要教师更多的关注和指导。

表1-5　幼儿美术欣赏能力发展水平比较观察分析表

主题	欣赏作品《春如线》				班级		大班		观察者		张老师	时间	2023年3月9日
幼儿人数	幼儿姓名	A. 审美感知和体验				B. 审美理解和想象				C. 审美表现和创造				
		A1	A2	A3	A4	B1	B2	B3	B4	C1	C2	C3	C4
1	东东	√	√	√	√	√	√	√	√	√	√	√	√
2	明明	√	√	√	√	√	√	√	√	√	√	√	√
3	欢欢	√					√				√		
4	笑笑	√	√	√	√	√		√		√	√	√	
5	方方	√		√		√	√	√	√	√	√		

当然,有一点值得注意的是,5个幼儿的样本量对于分析评价一个班级幼儿的美术欣赏水平是不够的,教师们可以组建一个项目研究小组,通过多人观察扩大样本量,提升观察、分析、评价的典型性和教育建议的适用性和推广度。

三、基于幼儿美术欣赏能力发展水平的指导策略

基于幼儿审美感知和体验的形象性和多通道性、审美理解和想象的情感性和泛灵性、审美表现和创造的行动性和浅表性等美术欣赏特点,教师在设计、实施幼儿美术欣赏教育活动时可以采用以下策略。

(一) 欣赏内容的选择立足幼儿现实生活,注重幼儿情感体验与文化浸润

完整的美术欣赏教育除了知识技能的学习外,还有艺术情感、艺术想象和心灵润泽的追求,当美术欣赏内容呈现在幼儿面前时,幼儿的反应不仅仅是他看到了什么,同时还体现了幼儿自身的感受和体验,渗透着幼儿的主体精神和审美色彩。如前所述,幼儿的审美感知和体验具有形象性,审美理解和想象具有情感性,所以,幼儿对欣赏内容的生活经验和情感体验直接决定欣赏教育的质量,那些游离于幼儿生活之外、由教师单方预设的欣赏内容显然难以激发幼儿富有个性的审美感受和情感共鸣,教师在遴选美术欣赏内容时要充分关注幼儿的现实生活和地域文化,而不仅仅局限于有限的教材和教参。许多教师感叹美术欣赏内容匮乏,其实生活中的美无处不在,不论是自

然环境还是人文景观、民间艺术还是经典名作均可入选,关键是教师要有发现美的心灵及与幼儿共同探究美的童心。教师在选择美术欣赏内容时要充分尊重幼儿的意愿,真正从幼儿的生活出发,走进幼儿的生活方式,了解幼儿的活动内容,敏感地捕捉幼儿的兴趣和愿望从而生成对幼儿来说有意义的欣赏内容,并将欣赏活动有机融入幼儿生活,有效引发幼儿的欣赏兴趣和审美期待,融通幼儿的情感体验和文化理解。例如,有的幼儿园带领幼儿欣赏《家乡的老房子》,是因为在"相反国"的主题活动中,黑白分明、飞檐翘角的建筑风格引发了幼儿的好奇心,于是教师与家长顺应幼儿的需求,与幼儿共同探究中国古民居的特色,再以水墨进行自由拓印和想象创作家乡的老房子,增进爱家乡的情感与对传统文化的认同(见图1-3);有的幼儿园开展"我家小区的大门"欣赏活动,源自幼儿熟悉的生活环境,有效引发师幼互动与亲子互动,深化幼儿对生活中美好事物的感知与理解;有的幼儿园开展名画欣赏活动,源自美术区域活动"我与艺术大师的对话",吸引幼儿带来自己感兴趣的各种风格的艺术大师作品贴在互动墙上,与同伴自由分享各自的感受与亲子解读,我们可以看到,贴近幼儿生活的欣赏内容能有效引发幼儿的审美情趣,让幼儿在欣赏活动中感受生活的美好,在日常生活中领略艺术的魅力。

图1-3 水墨拓印"家乡的老房子"　彩图1-3

(二) 欣赏方法的运用强调幼儿多感官参与,尊重幼儿感受想象与个性表达

幼儿审美感知体验的多通道性和审美表现创造的行动性特点决定了幼儿美术欣赏是无法"眼观手不动"的,教师单向的讲授无助于幼儿建构属于自己的审美经验。为了切实提升幼儿美术欣赏成效,仅仅依靠"看"进行观察是远远不够的,教师要充分调动幼儿的视觉、听觉、触觉甚至是味觉等多感官参与,允许幼儿用自己喜欢的方式与欣赏对象互动,通过看一看、摸一摸、闻一闻、听一听等多种方式获得生动形象的审美

体验,助力幼儿展开丰富的审美想象与个性表达。教师还要注意给幼儿提供自主与欣赏对象互动的时间与空间,在幼儿自主互动的过程中,教师要多满足、少要求,多关注、少说教,多自然、少刻意,多个别、少集体。当教师给予幼儿自主欣赏的机会时,就是给予幼儿利用自己独特的生活经验、情感体验与作品对话的机会,此时,教师既要理解幼儿意犹未尽、手舞足蹈等行为,也要允许幼儿有时沉默,不要轻易打断幼儿的观察和感受,教师可以将无意对话与有意对话有机结合进行,当幼儿主动表达时,要耐心倾听并积极回应,不轻易否定幼儿的个人感受,鼓励幼儿大胆说出自己的体验和见解,那么随之而来的,将是无数的感动和欣喜。例如,在美术欣赏活动"我家小区的大门"对话中我们听到有的幼儿说:"小区大门关起来的时候,顶上像一个海盗帽子";有的幼儿说:"门上还有金色的树叶,金色的树叶向两边舒展开,就像孔雀开屏"……在欣赏康定斯基的抽象画《画纸上的交响乐》时,有的幼儿被画面的线条吸引,想象是线条在捉迷藏;有的幼儿对画面的色彩感兴趣,说是发现了一座彩虹桥;有的幼儿特别关注形状,想象是星球在轨道上运行……

(三)重视感受欣赏与表现创作的联通,助力幼儿审美表达与创想

如前所述,幼儿作为欣赏者与欣赏对象互动时,更多的是通过富有个人色彩的审美体验和领悟进行,而非用条理清晰、逻辑分明的语言信息沟通,这种深不可测、妙不可言的审美互动和情感交流远远超出幼儿的逻辑思维能力和口头语言表达能力,加之幼儿审美表现创造的行动性和浅表性特点,所以,教师要充分重视欣赏感受之后的创作表现环节,引导幼儿通过绘画、手工、综合制作或肢体表演等形式将独特的、难以言说的审美经验具象化、视觉化,进一步加深幼儿与欣赏作品对话的审美体验,助力幼儿展示个人的审美感受与创意、分享同伴不同的审美感受与创造,同时帮助教师了解幼儿是否通过自我的创新实践去感受经典、品味生活、完成个体经验的意义建构,让幼儿真切领悟生活与艺术的美好。例如,幼儿美术欣赏活动"我家小区的大门"以欣赏感受生活小区的大门开始,以创意设计小区的大门结束,通过创作表达,释放幼儿对生活的美好情感,每一扇大门都反映了幼儿独特的生活感悟与艺术灵动;再如,某幼儿园抓住新园环境创设的契机,引发幼儿在生活中开展"美丽的花砖"欣赏活动,并鼓励幼儿迁移欣赏经验共同参与新园的环境设计,可以想象,当幼儿步入新园看到自己和小伙伴们的设计方案变为现实时该会是怎样的欢喜雀跃(见图1-4)。

(四)欣赏指导注重年龄与个体差异,增强教育的有效性和针对性

对幼儿美术欣赏能力发展特点和行为表现的个案观察和系统分析以及对多个幼儿的共同观察和对比分析发现,幼儿美术欣赏能力发展水平存在不同年龄班的差异和同一年龄班的个体差异,这就需要教师通过观察记录和分析评价,明晰各年龄班

图1-4 幼儿设计"美丽的花砖"系列作品

幼儿美术欣赏的基本水平和个体特点,然后,基于年龄水平和个体差异进行更有针对性的欣赏活动设计与指导,做到面向全体和注意个体有效结合。一般来说,小班幼儿审美感知的对象要求色彩对比更为鲜明,造型更为简洁夸张,背景更为简练甚至是无背景;审美理解和想象更具情感性和泛灵性,并且与自己的生活经验密切关联;审美体验和表达更具多通道性和行动性,常常需要视听动闻等多种方式展开审美体验,并通过表情、动作和语言组合进行审美表达,语言表述往往是只言片语,需要通过单句、短语甚至是一两个词汇加上相应的表情、动作并结合当下的情境才能表述明白;中班幼儿的审美感知对象在色彩方面可以从鲜明的对比色过渡到协调的近似色,造型强调主要特征明显,能区别主要和次要形象;审美理解和想象依然有明显的自我中心倾向;审美体验和表达依旧有多通道性和行动性特点,与小班相比,中班幼儿可以进行简单形象的语言表述,但还不善于把主要事件与背景环境有机联系,表述还不够连贯;大班幼儿的审美感知对象在色彩方面可以是对比色、近似色和同种色,在造型方面可以是感知主要特征和一些细节,能区别画面形象之间、主要事件与背景之间的关系;审美理解和想象虽有自我中心倾向,但开始能在相同环境中与同伴和教师共情;审美体验和表达的多通道性和行动性依然,但与中班相比,逐渐可以进行比较连贯的表述和一定的描述,呈现相对完整情节等;以上是不同年龄班幼儿美术欣赏发展的一般水平,实际上,同年龄班的幼儿也存在发展的个体差异,有的幼儿欣赏时比较专注,有的幼儿想象力比较丰富,有的幼儿比较擅长语言表达,有的幼儿乐于分享,有的幼儿喜欢独自感知,沉浸于个人情感体验……教师要认真观察幼儿在欣赏现场的表征特点和典型行为,并充分了解幼儿的生活经验、学习基础和家庭教育等情况,以提出富有针对性的指导方案,助力每个幼儿健康富有个性地成长。

案例分析

小班美术欣赏活动"有趣的表情"之幼儿作品赏析

小班美术欣赏活动：有趣的表情

设计与执教：福州市仓山区融侨杰座幼儿园　陈璟

指导与评析：福建幼儿师范高等专科学校　吴丽芳

设计意图

为帮助小班幼儿更好地理解和表达他们的情绪情感，我设计了"有趣的表情"这一美术欣赏活动。考虑到幼儿在生活中虽然体验了喜、怒、哀、乐等情感，但常常难以用言语来准确表述，我采用了与实物互动、课件视频对比欣赏及绘画表达等多种教学方法。借助这些方法逐步引导幼儿深入欣赏和体验"表情"的多样性与夸张性，使他们能够感受到表情与心情之间的紧密联系。通过这一活动，孩子们将学会运用艺术的方式，大胆地展现和传达自己的情感和心情。

活动目标

1. 欣赏开心、难过、生气和鬼脸四种表情的典型特征，体验表情的丰富性，感受不同表情的差异性。

2. 比较不同表情的面部线条变化，感受面部线条所传达的情感。

3. 尝试运用艺术创作的形式来大胆地表达自己的情绪情感。

活动准备

1. 经验准备：知道自己的五官变化会产生各种表情；听过歌曲《表情与心情》；在娃娃家玩过表情抱枕。

2. 材料准备：表情抱枕、表情对比课件、《有趣的表情》视频、勾线笔、镜子、卡纸底图（底图上贴好1~2个人物脸型）、《我的心情》故事绘本封面。

活动过程

一、师幼一起随乐做《表情与心情》律动，初步感知表情的多样性

引导语：孩子们你们好！你们今天心情怎么样？我们一起听首与心情有关的歌吧。

提问：你们听到歌里都有哪些表情？

二、逐一出示表情抱枕，欣赏开心、难过、生气和鬼脸四种表情的典型特征

引导语：孩子们，老师在我们班上的娃娃家里面放了四个表情抱枕，现在请小朋友看一看，你最喜欢哪个表情抱枕？为什么？

（一）出示抱枕，欣赏"开心"的表情

提问：

(1) 这是什么表情？

(2) 开心的时候眼睛是什么样的？弯弯的眼睛像什么？

(3) 嘴巴是什么样的？嘴巴里白白的是什么？

引导语：那我们也来做一个开心的表情吧！

（二）出示抱枕，欣赏"难过"的表情

提问：

(1) 这是什么表情？

(2) 你是从哪里看出来的？

(3) 难过的时候嘴巴和眉毛是什么样子的？

小结：看到那张大大的、圆圆的嘴巴，肯定难过极了；眉毛向下弯弯的，仿佛快要掉下来，看起来非常难过。

（三）同时出示"生气""鬼脸"的表情抱枕，欣赏并学做"生气""鬼脸"的表情

1. 出示"生气""鬼脸"的表情抱枕，欣赏两种表情

提问：

(1) 这两种是什么表情？

(2) 怎么看出他很生气？

(3) 生气的时候嘴巴和眉毛是什么样的？

2. 师幼一起学做"生气""鬼脸"的表情

引导语：我们来尝试一下生气的表情。哇，你的表演真的很传神！你的眼睛瞪得大大的，眉毛紧紧地皱在一起，甚至嘴巴都噘了起来。真的很像生气的样子！现在我们来做一个鬼脸，逗他开心吧！

提问：你还会做什么鬼脸？

（四）游戏："表情变变变"，进一步体验表情的多样性

引导语：小朋友们的表情太丰富了。现在跟着音乐玩"表情变变变"的游戏，请大家拿出镜子。准备好了吗？开始变！变！变！

三、播放课件和视频，对比感受、欣赏不同表情的面部线条变化

引导语：刚刚我们认识了开心、难过、生气和鬼脸的表情，那它们有什么不一样呢？

（一）出示简笔画面部线条表情课件，对比表情的面部线条变化

1. 出示"开心"和"难过"的表情。

提问：这是什么表情？它们的线条有什么不一样的地方？嘴巴的线条呢？

小结：开心的时候，嘴巴向上弯，难过的时候，嘴巴向下弯，线条的方向不一样，表情也就不一样。

2. 出示"开心"和"生气"的表情。

提问：这是什么表情？它们眉毛和嘴巴的线条有什么不一样？生气的时候，眉毛和嘴巴像什么？

小结：生气的时候，五官的线条硬硬的、尖尖的，感觉好像随时会扎人一样。这样的感觉看起来舒服吗？当人们开心的时候，线条弯弯的，看起来很柔和、轻快，仿佛温暖的阳光洒满全身，好舒服啊！

（二）播放《有趣的表情》视频，观察表情截图，感受表情的夸张线条

引导语：孩子们，我们看一看视频中的小朋友怎么啦？心情怎么样？视频中的表情和刚才我们看的表情有什么不一样？

总结：

"开心"的表情：开心的时候，眉飞色舞，你瞧，眉毛如同舞动的彩带，都飞到额头上了，看起来真的是太开心了！

"难过"的表情：难过的时候，嘴巴张得大大的，眼泪像断了线的珠子一样一颗接一颗地涌出，看起来伤心极了。

"生气"的表情：生气的时候，眉毛紧紧相连，仿佛形成了一条直线，眼睛因此被挤压得几乎看不见，感觉气得要爆炸啦！

四、出示贴好人物脸型的卡纸底图，鼓励幼儿用绘画的形式表现自己的表情与心情

（一）幼儿绘画

幼儿自主选择贴好人物脸型的卡纸底图，照镜子观察自己的表情，画出自己的心情，教师引导幼儿选择相应的线条画出表情的典型特征。

（二）制作《我的心情故事》绘本

幼儿自由欣赏与分享作品，并将绘画作品制作成《我的心情故事》绘本。

提问：你画的是什么表情？你的心情怎么样？用什么样的线条画的？

活动延伸

语言区：在语言区投放幼儿共同创作的《我的心情故事》绘本，创设鼓励幼儿与同伴交流自己的心情的环境。

美工区：鼓励幼儿用多元的方式表现自己的表情。

案例评析

1. 欣赏内容生活化，立足幼儿的生活经验与情感体验。

小班美术欣赏活动"有趣的表情"基于幼儿生活中丰富的情绪体验，整合了幼儿相关领域的学习经验，例如，歌曲《表情与心情》及玩表情抱枕的感性经验，符合幼儿审美感知体验的形象性与审美理解想象的情感性特点，有效引发幼儿的欣赏兴趣和审美期待，融通幼儿的情感体验和艺术欣赏。

2. 欣赏方法游戏化，注重幼儿的参与式与体验式审美。

在欣赏活动过程中,教师基于幼儿审美感知体验的多通道性和审美理解想象的情感性特点,采用了《表情与心情》律动表演导入,看、说、学表情,对着镜子做"表情变变变"等游戏方式以及形象生动、造型夸张、富于情感的课件视频对比欣赏,通过系列参与式、体验式的审美活动,有效引发小班幼儿多元感受表情的典型特征与不同线条的情感表现性,助力幼儿展开丰富的审美想象和愉悦的审美体验。

3. 欣赏与创作联动,助力幼儿的审美表达与创意表现。

幼儿的审美表现与创造具有行动性和浅表性特点,小班幼儿尤为如此,教师能够依据小班幼儿的欣赏水平设计运用表情、动作、语言等多种方式支持幼儿的审美表达,并且在最后一个环节还请小朋友对着镜子照一照,尝试欣赏作品中各种富有情感表现性的线条,大胆画出自己的表情与心情,共同制作《我的心情故事》绘本,帮助幼儿迁移欣赏经验,助力欣赏表达与创意表现,进一步体验艺术与生活和情感的美好联通。

实训活动一　幼儿美术欣赏能力的个案观察、分析与评价

1. 目标

(1) 识别判断幼儿美术欣赏能力的发展特点与行为表现。

(2) 能观察、分析与评价个别幼儿美术欣赏能力的发展水平。

(3) 能基于个案观察、分析与评价提出有针对性的指导方法。

(4) 涵养关爱信任幼儿,尊重个体差异,因材施教的师德情怀。

2. 内容要求

(1) 在幼儿园实习班级中选择一个幼儿,结合幼儿园美术欣赏活动,进行连续3~5次的幼儿美术欣赏能力发展特点与行为表现的现场观察。

(2) 运用表1-1幼儿美术欣赏能力发展水平观察记录表进行观察记录,对于观察记录表中无法详尽的情况,也可以在记录表后面适当做一些典型事件的描述。

(3) 采用表1-2幼儿美术欣赏能力发展水平系统观察分析表,对连续几次的观察记录做梳理,将每次的观察记录情况进行汇总。

(4) 与园所教师反馈交流该幼儿观察记录情况,结合相关知识分析评价该幼儿美术欣赏能力的发展水平和表现特点,结合观察中涉及的美术欣赏活动提出相应的教育建议。

实训活动二　幼儿美术欣赏能力的抽样观察、分析与评价

1. 目标

(1) 识别判断幼儿美术欣赏能力的发展特点与行为表现。

(2) 能观察、分析与评价幼儿美术欣赏的年龄班发展水平和个体差异。

(3) 能基于观察、分析与评价提出有针对性的欣赏指导方法。

(4) 涵养关爱尊重幼儿，基于幼儿身心发展特点施教的师德情怀。

(5) 培养独立思考能力和项目小组合作学习实践能力。

2. 内容要求

(1) 在幼儿园同一班级实习的学生组建一个项目学习研究与实训小组，合作开展幼儿美术欣赏能力发展水平的抽样观察、分析与评价。

(2) 项目小组每人随机抽取3~5名幼儿，选择一个幼儿园美术欣赏活动，进行幼儿美术欣赏能力发展特点与行为表现的现场观察。

(3) 运用表1-1幼儿美术欣赏能力发展水平观察记录表对幼儿进行观察记录，对于观察记录表中无法详尽的情况，也可以在记录表后面适当做一些典型事件的描述。

(4) 运用表1-4幼儿美术欣赏能力发展水平比较观察分析表，对幼儿的观察记录做梳理，将所有幼儿的观察记录情况进行汇总。

(5) 与园所教师反馈交流观察记录情况，结合相关知识分析评价幼儿美术欣赏能力发展的年龄班基本水平和个体差异，结合观察中涉及的美术欣赏活动提出相应的教育建议。

《幼儿园教育指导纲要(试行)》的相关内容[①]

一、目标

1. 能初步感受并喜爱环境、生活和艺术中的美；

2. 喜欢参加艺术活动，并能大胆地表现自己的情感和体验；

3. 能用自己喜欢的方式进行艺术表现活动。

---

① 中华人民共和国教育部.幼儿园教育指导纲要(试行)[M].北京：北京师范大学出版社,2001.

二、内容与要求

1. 引导幼儿接触周围环境和生活中美好的人、事、物，丰富他们的感性经验和审美情趣，激发他们表现美、创造美的情趣。

2. 在艺术活动中面向全体幼儿，要针对他们的不同特点和需要，让每个幼儿都得到美的熏陶和培养。对有艺术天赋的幼儿要注意发展他们的艺术潜能。

3. 提供自由表现的机会，鼓励幼儿用不同艺术形式大胆地表达自己的情感、理解和想象，尊重每个幼儿的想法和创造，肯定和接纳他们独特的审美感受和表现方式，分享他们创造的快乐。

4. 在支持、鼓励幼儿积极参加各种艺术活动并大胆表现的同时，帮助他们提高表现的技能和能力。

5. 指导幼儿利用身边的物品或废旧材料制作玩具、手工艺品等来美化自己的生活或开展其他活动。

6. 为幼儿创设展示自己作品的条件，引导幼儿相互交流、相互欣赏、共同提高。

三、指导要点

1. 艺术是实施美育的主要途径，应充分发挥艺术的情感教育功能，促进幼儿健全人格的形成。要避免仅仅重视表现技能或艺术活动的结果，而忽视幼儿在活动过程中的情感体验和态度的倾向。

2. 幼儿的创作过程和作品是他们表达自己的认识和情感的重要方式，应支持幼儿富有个性和创造性的表达，克服过分强调技能技巧和标准化要求的偏向。

3. 幼儿艺术活动的能力是在大胆表现的过程中逐渐发展起来的，教师的作用应主要在于激发幼儿感受美、表现美的情趣，丰富他们的审美经验，使之体验自由表达和创造的快乐。在此基础上，根据幼儿的发展状况和需要，对表现方式和技能技巧给予适时、适当的指导。

《3—6岁儿童学习与发展指南》的相关内容[①]

艺术是人类感受美、表现美和创造美的重要形式，也是表达自己对周围世界的认识和情绪态度的独特方式。

每个幼儿心里都有一颗美的种子。幼儿艺术领域学习的关键在于充分创造条件和机会，在大自然和社会文化生活中萌发幼儿对美的感受和体验，丰富其想象力和创造力，引导幼儿学会用心灵去感受和发现美，用自己的方式去表现和创造美。

幼儿对事物的感受和理解不同于成人，他们表达自己认识和情感的方式也有别于成

[①] 中华人民共和国教育部.3—6岁儿童学习与发展指南[M].北京：首都师范大学出版社，2012.

人。幼儿独特的笔触、动作和语言往往蕴含着丰富的想象和情感,成人应对幼儿的艺术表现给予充分的理解和尊重,不能用自己的审美标准去评判幼儿,更不能为追求结果的"完美"而对幼儿进行千篇一律的训练,以免扼杀其想象与创造的萌芽。

一、感受与欣赏

目标1 喜欢自然界与生活中美的事物

3—4岁	4—5岁	5—6岁
1. 喜欢观看花草树木、日月星空等大自然中美的事物。 2. 容易被自然界中的鸟鸣、风声、雨声等好听的声音所吸引	1. 在欣赏自然界和生活环境中美的事物时,关注其色彩、形态等特征。 2. 喜欢倾听各种好听的声音,感知声音的高低、长短、强弱等变化	1. 乐于收集美的物品或向别人介绍所发现的美的事物。 2. 乐于模仿自然界和生活环境中有特点的声音,并产生相应的联想

教育建议:

1. 和幼儿一起感受、发现和欣赏自然环境和人文景观中美的事物。如:

让幼儿多接触大自然,感受和欣赏美丽的景色和好听的声音。

经常带幼儿参观园林、名胜古迹等人文景观,讲讲有关的历史故事、传说,与幼儿一起讨论和交流对美的感受。

2. 和幼儿一起发现美的事物的特征,感受和欣赏美。如:

让幼儿观察常见动植物以及其他物体,引导幼儿用自己的语言、动作等描述它们美的方面,如颜色、形状、形态等。

让幼儿倾听和分辨各种声响,引导幼儿用自己的方式来表达他对音色、强弱、快慢的感受。

支持幼儿收集喜欢的物品并和他一起欣赏。

目标2 喜欢欣赏多种多样的艺术形式和作品

3—4岁	4—5岁	5—6岁
1. 喜欢听音乐或观看舞蹈、戏剧等表演。 2. 乐于观看绘画、泥塑或其他艺术形式的作品	1. 能够专心地观看自己喜欢的文艺演出或艺术品,有模仿和参与的愿望。 2. 欣赏艺术作品时会产生相应的联想和情绪反应	1. 艺术欣赏时常常用表情、动作、语言等方式表达自己的理解。 2. 愿意和别人分享、交流自己喜爱的艺术作品和美感体验

教育建议:

1. 创造条件让幼儿接触多种艺术形式和作品。如:

■ 经常让幼儿接触适宜的、各种形式的音乐作品,丰富幼儿对音乐的感受和体验。

- 和幼儿一起用图画、手工制品等装饰和美化环境。
- 带幼儿观看或共同参与传统民间艺术和地方民俗文化活动,如皮影戏、剪纸和捏面人等。
- 有条件的情况下,带幼儿去剧院、美术馆、博物馆等欣赏文艺表演和艺术作品。

2. 尊重幼儿的兴趣和独特感受,理解他们欣赏时的行为。如:
- 理解和尊重幼儿在欣赏艺术作品时的手舞足蹈、即兴模仿等行为。
- 当幼儿主动介绍自己喜爱的舞蹈、戏曲、绘画或工艺品时,要耐心倾听并给予积极回应和鼓励。

二、表现与创造

目标1 喜欢进行艺术活动并大胆表现

3—4岁	4—5岁	5—6岁
1. 经常自哼自唱或模仿有趣的动作、表情和声调。 2. 经常涂涂画画、粘粘贴贴并乐在其中	1. 经常唱唱跳跳,愿意参加歌唱、律动、舞蹈、表演等活动。 2. 经常用绘画、捏泥、手工制作等多种方式表现自己的所见所想	1. 积极参与艺术活动,有自己比较喜欢的活动形式。 2. 能用多种工具、材料或不同的表现手法表达自己的感受和想象。 3. 艺术活动中能与他人相互配合,也能独立表现

教育建议:

1. 创造机会和条件,支持幼儿自发的艺术表现和创造。
- 提供丰富的便于幼儿取放的材料、工具或物品,支持幼儿进行自主绘画、手工、歌唱、表演等艺术活动。
- 经常和幼儿一起唱歌、表演、绘画、制作,共同分享艺术活动的乐趣。

2. 营造安全的心理氛围,让幼儿敢于并乐于表达表现。如:
- 欣赏和回应幼儿的哼哼唱唱、模仿表演等自发的艺术活动,赞赏他独特的表现方式。
- 在幼儿自主表达创作过程中,不做过多干预或把自己的意愿强加给幼儿,在幼儿需要时再给予具体的帮助。
- 了解并倾听幼儿艺术表现的想法或感受,领会并尊重幼儿的创作意图,不简单用"像不像""好不好"等成人标准来评价。
- 展示幼儿的作品,鼓励幼儿用自己的作品或艺术品布置环境。

项目一 "看"的艺术：幼儿美术欣赏活动的设计与指导

目标2　具有初步的艺术表现与创造能力

3—4岁	4—5岁	5—6岁
1. 能模仿学唱短小歌曲。 2. 能跟随熟悉的音乐做身体动作。 3. 能用声音、动作、姿态模拟自然界的事物和生活情景。 4. 能用简单的线条和色彩大体画出自己想画的人或事物	1. 能用自然的、音量适中的声音基本准确地唱歌。 2. 能通过即兴哼唱、即兴表演或给熟悉的歌曲编词来表达自己的心情。 3. 能用拍手、踏脚等身体动作或可敲击的物品敲打节拍和基本节奏。 4. 能运用绘画、手工制作等表现自己观察到或想象的事物	1. 能用基本准确的节奏和音调唱歌。 2. 能用律动或简单的舞蹈动作表现自己的情绪或自然界的情景。 3. 能自编自演故事，并为表演选择和搭配简单的服饰、道具或布景。 4. 能用自己制作的美术作品布置环境、美化生活

教育建议：

尊重幼儿自发的表现和创造，并给予适当的指导。如：

■ 鼓励幼儿在生活中细心观察、体验，为艺术活动积累经验与素材。如，观察不同树种的形态、色彩等。

■ 提供丰富的材料，如图书、照片、绘画或音乐作品等，让幼儿自主选择，用自己喜欢的方式去模仿或创作，成人不做过多要求。

■ 根据幼儿的生活经验，与幼儿共同确定艺术表达表现的主题，引导幼儿围绕主题展开想象，进行艺术表现。

■ 幼儿绘画时，不宜提供范画，特别不应要求幼儿完全按照范画来画。

■ 肯定幼儿作品的优点，用表达自己感受的方式引导其提高。如，"你的画用了这么多红颜色，感觉就像过年一样喜庆""你扮演的大灰狼声音真像，要是表情再凶一点就更好了"等。

任务二　幼儿自然景观美欣赏活动的设计与指导

自然景观美的欣赏要点是什么？

在幼儿园的艺术写生乐园里，幼儿感受一年四季花草树木充满生命力的变化美。春季观察欣赏新生枝芽和花蕾，幼儿说："我发现树上小小的枝芽绿绿的，大大的叶子的颜色比较深""桃树上开满了粉红色的花，我最喜欢粉红色，漂亮极啦"。夏季观察欣赏莲雾等果树果实的生长变化，幼儿说："莲雾长出来了，有大有小，你看，有粉红色的，有红色的，还有的是粉红色和红色融合在一起，莲雾会变色，我要跟它拍照"。秋季感受着果实丰收的喜悦，品尝并交流果实的味道，幼儿说："我的杧果好酸呀，是不是还没成熟呢""我挑选的杧果颜色金灿灿的，好甜，你尝尝"。冬季欣赏树叶慢慢落下的美景，幼儿直接唱起了小树叶飘呀飘的儿歌："树叶飘到了我的头顶上、肩膀上、地面上"，幼儿抬头看树叶飘落，发现暖暖的阳光透过树梢，地上有树枝、树叶的影子，有小伙伴的影子，形成树下光与影的变化美。随后，幼儿玩起了光影游戏，把地上的叶子捡起，一片树叶、两片树叶，幼儿用树叶的影子"变"出了一只可爱的小兔子，用小手"变"出了一只小狗，真正感受大自然的美。

请结合案例想一想：自然景观美欣赏的重点是什么？自然景观美欣赏对幼儿发展有什么特殊的意义？自然景观美欣赏的内容包含哪些方面？自然景观美欣赏的途径与方法又有哪些？案例中幼儿园创设的自然景观美欣赏环境是否适宜？作为未来幼儿园教师的我们应该如何设计、实施与评价幼儿自然景观美欣赏活动呢？

此项任务将围绕幼儿自然景观美欣赏活动的设计、实施与评价展开，涉及自然景观美欣赏活动的目的和意义、内容选择、方法探究和观察与评价。在此项任务中，需要理解开展自然景观美欣赏活动的重要性，掌握开展自然景观美欣赏活动的基本形式和

主要方法,学会观察与评价自然景观美欣赏活动,而且能够基于评价对自然景观美欣赏活动提出相应的教育建议。

自然景观美欣赏活动是教师引导幼儿感受大自然中的美丽景观,体验自然景观的形式美及其所蕴含的生命意味,涵养幼儿健康审美情趣,培养幼儿拥有美好、善良心灵和懂得珍惜美好事物的美术欣赏活动。自然景观美欣赏活动与人文生活美欣赏活动、艺术作品美欣赏活动是幼儿美术欣赏活动的三种基本类型,共同构成形式多元、开放联动、家园社区多方协作的充满活力的幼儿美术欣赏教育体系。

一、幼儿自然景观美欣赏活动的目的和意义

(一)激发幼儿美术欣赏的兴趣,增强欣赏的主动性和愉悦性

幼儿是自然之子,亲近大自然、热爱大自然和探索大自然是幼儿的天性,自然景观千姿百态、美不胜收,在大自然的怀抱中幼儿怡然自得、如鱼得水,他们可以与鸟儿对话、与花草交流,大自然赋予我们的美术欣赏资源可谓是无穷无尽的,只是幼儿与大自然亲密接触、互动的机会有限,幼儿美术欣赏活动更多在幼儿园活动室里进行,而且以美术作品的欣赏为主,欣赏空间和欣赏对象的局限无形中降低了幼儿对美术欣赏活动的兴趣。幼儿园教师应当最大限度地拓展幼儿美术欣赏的空间和内容,好好利用幼儿园和社区丰富的自然资源,通过家园协作等方式,带领幼儿走进大自然广阔的美育天地,在"山川之画""田野之风"与"虫鸣鸟叫"的审美情境中激发幼儿美术欣赏的兴趣,增强幼儿美术欣赏的主动性和愉悦性。

(二)涵养幼儿健康的审美情趣,促进幼儿身心和谐全面发展

随着现代社会信息、科技的飞速发展,幼儿拥有了更多元的生活、游戏与学习的方式,但在某种意义上也挤占了幼儿户外活动的时间与空间,尤其是生活在城市中的幼儿,对自然景观、生态环境及动植物等自然美的直接体验和亲密接触不足。相关研究表明,疏离大自然会逐渐降低幼儿对自然美、生活美的敏感性和感悟力,而且还会引发压力过大、身体肥胖、抑郁孤独、注意力紊乱等身心方面的问题。所以,教师要充分认知大自然对涵养幼儿健康的审美情趣和身心和谐发展的重要作用,积极主动地将自然

景观美的欣赏融入美术教育活动,在宽松愉悦的审美环境中,以生趣盎然的互动方式,增强幼儿的体能,平稳幼儿的情绪,提高幼儿的注意力、认知水平、人际交往能力及语言交流能力,有效激发幼儿的审美感知力、想象力和创造力。

(三) 丰富幼儿审美感知与体验,提升幼儿审美想象力与创造力

《指南》明确指出:"每个幼儿心里都有一颗美的种子。幼儿艺术领域学习的关键在于充分创造条件和机会,在大自然和社会文化生活中萌发幼儿对美的感受和体验,丰富其想象力和创造力,引导幼儿学会用心灵去感受和发现美,用自己的方式去表现和创造美。"自然景观呈现的是真实生动的场景和旺盛的生命力,大自然的一花一草一木,甚至是一束阳光、一阵微风、一片树荫、一颗小石子都能引发幼儿主动的审美体验与丰富的想象,在幼儿看来,大树叶可以当遮阳帽、小野果可以串手链、阳光可以一起玩影子游戏……幼儿享受自然美的根本原因在于自由开放的欣赏过程给他们带来精神上的愉悦和心理上的满足,在与自然景物快乐游戏的过程中,幼儿体验到的是一种至真至美的超功利境界,幼儿具有无限的诗意和灵性,在大自然原生态的审美情境中,幼儿的想象力让他们可以在童话世界与现实生活中进进出出,尽情享受自然审美游戏天马行空的乐趣,有效提升审美感知力、理解力、表现力和创造力。

二、幼儿自然景观美欣赏活动的内容选择

自然景观美欣赏活动的内容选择是开展自然景观美欣赏活动的设计、实施的基础,教师首先要明确自然景观涉及的内容类型和审美特点,其次要依据幼儿欣赏能力水平和行为表现特点选择适宜的自然景观,然后依据幼儿不同年龄班的发展情况做好系统安排,有效支持幼儿自然景观美欣赏活动的开展。

(一) 明确自然景观的内容类型和审美特点

自然景观大致可以分为动物景观、植物景观、天象景观、气象景观、地貌景观和水文景观等。其中,天象景观指日月星辰、白昼黑夜等,气象景观指蓝天白云、风雨霞雾等,地貌景观指群山峻岭、盆地平原等,水文景观指江河湖泊、冰川瀑布等。不同的自然景观呈现不同的审美特色,动物和植物景观的特点是鲜活的生命力和易于互动的亲近感,容易引发欣赏者的审美情感;天象和气象景观具有瞬变性,其变幻莫测的特点赋予欣赏者丰富的想象和创意的空间;地貌景观的主要特点是造型性,有的平坦宽广,有的险峻奇秀……水文景观的特点是动态性,有的潺潺流动,有的汹涌澎湃……自然景观多元的类型和审美特点为幼儿美术欣赏活动提供了丰富的资源。

(二）依据幼儿欣赏特点选择适宜的自然景观

基于幼儿审美感知和体验的形象性和多通道性、审美理解和想象的情感性和泛灵性特点，幼儿自然景观美欣赏活动的内容首选动物和植物景观，从以幼儿生活学习的家庭、社区和幼儿园中的动植物为主，逐步过渡到附近公园、动物园和植物园中的动植物，之后还可以拓展到与教师和家人外出旅游地的动植物；动植物的欣赏可以先聚焦幼儿喜欢的单个物体，随后再到这一类景物的欣赏，例如，从欣赏一条漂亮的金鱼再到一群五彩斑斓、游来游去的金鱼，从欣赏自己喜欢的一棵树再到一年四季、各种各样的树木等，通过欣赏其造型美、色彩美、运动美和生长美，感悟生命成长的美好；其次，具有瞬变性的天象和气象景观也是幼儿自然景观美欣赏活动的佳选，天象和气象景观与幼儿的生活息息相关而且变幻无穷，其丰富的育景造景能力较好地契合幼儿丰富的审美想象能力，能够给予幼儿愉悦的审美体验；地貌和水文景观的欣赏由于幼儿的身心发展特点，需要在成人照护下由近及远地开展；幼儿审美表现和创造的行动性特点还需要教师在开展自然景观的欣赏活动时特别关注安全性问题，不论是动物和植物景观、天象和气象景观还是地貌和水文景观，都要确保环境的安全和幼儿与景观互动的安全。

（三）依据不同年龄班发展水平做好系统安排

基于幼儿美术欣赏能力发展水平的年龄班差异，自然景观欣赏活动的内容从类型更迭方面看，小班以欣赏动物和植物景观为主，辅之以天象和气象景观，中大班在小班基础上增加地貌和水文景观，并逐步拓展动物和植物景观、天象和气象景观，以及地貌和水文景观的范畴。从地理环境方面看，小班以家庭、幼儿园内和家庭周边的自然景观为主；中大班逐步拓展到社区附近的公园、动物园、植物园及教师、家长同行的旅游景观。从审美形式方面看，小班欣赏的自然景观特征要显著，而且以单个景物欣赏为主；中班欣赏的自然景观可以从单个过渡到同一类型的对比欣赏；大班幼儿还可以选择两到三种交相辉映的自然景观进行欣赏，例如，西湖公园岸上依依的杨柳、粉红的桃花与湖面婆娑的倒影等。

三、幼儿自然景观美欣赏活动的设计与实施

幼儿自然景观美欣赏活动的设计与指导主要涉及活动组织实施的基本形式和主要指导方法两个方面。

（一）幼儿自然景观美欣赏活动组织实施的基本形式

幼儿自然景观美欣赏活动的组织实施，大致可以分为随机式、主题式和渗透式三

种基本形式,其中随机式自然景观美欣赏活动是最主要的形式。

1. 随机式自然景观美欣赏活动

随机式自然景观美欣赏活动是指教师充分利用一日生活各环节,统整幼儿园和周围环境中的美好景观,借助真实的生活情境和户外场景为幼儿提供广泛多元的自然景观欣赏机会,以激发幼儿对自然的审美愉悦感,逐渐提升幼儿对周围环境的审美敏感性和审美感知水平。例如,在午睡前后、户外游戏、来园离园等生活环节,随机引导幼儿欣赏大自然的风云变幻、种植区的花草树木、池塘里的蝌蚪游动、周围环境的四季特征等。随机式自然景观美欣赏活动的主要特点是:没有统一的活动目标,主要强调教师为幼儿提供一个宽松的美术欣赏环境,更为关注幼儿与自然景观互动欣赏的过程体验,较少强调预设性的幼儿欣赏活动结果;可以以集体活动的方式进行,也可以以个别活动的方式进行,更能体现欣赏教育的个性化指导,教师可以根据幼儿的兴趣和经验,让他们以自己独有的方式领悟自然环境中的美好事物。

2. 主题式自然景观美欣赏活动

主题式自然景观美欣赏活动是指幼儿在教师的直接指导和参与下针对某个主题进行的比较系统的欣赏活动,一般通过一系列的欣赏活动来实现,往往涉及区域活动、户外活动、亲子活动和集中教育活动等,以此展开对欣赏主题多元深入的感知、体验和表达,从而获得相对完整的审美经验。例如,组织幼儿开展主题"树"的系列欣赏活动,通过在幼儿园欣赏种植区中的树、在户外活动时欣赏周围环境中的树、在亲子郊游时欣赏野外的树、拍摄自己喜欢的树、联合开展树的摄影展、交流分享欣赏体验等系列活动,拓展对树的审美视野,深化对树的审美感知,梳理提升对树的审美经验。主题式自然景观美欣赏活动的主要特点是:有比较明确的活动目标,教师引导幼儿有计划地开展系列欣赏活动,既关注幼儿在活动过程中个性化的审美体验,也注重活动目标的达成;主要以集体(包括全体和小组)活动的方式进行,将不同生活经验和欣赏水平的幼儿集中在一起,实现多元互动、分享交流和共促发展。

3. 渗透式自然景观美欣赏活动

渗透式自然景观美欣赏活动是指教师将自然景观美欣赏活动有机整合到其他各领域教育活动中,充分发挥教育的协同效应。一方面,教师要充分挖掘其他领域教育活动中自然美的元素以深化自然景观美欣赏经验。例如,在语言领域和音乐领域的教育活动中,有许多表现春夏秋冬的儿歌,就可以很好地帮助幼儿梳理提升对一年四季的欣赏感悟。另一方面,教师也可以利用自然景观美欣赏经验来促进其他领域的学习。例如,教师可以将幼儿对自然景观美的欣赏经验迁移到相关的早期阅读活动和科学探究活动中,促进幼儿对文学作品的理解与想象和对科学探究的认知与假想。渗透式自然景观美欣赏活动的主要特点是:注重统整幼儿园五大领域教育中的自然美育资源,通过联动设计,形成优势互补、整体提升的教育态势。

(二)幼儿自然景观美欣赏活动组织实施的主要方法

组织实施幼儿自然景观美欣赏活动的主要方法有亲近大自然的情境体验法、启发审美想象与理解的多方对话法和升华感悟力的联想欣赏法,其中,情境体验法是开展自然景观美欣赏活动最基本的方法,也是开展多方对话法和联想欣赏法的基础。

1. 情境体验法

幼儿自然景观美欣赏活动的主要方法就是亲近大自然的情境体验法。情境体验法是指教师为幼儿精心选择和设计与自然景观美有关的情境,支持和满足幼儿通过直接感知、实际操作和亲身体验获取审美经验的欣赏方法。如前所述,幼儿的审美感知和体验具有形象性和多通道性的特点,将情境体验法引进自然景观美欣赏活动中,幼儿就可以在看一看、听一听、闻一闻、做一做等具体形象和多通道参与的操作活动中获得丰富的感性经验,情境体验法还有利于幼儿更有情感地投入欣赏活动中,能有效激发幼儿审美的主动性、积极性和创造性,使审美活动更加生动有趣,审美体验更加深刻持久。

教师要充分重视自然景观美欣赏活动对幼儿审美素养和身心健康发展的重要意义,秉承绿色可持续的发展理念,将幼儿园户外环境打造成名副其实的自然学习场所。户外的景观生态设计既要实现植物多样化配置,吸引小动物栖息形成小生境,又要实现美化、遮蔽、调节微气候的功能,尽量提供花草、枝叶、种子、沙土、碎石、水等自然材料,在保证户外空间安全性和景观可接近性的前提下支持幼儿用自己的方式探索美、感知美、体验美;教师还可以带领幼儿共同参与户外自然审美环境的设计与规划,通过设计生态园、规划班级自然角、开展树木花卉种植等活动真实体验自然景观美。体验幼儿园的自然景观可以作为幼儿自然景观美欣赏活动的常态化活动,有机融入幼儿园一日生活、学习和游戏的各环节。

此外,教师还应将幼儿园组织的郊游活动、参访活动和家长组织的亲子旅游活动等作为季节性体验自然景观美的重要方式。中国幅员辽阔,自然景观资源丰富,教师可以协同家长带领幼儿走进各地具有鲜明特色的自然景观,让幼儿在体验式的欣赏中不仅获得真实的审美体验,还能增进幼儿热爱家乡的情感和文化认同,有效实现幼儿审美素养和人文素养的同步提升。例如,大班自然景观美欣赏活动"百合花"聚焦市花百合花,通过组织幼儿外出参观百合花种植基地、参加盛大的百合节活动、亲子走进市花百合生活场景,园内开辟百合花种植园地、创设百合花艺展示区、讲述百合花的故事与传说等多元手段让幼儿发现"市花百合"之美、感受"市花百合"之善、体验"市花百合"之真,有效强化幼儿的家乡情怀和审美熏陶。

2. 多方对话法

多方对话法是指在自然景观美欣赏活动中,以语言为中介引导并启发幼儿与自然景观、教师、同伴、家长等多方互动、多向交流的一种方法。多方对话法有助于发挥幼儿审美的主动性和创造性,使幼儿的审美潜力在不断的对话碰撞中得到发展,它是指导自然景观美欣赏活动的基本方法。虽说幼儿与自然景观之间的对话,更多的是通过审美体验和领悟而进行的非语言的信息沟通,但由于幼儿的心理水平、知识经验等原因,使得他们无法与自然景观展开有效的互动,就需要教师通过对话进行引导,同时,教师还要善于挖掘家长及幼儿同伴的教育资源,通过亲子活动、小组活动等形式,有效拓展审美对话的时间和空间。

有些教师不知道如何有效使用对话法,事实上,运用对话法的关键是设计提问,教师可以将自然景观的欣赏要点转化为开放性问题,依据幼儿审美感知的形象性和多通道性、审美理解和想象的情感性及审美表现的行动性等特点,层层深入地引导幼儿进行主动的审美体验和探索,引导幼儿尝试从内容美和形式美方面进行审美分析,进而引导幼儿深入理解自然景观所承载的精神意蕴。例如,在大班欣赏云的活动中,为了助力幼儿欣赏天空中千变万化的云朵,感受云朵的色彩及造型美,激发幼儿热爱自然风光的情感,教师可以这样设计:从"今天的天气怎么样? 天空中的云朵是什么样的?"问题导入,激发幼儿欣赏的兴趣;接着提问"天空中的云有什么颜色? 你最喜欢什么颜色的云? 这些彩色云朵给你什么感觉? 看到这些彩色云朵的时候你的心情是怎样的? 你什么时候见过这些颜色的云?"引导幼儿感受云朵的色彩美,领略色彩的情感表现性;然后提问"大风吹过,云朵变成了什么? 你最喜欢哪朵云? 它哪里吸引你?"引导幼儿欣赏云朵千变万化的造型美,助力幼儿展开审美想象;最后提问"你觉得云朵还可能变成什么? 你能用身体动作来演一演吗?"引发幼儿运用肢体语言大胆表现云朵造型,有效激发幼儿的审美表现力和创造力。

值得注意的是教师要少提一些"是不是""为什么"的问题,因为"是不是"的问题带有明显的牵引性和暗示性;回答"为什么"的问题需要比较强的逻辑思维能力和比较完整连贯的语言表达能力,对幼儿来说有一定的难度,教师可以视欣赏活动的具体情况和幼儿能力水平来选择和运用。多方对话法基于相互尊重、信任和平等的立场,本质上是一个开放、互动的交谈和倾听过程,是一个对话各方畅所欲言,充分表达、自由交换自己的审美感受、理解与想象,以多样化观点创造性地探索美、表达美的过程,教师在运用多方对话法时除了提问引导和提示启发外,更需要真诚地倾听和接纳幼儿独特的审美感受,允许幼儿有自己的审美理解,鼓励幼儿不必拘泥于教师的想法,使幼儿在相互述说与悦纳的过程中,通过审美想象实现自己的经验与自然景观意蕴的融合,生发出自己独特的审美体验和丰富深刻的审美愉悦。需要特别强调的是,在幼儿与自然景观展开多通道的互动体验时,教师应当注意留给幼儿充分的独立欣赏的时间,尽可能让幼儿自主地感知,自在地用自己的方式体验,避免操之过急,讲得过多,否则会影响幼儿主动探索美、体验美的兴趣和能力。

3. 联想欣赏法

为了更好地深化幼儿的审美感知和体验,丰富幼儿的审美情感和想象,梳理提升幼儿的审美经验,教师可以引导幼儿联想欣赏过的与自然景观相关的名画、阅读过的图书或是学过的歌曲、儿歌、故事等,也可以由教师选择与自然景观有关的、能有效加强其感染力的美术作品、音乐作品、文学作品或者微视频引导幼儿欣赏,分享艺术家或相关作者对自然景观的审美认知、理解、想象和创意表达。首先,教师可以选择与自然景观呼应的视觉艺术即美术作品来欣赏,通过名家名作或优秀作品欣赏,提升幼儿对自然景观造型色彩等方面的感受力、理解力和表现力;其次,教师也可以选择相关的听觉艺术,如音乐或文学作品,通过富有情绪感染力的乐曲或儿歌激发幼儿对自然景观的审美情感和想象力;此外,教师也可以选择视听艺术,如视频作品,通过多媒体再现具有情感色彩的生动形象或场景,加深幼儿对自然景观的感知与理解。例如,在上述欣赏云的案例中,教师除了运用走进大自然的情境体验法,还选择剪辑了两段体现云朵色彩和造型渐变过程及定格典型画面的微视频,并匹配了相应情绪的背景音乐,视听结合的微视频欣赏既帮助幼儿领略了云朵瞬息万变的动感美,又让幼儿通过定格画面品味云朵的精彩造型美,进一步升华了幼儿的审美体验和审美情感,并助力幼儿迁移造型经验进行各种云朵的创意表现。

四、幼儿自然景观美欣赏活动的观察与评价

幼儿自然景观美欣赏的主要途径是将其融入幼儿一日生活各环节和户外活动中,幼儿自然景观美欣赏的基本方法是情境体验法,需要走出活动室,走出幼儿园,走向大自然,所以,幼儿园的自然景观美欣赏活动较多是随机式的、生成性的,不同于在幼儿园活动室里开展的较为正式的、预设性的美术作品欣赏活动,幼儿园教师在观察与评价幼儿自然景观美欣赏活动时,要基于幼儿自然景观美欣赏活动的特点来确定观测点和具体评价标准,并制作相应的观察记录表进行有针对性的观察记录,然后,依据相关理论对观察记录情况进行分析与评价,提出教育建议。

(一)厘清幼儿自然景观美欣赏活动的观测点和具体评价标准

幼儿自然景观美欣赏活动的关键在于充分创造条件和机会,在大自然中萌发幼儿对美的感受,激发幼儿对美的情感,深化幼儿对美的体验,丰富幼儿的审美想象力和创造力,引导幼儿学会用多种方式去感受美、表现美和创造美。因此,幼儿自然景观美欣赏活动的观测点首先是"环境创设",生态式的幼儿园环境能为幼儿提供浸润式的自然景观美欣赏空间和时间;其次是"教师指导",教师的信任与尊重、理解与包容、鼓励与悦纳是支持幼儿用自己的方式探究自然景观美、建构真正属于自己的有意义的审美

经验的重要保障;最后是"幼儿表现",从幼儿对活动的情感态度、感知与体验方式、表现与创造水平等方面反观自然景观美欣赏活动的成效。

"环境创设"这一观测点可以分解为以下评价标准:一是创设了安全卫生的、支持幼儿探究自然美的户外活动场地;二是创设了种植园地、沙地、水池等自然生态景观;三是班级活动室内外和户外植物多样化,提供适宜互动的自然材料,如花草、枝叶、石子等;四是有效利用社区自然环境或家庭教育资源,扩展自然美欣赏的空间。"教师指导"这一观测点可以分解为:一是愿意和幼儿一起感受、探索和欣赏自然景观的美;二是善于发现幼儿感兴趣的自然景物,支持幼儿用看一看、摸一摸、闻一闻等方式自主体验;三是引导幼儿用语言、动作等方式描述自己对自然景观色彩美、形态美的感受和想象;四是幼儿主动介绍喜爱的自然景物时,能够耐心倾听并努力理解幼儿的想法与感受;五是关注不同水平的幼儿在活动中的表现和反应,及时以适当的方式回应。"幼儿表现"这一观测点可以分解为:一是每天户外活动时间(包括探索自然美时间)不少于2小时;二是喜欢探索和感受花草树木、蓝天白云等自然景观的美;三是能够专心地欣赏自己喜欢的自然景观,通过看一看、摸一摸、闻一闻等方式进行感知与体验;四是能够用表情、动作、语言等方式表达自己的审美理解和想象;五是乐于和教师、同伴分享、交流自己对自然景观的美感体验。

(二)设计幼儿自然景观美欣赏活动观察记录表

厘清了幼儿自然景观美欣赏活动的观测点和具体评价标准,我们就可以着手设计幼儿自然景观美欣赏活动观察记录表,以便更有针对性地观察、记录欣赏活动的实际情况,为分析、评价幼儿自然景观美欣赏活动的效果提供第一手资料。表1-6是供参考的幼儿自然景观美欣赏活动的观察记录表,是使用行为检核法制作的观察记录表,幼儿园教师如果要收集更为丰富具体的资料,也可以适当进行一些关键事件的描述性记录,还可以与自然景观美欣赏活动的指导教师交流观察记录表的相关情况,访谈呈现出的相关行为背后的原因等,以更全面翔实地分析、评价幼儿自然景观美欣赏活动的水平,更有针对性地反思并推进提升自然景观美欣赏活动的质量。

教师可以用上述观察记录表对幼儿园一个班的自然景观美欣赏活动进行连续观察,视研究的需要和幼儿园开展自然景观美欣赏活动的频率来确定观察的间隔时间,可以每天一次,也可以每周一到三次,通过多次观察汇总体现一个班自然景观美欣赏活动的较为恒定的水平;也可以利用上述观察记录表对幼儿园不同班级的自然景观美欣赏活动进行对比观察,可以选择同年龄段不同班,比较分析同年龄段不同班的共性和个性,也可以选择不同年龄段各一个班级,比较分析不同年龄段的水平差异和发展趋势。

表1-6 幼儿自然景观美欣赏活动观察记录表

幼儿园		班级		观察者		时间	
观测点	具体评价标准					判断依据(行为实录)	
A. 环境创设	☐A1. 创设了安全卫生的、支持幼儿探究自然美的户外活动场地						
	☐A2. 创设了种植园地、沙地、水池等自然生态景观						
	☐A3. 班级活动室内外和户外植物多样化,提供适宜互动的自然材料,如花草、枝叶、石子等						
	☐A4. 有效利用社区自然环境或家庭教育资源,扩展自然美欣赏的空间						
B. 教师指导	☐B1. 愿意和幼儿一起感受、探索和欣赏自然景观的美						
	☐B2. 善于发现幼儿感兴趣的自然景物,支持幼儿用看一看、摸一摸、闻一闻等方式自主体验						
	☐B3. 引导幼儿用语言、动作等方式描述自己对自然景观色彩美、形态美的感受和想象						
	☐B4. 幼儿主动介绍喜爱的自然景物时,能够耐心倾听并努力理解幼儿的想法与感受						
	☐B5. 关注不同水平的幼儿在活动中的表现和反应,及时以适当的方式回应						
C. 幼儿表现	☐C1. 每天户外活动时间(包括探索自然美时间)不少于2小时						
	☐C2. 喜欢探索和感受花草树木、蓝天白云等自然景观的美						
	☐C3. 能够专心地欣赏自己喜欢的自然景观,通过看一看、摸一摸、闻一闻等方式进行感知与体验						
	☐C4. 能够用表情、动作、语言等方式表达自己的审美理解和想象						
	☐C5. 乐于和教师、同伴分享、交流自己对自然景观的美感体验						

注:观察记录表中的每个观测点分为若干个具体评价标准,当出现符合标准的行为时,在相应项目前的☐中打"√",并真实记录相应的行为作为判断依据。

(三)基于观察记录分析评价幼儿自然景观美欣赏活动

在实际工作中,我们可以用表1-6对一个幼儿班进行多次观察记录,然后,采用表1-7幼儿自然景观美欣赏活动水平系统观察分析表做汇总统计,将该班欣赏活动的连续观察记录情况进行梳理分析,以显示该班幼儿自然景观美欣赏活动的基本水平和表现特点。

表1-7 幼儿自然景观美欣赏活动水平系统观察分析表

幼儿园					班级					观察者				
观察次数	观察时间	A. 环境创设				B. 教师指导					C. 幼儿表现				
		A1	A2	A3	A4	B1	B2	B3	B4	B5	C1	C2	C3	C4	C5
1	周一														
2	周二														
3	周三														
4	周四														
5	周五														

表1-8显示对小班幼儿自然景观美欣赏活动进行一周5天的观察记录汇总，从中我们可以看到周一和周五缺项比较多，陈老师表示，因为这两天轮到小班幼儿在美术创意室和快乐阅读屋开展相关活动，所以影响了这两天的户外活动时间和自然景观美欣赏活动的开展和指导。该表显示，在环境创设方面，幼儿园创设了安全卫生的户外活动场地，有种植园、沙地、水池等，活动室内外和户外植物多样化，提供适宜互动的自然材料，提供了支持幼儿探究自然美的生态景观，但在社区自然环境和家庭教育资源的整合方面比较缺失；在教师指导方面，教师愿意和幼儿一起感受、探索和欣赏自然美，注意引导幼儿用语言、动作等描述自己对自然美的感受和想象；但是对幼儿在欣赏自然景物过程中活动兴趣的敏感性、感受想法的倾听与理解及个性化表现方面回应不够；在幼儿表现方面，幼儿喜欢探索和感受自然景观美，能够用表情、动作、语言等方式表达自己的审美理解和想象，但是欣赏的专注力和分享交流还不够。

表1-8 幼儿自然景观美欣赏活动水平系统观察分析表

幼儿园	××幼儿园				班级	小班				观察者	陈老师			
观察次数	观察时间	A. 环境创设				B. 教师指导					C. 幼儿表现				
		A1	A2	A3	A4	B1	B2	B3	B4	B5	C1	C2	C3	C4	C5
1	周一	√	√	√											
2	周二	√	√			√	√				√	√		√	
3	周三	√	√	√				√		√	√	√			
4	周四	√	√	√		√	√				√			√	
5	周五	√	√	√											

基于上述分析,建议如下。幼儿园方面:在安排各班级的区域活动时,要全面考虑幼儿各领域各类型活动的平衡,以保障幼儿每天户外活动时间(包括探索自然美时间)不少于2小时;此外,还要充分重视社区自然环境和家庭教育资源的整合,拓展小班自然景观美欣赏活动的时间和空间。教师方面:加强对小班幼儿欣赏特点的学习与现场活动的个别观察和耐心倾听,进一步加强对幼儿自然景观美欣赏活动过程的有效回应和个性指导。幼儿表现方面:有些现象是由小班幼儿的身心发展特点决定的,小班幼儿有以自我为中心和以无意注意为主等心理特点,所以在欣赏的专注力和分享方面需要随着身心发展逐渐完善,同时也需要教师的榜样引领和个性化的指导。

我们也可以用表1-6分别对小、中、大班进行观察记录,然后,采用表1-9幼儿自然景观美欣赏活动水平比较观察分析表做汇总统计和评价,比较分析不同年龄班幼儿自然景观美欣赏活动水平、差异和发展状况。

表1-9 幼儿自然景观美欣赏活动水平比较观察分析表

幼儿园					时间					观察者				
观察班级	A. 环境创设				B. 教师指导					C. 幼儿表现				
	A1	A2	A3	A4	B1	B2	B3	B4	B5	C1	C2	C3	C4	C5
小班														
中班														
大班														

表1-10是文老师对不同年龄班幼儿自然景观美欣赏活动水平进行的比较观察分析。该表显示,幼儿园对不同年龄班幼儿的自然景观美欣赏活动在园内环境创设方面给予了安全的、生态的支持和利于互动的自然材料提供,但幼儿园与社区自然环境的联动、与家庭教育资源的整合方面,只有大班涉及,还需要加强小班与中班自然美欣赏空间的拓展;三个年龄班的教师都愿意陪伴幼儿一起开展自然美的感受与探索活动,普遍注重引导幼儿用语言、动作表达感受与想象,但在对幼儿欣赏兴趣的捕捉、耐心倾听、理解想法和个别回应方面,中大班教师的指导比小班教师更为到位,小班幼儿年龄小,不善于用语言表达自己的活动诉求与欣赏感受,需要教师进一步关注小班幼儿的欣赏特点,在活动中通过静心观察和耐心倾听来努力理解每个幼儿的感受,基于观察、倾听和理解做出更为适宜的回应和个性指导;三个年龄班的幼儿都喜欢欣赏自然景观美,都能用表情、动作、语言等各种方式表达自己的感受与想象,在户外欣赏的时间、欣赏过程的专注力和主动分享交流方面,中大班的幼儿优于小班幼儿。基于上述比较观察分析表呈现的情况,教师还可以结合表1-6中的判断依据(行为实录),以及关键事件描述、指导教师访谈等,深入了解不同班级幼儿在自然景观美欣赏活动中更为具体

的师幼表现和行为产生的原因,从而对不同年龄班幼儿自然景观美欣赏活动水平进行更为科学的比较、观察与分析。当然,只观察一次还不能说明幼儿的基本水平,教师可以根据实际工作情况,增加观察次数,提升分析评价的科学性和说服力。

表 1-10　幼儿自然景观美欣赏活动水平比较观察分析表

幼儿园	××幼儿园			时间	周三			观察者	文老师			
观察班级	A. 环境创设				B. 教师指导				C. 幼儿表现				
	A1	A2	A3	A4	B1	B2	B3	B4	B5	C1	C2	C3	C4	C5
小班	√	√	√		√		√				√		√	
中班	√	√	√		√	√	√		√	√	√		√	√
大班	√	√	√	√	√	√	√	√	√	√	√	√	√	√

案例分析

大班美术欣赏活动:春如线

设计与执教:福建省实验幼儿园　董双红
指导与评析:福建幼儿师范高等专科学校、吴丽芳

我们在春天时节,结合"春天"主题活动,开展了自然景观美和相关经典作品——当代著名画家吴冠中的彩墨画《春如线》(见图 1-1)的欣赏活动,通过亲近大自然的情境体验法、贯穿全程的多方对话法和名家作品的联想欣赏法等,助力幼儿在愉悦的欣赏活动中感受生活的美好。

大班美术欣赏活动"春如线"之案例赏析

一、运用情境体验法,引导幼儿与环境对话

我们带领幼儿走进幼儿园附近的西湖公园,从审美感知入手,运用情境体验法,引导幼儿用看一看、摸一摸、听一听、闻一闻等多种方式感受自己喜欢的自然美景,丰富幼儿对春天的感性经验。

幼儿一走进西湖公园的大门,就被柳堤上刚吐出新绿的柳树吸引了,兴奋地叫着:"快看,柳树发芽了!"幼儿纷纷围过来,伸手摸着柳枝,叽叽喳喳地议论着。

幼儿1:"好软啊!很像我妈妈长长的头发。"

幼儿2:"我觉得很像绿色的毛线。"

……

一阵风吹过,柳枝摇曳,幼儿叫了起来:"柳树在跳舞了。"

师:"是啊!那是春姑娘在欢迎我们呢,她说我们来玩捉迷藏吧,找找我躲在哪里。"

幼儿一听可来劲了,一双双眼睛四处搜索。

幼儿1:"看那边好多花开了,春姑娘一定躲在那里。"

幼儿2:"春姑娘躲在草地里,你看草都绿了。"

幼儿3:"春姑娘躲在湖里,因为我看到很多小蝌蚪在水里游。"

幼儿4:"春姑娘躲在我的耳朵里。"

幼儿笑了起来:"你的耳朵里没有花也没有草,怎么会有春姑娘?"

师:"大家仔细听他说完。"

幼儿4:"我听到小鸟的叫声了。"

师:"说得真好,你是用耳朵来找春姑娘,真聪明!"

幼儿5:"老师,我会用鼻子找春姑娘,我闻到花的香味了。"

幼儿6:"我闻到小草的香味了。"

……

我带着幼儿沿着湖边的路往回走,这时刚好下起了小雨,我抓住时机让他们观察雨。

师:"大家抬头看看雨像什么?"

幼儿1:"像一根根针。"

幼儿2:"像很多线,因为有一个雨的谜语——千条线万条线,落到水里都不见。"

幼儿对这个谜语感兴趣,跟着念了起来。

师:"看,雨中的西湖多美啊!"

幼儿3:"我觉得雨很像蚊帐,把西湖都罩在里面了。"

幼儿4:"是啊,有点白白的,柳树都看不清楚了。"

师:"这样的景色可以用一个词来形容——烟雨蒙蒙。"(幼儿跟着说)

幼儿5:"看,雨落到湖里会画圆圈。"

师:"这叫涟漪。"

二、运用联想法,引导幼儿与作品对话

在幼儿积累了有关春天的感性经验之后,我们选择了当代著名画家吴冠中的彩墨画《春如线》引导幼儿欣赏。

教师启发幼儿:"这是吴冠中爷爷画的春天,让你想到春天的什么呢?"

幼儿带着教师提出的问题,边欣赏画面边思考,进入自我对话的状态,他们自言自语地说着内心的感受。

幼儿1:"哇！这么多五颜六色的线条,真好看！"

幼儿2:"这怎么会是春天的画呢？"（满脸疑惑的神情）

幼儿3:"我知道,这些线条很像我们上次在公园里看到的柳树枝条。"

幼儿4:"我好像看到许多小动物跑到草地上来玩。"

幼儿5:"黄色的一点一点的是不是迎春花？"

……

《春如线》这幅画并没有描绘具体的形象,乍看时会使人产生不知所云的感觉,但只要细细品味,就会发现画上一根根富于韵律的线条似乎在载歌载舞,充满了音乐美与诗意美。为了让幼儿更好地感受吴冠中作品的韵律美,我们选用笛子演奏的乐曲《春光美》来激发幼儿的审美情感和想象力。

师:"听着音乐看着画,你想到(或听到)了春天的什么？"

幼儿1:"我好像来到春天的草地上,看到花儿都开了,心里很高兴。"

幼儿2:"我想起了那天去西湖公园,看到柳树在跳舞,好美啊！"（边说边挥舞手臂）

幼儿3:"我觉得我也变成一只小鸟飞到画里去了。"（一脸陶醉的样子）

幼儿4:"我变成一棵小草在慢慢地长大。"

幼儿5:"我想起下雨时老师带我们看的西湖公园,雨是彩色的,更漂亮了！"

幼儿6:"我听了音乐很想跳舞,觉得很快乐。"

从对话中可以看出,幼儿的审美想象非常丰富,能抓住画面的形式特征并结合已有的生活经验展开联想。最后,教师请幼儿给吴冠中的作品取个名字,通过取名字的方式,帮助幼儿梳理审美感受,提升审美感悟能力。

师:"你能给画取个名字吗？"

幼儿1:"彩色的春天。"

幼儿2:"春天真美丽。"

幼儿3:"春天的草地。"

幼儿4:"春天花儿开。"

幼儿5:"春天的线条。"

……

案例评析

1. 身临其境的体验法,引发幼儿对自然景观生动形象的审美感知。大班美术欣赏活动《春如线》在万物复苏的春季开展,结合"春天"的主题活动,带领幼儿走进西湖公园的自然生态景观,为幼儿提供了一个沉浸式的审美体验场域,充分激活了幼儿的多通道感知,在与大自然的亲密接触中,幼儿可以看见柳树发芽、听见鸟叫、闻到花香,还可以和"春姑娘"捉迷藏……身临其境的体验法让幼儿在轻松愉悦的审美感知中形成对春天的美好感知。

2. 经典作品的联想法，激发幼儿对自然景观意趣盎然的审美想象。在与大自然亲密接触后，教师还选择了与春天的审美意象高度匹配的经典作品引导幼儿欣赏，通过欣赏彩墨画《春如线》和笛子短奏《春光美》，作品的韵律美和诗意美能够有效激发幼儿对春天意趣盎然的审美想象：有的幼儿想象他变成一只小鸟飞到画里去，有的幼儿想象他变成一棵小草在慢慢地长大，还有的幼儿说看到彩色的雨让西湖公园更漂亮了……

3. 悦纳童真的对话法，生发幼儿对自然景观个性十足的审美表达。在案例中我们看到，教师在与幼儿进行审美对话的过程中始终持悦纳的态度，不论幼儿的想法多么天马行空，教师都能认真聆听、友好理解、欣赏回应。教师以幼儿自主的审美感知为基础，以师幼富于情感的关系为连接，建构了一个幼儿与大自然、幼儿与教师、幼儿与作品、幼儿与同伴、幼儿与自我多向对话的空间，有效生发幼儿对自然景观个性十足的审美表达。

实训活动一　幼儿自然景观美欣赏活动的观察、分析与评价

1. 目标

（1）能观察、分析与评价不同年龄班幼儿的自然景观美欣赏活动水平。

（2）能基于观察、记录、分析与评价对欣赏活动提出有针对性的教育建议。

（3）关注自然景观欣赏活动与幼儿生活、情感和各领域教育的联通。

（4）培养独立思考能力和项目小组合作学习实践能力。

2. 内容要求

（1）项目小组在幼儿园实习班级中结合自然景观美欣赏活动，进行连续 3~5 次的现场观察。

（2）运用表 1-6 进行观察记录，对于观察记录表中无法详尽的情况，也可以在记录表后面适当做一些典型事件的描述。

（3）运用表 1-7 对连续几次的观察记录做梳理，将每次的观察记录情况进行汇总。

（4）与园所教师反馈交流观察记录情况，结合相关知识分析并评价幼儿自然景观美欣赏活动的发展水平和表现特点，并提出相应的教育建议。

实训活动二　幼儿自然景观美欣赏活动的实习与反思

1．目标

(1) 掌握自然景观美欣赏活动的基本形式和主要方法。

(2) 能观察、记录、分析与评价幼儿自然景观美欣赏活动。

(3) 能协助园所教师开展幼儿自然景观美欣赏活动。

(4) 涵养关爱尊重幼儿、基于幼儿身心发展特点施教的师德情怀。

2．内容要求

(1) 协助园所教师开展日常自然景观美欣赏活动。

(2) 运用表1-6观察记录协助园所教师开展欣赏活动的情况。

(3) 与园所教师反馈交流观察记录情况,分析、评价欣赏活动成效,探讨有针对性的指导方法。

在劳动实践中感受与表现自然美[①]

作者：厦门市海沧区沧虹幼儿园　蔡一娉

指导：福建幼儿师范高等专科学校　吴丽芳

在日常的美术集体教学活动中,有些教师仍采用从范例到作品、从示范到临摹的教学方式,这种方式容易忽略幼儿的自主感知和情感体验,忽视幼儿与审美对象之间的心灵对话,使得美术活动成为教师控制下幼儿被动接受的学习活动。《3—6岁儿童学习与发展指南》(以下简称《指南》)指出,幼儿艺术领域学习的关键在于充分创造条件和机会,在大自然和社会文化生活中萌发幼儿对美的感受和体验,丰富其想象力和创造力,引导幼儿学会用心灵去感受和发现美,用自己的方式去表现和创造美。所以,大自然和社会文化生活是美术教育的"大课堂"。我们以田园课程为依托,把幼儿带到真实的大自然中,让幼儿通过劳动实践与审美对象近距离接触,感受自然美、劳动美,获得更充分的审美体验,激发幼儿的创造力,提升幼儿的艺术表现能力。

---

① 蔡一娉．在劳动实践中感受与表现自然美[J]．福建教育,2021(38)：16-18．

一、回归自然,生动感受自然美

1. 创设亲自然的教育环境

在田园课程中,我们努力打造亲自然的教育环境,一方面充分利用园内空间创设生态种植园,另一方面利用园所周边环境资源创设课程基地。

(1) 生态种植园。我们利用幼儿园的一楼户外空地、二楼露台、四楼天台创设了生态种植园。每个班级分配一块地,每个幼儿都参与班级种植园的创设。幼儿给菜地取名、设计标志、划分区域、制作围挡,忙得不亦乐乎!在孩子们的带动下,很多家长也加入种植园的创设队伍。在快乐的劳动过程中,每个班不断迸发出创意的火花。有的班级创设了水管种植区,弯弯曲曲的水管经过切割、组合,成了一面造型奇特的管道种植墙,里面还有水循环装置;有的班级收集了高矮、大小不一的木箱,错落有致地拼摆在一起,创设了一个小花园;有的班级在种植园里种下了果树,幼儿在木工坊里敲敲打打,为小鸟定制了一个"休闲站",立在果树的旁边……在这个过程中,我们看到"劳动创造了美"。种植园创设好以后,幼儿开始在这些种植园里播种、浇水、施肥、收获,他们记录植物的生长变化,记录他们的发现,这里的一切在他们眼里都是最美的风景。在回归自然的美育环境中,美术不再仅仅停留在平面中,而是鲜活的,在生活中触手可及。

(2) "咱厝小田园"。大自然为幼儿的劳动美实践提供了丰富的素材,但园内的自然资源还相对有限。为了让幼儿能与大自然亲密接触,我在当时所在的天竺幼儿园附近开发了一块农田,作为幼儿园食育课程基地,取名为"咱厝小田园"。小田园里有供幼儿进行农耕实践的小菜园,有让幼儿恣意奔跑、游戏的绿草地和小树林,菜地四周还环绕着一条可以踏进水里捉泥鳅的小溪流。田园课程体现的是幼儿园课程向大自然、大社会的延展。幼儿在实践基地参与农耕,关注植物的生长过程,感受自然生长的力量及自然万物生长变化之美。

2. 与自然互动,丰富幼儿的情感体验

幼儿期美术的发展具有鲜明的特点,比如,幼儿喜欢色彩鲜艳、形象夸张的事物。色彩丰富、灵动鲜活的自然万物对幼儿来说,充满了无穷的吸引力。如在"咱厝小田园"中,幼儿种的油菜花田、拔节生长的甘蔗林、向着太阳绽放笑脸的向日葵,一花一草、虫叫鸟鸣、日月星辰、季节更迭……这些在幼儿的眼里是一幅幅美丽的自然画卷。

《关于全面加强和改进新时代学校美育工作的意见》指出,学前教育阶段培养幼儿拥有美好、善良心灵和懂得珍惜美好事物。在田园课程中,幼儿在与植物一同生长、照顾动植物朋友的过程中,学会了观察、等待,也逐渐培养了美好、善良的心灵。对自己亲手培育出来的果实,因为有了情感的连接,幼儿倍感珍惜。如幼儿种植南瓜,从种下种子到瓜藤袅袅,幼儿每隔一两天就去给它们浇水施肥,总有幼儿探着头寻找南瓜宝宝长出来了没有。瓜藤拔节,爆出花蕾,冷不防在一个清晨,幼儿于藤叶叠拥之处,发现了一个胖嘟嘟的小南瓜宝宝。幼儿期待已久的果实终于结出来了,那份惊喜无以言表。南瓜宝宝们一天天地长大,有圆球状的,有葫芦状的,还有橄榄球状的,形态各异,身上的斑纹也各不相同。幼儿说:"看,这个南瓜宝宝躺在软软的瓜藤上睡大觉呢!""看,这个南瓜宝宝太调皮了,都翻到墙外了,它是不是想逃跑啊?"幼儿把这些南瓜画下来,南瓜在幼儿的画笔下"憨态可掬"、栩栩如生。幼儿还创编了一个个关于南瓜家族的故事。在这个案例中,我们可以看到幼儿的想象力和思维十分活跃,情感体验很丰富。在亲历种植养护之后,幼儿与南瓜之间建立了情感的纽带,这足以激发幼儿个性化地表达和创造性地表现。

二、以劳育美,提升幼儿艺术表现力

1. 劳动体验让表征内容更丰富

幼儿对美有着与生俱来的追求,有他们独特的审美认知,但都基于他们对生活、对自然的直接感知。在开展田园课程的过程中,种植活动已成为幼儿生活的一部分,从培土、播种、养护再到收获,幼儿全程参与。有了动手操作、亲身体验,幼儿的感受更深刻,表征出来的作品也更丰富多彩。例如,种植花生是一个漫长的过程,幼儿从播种的那天起就开始记录花生的生长变化,每个幼儿都用自己独特的方式进行表达。过了好长时间,幼儿发现花生叶已经长得很茂盛了,却一直没看到花生。有的幼儿说:"花生是长在土里的!""那我们种的花生长出来了吗?""长了几颗呀?"长在土里的花生宝宝引起幼儿强烈的好奇心,他们把对花生的畅想跃然纸上。幼儿有的认为一棵花生苗只能长一颗花生,有的认为可以长一串,有的认为它们在土里会像小朋友一样排排队,有的则认为它们会挤成一团。终于到了花生成熟季,可以拔花生了!拔花生需要什么工具呢?该如何分工合作呢?需要注意哪些问题呢?拔完的花生要放哪里?可以怎么吃?幼儿针对这些问题进行分组讨论,并把讨论的结果都记录下来。花生拔出来后,幼儿获得满满的成就感。终于见到花生宝宝的"庐山真面目"了!于是教师组织了一次写生活动。幼儿在拔花生的过程中观察到,其实每颗花生都长得不一样,还有一些长得比较特殊,如有的花生里面有三颗花生米,有的花生已经冒出了芽。有了这些直接体验,幼儿对事物的认知和细节的观察有了很大的提升,这些都能通过他们的写生作品看出来。在活动的后期,幼儿还收集了花生壳,作为美工区粘贴画的材料。在整个种植活动中,幼儿有丰富的艺术表征内容,这既激发了他们表达的欲望,也有助于提升其艺术表现力。

2. 劳动体验让创作方式多元化

《指南》中建议,应提供多种工具、材料,让幼儿用不同的艺术表现手法表达自己的感受和想象。大自然是资源丰富的"大课堂",能满足幼儿多元艺术表达的需求。幼儿在小田园里参与农耕体验,与大自然亲密接触,身心处于放松愉悦的状态,自然万物很容易引发幼儿丰富的想象。所以,我们经常会看到幼儿在劳动过程中自发产生艺术创作行为。

例如，从向日葵花盘里拔出一颗颗葵花籽时，有的幼儿觉得葵花籽很像小刺猬身上的刺，所以把它们带回幼儿园，当成拼贴画的材料，拼摆出各种图案；几个女孩子把采摘的向日葵花和田里择下的一些小花小草捆起来，变成一束美丽的捧花；有的幼儿则把向日葵带回班级，插在花瓶里，成为教室里一道美丽的风景，同时是美工区写生的绝佳素材。在种植向日葵的过程中，幼儿所看到的、听到的、闻到的、触摸到的都能引发他们的想象。他们有着不同于成人的观察方式、逻辑思维和表达方式，他们是在用自己特殊的方式展示着对世界、事物的看法。所以，在这过程中幼儿呈现出的艺术表现方式也是灵活多样的。

3. 劳动体验激发个性化的创意表现

都说儿童是天生的艺术家，他们有着与生俱来的艺术本能。创造机会支持幼儿的创意表达对促进幼儿富有个性、身心全面和谐发展具有重要作用。我们发现，通过让幼儿在自然中、生活中进行亲身实践、劳动体验，幼儿的创意表现会更富有鲜明的个性。例如，大班开展了"走近艺术大师"系列活动，在教师预设的"美丽的向日葵"活动中，教师主要想引发幼儿对艺术大师凡·高和他的画作《向日葵》的兴趣，并尝试进行绘画表征。但从幼儿的作品来看，幼儿更多的是对艺术大师作品的模仿，从构图到色彩均千篇一律。教师开始思考，美术教育的真谛是什么？难道不应该是引导幼儿去发现生活中的美，主动地表现美和创造美吗？那么，如何才能更好地调动幼儿的兴趣，支持他们去发现美和表征美呢？教师想到了劳动体验这座桥梁——让幼儿去种植向日葵，观察向日葵的生长变化，在幼儿亲历这个过程后再让他们进行绘画表征。最后，幼儿画出的向日葵不再仅是花盆里的向日葵，也不再是千篇一律的花蕊和花瓣，而是从地里生长出来的富有生命气息的向日葵，有高的也有矮的。有的幼儿发现向日葵的大花盘里还藏着许多小花，有的分布在花盘外圈，有的紧紧挤在花盘中央，这些小花掉落后就能结出一粒粒的葵花籽。当他们把这些葵花籽一颗颗地掰下来后，花盘上就出现了一个个小洞，幼儿说像蜂巢似的。除了向日葵，幼儿的画里还会出现常常围绕在向日葵周围的昆虫，以及同样绽放着笑脸的小朋友们。幼儿将劳动过程中的观察、发现及感受，融进了具有主动性、独立性和创造性的艺术表现之中。

通过田园课程我们看到，在幼儿园开展的劳动教育中蕴含了许多美育的契机，为幼儿创造了充分感受自然美、表现自然美的机会和条件。作为教育者，我们要带领幼儿到大自然和社会生活中去，为幼儿提供更多亲身参与劳动实践的机会，引导幼儿在接触自然万物时用心灵去感受和发现美，用自己喜欢的方式去表现和创造美，这对幼儿的创造意识、创造能力和审美感知能力、想象能力的培养具有重要的意义。

基于地域文化背景的幼儿美术教育[①]
——以美术活动"市花百合"为例

作者：南平市实验幼儿园　张晓霞
指导：福建幼儿师范高等专科学校　吴丽芳

在落实《3—6岁儿童学习与发展指南》精神的儿童美术教育的进程中，将地域文化中面向生活、面向自然的美术资源融入儿童美术已逐渐成为当代儿童美术教育的一个价值趋向和研究课题。为此，我们力求通过多种方式与途径，从有利于幼儿学习与发展的角度出发，为师幼搭建感知地域文化的美术平台，借助地域文化的美术之旅，让师幼在地域文化的浸润中，滋养真、善、美的人文精神。

源于自然、融于生活的市花是地域文化的重要组成部分，每座城市独有的市花是地域文化中富有美育价值的重要内容，是儿童美术教育连接当地自然与文化特色的切入点。百合花是南平市的市花，它与南平市美丽独特的自然风光、风土人情、精神风貌融为一体，象征着南平市的人民百事合心，兴旺发达。本文尝试将"市花百合"的文化艺术内涵融入儿童美术课程，突出地域文化特色，拓展儿童美术内容。让师幼发现市花百合之美，感受市花百合之善，体验市花百合之真，激发幼儿热爱家乡的情感，彰显富有特色的美育价值。

一、以真实自然环境为依托，发现市花之美

源于地方本土文化的市花，其最大的优势就是它贴近儿童的生活实际。因此，我们选择市花——百合花作为美术活动的主题，以激发幼儿的兴趣，让幼儿乐于参与、接受，富有现实教育意义。

只有通过亲身经历，幼儿才能"感受、发现和欣赏自然环境和人文景观中美的事物"。为此，我们邀请家长和幼儿一起走出园门，走进自然。我们走进百合花店，参加盛大好玩的百合节，参观百合花种植基地、采摘百合。当幼儿置身于一片真实的百合花海之中时，他们兴奋不已。"哇，有白色的、有红色的……像焰火一样！""好像许多小精灵在跳舞！""我觉得更像一个个小喇叭"……幼儿领略了百合花色彩多样、造型各异的自然之美。

为了充分创造条件和机会让幼儿观赏百合花，我们在园所内，通过开辟百合种植园、创设百合花艺展示角等方式，为幼儿营造品种丰富、色彩各异、花香四溢的百合花环境，幼儿不仅可以看花、赏花，还可以生活、玩耍在百合花的世界里。以真实自然的环境为依托，呈

[①] 张晓霞,吴丽芳.基于地域文化背景的幼儿美术教育：以美术活动"市花百合"为例[J].福建教育，2017(47)：45-46.

现市花百合与人们生活的本真状态,能使幼儿有身临其境之感,能吸引幼儿的有意注意。每当百合花在校园盛开时,由于幼儿有足够的时间观察百合花,幼儿就会对百合花进行深入探究。如关于"百合花开渐变的过程"就引发了幼儿强烈的好奇心。"看,小草长出圆圆的花苞啦!""不是小草,是会开花的百合草!""我妈妈说,这是含苞待放的百合花!"幼儿在观察和讨论中,体验、发现百合花开的美丽过程。同时,教师鼓励幼儿选择自己喜欢的方式记录表征。例如,幼儿有的用手机拍摄,有的用画笔写生,有的剪纸,一幅幅表现百合花绽放过程的系列美术作品充满生机。

我们让师幼亲历百合花的生长过程,感受百合花的美,把浸润在市花里的人文精神渗透到幼儿一日活动的环境中、渗透到幼儿的学习生活之中,不仅让幼儿从色彩、造型等角度欣赏百合花之美,而且让幼儿体会到用美装扮生活、用美的环境提高生活质量的文化内涵。

二、与幼儿审美需要相融合,体验市花之美

市花文化是在传统文化的基础上形成并发展起来的,人们从欣赏赞美花的美丽,用花来美化生活,到以花传情,借花明志,渐渐地把市花人格化,为市花赋予了美好的感情色彩和象征意义,使市花不仅具有深远的地域人文情怀,而且成为一座城市宝贵的精神财富。由此可见,将市花文化与幼儿审美需要相融合,让幼儿从小耳濡目染,且能津津乐道于真实可感的市花之美,对于幼儿精神思想的健康发展是十分有益的。

我们给幼儿讲述有关百合花的故事与传说,如百合名称的来历——百子合力救蜀王、南平市花的来历等故事,与幼儿一起讨论和交流对百合之美的感受,关注幼儿积极情感的培养,唤醒幼儿心灵中"百合之美"的天性。于是,幼儿带着好奇心,开始了寻美活动"生活中的百合花"。"哪里有我们的市花?新娘的手捧花为什么是百合花?"……幼儿与家长一起走进一个个有市花的生活场景,搜集相关影像资料,调查、体验市花的美好寓意。如结婚庆典手捧百合寓意新人百年好合,节日亲友赠送百合寓意万事如意……

同时,我们通过照片展、视频滚动播放等形式,突破时间与空间的限制,还原市花在真实生活中的场景,幼儿在百合鲜花和百合花美图组成的"花廊"之中自由欢快地漫步,弥补幼儿对市花的现场体验的不足,支持幼儿从不同角度持续地观察、了解市花百合。

总之,我们遵循幼儿审美感知的特点,支持幼儿多种感官共同参与,让幼儿在一个个富有生活气息的真实场景中看、摸、听、闻、说,满足幼儿的审美需求,使幼儿真切领会市花百合在人们生活中的作用,提升幼儿的品位。

三、融幼儿真挚情感的美术创作,表现市花之美

爱美之心人皆有之,市花是美的使者,是美的象征。市花以其美丽的外形特征和鲜明的文化内涵,传递着一座城市自然与社会生活的和谐之美。我们从美术的视角,与幼

儿一起感受、理解、欣赏市花,唤醒幼儿对市花的情感体验,用多元有趣的美术手段、情景交融的美术方式引导幼儿表现市花之美。

我们围绕市花百合,从不同维度创设美术活动区,以丰富的材料、真实的场景引发幼儿参与活动的热情。让幼儿在不同主题的美术区域中,加深对百合之美的形象感知,表达对百合之美的真挚情感。

在写生涂画区"多彩的百合"里,幼儿通过观市花百合的缤纷色彩,赏市花百合千姿百态的花形,选择不同的画笔(如铅笔、蜡笔、水彩笔等),用涂涂画画的方式,以线条、色彩表达对市花百合的感觉与情感。在一个月的时间里,许多幼儿心无旁骛地画自己喜欢的百合花,由于他们积累了关于百合花的丰富的感性经验,因此作品拥有十分丰富的色彩和极为真实的情感力量。幼儿将作品布置成百合画展、装订成《百合画册》用以分享交流。

幼儿在花艺创意区"会变的百合"里,精挑细选,整理修剪,搭配色彩,不拘泥于固定的手法,探索发现花艺中对比与协调、对称与均衡的造型美。他们逐渐明白"由于百合花的花瓣比较大,花型整齐漂亮",所以把百合花当作插花中的焦点花。他们还对探索焦点花的位置乐此不疲,"把百合花插放在中间会更好看""这朵百合最大,插放在花瓶口吧"……他们尝试着把大自然的花之美与手工装饰美融为一体,创造出或繁丽或简雅的插花作品,用以点缀班级,美化环境。

装扮表演区"百合秀场"可以满足幼儿喜欢装扮的愿望。教师、家长也和幼儿一起动手,利用绘画作品、仿真百合花,将舞台背景装饰成花墙;用百合花编织花环头饰,制作百合捧花;用百合花瓣装饰衣裙……幼儿会情不自禁地装扮起来,在或欢快或舒缓的音乐声中翩翩起舞,体验自我表现和创造美的成就感。

幼儿根据自己的兴趣富有情感地选择相应的区域,主动愉悦地表现着自己对市花百合独特的情感认知。幼儿在看、画、摸、做、说、演的审美实践中,自主愉悦地表现市花之美,热爱大自然、热爱生活的美好情感油然而生,市花百合之美悄然深植于幼儿的心田。

任务三　幼儿人文生活美欣赏活动的设计与指导

走进生活美的欣赏方法有哪些？

黄老师发现最近班上的小朋友对妈妈各式各样的包产生了兴趣，于是请小朋友和妈妈一起挑一个最漂亮的包来，和他们一起将妈妈的包按质地分类布置在班级活动室四周，举办了"妈妈的包"展览会，请小朋友们看一看、摸一摸、说一说，你最喜欢哪个包，它美在哪里？有的小朋友说："我最喜欢这个包，我觉得这个包上的花纹就像大海的波浪一样，很美！"有的说："我觉得这个最美，因为它上面的珠子就像许多萤火虫在黑黑的森林里闪闪发光。"有的说："我觉得这个最美，它像彩虹一样一条一条，五颜六色的很漂亮。"有的说："我觉得这个包最美，它上面有三只蝴蝶，一只是红色的，一只是黄色的，还有一只是蓝色的。"有的说："我最喜欢这个包，我觉得这个包就像妈妈穿的裙子，一层一层的，美极了！"有的说："我觉得这个包最美，妈妈提着它就像提着一个花篮要去花园里采花"……

请结合案例想一想：适合幼儿欣赏的人文生活美有哪些内容？人文生活美欣赏对幼儿发展有什么特殊的意义？人文生活美欣赏的途径与方法有哪些？针对上述问题，案例中教师选择的欣赏内容、创设的欣赏环境、采用的指导方法是否适宜？作为未来幼儿园教师的我们应该如何设计、实施与评价幼儿人文生活美欣赏活动呢？

此项任务将围绕幼儿人文生活美欣赏活动的设计、实施与评价展开，涉及人文生活美欣赏活动的目标制订、内容选择、方法探究、组织实施和反思评价。在此项任务中，需要理解开展人文生活美欣赏活动的重要性，掌握人文生活美欣赏活动的基本形式和主要方法，学会人文生活美欣赏活动的设计、组织与评价并付诸实施。

人文生活美欣赏活动是教师引导幼儿感受社会文化生活中的美好事物,体验人文景观的形式美及其所蕴含的人文精神,涵养幼儿健康的审美情趣,培养幼儿拥有美好、善良心灵和懂得珍惜美好事物的美术欣赏活动。人文生活美与自然景观美、艺术作品美欣赏活动同为幼儿美术欣赏的重要组成部分,既有共通的地方也有自己的特色。

一、幼儿人文生活美欣赏活动的目的和意义

(一)促进美术教育与生活的连通,培养幼儿珍惜美好的事物

《关于全面加强和改进新时代学校美育工作的意见》明确学前教育阶段的美育目标是"培养幼儿拥有美好、善良心灵和懂得珍惜美好事物",自古以来,"美"就包含着"爱""善""幸福"等人类向上向好的多种寓意,美育作为人格教育、终身教育和全民教育,显然不是纯粹的艺术教育和封闭的学校教育所能承载的,[①]开展人文生活美欣赏活动能够有力促进幼儿园美育与社会生活、儿童生活的连通,当我们携手家长引导幼儿欣赏日常生活中点点滴滴的衣食住行美、人文环境美、传统文化美和科学艺术美时,就是陪伴幼儿以审美的态度前行在追求幸福生活的人生道路上,较之艺术作品美欣赏活动,人文生活美欣赏活动更为直接地影响幼儿的生活态度和品格养成,更有利于培养幼儿拥有美好、善良心灵和懂得珍惜美好事物。

(二)增进美术教育与情感的链接,滋养幼儿健康的审美情趣

开展人文生活美欣赏活动有助于教师协同家长共同走进幼儿的真实生活,体验幼儿的真情实感,敏感地发现幼儿的情感需求和活动兴趣,通过基于幼儿日常生活感兴趣的人文主题开展系列家园联动的欣赏活动,使幼儿园美术教育活动充分发挥情感教育功能,在系列家园协同的人文生活美欣赏活动中逐步实现美育活动与幼儿情感的同频共振,有效增进幼儿园美术教育与幼儿情感的链接,让幼儿园美术教育成为一种基于幼儿生活又延续性地回归幼儿生活的活动。美育与生活接轨,艺术与情感联通,有助于教师和家长摒弃功利化的美术教育心态,从快节奏的现代生活中慢下脚步,静下心来,引导幼儿用审美态度对待生活,在幼儿园一日生活和家庭日常生活

---

① 吴丽芳.学前儿童美育的和谐共生与诗意行走[J].福建教育,2022(38):7.

中和幼儿共同欣赏服饰、品味美食、翻阅绘本、探访民居、共享节庆、领略民俗、观看巡演……在教师、家长的温暖陪伴下,浸润日常的、富有情感的人文生活美欣赏活动能够有效滋养幼儿健康的审美情趣,实现幼儿园美育活动与幼儿生命成长的和谐统一。

(三) 推动美术教育与文化的联动,提升幼儿审美和人文素养

《关于全面加强和改进新时代学校美育工作的意见》明确学校美育工作的指导思想是:"以习近平新时代中国特色社会主义思想为指导,全面贯彻党的教育方针,坚持社会主义办学方向,以立德树人为根本,以社会主义核心价值观为引领,以提高学生审美和人文素养为目标,弘扬中华美育精神,以美育人、以美化人、以美培元",幼儿园是学校教育的奠基和启蒙阶段,开展人文生活美欣赏活动,有助于加强幼儿园美育与幼儿生活其中的地域文化的多元联动,在根植中华优秀传统文化、彰显地方文化魅力的现实情境中,选择与幼儿生活密切关联的、幼儿喜闻乐见的衣食住行等方面开展欣赏活动,从可游戏的民间手工玩具、易体验的地方服饰与美食、乐共享的节庆活动与人文景观等方面逐渐深化美术教育与人文教育的关联,通过日常生活语言美、服饰美、礼仪美、行为美、环境美等丰富多元的人文生活美形式和内容,涵养幼儿对中华美育精神和审美特点的感受、理解、认同和热爱,在提升幼儿审美感受力、理解力、想象力和创造力等审美素养的同时,培育幼儿热爱中华优秀传统文化、理解人类文化多样性等人文素养。

二、幼儿人文生活美欣赏活动的内容选择

人文生活美欣赏活动的内容选择是开展人文生活美欣赏活动的关键,与自然景观美的欣赏内容不同,人文生活美欣赏内容的确定需要基于幼儿生活中的文化体验和相关的学习经验,教师在选择人文生活美的欣赏内容时除了要考虑幼儿的美术欣赏能力和水平,还要充分关注幼儿生活其中的地域文化和相关的知识经验基础。

(一) 了解人文生活美的内容类型和审美特点

人文生活美的内容丰富、形式多元、类型繁杂,从与美术欣赏关联比较多的方面看,大致有饮食文化美、服饰文化美、人文环境美、民间工艺美和科技文化美等,其中,饮食文化美是食品美、器具美、环境美和过程美的统一,欣赏饮食文化美不仅仅是感受色香味等形式美及饮食过程的和乐美,更要深入理解食品、餐具和环境的造型色彩等所蕴含的对幸福生活的美好寓意。服饰文化美是服装美、配饰美的和谐统一,中华民族是有56个民族的大家庭,各民族服饰造型多元、色彩缤纷、风格不一,既反映了不同民族的性格特征、生活环境、风俗习惯和地方文化,也展现了各民族文化的互鉴融通。人文环境指的是具有一定历史性、文化性,有一定的承载物和精神内涵的有形和无形

环境的综合,具体有文物古迹(包括古文化遗址、历史遗址、古建筑、古园林等)、各类博物馆、纪念馆、展览馆、音乐厅、剧院和各地民俗文化活动等,彰显中华文脉发展历程和中华美育精神。民间工艺指的是百姓生活中的艺术,有温暖的布艺、稚拙的泥塑、朴实的陶艺、生动的皮影、重彩的漆器等,民间工艺往往造型夸张、色彩艳丽、内容喜庆、形式圆满,反映了劳动人民对生活的热情和美好期许。科技文化美是现代技术美与人文艺术美的融合,例如,高科技的交通工具、通信工具、家用电器等所展示的便捷的实用技术美及温馨的人文关照美,彰显科技携手艺术给予大众生活的美好。

(二) 立足幼儿生活环境选择适宜的人文景观

中国发展历史悠久,文化底蕴深厚,人文生活美资源丰富,教师在选择幼儿人文生活美欣赏内容时要聚焦幼儿当下生活,基于幼儿审美感知的形象性、审美体验的多通道性、审美理解和想象的情感性及审美表达的行动性和浅表性特点。适宜入选幼儿美术欣赏的人文生活美内容必须是幼儿生活其中的、具有相关感知经验的、能够激发审美兴趣的、引发审美情感共鸣的、利于审美体验互动的、启发审美理解与想象的典型承载物和鲜活场景,可以从与幼儿衣食住行密切相关的人文生活美入手欣赏,例如,欣赏幼儿爱吃的地方小吃、爱玩的民间玩具、爱看的节庆表演、爱穿的漂亮服饰、爱逛的公园游乐园等,引导幼儿慢慢品味日常生活的美好,培养幼儿懂得珍惜生活中的美好事物之后,可以随着幼儿身心发展的成熟、欣赏水平的提升、知识经验的丰富,遵循《指南》艺术领域感受与欣赏部分的教育建议:"经常带幼儿参观园林、名胜古迹等人文景观,讲讲有关的历史故事、传说,与幼儿一起讨论和交流对美的感受""带幼儿观看或共同参与传统民间艺术和地方民俗文化活动,如皮影戏、剪纸和捏面人等""有条件的情况下,带幼儿去剧院、美术馆、博物馆等欣赏文艺表演和艺术作品",通过基于幼儿生活环境、情感体验和欣赏能力的人文生活美欣赏,有效促进幼儿真实生动的感受欣赏与表现创造,萌发幼儿热爱家乡的情感和对中华优秀传统文化的认同与喜爱。

(三) 依据不同年龄班发展水平做好统筹安排

基于幼儿美术欣赏能力发展水平的年龄班差异,依据人文生活美的内容类型和审美特点,从欣赏类型方面看,小班以饮食文化美与服饰文化美的欣赏为主,辅之以民间工艺美的欣赏,中大班在小班基础上增加人文环境美和科技文化美的欣赏,并逐步拓展饮食文化美、服饰文化美与民间工艺美的范畴;从欣赏场域方面看,小班以家庭和幼儿园周边的人文景观欣赏为主;中大班逐步拓展到社区附近的美术馆、博物馆、剧院及园林、名胜古迹等人文景观欣赏;从审美形式内涵方面看,小班以欣赏实物或单个人文景观为主,造型要夸张,特征要显著,色彩要鲜明,寓意要彰显;中大班可以从单个人文景观欣赏逐渐过渡到整体的人文环境美欣赏,还可以引导幼儿共同参与相关的文化活动,通过人文景观形式美的感受和人文环境意蕴美的体验,全方位领悟人文景观的艺术美与人文美。

三、幼儿人文生活美欣赏活动的设计与实施

幼儿人文生活美欣赏活动的设计和实施与自然景观美欣赏活动有相似之处,也分为随机式欣赏、主题式欣赏和渗透式欣赏三种基本形式,但是因为人文生活美欣赏活动关联到比较多的背景知识和文化内涵,所以在融入幼儿日常生活开展随机式欣赏的基础上,常常需要通过主题式欣赏的系列活动进行持续的探究,尤其要通过主题式欣赏中的集中教育活动聚焦幼儿共性问题,帮助幼儿梳理提升生活中零散的审美体验,形成对人文生活美欣赏相关主题的完整经验。所以,此处涉及的人文生活美欣赏活动的设计与实施主要指集中教育活动方面,包括集中教育活动目标的制订、活动准备的布置、活动过程的策划安排、组织实践和指导要求及活动延伸的设想等。

(一)活动目标的制订

在明确人文生活美欣赏活动的年龄班和具体的欣赏内容之后,教师首先要进行活动目标的制订。活动目标是欣赏活动的导向和效果预设,教师在制订活动目标时要从以下方面综合考虑。

1. 目标制订的维度要全面,关注幼儿学习与发展的整体性

欣赏活动目标的制订首先要体现艺术领域总目标、感受与欣赏分目标的要求,所以,教师要先熟悉《纲要》和《指南》的目标表述。《纲要》中的艺术领域总目标如下:一是"能初步感受并喜爱环境、生活和艺术中的美",二是"喜欢参加艺术活动,并能大胆地表现自己的情感和体验",三是"能用自己喜欢的方式进行艺术表现活动";《指南》中感受与欣赏的分目标如下:一是"喜欢自然界与生活中美的事物",二是"喜欢欣赏多种多样的艺术形式和作品"。仔细研读《纲要》和《指南》的目标,不难发现,目标制订的维度要全面考虑情感目标、知识目标和能力目标的有机整合,《纲要》和《指南》目标表述中多次出现"喜欢"等词语,提示教师要特别关注幼儿学习兴趣和态度等情感目标的培育,要充分关注幼儿学习与发展的整体性和可持续性。

2. 目标聚焦的重点要适宜,关注幼儿实际与内容审美特色

一个具体的欣赏活动不宜照搬总目标和分目标的要求,只有将总目标和分目标要求细化才能落地实施,这个细化的过程就是结合幼儿实际情况与欣赏内容特点,确定适宜幼儿能力水平和彰显内容特色的欣赏重点和难点,然后形成具体的行为目标以推动活动过程的具体实施。所谓活动的重点是幼儿需要掌握的最基本的知识技能或核心经验;难点是幼儿不易理解的知识或者不易掌握的技能。幼儿实际情况分析可以参

看任务一中幼儿美术欣赏能力的发展特点和行为表现,还可以参看《指南》感受与欣赏目标中对3—4岁、4—5岁、5—6岁幼儿的发展预期,同时结合不同年龄班的发展差异来进行。例如,教师在开展大班美术欣赏活动"家乡的老房子"时就依据大班幼儿已经从欣赏单个人文景观发展到能欣赏整体人文环境美,能够感知主要特征和一些细节,能够区分主体和背景等,结合家乡老房子黑白分明的色彩,飞檐翘角的造型,装饰精巧的纹样及依山就势、鳞次栉比的建筑景观,将活动重点确定为"感受家乡古民居黑白分明、飞檐翘角的独特风格";将活动难点确定为"感受家乡古民居依山就势、鳞次栉比的建筑景观"。

3. 目标行为的表述要具体,明确活动的可操作性与目标的达成度

如前所述,欣赏目标是欣赏活动的导向和效果预设,所以教师在拟定欣赏目标时,要采用行为目标的方式进行具体的表述,简要说明欣赏活动的内容、需要学习的知识或技能及要达到什么程度等。规范的表述参照如下:首先,从以幼儿为主体的角度表述,彰显幼儿学习的主体性和"以学定教"的教学改革理念;其次,写明实现目标具体的动作行为和动作行为作用的对象;最后,目标的表述要有一定的弹性,以体现面向全体和因材施教相结合。

基于上述要求,大班美术欣赏活动"家乡的老房子"目标表述为:① 感受家乡古民居黑白分明、飞檐翘角的建筑风格和鳞次栉比的景观美;② 尝试用水墨拓印画的方法合作表现家乡古民居;③ 进一步萌发热爱家乡的情感及对中国水墨画的兴趣。上述目标符合艺术领域总目标和感受与欣赏分目标的要求,体现大班幼儿欣赏特点与表现水平,以幼儿为主体的方式进行表述,"感受""尝试""萌发"等行为动词具体,动词行为作用的对象明确。例如,"感受"的对象是"家乡古民居黑白分明、飞檐翘角的建筑风格和鳞次栉比的景观美",不仅明确欣赏对象是家乡的古民居,而且还明晰了古民居欣赏的重难点。同时,整个目标的表述既具体明了又不刻板限定,"感受""尝试""萌发"等行为动词既清晰又有一定的弹性,有利于每个幼儿在活动中按自己的水平和能力进行欣赏感受和表现创造。

(二) 活动准备的布置

活动准备是将活动目标落到实处的先决条件,准备充分与否直接决定了活动实施的成效,具体说来,活动准备包括经验准备、材料准备与环境创设三个方面。

1. 经验准备

经验准备是欣赏活动顺利进行所必需的前期相关知识、活动经验、美术技能等方面的准备,教师要充分重视幼儿学习的主体地位,通过各种方式调动幼儿参与的主动性和积极性,教师可以组织开展与主题相关的参观、游览、写生等体验活动或其他领域活动,如相关主题的社会认知、故事讲述、歌曲欣赏等,帮助幼儿获取相关知识、积累相

关经验和获得情感体验,也可以开展相应的美术活动帮助幼儿提升相关技能水平,还可通过家园合作以亲子活动的方式开展体验活动,或与幼儿共同收集有关的资料以补充相关的经验。例如,大班美术欣赏活动"家乡的老房子"经验准备为:① 幼儿有现场写生家乡老房子的经验;② 家长与幼儿共同收集闽北地区黑瓦白墙老房子图片;③ 尝试过水墨画,有拓印添画的经验。

2. 材料准备

材料准备涉及教师和幼儿两个角度:教师方面涉及教具、教具呈现方式和演示材料的选择,尤其是欣赏作品要注意印刷质量和画幅大小,以便让幼儿清楚地观赏,为了营造欣赏氛围,加强审美效果,还可以准备课件、微视频、音频等;幼儿方面涉及帮助幼儿表达审美感受与创意的操作材料,教师可以依据幼儿人数适当多准备一些。例如,大班美术欣赏活动"家乡的老房子"材料准备为:① 教师方面,用具有代表性的家乡老房子影像资料制作成欣赏课件;② 幼儿方面,毛笔、排笔、墨汁、宣纸、颜料、调色盘、国画卷轴、防水服等。

3. 环境创设

环境创设包括幼儿座椅的安排和审美情境的布置等,教师可以根据美术活动的类型调整幼儿座椅的安排,以利于幼儿欣赏和创作为要;审美情境的创设主要考虑活动主题特点、活动目标达成和幼儿活动需求,主要是欣赏作品的陈列和幼儿作品的展示设计,通过展台、展板、悬吊等方式增强欣赏效果,增强幼儿美术活动的自信心和成就感。例如,大班美术欣赏活动"家乡的老房子"的环境创设为:① 把师幼共同收集的家乡老房子的摄影作品布置成作品展示墙;② 将幼儿水墨拓印画作品粘贴在国画卷轴上,幼儿小组合作展示。

(三) 活动过程的安排

活动过程的安排包括方法的选择和环节的设计,要依据幼儿的兴趣需要、知识经验及活动内容、活动目标选择适宜的方法。主要的方法有情境体验法、多方对话法、联想欣赏法、对比欣赏法、互动讨论法、游戏练习法等。现代化的教学手段运用要适度,注重幼儿在活动过程的直接感知、实际操作及主动的审美体验和表达。方法的运用要能有效突出重点,巧破难点。环节的设计要聚焦重难点,主线清晰,结构合理,层次清晰,过渡自然,有效达成活动目标。活动过程一般由导入活动、感受欣赏、幼儿创作、结束与欣赏环节组成。

1. 导入活动

导入活动主要是激发兴趣、吸引注意力、提出活动主题。这一环节要简洁明了,时间不宜过长,可以结合活动主题和幼儿年龄特点采用教具导入、谈话导入、游戏导入、表演导入等方法。例如,大班美术欣赏活动"家乡的老房子"基于幼儿前期对活动主题充分的准备和大班幼儿抽象思维萌芽的特点,采用谈话导入。教师设计的导入语是:"这段时间小朋友们对家乡的老房子很感兴趣,我们一起去参观了家乡的老房子,还做了哪些事?(写生、收集照片、布置摄影展等),今天就请小朋友们一起来欣赏家乡老房子的摄影展"。

2. 感受欣赏

本环节主要是丰富幼儿的欣赏经验,帮助幼儿梳理欣赏对象的审美特质,引导幼儿探索适宜的审美表达工具、材料和方式。此环节与下一个环节"幼儿创作"在整个活动中的结构安排和时间分配视活动类型确定,如果是欣赏类的活动,此环节需要占到活动总体近三分之二的比例,下一个环节占活动总体近三分之一的比例比较适宜,如果是创作类的活动则反之,而且视创作类活动的需要和幼儿能力发展情况,可在此环节之后增加"启发讲解"或"讲解演示"环节。

此处需要特别说明的是,有的教师认为欣赏类的活动不需创作,创作类的活动不用欣赏,事实上,欣赏和创作是艺术学习密切关联的两个方面,就像硬币的两面不可分割,欣赏是创作的基础和源泉,创作是欣赏的迁移和表达,欣赏类的活动过程设计往往在后面有一个创作环节,既符合幼儿审美表现行动性的特点,还可以弥补幼儿语言表达的不足,帮助教师通过幼儿作品深入了解幼儿的审美心理和欣赏成效,也有利于幼儿自主迁移欣赏中领悟的创作手法进行创意表现,避免教师的单向演示和标准范例造成的作品模式化、成人化问题;创作类的活动过程设计往往在前面有一个欣赏环节也是基于此。

(1) 自主欣赏

在导入活动之后教师不要急于开展集中欣赏活动,在集中欣赏之前一定要设计一个自主欣赏环节,这个环节才是幼儿进入美术欣赏的第一步,这个环节能够保障幼儿对欣赏对象有初步的整体感知和鲜活的个人体验,这是未被教师或同伴影响的最真实的审美直觉,是幼儿产生审美愉悦和审美创造力的源泉,为后续的集中欣赏奠定多向交流、互动共生的良好基础。教师要给予幼儿一定的时间和空间来自主感受和自由表达,教师一般在自主欣赏前简要提启发性问题即可,不宜做过多的讲解、提问和牵引。例如,大班美术欣赏活动"家乡的老房子"在谈话导入后,教师就设计了幼儿自主欣赏摄影展环节,在欣赏之前,教师设计了简要的提示语:"我们一起来看看你喜欢哪一张,说说它们都有哪些特别的地方",在自主欣赏环节,每个幼儿都能获得自主感受欣赏对象及与同伴、教师表达欣赏感受的机会,教师也可以在这个环节了解幼儿对欣赏对象的整体欣赏水平和个体差异,增强后续集中欣赏环节指导的针对性和有效性。

(2) 集中欣赏

在幼儿通过自主欣赏获得了最初的审美体验后,为了帮助幼儿逐步深入地感受审美对象的主要特征,有效突出重点、突破难点,教师需要设计集中欣赏环节,通过教师的提问启发,展开层层深入的欣赏,进一步引导幼儿感知和体验审美对象的造型美与色彩美等形式美感,引导幼儿发现这些形式美要素之间的关系,以及它们所表现的情感色彩和所隐含的文化意蕴,同时引导幼儿展开审美表达和交流,在交流和讨论中相互启发、深化认识。这个环节可以是一个活动也可以是两三个相互关联渐次递进的活动,可以视不同活动主题及年龄班的需求进行设计。

教师在集中欣赏环节的提问设计是引导幼儿欣赏和交流分享的关键,除了紧扣活动重难点展开有针对性的设计,也要注意年龄班特点。一般说来,小班的提问要简单明了直击重点,引导幼儿关注欣赏对象的形状、色彩等明显特征,基于小班特点,多问"是什么""怎么样"等问题,少问"为什么",教师在提问时还可以辅助手势、表情,调动幼儿的欣赏兴趣与回答意愿,同时允许幼儿回答时也可以是简单的语言加表情和动作。小班的提问设计可以参看任务一的典型案例:小班美术欣赏活动"有趣的表情";中大班的提问可以在"是什么""怎么样"等认知性问题的基础上,逐步增加"有什么不同""为什么"等理解性问题。大班幼儿的提问还可以涉及引导幼儿从不同角度欣赏对象的细节特征等。

例如,大班美术欣赏活动"家乡的老房子"在集中欣赏环节设计了两个活动。一是聚焦重点集中欣赏摄影展,此环节教师的提问设计如下:"在这些'黑瓦白墙'的家乡老房子里,你最喜欢哪一组家乡的老房子?为什么?说说它们都有哪些特别的地方",帮助大班幼儿梳理家乡古民居黑白分明、纹样精美、飞檐翘角的建筑风格美。二是聚焦难点集中欣赏课件,此环节教师的提问设计如下:"家乡的老房子一般都建在什么样的地方呢?(山上,小河边)从远处看家乡的老房子有什么特别的地方?(老房子是成片地建在一起,层层叠叠、密密麻麻的)每一栋房子都一样吗?有什么不同?(有高有低、有远有近、有疏有密)",引导幼儿通过欣赏具有代表性的影像资料,感受家乡古民居依山就势、鳞次栉比的建筑景观美。

(3)梳理总结

在集中欣赏之后,教师可以基于幼儿的审美表达和交流分享,聚焦活动重难点进行适当的梳理总结,深化审美感知,升华审美情感,领会文化意蕴,帮助幼儿形成完整的欣赏经验。例如,大班美术欣赏活动"家乡的老房子",教师在幼儿欣赏摄影展后设计的总结语是:"家乡的这些老房子,它们白墙黑瓦、色彩鲜明,飞檐翘角、风格独特,门、窗、屋檐还有许多精巧的装饰花纹,真漂亮"。在幼儿欣赏课件后这样总结:"家乡的老房子是成片地建在一起的,依山傍水、云雾环绕、层层叠叠、错落有致,有的高有的低、有的疏有的密、有的远有的近……真像一幅美丽的水墨画,生活在这样的房子里,感觉很幸福。"

3. 幼儿创作

如前所述,欣赏类活动常在活动过程的后面设计相应的创作活动,旨在通过提供适宜表征欣赏对象审美特点的工具、材料及表现手法,引导幼儿在较短的时间内通过创作进行形象直观的审美表达,使幼儿在操作性的绘画或手工活动中,迁移相关的艺术表现手法,进一步体验欣赏对象的审美特质,领悟审美对象的情感倾向和文化意蕴,激发审美感受力、理解力、表现力、想象力和创造力。在这个环节中,教师需要提出简明的活动要求引导幼儿进行创作,并在幼儿创作过程中开展巡回观察和基于观察的有效指导。

(1) 提出活动的具体要求

活动要求要简洁明了,聚焦活动重难点。一次要求不宜太多,主要是介绍创作的工具、材料和创作方式,激发幼儿审美表达的兴趣、明晰创意和表达方式。例如,大班美术欣赏活动"家乡的老房子",教师在这个环节主要通过展示工具、材料和简明提示引导幼儿开展相关创作活动,教师设计的提示语是:"家乡黑白分明的老房子看过去真像我们学过的中国水墨画,前几天我们一起画这些老房子时,我发现有的小朋友除了用毛笔、排笔画,还用泡沫来拓印,非常适合表现层层叠叠的老房子。今天老师给大家准备了不同大小和厚薄的泡沫,用它们蘸上墨汁,会拓印出什么呢?老师这里还准备了很多的材料,有毛笔、排笔、墨汁、颜料等,今天我们就小组合作,一起来印一印、画一画,变出漂亮的家乡老房子吧"。教师的语言清晰明了,提供的工具、材料既有中国传统水墨画用的笔、墨汁和颜料,还有适宜印画老房子的各种泡沫,通过教师对工具、材料的智慧设计和小组合作的方式,有效降低创作难度,助力幼儿对家乡老房子的表达与创意表现。

(2) 幼儿创作,教师观察指导

教师在幼儿创作过程中要认真观察,根据幼儿创作的实际情况,开展聚焦活动重难点的、有层次性和针对性的指导。教师在活动设计时,要写明预设的指导要点,在活动实施过程中依据幼儿的实际表现情况和个体差异,进行面向全体和关注个性的指导。例如,大班美术欣赏活动"家乡的老房子",教师根据幼儿小组创作情况,引导幼儿站在不同的位置,运用大小不同和厚薄不一的泡沫,合作表现家乡老房子层层叠叠、错落有致的景观,同时根据家乡老房子的特点和环境添画背景,突显老房子的特征,丰富相关画面。

4. 结束与欣赏

此环节主要是引导幼儿进行作品的展示与交流,分享幼儿不同的表达和创意,教师可以依据年龄班特点与活动形式、主题设计不同的方式,可以是以自由欣赏结束,也可以是以集中欣赏结束等。对于小班幼儿,建议多采用自由欣赏结束,先完成创作的可以先展示,自由欣赏展示的作品,没有全部完成的可以放到美工区在后续的区域活动中继续进行。对于中大班幼儿,可以视幼儿创作完成的实际情况从自由欣赏过渡到集中欣赏。教师在引导幼儿相互欣赏时要紧扣活动的重难点和要求进行,教师的评不仅要关注幼儿的作品,更要关注幼儿的兴趣、努力程度与创作途径等。例如,在大班美术欣赏活动"家乡的老房子"的结束与欣赏环节,教师帮助幼儿将小组作品粘贴在画轴上,请每组幼儿两两合作打开画轴进行展示,并派代表介绍本组的作品;教师根据幼儿创作过程的表现、小组的自我评价及作品表现出房子的主要特征、背景关系、远近疏密的构图方式等给予肯定,并提出期待。

需要注意的是活动过程设计要把握不同年龄班活动的时间节奏,一方面不要设置过多环节,给予幼儿较充分的探索体验时间,也留出活动过程中可能生成的预设外的有益活动;另一方面按照小班 15~20 分钟、中班 20~25 分钟、大班 30~35 分钟进行预设。

(四) 活动延伸的设想

活动延伸既是对前面教学活动所获得的学习经验的迁移,也是继续开展下一个活动的有效链接。活动延伸的设想可以考虑是与前面教学活动密切相关的区域活动、生活活动、家园共育活动或渗透到其他领域的活动,一般说来,紧密相关的活动延伸设计 1~2 两种即可。大班美术欣赏活动"家乡的老房子",活动延伸的设计主要是区域活动方面:继续投放相关的工具、材料支持幼儿用拓印水墨画等方式创作表现家乡的老房子。

综上所述,教师在设计、撰写一份集中教育活动方案时,要注意以下几个方面的要求:一是在活动方案前写清年龄班、活动类型、主题等信息;二是目标与重难点分析应结合幼儿年龄班水平特点与活动类型特色;三是除了必需的材料准备,还需充分关注幼儿经验准备和现场环境创设;四是活动过程的设计与表述要紧扣目标,条理清晰,层层推进,突出重点,突破难点。活动过程中每一个环节和步骤冠以同一系列的数码标志,简明扼要地拟出每一环节的指导要点和实施方法,要拟出启发幼儿思考、引导幼儿探索的系列具体问题,写出相关的引导语、过渡语和总结语。具体规范表述可以参看任务三案例分析部分。

四、幼儿人文生活美欣赏活动的观察与评价

对于幼儿人文生活美欣赏活动的观察与评价,首先要设定评价的内容。评价内容有两个方面:一是评价教师设计的活动方案;二是评价教师组织的活动效果。其次是选择评价的形式,常见的有教师自评、互评、他评等形式:教师自评是基于专业反思与活动推进;教师互评是促进研讨交流与学习借鉴;园长、专家评价等他评是加强教育督导与质量提升。接下来是确定观察记录的方式,有描述式和表格式两种。描述式观察记录可以依据活动方案的流程,现场记录活动过程每个环节的指导方法、教师指导要点、幼儿表征言行等,还可以通过录像进行观察记录或是对现场记录进行补充和

完善。描述式观察记录详实全面,有利于教师做深入的分析和评析,但是描述式观察记录工作量大,更适宜于教研活动或课题研究。日常教学评价用表格式观察记录比较简单方便并易于操作,可以进行多次的观察记录与分析评价,比较容易在相对标准化的观察指标中发现主要成效和明显问题,持续开展基于问题导向的教学改进。当然,如果能将表格式与描述式观察记录相结合,则既能保证观察的次数又能保证内容的详实,有助于全面系统又深入有效地改进教学提升质量。基于幼儿园教师首先要通过观摩集中教育活动来学习的缘由,此处以幼儿集中欣赏活动为例,介绍适宜教师日常观察评价的表格式记录方法。

(一) 厘清幼儿集中欣赏活动的观测点和具体评价标准

评价一个集中教育活动涉及活动目标的导向、活动内容的选择、活动准备的状况、活动过程的实施与活动效果的达成等方面,幼儿欣赏活动也不例外,因此,幼儿集中欣赏活动的观测点确定为活动目标、活动内容、活动准备、活动过程和活动效果。"活动目标"这一指标可以分解为:一是符合《指南》中的感受与欣赏目标要求;二是符合幼儿年龄班发展水平和欣赏基础;三是体现活动内容的审美特点和欣赏要求;四是情感、知识和能力三维目标有机融合。"活动内容"这一指标可以分解为:一是符合活动目标要求,能够支持目标实现;二是贴近幼儿生活,涵养幼儿珍惜生活中的美好事物的品质;三是活动重点突出、难点适宜,符合幼儿已有知识和经验;四是利于幼儿审美感知、情感体验与人文素养培养。"活动准备"这一指标可以分解为:一是经验准备、材料准备与环境创设符合目标与内容要求;二是经验准备充分,支持幼儿探索、学习、建构新的审美经验;三是材料准备适宜,满足幼儿实际操作、审美感知和体验的需要;四是环境创设适宜,能够激发幼儿欣赏兴趣、引发幼儿审美情感和发展幼儿审美想象。"活动过程"这一指标可以分解为:一是活动主线清晰,体现活动目标要求,活动各环节循序渐进、过渡自然;二是活动方法运用得当,支持幼儿主动探索和体验学习,现代化手段运用适度;三是提问具有启发性、层次性,能有效激发幼儿探索、体验、感知、理解与想象;四是突出重点,突破难点,帮助幼儿获得有益的审美经验;五是既能面向全体进行指导,又能关注差异进行个别指导。"活动效果"这一指标可以分解为:一是活动目标落实到位,幼儿在情感态度、知识经验和能力方面获得发展;二是幼儿在活动中积极投入、主动探索、情绪愉悦;三是教师的教育理念科学,教态亲和,对幼儿言行回应有效;四是活动具有一定的创造性,特色鲜明。

(二) 设计幼儿集中欣赏活动观察记录表

厘清幼儿集中欣赏活动的观测点和具体评价标准后,就可以着手设计幼儿集中欣赏活动观察记录表(见表 1-11)。

表1-11 幼儿集中欣赏活动观察记录表

幼儿园		班级		教师		主题	
观察者				时间			

观测点	具体评价标准	判断依据(行为实录)
A. 活动目标	□A1. 符合《指南》中的感受与欣赏目标要求	
	□A2. 符合幼儿年龄班发展水平和欣赏基础	
	□A3. 体现活动内容的审美特点和欣赏要求	
	□A4. 情感、知识和能力三维目标有机融合	
B. 活动内容	□B1. 符合活动目标要求,能够支持目标实现	
	□B2. 贴近幼儿生活,涵养幼儿珍惜生活中的美好事物的品质	
	□B3. 重点突出、难点适宜,符合幼儿已有知识和经验	
	□B4. 利于幼儿审美感知、情感体验与人文素养培养	
C. 活动准备	□C1. 经验准备、材料准备与环境创设符合目标与内容要求	
	□C2. 经验准备充分,支持幼儿探索、学习、建构新的审美经验	
	□C3. 材料准备适宜,满足幼儿实际操作、审美感知和体验的需要	
	□C4. 环境创设适宜,能够激发幼儿欣赏兴趣、引发幼儿审美情感和发展幼儿审美想象	
D. 活动过程	□D1. 活动主线清晰,体现目标要求,各环节循序渐进、过渡自然	
	□D2. 方法运用得当,支持幼儿主动探索和体验学习,现代化手段运用适度	
	□D3. 提问有启发性、层次性,能有效激发幼儿探索、体验、感知、理解与想象	
	□D4. 突出重点,突破难点,帮助幼儿获得有益的审美经验	
	□D5. 既能面向全体进行指导,又能关注差异进行个别指导	
E. 活动效果	□E1. 活动目标落实到位,幼儿在情感态度、知识经验和能力方面获得发展	
	□E2. 幼儿在活动中积极投入、主动探索、情绪愉悦	
	□E3. 教师的教育理念科学,教态亲和,对幼儿言行回应有效	
	□E4. 活动具有一定的创造性,特色鲜明	

注:观察记录表中的每个观测点分为若干具体评价标准,当出现符合标准的行为时,在相应项目前的□中打"√",并真实记录相应的行为作为判断依据。

（三）基于观察记录分析评价幼儿集中欣赏活动

幼儿园教师可以用表 1-11 幼儿集中欣赏活动观察记录表进行活动现场或录像的观摩记录，也可以视活动情况和研讨需要做一些关键事件的描述性记录，之后还可以与执教教师交流访谈相关情况，以便全面而有针对性地分析评价幼儿人文生活美集中欣赏活动，更好地学习借鉴有效的教育方法，并基于问题导向反思推进人文生活美欣赏活动质量。教师在分析评价幼儿人文生活美集中欣赏活动时，可以从活动目标、活动内容、活动准备、活动过程与活动效果五个方面进行，结合每个方面的具体评价标准和行为实录进行具体分析，还可以结合关键事件的描述性记录和对相关教师的访谈做深入探讨。总体上，分析评价时需要特别关注以下几点：一是活动的主线是否清晰，是否体现活动的类型特点和年龄班水平；二是活动的重点是否突出，难点是否突破，是否有效达成活动目标；三是教师的指导方法是否有效支持幼儿的主动探索、体验和学习；四是幼儿在活动中是否积极投入、情绪愉悦，获得有意义的学习经验。如何分析评价幼儿人文生活美集中欣赏活动可以参看案例分析：中班美术欣赏活动"有趣的糖画"。

中班美术欣赏活动：有趣的糖画

设计与执教：福建幼儿师范高等专科学校附属第二幼儿园　张晓榕

指导与评析：福建幼儿师范高等专科学校　吴丽芳

设计意图

糖画是我国国家级非物质文化遗产，是以糖为材料、以勺子为"笔"、以糖稀为"墨"进行制作，各种生动的图案造型在艺人的手下跃然纸上。在班级亲子活动参观完三坊七巷后，幼儿对街边卖的糖画表现出浓厚的兴趣。根据班级幼儿的兴趣，也为了让幼儿更早地接触优秀的民间艺术，设计了本次美术欣赏活动"糖画"。我们选择了适宜幼儿操作的材料，提供雕花笔和塑料小勺（孩子们做蛋糕时接触过雕花笔），让孩子们能够用自己的方式来表现糖画，更好地走进民间艺术，体验民间艺术和现代生活的美好联系，提升他们在生活中的审美情趣。

中班美术欣赏活动：有趣的糖画

活动目标

1. 欣赏糖画的造型美和线条美,感受民间艺术洋溢的生活热情。
2. 尝试用糖画的制作方法进行创作,体验民间艺术的美好。

活动准备

经验准备:教师、家长带领幼儿在三坊七巷观赏过糖画制作,品尝过糖画。

材料准备:糖画欣赏课件、丙烯颜料、裱花袋、雕花笔、塑料小勺、透明底板、湿毛巾、围兜等。

环境创设:布置糖画展,背景音乐《茉莉花》,陈列幼儿作品的展示板。

活动过程

一、谈话导入,激发幼儿欣赏糖画的兴趣

师:前几天,我们一起去三坊七巷欣赏过老爷爷制作糖画,小朋友们还品尝了糖画,今天张老师要带小朋友们来参观一个糖画展。

二、自由欣赏糖画展,分享对糖画的欣赏感受

师:你最喜欢哪张糖画?它是什么样的?你为什么喜欢它?

幼儿与教师在《茉莉花》的背景音乐中一起欣赏,与教师和同伴交流最喜欢的糖画和理由。

总结:糖画不仅好看,而且还能品尝,一直深受小朋友们的喜爱,在张老师小的时候就有糖画了,张老师的妈妈和奶奶也品尝过糖画。糖画已经有五百多年历史了,是我们国家的一种传统民间手工艺。

三、集中欣赏糖画课件,感受糖画的造型美和线条美

师:糖画是怎么做出来的?对啦,就是用勺子舀着煮热的麦芽糖,然后通过滴流、涂抹、刻的方法做出来的,现在我们一起来欣赏这些好看的糖画吧!

(一)欣赏糖画的线条美

师:刚刚在看糖画展的时候,我听到有小朋友说喜欢这几张糖画,现在我们一起来欣赏吧。

1. 欣赏蝴蝶糖画图片。

师:好多小朋友喜欢这只蝴蝶,你觉得它好看在哪里?它有什么特点?它身上的线条是什么样的?你都看到了什么线?

(哦,它身上有波浪线,它在哪儿呢?你能把它指出来吗?这里是波浪线,那除了波浪线,还有什么线呢?它的翅膀下面还有一些弧线,这些线条有的比较粗,有的比较细,这些粗的细的线条交错在一起,变成了镂空的翅膀。你感觉这只蝴蝶怎么样?感觉它好像要飞走啦!感觉很轻盈,很灵动,好像蝴蝶要飞到空中跳舞呢!)

2. 观看以滴流为主的糖画制作视频。

师:你们知道这样的蝴蝶是怎么做出来的吗?我们来看一看!

（你们有没有发现老爷爷的手腕是怎样移动的？对啦，在快速地移动，有时抬起有时落下，这种制作方法叫作滴流。你们瞧，用这种滴流画出线条的方法可以做出轻盈的蝴蝶，可以做出灵活的小鱼，还能做出很神气的小公鸡。你们还看到用这样的方法可以做出其他什么造型的糖画吗？对，说得真好，细细的线条适合表现一些轻巧的小动物。）

3. 对比欣赏老虎糖画图片。

师：咦，这是什么呀？这只老虎也是用线条画出来的，它身上的线条和刚刚我们欣赏的蝴蝶比，有什么不一样的地方？

（老虎身上的线条比较粗，还有粗粗的锯齿线，这样粗粗的线条看上去很有力量，很强壮，这样粗粗的线条适合做一些比较有力气的、比较凶猛的动物，比如说老虎、老鹰。）

（二）欣赏糖画的块面美

1. 欣赏牛的糖画图片。

师：刚才我们都是欣赏以线条为主的糖画，那你们看看，这头牛和刚刚的糖画有什么不一样？它的身上有没有很多线条？那它是怎么画出来的呢？用这种方法画，你看了有什么感觉？

（是呀，这头牛是用大块面画出来的，显得很结实，画出来的牛让人觉得很有力气。）

2. 观看以块面为主的糖画制作视频。

师：那这样的牛是怎么做出来的？我们来看一看！

（老爷爷有哪些动作？对，老爷爷将糖稀舀在板上，然后做了涂抹的动作，这种作画的方法叫涂抹。你们还看到用这样的方法可以做出其他什么造型的糖画吗？）

（三）欣赏糖画线与面结合的造型美

欣赏鸟的糖画图片。

师：这只鸟是用线条还是用块面来画的呀？它身上的翅膀是用什么方法画的？它的身体是用什么方法画的？这样画出来的小鸟你看了有什么感觉？

（手指着：这只鸟有线条画的地方，也有平面的块状，翅膀是用线条来画的，身体是平面涂抹的，这样画出来的鸟，让人觉得毛茸茸的，很灵活，很可爱……）

小结：我们刚刚欣赏了这么多的糖画作品，有的是轻盈的蝴蝶，有的是强壮的牛，有的是威猛的老虎，老爷爷在作画之前，会根据他要设计的动物特点，选择是用线条还是用块面，或者是用线条加块面的方法来作画。

四、幼儿尝试制作糖画，教师观察指导

（一）介绍工具、材料和制作要求

师：小朋友们欣赏了这么多的糖画，你们一定也想来试一试。看看老师给大家准备了什么材料？这是勺子，这是裱花袋，爷爷的糖画是用糖稀做的，老师准备了颜料来代替糖稀。把颜料装在裱花袋里，待会儿，小朋友们可以用勺子来做什么？（涂抹）可以用裱花袋来做什么？（画线）每种工具都可以试一试。作画之前，小朋友们别忘了想一想，你

项目一 "看"的艺术:幼儿美术欣赏活动的设计与指导

想设计什么样的糖画?

(二)幼儿自选材料创作,教师巡回指导

1. 鼓励幼儿大胆使用工具、材料进行创作。

2. 指导幼儿运用滴流和涂抹的方法表现形象的特征。

五、幼儿互相欣赏作品,分享各自的创意

(一)展示幼儿作品

帮助幼儿将创作完的作品陈列在展示板上。

(二)互相欣赏作品

师:你画了什么?用什么方法画的?小朋友们可以互相说说。

活动延伸

将幼儿作品展示在美工区,继续投放制作糖画的工具、材料,引导幼儿继续欣赏和创作。

案例评析

从活动目标看,中班美术欣赏活动"糖画"彰显《指南》感受与欣赏要求,"欣赏糖画的造型美和线条美""尝试用糖画的方法进行创作""体验民间艺术的美好"等要求符合中班幼儿欣赏水平,体现糖画的审美特色,做到情感、知识和能力三维目标有机融合。

从活动内容看,糖画这一主题贴近福州幼儿生活,能够涵养幼儿对民间艺术的热情,珍惜生活中的美好事物;欣赏造型美的重点突出,欣赏线条美的难点适宜,符合幼儿已有知识和经验,利于幼儿审美感知、情感体验与人文素养培养,能够有效支持目标达成。

从活动准备看,经验准备充分,教师、家长带领幼儿在三坊七巷观赏过糖画制作,品尝过糖画;材料准备适宜,既有教师引导幼儿欣赏提升的课件,又设计了结合幼儿生活经验符合幼儿操作水平的裱花袋、雕花笔、塑料小勺等工具、材料,有效满足幼儿审美感知、体验和表达的需求;还通过糖画展及背景音乐《茉莉花》等营造了富有情感的环境创设,有效调动幼儿审美兴趣和想象。

从活动过程看,活动主线清晰,聚焦糖画造型美和线条美欣赏,教师采用了活动前带领幼儿到三坊七巷现场感受的情境体验法、活动中贯穿自主欣赏糖画展和集中欣赏课件的多方对话法、课件中的图片对比欣赏法、视频观看激发的联想欣赏法等方法有效激发幼儿主动的审美感知、体验与想象,有效突出重点,现代化教学手段运用适度,有效突破难点;教师的提问具有启发性、层次性,通过步步分解的提问,助力中班幼儿的审美理解与表达,帮助幼儿获得有益的审美经验;教师在活动中比较注重面向全体,在关注个体差异方面有待加强。

从活动效果看,幼儿在活动中积极参与、主动探索、情绪愉悦;教师教态亲和,注重幼儿学习的主体性,师幼互动积极有效;活动目标落实到位,成效显著,幼儿在情感态度、知识和能力方面获得发展;彰显生活化、体验性的幼儿人文生活美欣赏教育特色。

实训活动一　幼儿人文生活美欣赏活动的观察、分析与评价

1．目标

(1) 能观察、分析与评价不同年龄班幼儿人文生活美欣赏活动水平。

(2) 能基于观察记录与分析、评价对欣赏活动提出有针对性的教育建议。

(3) 关注人文生活美欣赏活动与幼儿生活、情感和各领域教育的联通。

(4) 树立科学的教育理念，培养自主学习与小组合作学习实践能力。

2．内容要求

(1) 项目小组在幼儿园实习班级中结合人文生活美欣赏活动，进行集中教育活动的现场观察。

(2) 运用表1-11幼儿集中欣赏活动观察记录表进行观察记录，也可以在记录表后面适当做一些典型事件的描述，并进行小组交流与分享。

(3) 与园所教师反馈交流观察记录情况，结合相关知识分析、评价幼儿人文美欣赏活动水平，并提出相应的教育建议。

(4) 与在不同年龄班实习的项目小组交流观察记录与分析评价情况，了解不同年龄班幼儿人文生活美欣赏活动水平。

实训活动二　幼儿人文生活美欣赏活动的设计、实施与评价

1．目标

(1) 掌握人文生活美欣赏活动的基本形式和主要方法。

(2) 能够设计、评价幼儿人文生活美集中欣赏活动。

(3) 能够协助园所教师开展幼儿人文生活美欣赏活动。

(4) 涵养关爱尊重幼儿、基于幼儿身心发展特点施教的师德情怀。

2．内容要求

(1) 协助园所教师开展日常的幼儿人文生活美欣赏活动。

(2) 与园所教师交流反馈、分析评价协助开展活动的情况。

(3) 与园所教师商定适宜实习班级幼儿欣赏的人文生活美主题，围绕主题设计集中欣赏活动方案。

（4）与园所教师交流反馈、分析评价集中欣赏活动设计的情况。

让民间美术欣赏走进幼儿园

作者：福建省实验幼儿园　林葵

指导：福建幼儿师范高等专科学校　吴丽芳

民间美术是民间艺术中的一颗奇珍异果，是劳动人民用独特的艺术语言创造的艺术形式，蕴含着丰富的乡土人情，展示了多彩的民族风貌，作品生动有趣、自由奔放、色彩绚丽，给人一种强烈的视觉美感，深受广大人民群众的喜爱，也容易被幼儿所接受。吸收和利用我国优秀的传统文化资源，选用一些优秀的、典型的、积极向上的、正面反映生活的民间美术作品引导幼儿欣赏，让幼儿在民族美术文化熏陶中，感受祖国文化的丰富及优秀，激发幼儿的民族自豪感，培养幼儿对民间美术欣赏活动的兴趣和情趣。

本学期我结合幼儿发展和课题研究，决定先从欣赏纸伞开始与幼儿一起走进福州民间美术，共同感受其中的文化特色，使幼儿在现代文化氛围中汲取民族文化的精华，扩大孩子们的眼界，在他们幼小的心灵中播撒民间美术的种子。现以民间美术欣赏《福州三宝之———油纸伞》为研究案例，谈谈如何在生活中创造民间艺术文化的氛围以指导幼儿进行美术欣赏活动。

一、在生活中发现美

春天是多雨的时节，绵绵细雨下个不停，一连就是好几天。早晨幼儿撑着小花伞来到班上，一路上就听到他们在互相议论着。

幼儿1："你看，我的伞像一朵蘑菇。"

幼儿2："我的伞像一朵花。"

幼儿3："你们看，我的伞就像一座小房子，我可以躲在里头。"

在走廊上活动的其他幼儿听到了，也赶紧拿出了自己的小伞炫耀着。

幼儿4："我的伞是绿色的，还有两只耳朵，是青蛙伞。"

幼儿5："我的伞是黄色的，上面还有小鸭的图案。"

幼儿6："我的伞是粉红色的，上面还有芭比娃娃的图案，我最喜欢了。"

幼儿7："你们看我的伞上面有花边，还有绣花，漂亮吧！"

这时有个幼儿将伞转了起来,叫道:"大家看呀,我的伞像陀螺一样!"其他幼儿看到后都跟着转起了手中的小伞,顿时走廊上转起了五颜六色的"陀螺",紧接着响起了清脆而热烈的掌声和开心的欢呼声……

幼儿的兴奋让还在思考如何让纸伞自然地融入欣赏中的我茅塞顿开,这正好是一个介入的时机,于是我来到他们中间打开一把油纸伞,立刻被眼尖的孩子发现了:"哇!老师的这把伞好特别啊!"他们都向我围了过来:"它跟平时的伞不一样,我很喜欢;这把伞柄怎么是用木头做的?伞上面画着几朵小花,真美啊……"幼儿在议论中感受着艺术伞的美。我借机向他们提出了问题:"你们想想伞除了可以遮阳、挡雨外,还有什么用处呢?你家里有跟我们平时见到的特别不一样的伞吗?还有没有其他的艺术伞呢?"我适时地发动幼儿回去和爸爸妈妈一起找找在我们身边的艺术伞。

二、在环境中感受美

幼儿和家长一起搜集形状、图案各异、颜色鲜艳的儿童伞、折叠伞、油纸伞等,大的悬挂在教室的上空,小的作为展示区布置在活动室的一角;有些幼儿在家长的帮助下上网查询、打印各种伞的图片,并张贴在教室墙面上布置成专栏;活动室在我们的共同"打扮"下变成了美丽的"花伞世界",这样既易于幼儿观赏,又美化了我们的教室,给幼儿强烈的视觉冲击,同时也营造出立体的审美氛围。在这样的氛围中,幼儿自然而然地产生了与同伴交流的冲动,为欣赏纸伞的形式美、装饰美和意境美奠定感性基础。

为了让幼儿能够真正地感受到油纸伞的美,仅靠录像和图片是不够的,真实的环境是很重要的。我们带着幼儿走进油纸伞的作坊,作坊的负责人带领他们边参观纸伞的制作步骤边耐心地介绍。幼儿兴趣高昂,对纸伞的制作工序十分好奇,认真地听着叔叔的讲解,还向叔叔、阿姨们提出了许多的问题(例如,你们的伞面是用纸做的,被雨淋到不就湿了、破了吗?为什么要用线来穿伞、不用小钉子呢?等等)通过参观幼儿收获不小:认识了纸伞的制作材料、工序,对纸伞的美有了初步的感受,并对叔叔、阿姨们的劳动感到由衷的敬佩。参观后我们定制了十几把精美传统的油纸伞,回园创设欣赏的环境,开始欣赏活动。

三、在探索中体验美

欣赏活动开始时,我以音乐为载体,选用了最具有福建本土特色的笛子演奏的音乐《茉莉花》,采用了舞蹈表演的形式:6名幼儿每人手持一把纸伞,分成两组按先后顺序随着音乐缓缓入场,表演与纸伞相匹配,在欣赏活动的开始就给予幼儿听觉和视觉上的刺激。幼儿边看边不由自主地说:"哇,好美呀!"并与旁边的幼儿小声地议论着:"我喜欢那把有很多花的伞。""我觉得那把红黄搭配的伞很鲜艳。""我也是,它转起来就是陀螺。"……轻松、优雅的音乐和柔美的舞姿形成了很好的音乐艺术氛围,调动幼儿的审美感官,激发幼儿的审美兴趣,幼儿完全沉浸在纸伞的美所带来的审美愉悦中。

在舞蹈表演结束后,我及时抓住幼儿的兴趣和热情,对幼儿进行引导和启发:"这些伞的伞面和伞骨是用什么材料做成的?伞面是什么形状,有哪些颜色?画着什么样的图案?"幼儿带着教师提出的问题自由探索纸伞,他们用手轻轻地摸摸这些伞,边欣赏边三三两两地围在一起互相交流着。

幼儿1:"你们看,这伞就跟陀螺一样。"

幼儿2:"这把伞上画的是山水画。"

幼儿3:"伞面是宣纸做的。"

幼儿4:"这把伞有两种颜色——黄色和红色。"

自由探索的形式,让幼儿可以近距离地与纸伞接触;充足的欣赏时间,使幼儿对纸伞的美有了更直观的感受,为师、幼、艺术作品三者间的对话做了铺垫。在这个欣赏环节中,我利用说、唱、舞、欣赏等各种形式的自然融合,使艺术学习变得更自然,更容易,更活泼多样,让幼儿与教师、同伴、艺术作品在真正意义上互动起来。

四、在对话中提升美

民间美术欣赏活动主要以对话的方式进行,包括人际对话——教师与幼儿、幼儿与同伴之间交流自己对作品的感受及体验;幼儿与艺术作品的对话——幼儿打开感官及心灵,直接面对人类优秀的艺术品,真切地去感受和体验,并学习用各种方式来表达见解;自我的对话——对内心感受进行表述。不管是哪种对话,都必须借助语言来进行。

师:"这么多美丽的纸伞,你最喜欢哪一把?它美在哪里?"

幼儿1:"我喜欢那把画了很多花的伞。上面的花有大有小,花的颜色有红有白,有绿色的叶子,有些地方还用黑墨点缀一下。"

幼儿2:"我觉得这把伞上面画的叶子有浓有淡、有密有疏,所以它很美。"

师:"大家说说这把伞是用什么方式装饰的?"

幼儿异口同声地说:"国画。"

师:"小朋友真棒!除了这把伞是用国画装饰的,我们这里还有哪些伞也是用国画来装饰的呢?"

幼儿立刻争先恐后地边说边用手指着,当把用国画装饰的纸伞归类在一起时,在教师的启发下,在欣赏过国画的基础上,幼儿说出了山水画、花鸟画、人物画,而这些恰是国画的画种特色。在教师的启发引领下,幼儿的思维越来越活跃,对美的体验越来越深。

师:"在这些用国画装饰的伞里,你还喜欢哪把伞呢?"

幼儿1:"我最喜欢那幅山水画,它用到了浓墨和淡墨,让人觉得有的山很近,有的山很远,看起来就像一群山一样。"

幼儿2:"我喜欢(有)梅花(的)那把伞,它的墨有浓有淡,树枝是靠着伞边弯弯曲曲画的。"

幼儿3："树枝有密有疏,这把伞留白很多。"（留白也是国画的一大特色）

幼儿4："伞上有的花开了,有的花没开。"

幼儿5："看到这把伞感觉就像雪地里开着鲜艳的梅花,让人觉得很暖和,好像春天快来了。"（我们都为这个幼儿丰富的审美想象鼓掌,他能抓住画面的特征并结合自己的生活经验展开联想,对美的理解进行了提升。）

师："请你们再看看这把伞面的外形,发现了什么？"

幼儿："老师,我发现了这把伞的伞面就是梅花形的,而伞上画的也是梅花,很相配。""对啊,我也发现了！"

幼儿间引起了共鸣,在他的带动下,其他幼儿不仅发现了纸伞的不同外形,有四边形、多边形、八角形等,而且在教师的引导下他们发现了国画与纸伞之间的融合,欣赏的情绪越来越高涨。

此时,有些幼儿注意到了采用现代手段——线条和颜色来进行装饰的纸伞。

幼儿1："我喜欢这把伞,因为它用到了螺旋线。"

幼儿2："伞上的图案由密到疏,从少到多,从小到大。"

幼儿3："白色和紫色搭配,让人看了觉得很清爽、很凉快,觉得很像在夜晚有很多樱花从天空中飘下来。"

幼儿4："我喜欢这把伞,这把伞用红黄两种颜色搭配起来很暖和,像太阳一样,是暖色调的。"

幼儿5："伞上还有像太阳光芒一样的放射线。"

教师把伞转了起来。

幼儿1："转起来很像雪花在飘飘飘、转转转。"

幼儿2："好像有很多樱花从天上落到地上。"

幼儿3："圆圈好像越变越大,反过来转时就越变越小了。"

幼儿4："转起来时像陀螺,还像太阳在闪金光。"

幼儿精彩的对话和联想让我深刻地感受到：首先,欣赏活动中教师和幼儿不是灌输和被灌输的关系,而是双向交流的关系,教师把民间美术作品中的对称、均衡、疏密搭配等形式美,通过观察、讨论,给予幼儿启发,创设了宽松愉悦的活动氛围,让幼儿畅所欲言,大胆表达想象和理解,说出让人意想不到的见解；其次,幼儿在平时不断地受到美术作品的熏陶、美的熏陶后,掌握了一定的欣赏技能,对美好事物有了较敏锐的感受力,因此能运用已有的经验对欣赏物的形状、质地、线条、图案、色彩等美的要素方面有所关注,进行简单的判断和有意味的欣赏,这次的对话活动让幼儿对民间美术有了新的体验。

五、在创作中表现美

教师在引导幼儿欣赏的同时,要及时鼓励幼儿发挥创新思想,用创造性的活动来表达自己的感受。活动中当教师简单介绍纸伞的制作过程时,幼儿已经迫不及待跃跃欲试了,"我想用国画的办法来画伞""我想自己做一把不一样的小伞""我想用别的办法来装饰伞"等,表现出了很高的创作热情。教师及时为幼儿提供各种创作材料,幼儿立刻忙得不亦乐乎。有三四个幼儿一起互相商量、共同合作在白胚伞上(实物)设计国画伞面:他们先根据伞面的外形,围着伞边用毛笔蘸墨勾勒出零星的几朵小花和大半圈的藤蔓,接着用颜料装饰花朵,最后再在伞面上画上几只彩蝶,这样一把很有民间韵味的纸伞就完成了。有的幼儿在设计时,以伞头为中心,先用毛笔围绕着伞头画个小圈,接着用国画的方法画上间距相同的一圈葫芦,然后在纸伞的最外圈装饰一圈的圆点,最后加上放射线,一把传统和现代相结合的纸伞就呈现在我们面前了。

还有的幼儿运用现代的手法来装饰小伞面:首先将伞面折剪成花瓣形,接着在中心点画上小花,然后围绕中心点装饰一圈的小花,再画上4朵对称的大花朵,最后涂上对称的背景颜色,整个以花为主题的伞面就完成了。幼儿在设计时还运用到各种线条(如螺旋线、放射线、波浪线)及剪纸、对称装饰等方法,并在画完小伞面后,用吸管做成伞骨,与伞面固定在一起,支撑起一把把美丽的小伞。他们在创作中边互相交流着自己的构想边互相欣赏着,就连伞面的形状也是幼儿自己设计的,各种各样,有四方形、花瓣形、六边形、波浪形等,活动室渐渐地变成了大小不同、装饰不同、形状各异的"伞的世界"。有几个幼儿自发地举着手中的小伞跟着背景音乐(笛子演奏的音乐《茉莉花》)边哼唱边舞了起来,渐渐地其他幼儿也跟着一起围着创作好的纸伞唱起来、跳起来了,他们尽情地表达自己内心对美的理解,沉浸在审美创作所带来的满足与喜悦之中……

实践证明,引导幼儿欣赏民间美术,从小对幼儿进行民间美术的熏陶,不仅提高了幼儿美术方面的素质,提升了幼儿感受美、体验美、欣赏美、创造美的能力,同时也培养了幼儿对民间美术的兴趣,对民间艺术家的敬佩之情,对民族的骄傲、自豪感。

任务四　幼儿艺术作品美欣赏活动的设计与指导

如何开展儿童视角的艺术作品美欣赏活动？

近期大一班在开展有关春天的主题活动，陈老师计划结合活动主题引导幼儿欣赏吴冠中的国画作品《花草地》。这幅作品既有中国山水写意画的风格又融合了西方绘画的特点，用颜色、线条、形状来表达作者对花草地的感受，采用水墨晕染的方法，色彩浓烈饱和，对比强烈，看起来自由、轻快、无拘无束，适合幼儿天真活泼、充满想象力的特点。陈老师在开展欣赏活动前一直在思考：如何确定本次活动的重难点？要用什么方法欣赏可以有效突出重点、突破难点？陈老师结合班级幼儿的生活经验、欣赏基础和作品特点，将活动重点定位为"感受画面的色彩美与线条美，体会中国写意画的笔墨意趣和创想魅力"，将活动难点定位为"感受画面点彩、线条的韵律美和节奏美"，将活动方法拟定为活动前请家长带领幼儿寻找花草地、拍摄花草地，活动过程中采用作品对话欣赏、课件互动欣赏和提供相应工具、材料引导幼儿尝试创作等方法。

请结合案例想一想：应该如何开展儿童视角的艺术作品欣赏活动？艺术作品美欣赏的目的和意义是什么？艺术作品美除了欣赏名画还可以欣赏什么方面的内容？艺术作品美欣赏的方法有哪些？针对上述问题，案例中教师选择的欣赏内容、预设的欣赏重难点、拟定的指导方法是否适宜？作为未来幼儿园教师的我们应该如何设计、实施与评价幼儿艺术作品美欣赏活动？

此项任务将围绕幼儿艺术作品美欣赏活动的设计、实施与评价展开，涉及艺术作品美欣赏活动的目标制订、内容选择、方法探究、组织实施和反思评价。在此项任务中，需要理解开展艺术作品美欣赏活动的特殊意义，掌握艺术作品美欣赏活动的主要方法，学会艺术作品美欣赏活动的设计、组织与评价并付诸实施。

艺术作品美欣赏活动是教师引导幼儿感受艺术作品的形式美和内容美,提升幼儿的艺术感受力和理解力,激发幼儿的艺术想象力和创造力,增强幼儿的审美素养和人文素养的美术欣赏活动。艺术作品美欣赏活动常常结合与作品主题相关的人文景观美或自然景观美欣赏活动进行,实现艺术作品美欣赏与幼儿生活和情感的联通,提高幼儿艺术作品美欣赏活动成效。

一、幼儿艺术作品美欣赏活动的目的和意义

(一) 开阔幼儿的美术欣赏视野,提升审美素养和人文素养

艺术作品美欣赏活动有别于自然景观美或人文生活美欣赏活动,后者以自然或人文景观为欣赏对象,主要围绕幼儿的生活环境和生活其中的地方文化展开,与幼儿的生活、游戏与学习有密切的关联,有助于幼儿感受日常生活的美好,培养幼儿珍惜身边美好事物的情感;艺术作品美欣赏活动以艺术作品为欣赏对象,艺术作品多如浩瀚星辰,内容丰富、形式多样,是反映人类文化和审美精神的窗口,与社会生活、历史文化、民俗风情等密切关联。开展艺术作品美欣赏活动,可以有效拓展幼儿美术欣赏的视野,提升幼儿的审美素养和人文素养。幼儿园教师在开展艺术作品美欣赏活动时,仅从艺术领域来考虑是远远不够的,因为任何一种艺术作品必然涉及相关的社会背景、文化观念、历史渊源、地理环境、经济水平等问题,教师要将艺术作品美欣赏活动与幼儿园其他教育统整起来,将美术教育与社会教育整合起来,从深度和广度两个方面把美术教育提升到文化教育的层面,引领幼儿在更广泛的文化情境中理解美术的特征,感知美术表现和创造的多样性,认知美术对社会生活的反映和贡献,逐步培养幼儿对中国优秀传统文化的认同和热爱及对世界多元文化的理解和尊重。

(二) 涵养幼儿的审美敏感性,提升艺术感受力与理解力

一方面,艺术作品与自然景观、人文景观相比,不论是内容上还是形式上都更具美的典型性,任何一件艺术作品尤其是美术作品都具有鲜明的形式审美特征,通过线条、色彩和形体等常见的艺术语言,依托造型、色彩和构图等基本的艺术手段,在平面或立体的空间中塑造出具有视觉吸引力和情感表现力的艺术形象。因此,相对于自然景观美与人文生活美欣赏活动,艺术作品美欣赏活动能够有效涵养幼儿的审美敏感性,提

升幼儿的艺术感受力与理解力;另一方面,艺术作品种类繁多,仅从美术作品看,从地域划分,有中国画、西洋画;从题材内容划分,有人物画、动物画、风景画等;从工具、材料划分,有水墨画、水彩画、水粉画、油画、版画、吹画等;从使用形式划分,有年画、连环画、漫画、插画、广告等。不同类型的艺术有着不同的表现形式和审美特质,既有不同材质的美感,又有不同方式的风格,还有不同创意的呈现等。开展多元的艺术作品美欣赏活动能够逐渐涵养幼儿的审美敏感性,逐步提升幼儿的审美感受力与理解力。

(三) 丰富幼儿的审美经验,提升艺术表现力与创造力

如前所述,艺术作品内容丰富、形式多样、造型典型、富于情感,能够有效吸引幼儿的审美注意力,引发幼儿的审美兴趣。教师在进行艺术作品美欣赏活动时,一般从基于艺术作品自身对幼儿的感染力入手,从幼儿对作品最本真的审美感知开始,开展幼儿对作品形象、色彩、线条、构图等形式要素审美理解的引导,再到指导幼儿对作品主题、风格、意蕴、象征等方面的体验和想象,助力幼儿艺术感受与理解的梳理提升,有效丰富幼儿的审美经验。此外,在艺术作品美欣赏活动中,教师不仅鼓励幼儿通过语言、表情和动作进行各种形式的审美表达,通常还会准备一些与欣赏作品匹配的、适合幼儿操作的工具、材料,在让幼儿充分感知欣赏、理解体会的基础上,引导幼儿迁移相关的艺术手法,进行有趣的创作体验,助力幼儿艺术表现力和创造力的提升。

二、幼儿艺术作品美欣赏活动的内容选择

艺术作品有丰富的文化内涵和典型的审美意味,对涵养幼儿的审美素养和人文素养有特殊的意义,教师在选择欣赏内容时要基于作品的艺术性、文化内涵及幼儿的知识经验、可接受性等进行全方面考虑。

(一) 立足中国的传统艺术,甄选世界的多元艺术

艺术作品的内容类型非常广泛,划分标准也非常多元。从利于幼儿美术欣赏和文化学习的角度,可以分为传统的中国艺术、多元的世界艺术和时尚的新视觉艺术等类型,其中,传统的中国艺术有国画、京剧脸谱等,在世界艺术领域独树一帜,体现中国文化精髓,彰显中华美育精神。以国画为例,它不拘泥于形似和时空限制,更强调神似和意蕴表达,用中国独有的毛笔、水墨和颜料,或写意或工笔,或浓墨或淡彩……以形写神,气韵生动,形成了独特的艺术风格,具有高度的艺术想象力和概括力,在表现内容、思想内涵和创作形式上,都反映了中华民族的文化品位和审美情趣。多元的世界艺术主要聚焦于世界各国的经典艺术,有再现主义、表现主义、形式主义、意象主义、后现代主义等多种流派,反映人类文化的多样性和差异性。时尚的新视觉艺术是现代日常

活动中的艺术,有电影、电视、广告、摄影、动画等,新视觉艺术的显著特点就是影像化。影像和图像已经成为大众文化中不可忽视的力量,也是现代人所处生活环境中重要的一部分,潜移默化地影响大众的生活方式和审美取向。教师在选择艺术作品的内容时要首先立足于传统的中国艺术,引导幼儿感受中华优秀传统文化的魅力,激发幼儿对祖国优秀传统文化的热爱;其次要甄选世界各国艺术,适当引导幼儿欣赏世界其他国家的经典艺术,理解文化的多元性,尊重文化的差异性;同时还要遴选幼儿身边的新视觉艺术,帮助幼儿积累美好的视觉经验,形成健康的审美情趣,提高审美素质,涵养人文精神。

(二)注重幼儿的可接受性,彰显艺术作品的经典性

教师在选择艺术作品时应当根据幼儿的兴趣、经验和接受能力,要考虑艺术作品的内容是否与幼儿的生活经验和知识基础关联,形象与色彩等表现形式是否能引发幼儿的审美兴趣,表现材料和艺术风格是否符合幼儿的审美感知和理解水平,艺术情感和创意表现是否与幼儿的审美情感和审美想象匹配等。需要特别注意的是,教师在选择艺术作品时考虑幼儿的可接受性,并不等于降低艺术作品的审美要求,相反,教师应当选择具有高度艺术性的经典作品。从前面关于幼儿美术欣赏能力的发展特点和行为表现的阐述中可知,幼儿对艺术作品的欣赏具有非凡的潜力,所以教师首选适合幼儿欣赏特点的名家名作。实践证明,名家名作具有高度的艺术表现力,更能有效激发幼儿的审美兴趣,培养幼儿健康高雅的审美情趣。例如,齐白石的《墨虾》、吴作人的《熊猫》、李可染的《牧童牛背画中行》、林风眠的《梨花小鸟》等,这些中国画大师富有生活情趣的小品造型生动、色彩明快、笔墨雄浑、意境淳朴、妙趣横生、与幼儿的生活经验吻合,与幼儿的游戏天性相融,深受幼儿喜爱;而蒙德里安的《红黄蓝的构成》、凡·高的《星月夜》、米罗的《人投鸟一石子》等国外大师的抽象作品,符合幼儿富于想象创意的特点,也容易为幼儿接受。教师在关注幼儿可接受性与艺术作品经典性的同时,还要兼顾艺术作品内容的丰富性与形式的多样性,通过各种题材内容和表现形式的作品欣赏,开阔幼儿的审美视野,提升幼儿的艺术感受力、理解力、表现力与创造力。

三、幼儿艺术作品美欣赏活动的设计与实施

幼儿艺术作品美欣赏活动因为涉及相关文化内涵的理解和相应创作手法的领悟,需要教师引导幼儿共同探索、体验、梳理和提升,所以基本上以集中教育活动的形式开展。艺术作品美集中赏活动的方案设计、组织实施、指导要点等与人文生活美集中欣赏活动的设计与指导有共同之处,所以在活动目标制订、活动准备安排、活动过程设计、活动实施指导、活动延伸设想等方面就不再赘述,这里主要探讨艺术作品美集中欣赏活

动的方法设计及实施要点,任务三介绍过的多方对话法、情境体验法和联想欣赏法也适用于艺术作品欣赏,但是运用起来有不同的指导要点,此外,还有艺术作品欣赏常用的对比欣赏法,下面结合艺术作品美欣赏活动特点进行具体的阐述。

(一) 多方对话法

多方对话法是指在艺术作品美欣赏活动中,以语言为中介引导、启发幼儿与作品、教师、同伴等多方互动、多向交流的一种方法。艺术作品与自然景观的审美特质不同,具有明确的主题内容(即使是抽象画也有一定的表现意向和情感倾向)和典型的艺术风格和表现形式,所以教师在引导幼儿与作品对话前,首先要通过线上搜索、线下查阅等方式学习相关资料,全面深入地了解作者的生平、发展历程、艺术风格和代表作品,然后通过集中研读来欣赏作品的审美特色,结合幼儿的知识技能基础和相关欣赏经验,确定欣赏活动的重难点,最后聚焦活动重难点开展从作品内容美到形式美层层递进的问题设计,帮助幼儿由表及里、由浅入深地进行欣赏,实现审美经验与作品意蕴的有效融合,生发出独特的审美体验、审美想象和丰富深刻的审美愉悦。

多方对话法实施的关键是问题设计,以下提供关于作品内容美、形式美等方面欣赏的问题设计。需要特别指出的是,下列问题展示只是一个参考框架,教师要依据欣赏的作品来具体设计。此外,教师的问题基本是预先设计的,在欣赏活动实施过程中,还要依据幼儿的现场反应灵活调整提问的顺序和内容。教师在引导幼儿回答时也要处理好自己的预期答案和幼儿个性化回答之间的关系,每个幼儿都有自己特殊的生活环境、情感体验和欣赏基础,教师要鼓励幼儿用自己的经验与作品对话,允许幼儿有自己的认知、理解、想象和表达,不必将答案圈定在作者的原创意图或教师的理解意图中。

1. 欣赏作品内容美的提问

如前所述,当一幅作品呈现在幼儿面前时,他们首先感知的是"画上画了什么?"因此,依据幼儿的审美心理,教师首先可以针对作品表现的具体内容即形象、背景和事件等设计问题,引导幼儿对作品欣赏的兴趣和关注点。具体的提问设计参考如下:

"小朋友们,你们在画中看到了什么?"(引导幼儿欣赏主要形象)

"除了这些,你们还看到了什么?"(引导幼儿欣赏次要形象)

"这些人(动物)在干什么?你们是怎么看出来的"(引导幼儿欣赏形象之间的关系)

"你们能猜出他们在什么地方吗?"(引导幼儿欣赏形象与背景的关系)

"这些人(动物)是什么样子?你们有什么感觉?"(引导幼儿欣赏形象特征,并对最初欣赏印象进行描述,引发幼儿初步的审美感受)

2. 欣赏作品形式美的提问

作品的形式美是指作品的色彩、线条、图形、构图、明暗等方面体现的美感,这是美术欣赏对话的主要部分。美术欣赏中的师幼对话与语言讲述不同,除了涉及上述作品形象、背景和事件等作品具体内容的对话外,更为关键的是要引导幼儿深入欣赏作品的形式美,通过对作品色彩、线条、图形、构图、明暗等的有意感知、理解、想象,体会作品所传达的情感表现性和隐含的精神意蕴,帮助幼儿领悟作品的艺术风格和潜在美感价值,逐渐培养幼儿对形式美的敏感性和初步的叙述艺术美的能力。

在美术欣赏活动中,形式美的分析与互动是加深幼儿审美体验,提高幼儿审美理解力、想象力和创造力的关键,所以,教师要加强自身对造型、色彩、构图等艺术形式语言的学习,以及对对称与均衡、节奏与韵律、变化与统一等形式美构成原理的研究,以便更好地设计易于幼儿理解的开放性的问题,帮助幼儿逐渐提升艺术欣赏能力。此外,教师在设计艺术作品美欣赏活动的问题时无须涉及所有的形式美元素,教师可以依据每件作品的艺术特点和表现风格,聚焦欣赏的重难点,或是色彩或是线条等进行有针对性的设计即可。

(1) 构图

构图简单说来指的是将画面的形象组织起来的方式,如何安排画面上的各种形象主要依据作品表达主题的需要,所以,引导幼儿欣赏作品的形式美,建议教师从具有整体感的构图入手,引导幼儿形成对作品的完整印象,然后再进行具体的线条、色彩等形式美元素的互动分析。直接提问构图对幼儿来说比较抽象,教师不必急于询问幼儿构图的方式,可以先从对幼儿最具吸引力的地方开始启发,通过多次作品欣赏逐渐引导幼儿感知构图的方式。具体的提问设计参考如下。

"这幅画你第一眼看到了什么?(这幅画你感觉最有意思或最特别的地方是什么?)为什么你第一眼会看到他(它)?是他(它)的形象特别大还是颜色特别亮?"(引发幼儿对欣赏作品构图的整体感受)

"这幅画最主要的形象是什么?他(它)的旁边有什么?后面有什么?远处有什么?这样安排画面形象给你什么感觉?"(引导幼儿感知作品的构图方式及这种构图方式所表达的意味)

"我们来看看画家是怎么构图的。是把形象都排在一条地平线上的水平式构图或是形成稳定的三角式构图、还是自上而下排列形象的垂直式构图?是从中间向外延展的外展式构图,还是用一定的界限把形象圈起来的封闭式构图?"(引导幼儿体会、表达构图的基本形式,此部分可以依据幼儿的欣赏兴趣、能力和表达水平进行引导,视情况点到为止略析即可,也可以不涉及)

(2) 线条

线条是幼儿最初的涂鸦表现,也是艺术造型最基本的手段。线条可谓是艺术形式美最基本的元素,无论是具象的作品还是抽象的作品,无论是平面的作品还是立体的作品,线条都是艺术家创造艺术形象和表达思想感情不可或缺的语言,具有丰富的情感表现性及美感表现力。教师在引导幼儿感知和讨论线条美时建议可以先提问幼儿对画面的整体感受,尤其是在欣赏没有具体形象的抽象作品时,更要引导幼儿关注艺术家通过线条或图形等形式元素所传递的情感,然后基于幼儿的整体感受设计深入欣赏线条的具体问题,避免抽离作品的整体美感和幼儿的情感体验,直接陷入纯粹讨论线条的技术性或机械式的分析中。欣赏吴冠中的国画作品《春如线》、凡·高的印象派作品《星月夜》(见图 1-5)等彰显线条形式美感的作品时可以参考如下具体问题进行设计。

图 1-5　凡·高《星月夜》　彩图 1-5

"这幅画你看了有什么感觉?画家画了什么样的线条让你有这种感觉?"(引导幼儿整体的审美感受)

"我们来看看画中的线条是长长的还是短短的,是粗粗的还是细细的,是很流畅的还是断断续续的,是直直的还是弯弯曲曲的……这样的线条给你什么感觉?你觉得画家的心情是什么样的?"(引导幼儿感受线条的审美特点和情感表现性)

"这些线条看起来什么地方是一样的?什么地方是不一样的?它们是朝着一个方向还是朝着不同的方向?这样排列的线条你看了有什么想法?"(引导幼儿感受线条的排列方式和情感表现性)

(3) 色彩

如果说线条是艺术造型中最基本的语言,那么色彩就是艺术造型中最具感染力的语言。关于色彩的互动讨论,例如,蒙德里安的抽象风格代表作《红黄蓝的构成》(见图 1-6)和几米漫画《我的心情故事》(见图 1-7)这样具有明显色彩形式美和情感表现性的作品,建议从以下问题入手。

"这幅画你看了有什么感觉?画家用了什么样的颜色让你有这种感觉?"(引导

幼儿整体的审美感受）

"这幅作品的颜色是明亮的还是灰暗的，是冷色调还是暖色调？这样的颜色让你想到什么？你觉得画家的心情是什么样的？"（引导幼儿感受色彩的审美特点和情感表现性）

"为什么你会注意到这个颜色（或为什么你第一眼会看到这个颜色）？是因为它的色块特别大，还是因为这个颜色在画面中间，是这个颜色在画面中的很多地方出现，还是因为这个颜色与周围的颜色形成对比……颜色这样搭配你看了有什么感觉？"（引导幼儿感受颜色的搭配方式和情感表现性）

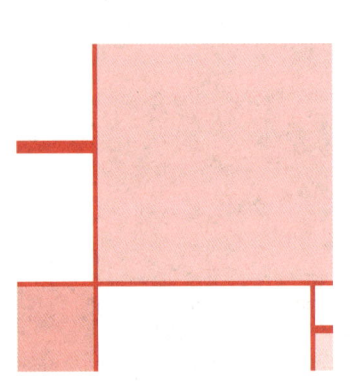 

图1-6　蒙德里安《红黄蓝的构成》　　图1-7　几米漫画《我的心情故事》

（4）图形

图形是艺术造型的一种表现形式，图形与线条、色彩等其他形式语言相比，具有不可替代的形象性，因此对幼儿欣赏来说具有特别的吸引力，不同的图形具有不同的艺术表现力，规则的图形体现理性、稳定、秩序感，不规则的图形则体现动感、活泼等特质。在与幼儿讨论图形时，针对蒙德里安的《红黄蓝的构成》和米罗的《人投鸟一石子》等彰显图形形式美感的作品，建议参照以下问题设计。

"这幅画你看了有什么感觉？画家是画了什么样的图形让你有这种感觉？"（引导幼儿整体的审美感受）

"我们来看看画中的图形是规则的还是不规则的？是圆形的还是方形的、三角形的？图形是正常的还是经过变形的？图形是稳定的还是摇晃的？图形的边框是整齐的还是不整齐的……这样的图形给你什么感觉？你觉得画家的心情是什么样的？"（引导幼儿感受图形的审美特点和情感表现性）

"为什么你会注意到这个图形（或为什么你第一眼会看到这个图形）？是因为这个图形特别大，还是因为这个图形在画面中间？这些图形是紧紧地靠在一起的还是分散摆放的？图形和图形之间有没有用什么线条或颜色间隔开来？什么图形离我们最

近？什么图形离我们最远？图形这样摆放让你想到什么？"（引导幼儿感受图形的摆放方式和表现意向）

3. 欣赏作品风格的提问

为了拓宽幼儿的审美视野，丰富幼儿的审美感知，培养幼儿的审美敏感性，提升幼儿的审美素养和人文素养，教师可以选择不同风格的作品引导幼儿欣赏。实践证明，引导得当的话幼儿是可以感受到不同艺术作品的形式风格的。对于作品的形式风格特征，提问设计建议如下。对于写实作品建议从形象入手，再依据作品的欣赏重点，对构成形象造型的线条（或色彩、图形）的表现性和美感特征进行对话。对于抽象作品则建议从感觉入手，再从感觉中进行相关线条（或色彩、图形）的审美对话。不论是对于写实作品还是抽象作品，教师都可以提问："你喜欢这幅作品吗？""这幅作品和你以前看过的作品有什么不一样？""如果你是画家你想怎么画这幅作品"，也可以在欣赏之初不提作品的具体名称，最后请幼儿给作品命名。通过这些方式引导幼儿梳理欣赏过程的经验，形成从对作品最初的整体欣赏直觉到对作品的内容美、形式美的具体赏析再回到完整的审美感知上，体现了感性知觉和理性引导的融合，通过对话法的欣赏有效提升幼儿在欣赏过程中的愉悦感和欣赏水平。

（二）情境体验法

情境体验法是指教师为幼儿精心选择和设计与作品有关的环境和情境，支持和满足幼儿通过直接感知、实际操作和亲身体验获取审美经验的欣赏方法。情境体验法可以用在艺术作品美欣赏活动之前，如欣赏莫奈的《睡莲》前，可以带领幼儿走入大自然，身临其境地观察和谈论睡莲的外形特征，水、光、影的变化，以及池塘水面色彩与周围环境的气氛，帮助幼儿积累相关的感性经验，为欣赏《睡莲》和理解印象派作品独特的表现手法奠定了感性基础。情境体验法也可以用在欣赏活动之中，如欣赏国画大师齐白石画的荔枝、枇杷、桃子、葫芦、南瓜等蔬果图时，教师可以提供形状、大小、颜色不同的蔬果实物引导幼儿进行摆放、布局，体会齐白石先生热烈明快的色彩对比美、妙趣横生的创意构图美及浸润在日常生活中的家乡情怀。情境体验法也可以用在欣赏活动之后，教师依据欣赏作品的审美特色、表现手法和幼儿能力，设计出能够迁移欣赏作品表现手法的工具、材料，引导幼儿在实践活动中用自己的方式模仿性创作，进一步领悟作品的审美规律，提高艺术表现力和创造力。如欣赏吴冠中的作品《榕树》后，教师准备了不同的毛笔、排笔、墨水与藤黄、石青、玫红等颜料、宣纸长卷及画轴等，引导幼儿学习吴冠中爷爷富有节奏感和韵律感的线条表现方法。幼儿三三两两合作绘画家乡的榕树，他们拿起或大或小的毛笔、排笔在宣纸上挥舞、点洒，不一会儿，一幅树干粗细变化、气根交错有致、线条大胆灵动、彩墨生动点缀的榕树图一气呵成，不禁让人感叹艺术欣赏的魅力和幼儿艺术学习的巨大潜力。

(三)联想欣赏法

联想欣赏法是指教师选择与作品有关的、能有效加强其感染力的音乐、文学作品、微视频或自制作品的动画课件等能够深化幼儿审美感知、丰富幼儿审美情感、激发幼儿审美想象的方法。联想欣赏法可以用在活动之前,调动幼儿的审美兴趣、引发幼儿的审美情感。如进行"京剧脸谱"活动前,教师播放了歌曲表演《说唱脸谱》,此曲生动演绎了五位京剧典型人物的脸谱特征,之后五幅京剧脸谱一一展现,将幼儿带入另一个多姿多彩、美轮美奂的脸谱世界,有效激发幼儿对中国京剧脸谱的欣赏热情,声情并茂的说唱表演对幼儿理解京剧脸谱不同色彩、图案的象征意味和性格寓意也起到较好的铺垫作用。联想欣赏法也可以用在活动中,深化幼儿的审美体验,增强幼儿审美注意的指向性和审美感知的意向性。如初步欣赏郑板桥的国画作品《丛竹图》后,教师播放了微视频《竹林深处》,微视频中展示了成片的竹林风光,画面中的竹林高低错落、疏密有致、深浅有度,有效助力幼儿欣赏《丛竹图》的意蕴美、构图美与墨色美。联想欣赏法也可以用在活动后,帮助幼儿连通审美感知,形成完整的审美经验。如在欣赏米罗作品《昆虫的对话》的最后环节,教师引导幼儿完整欣赏自制的作品动画课件,感受作品带来的"宁静夜晚,昆虫嬉戏"的美好意境,进一步升华对超现实主义作品丰富的想象力和简洁夸张的审美情趣。

(四)对比欣赏法

对比欣赏法是指教师在开展艺术作品美欣赏活动时,通过引导幼儿对比作品的表现形式、表现手法和艺术风格,进一步感知艺术作品的情感表现性和审美意蕴的方法。对比欣赏法有助于引导幼儿将审美注意从作品展现的具体形象聚焦到作品的线条、色彩、构图等形式美元素上,逐步提升幼儿的审美敏感性和欣赏能力。在进行艺术作品欣赏时,可以就同一主题的不同表现形式进行比较。如在欣赏几米漫画《我的心情故事》时,教师通过信息技术手段把表现"生气"的一幅漫画底色从原图的橘红色变成了冰蓝色,原画中生气的男孩嘴里喷的火焰也收敛了,然后将两幅图进行对比欣赏,幼儿马上发现颜色变了,说:"蓝蓝的,好像刚下完雨,没有那么生气了。"之后又发现生气的男孩嘴里喷的火焰缩小了,就说:"现在嘴里冒的都是烟,没有第一个人生气得那么厉害。"对比欣赏让幼儿较好地领略了漫画夸张、对比强烈的表现形式。也可以就相同题材的不同表现手法进行比较。如在欣赏李可染的画牛艺术时,可以引导幼儿将《初见疏柳挂新绿》和《暮韵图》进行比较。《初见疏柳挂新绿》是一幅春牛图,画家淡墨写牛,全画大面积空白,仿佛春光明媚,空气清澈得透明;《暮韵图》则是一幅夏牛图,浓墨满纸仿佛夏日炎炎,可见大师笔法非凡,通过对比欣赏构图、墨色与牧童等让幼儿进一步感受画家丰富多样的艺术表现手法。此外,还可以引导幼儿比较不同艺术家的表现风格,例如,在幼儿欣赏过一些名家名作之后,可以选择一些幼儿从未欣赏过的作品进行一次画家作品风格的鉴别活动,通过比对、欣赏和讨论,深化幼儿对作品艺术风格的感知经验,提升艺术欣赏能力。

四、幼儿艺术作品美欣赏活动的观察与评价

幼儿艺术作品美欣赏活动主要以集中教育活动的形式开展,活动现场的观察评价要求参看任务三,借鉴表1-11幼儿集中欣赏活动观察记录表进行观察与评价。教师既要掌握观察评价活动开展情况的技能,还要掌握评价活动方案设计水平的技能。下面以幼儿集中欣赏活动设计方案评价为例进行介绍。

(一)确定幼儿集中欣赏活动设计方案的观测点和具体评价标准

评价一个集中教育活动设计方案涉及活动目标的制订,活动内容的选择、活动准备的设想、活动过程的安排与活动设计的创新、文字表述的规范等方面,因此,将幼儿集中欣赏活动设计方案的观测点确定为活动目标、活动内容、活动准备、活动过程、设计创新和文档规范。"活动目标"这一指标可以分解为:一是符合《指南》中的感受与欣赏目标要求;二是彰显幼儿的主体性,符合幼儿的年龄段特点;三是体现活动主题要求,具体可操作;四是情感、知识和能力三维目标表述到位。"活动内容"这一指标可以分解为:一是体现活动主题特点,符合活动目标要求;二是贴近幼儿生活,符合幼儿发展水平;三是准确把握活动重点,活动难点设置适宜;四是挖掘内容内在联系,立足审美整合相关领域。"活动准备"这一指标可以分解为:一是经验、材料准备与环境创设符合目标和内容要求;二是经验准备充分,支持幼儿主动建构新的审美经验;三是材料准备适宜,满足幼儿实际操作和审美体验的需要;四是环境创设适宜,增强活动的审美性和趣味性。"活动过程"这一指标可以分解为:一是体现目标要求,主线清晰,结构合理,过渡自然;二是方法适宜,以幼儿为主体,提供感知与操作机会,现代化手段运用适度;三是提问具有启发性和层次性,符合幼儿的年龄段特点,切合主题内容审美特点;四是重点突出,点面结合,难点突破,化难为易;五是面向全体,关注差异,注重互动,促进发展。"设计创新"这一指标可以分解为:一是体现课程改革新理念,活动方案整体设计有创意;二是彰显欣赏活动和幼儿的特点,活动方法设计新颖有特色。"文档规范"这一指标可以分解为:一是文档结构完整,布局合理,格式美观;二是语言简洁明了,逻辑通顺流畅,文字、符号等使用规范。

(二)设计幼儿集中欣赏活动设计方案评价表

确定了幼儿集中欣赏活动的观测点和具体评价标准后,就可以着手设计幼儿

项目一 "看"的艺术:幼儿美术欣赏活动的设计与指导

集中欣赏活动的观察记录表。表 1-12 是供参考的幼儿集中欣赏活动设计方案评价表。

表 1-12 幼儿集中欣赏活动设计方案评价表

幼儿园		班级		教师		主题	
评价者				时间			

观测点	具体评价标准	分值	评分
活动目标	1. 符合《指南》中的感受与欣赏目标要求	3	
	2. 彰显幼儿的主体性,符合幼儿的年龄段特点	3	
	3. 体现活动主题要求,具体可操作	4	
	4. 情感、知识和能力三维目标表述到位	4	
活动内容	1. 体现活动主题特点,符合活动目标要求	3	
	2. 贴近幼儿生活,符合幼儿发展水平	3	
	3. 准确把握活动重点,活动难点设置适宜	3	
	4. 挖掘内容内在联系,立足审美整合相关领域	3	
活动准备	1. 经验、材料准备与环境创设符合目标和内容要求	3	
	2. 经验准备充分,支持幼儿主动建构新的审美经验	3	
	3. 材料准备适宜,满足幼儿实际操作和审美体验需要	3	
	4. 环境创设适宜,增强活动的审美性和趣味性	3	
活动过程	1. 体现目标要求,主线清晰,结构合理,过渡自然	10	
	2. 方法适宜,以幼儿为主体,提供感知与操作机会,现代化手段运用适度	10	
	3. 提问有启发性和层次性,符合幼儿特点,切合主题	10	
	4. 重点突出,点面结合,难点突破,化难为易	10	
	5. 面向全体,关注差异,注重互动,促进发展	10	
设计创新	1. 体现课程改革新理念,活动方案整体设计有创意	3	
	2. 彰显欣赏活动和幼儿的特点,活动方法设计新颖有特色	3	
文档规范	1. 文档结构完整,布局合理,格式美观	3	
	2. 语言简洁明了,逻辑通顺流畅,文字、符号等使用规范	3	
合计		100	

注:评价表中的每个观测点分为若干具体评价标准,评价者依据实际情况对照标准打分。

（三）分析评价幼儿集中欣赏活动的设计方案

欣赏活动方案的设计水平是决定活动开展成效的关键。教师在用表 1-12 分析评价幼儿艺术作品美集中欣赏活动的设计方案时,可以从活动目标、活动内容、活动准备、活动过程、设计创新和文档规范六个方面进行,结合每个方面的观测点和具体评价标准进行分析讨论。还可以看具体情况和实际需要与设计方案的教师进行交流,以便深入而有针对性地分析评价。在分析评价时,既要关注评价指标的全面性,又要注意抓住活动重点,做到既客观又有针对性:一看活动方案是否符合《指南》理念,是否体现欣赏活动特点和幼儿年龄特点;二看活动主线是否清晰,重点是否突出、难点是否突破,是否能够达成活动目标;三看设计的方法是否彰显幼儿主体性,是否提供了充分的感知与操作机会;四看提问的设计是否扣紧主题,具有启发性和递进性,引导幼儿获得有意义的学习经验。如何分析评价幼儿艺术作品美集中欣赏活动的设计方案可以参看案例分析大班美术欣赏活动"花草地"。

大班美术欣赏活动：花草地

设计与执教：福建晋江市第三实验幼儿园　陈白鹭

指导与评析：福建幼儿师范高等专科学校　吴丽芳

设计意图

《指南》强调"幼儿的学习是以直接经验为基础"的,教师要"最大限度地支持和满足幼儿通过直接感知、实际操作和亲身体验获取经验的需要"。教师、家长带幼儿寻找花草地、拍摄花草地,师幼共同欣赏国画《花草地》,幼儿自主创作花草地,在生动有趣的活动中,幼儿能够感受到中国画墨色、点彩、线条、构图的艺术表现力,同时,整合运用体验法和对话法等方法"引导幼儿学会用心灵去感受和发现美,用自己的方式去表现和创造美",有效唤醒幼儿与大自然对话的感性经验,实现与经典艺术作品的有效对话,充分领略中国写意画的笔墨意趣和创想魅力。

大班美术欣赏活动：花草地

活动目标

1. 欣赏吴冠中的作品《花草地》,感受画面点彩、线条的韵律美和节奏美,体会中国写意画的笔墨意趣。

2. 运用语言、动作等方式表达自己对《花草地》的感知、理解和想象。

3. 用油墨分离的方法创作《花草地》,体验创意绘画的乐趣。

活动准备

1. 经验准备:教师、家长带幼儿寻找花草地、拍摄花草地,使幼儿具备花草地的感性经验;幼儿欣赏过国画作品,了解水墨画的基本特点;幼儿尝试过拓墨画,具有运用拓墨画绘画的经验。

2. 材料准备:《花草地》动画课件、音乐《春天圆舞曲》、电脑、播放器、指示笔、宣纸、油画颜料、墨汁、纸团、棉签、调色盘、抹布、托盘、报纸、水桶、水。

3. 环境创设:"花草地"摄影展与幼儿作品展。

活动过程

一、谈话导入,激发幼儿对欣赏活动的兴趣

师:爸爸妈妈带着小朋友到公园里去寻找花草地,拍了很多漂亮的照片,我们来看一看这些美丽的花草地吧。

二、自由欣赏"花草地"摄影展,引发幼儿初步的审美感受

师:小朋友在花草地里玩,你看到了什么?心情怎么样?如果让你来画这些花草地你想怎么画?猜猜看画家会用什么方法来画花草地?

幼儿自由参观"花草地"摄影展,与教师、同伴分享交流想法。

三、结合《花草地》动画课件,引导幼儿感受画面点彩、线条的韵律美和节奏美

1. 对话欣赏,引导幼儿感受画面的色彩和点线造型。

教师演示吴冠中的国画作品《花草地》动画课件,引导幼儿观察造型和色彩,了解点线结合的特点。(第一次完整欣赏,第二次欣赏动画)。

师:你能看出画家画了什么吗?你看到什么,想到什么?我们一起来找找画中用了哪些颜色?哪些颜色用得最多?找找图中有哪些形状?这些奇妙的点、线看起来像什么?

幼儿观看课件表达自己的看法和联想。

2. 动作表演,引导幼儿感受画面点线结合的韵律美和节奏美。

师:这些点和线条是怎样排列的?你能用动作来表现吗?

师:刚才小朋友们说看到了各种颜色的点,有的地方多,有的地方少,如果让小朋友们来当小点点,你们能排出疏疏密密的样子吗?谁愿意一起来试一试?

师:小朋友们还看到长长短短、高高低低的线条,谁愿意用动作一起来表现这些好玩的线条?

教师引导幼儿小组合作表演对作品构图的理解。

师小结:春天来了,五彩缤纷的颜色、各种各样的形状、长长短短的线条也都来了,组成了一幅美丽的画,原来,吴冠中爷爷是用颜色、形状、线条来画花草地的。有的画家

会用一些颜色、形状、线条来表达自己的想法,这样的画叫写意画。吴冠中爷爷用中国水墨写意画的方法来画,画面上点线交织,非常有节奏感和韵律美,像是奏响春天的舞曲。

四、介绍工具、材料,引导幼儿运用点、线大胆创作花草地

师:小朋友们猜猜看,吴冠中爷爷喜欢用什么工具、材料画画?你们想不想也来做一回小画家,画画花草地呢?

师:吴冠中爷爷喜欢用油画颜料和墨汁混合使用的方法作画,这种方法小朋友们以前也用过,今天,老师又给小朋友们准备了拓墨画的工具和材料,小朋友们可以用这种方法来画画自己喜欢的花草地。

师:小朋友们画的时候要想一想,你准备用奇妙的点和线来画花草地上面的什么?怎么画才好看?

幼儿运用拓墨画的工具、材料自主创作。

播放《春天圆舞曲》音乐营造氛围。

教师观察指导,鼓励幼儿大胆印画,注意疏密关系,晕染时要及时取出图画,以免纸张破裂。

五、展示幼儿作品,引导幼儿互动欣赏、评价

教师引导幼儿将完成的作品张贴在作品展示架上,互相欣赏、评价。

师:完成作品的小朋友可以上来张贴自己的作品,贴好后,你可以向老师和小朋友们介绍一下,你让奇妙的点和线变成了什么?也可以欣赏别的小朋友的作品。

幼儿自主上台与教师、同伴交流自己的作品。

师小结:刚才许多小朋友都和大家分享了自己画的花草地,还有小朋友来不及分享,活动结束后小朋友们可以把作品放在美工区里,继续和老师、小朋友说说你让奇妙的点和线变成了什么?

活动延伸

美工区:将幼儿的作品展示在美工区,继续投放拓墨画的工具、材料,引导幼儿继续欣赏和创作。

案例评析

从活动目标看,"感受画面点彩、线条的韵律美和节奏美""体会中国写意画的笔墨意趣""运用语言、动作等方式表达自己对《花草地》的感知、理解和想象""用油墨分离的方法创作《花草地》"等目标符合《指南》感受欣赏目标和大班幼儿年龄特点;彰显幼儿主体性,体现活动主题,具体可操作;情感、知识和能力三维目标表述到位。

从活动内容看,"花草地"摄影展、动画课件与创意绘画这一系列内容彰显题意,符合活动目标要求;贴近幼儿生活经验,符合大班幼儿发展水平;感受画面的色彩美与线条美,"体会中国写意画的笔墨意趣"和创想魅力的重点把握得当,"感受画面点彩、线条的

韵律美和节奏美"的难点设置适宜；能够挖掘内容内在联系，立足审美整合语言、社会性的相关要求，活动内容既能涵养幼儿的审美情趣，又能发展幼儿的语言表达和对中国优秀传统文化的情感。

从活动准备看，经验准备、材料准备与环境创设符合目标和内容要求；经验准备充分，幼儿在教师、家长的带领下走进花草地、拍摄花草地，具备花草地的感性经验；欣赏过国画、尝试过拓墨画，具有国画欣赏和拓墨画的经验，能够支持幼儿主动建构新的审美经验；材料准备适宜，既有针对欣赏要点设计的《花草地》动画课件，又有匹配写意国画《花草地》风格且适宜幼儿表现能力的宣纸、油画颜料、墨汁、棉签、调色盘等工具、材料，准备了《春天圆舞曲》的背景音乐，满足幼儿实际操作和审美体验的需要；环境创设适宜，创设"花草地"摄影展与幼儿作品展，能够增强活动的审美性和趣味性。

从活动过程看，谈话导入激发幼儿兴趣，自由欣赏摄影展引发幼儿的审美感受，通过动画课件欣赏感受作品的韵律美和节奏美，运用语言、动作、创作等方式表达欣赏想象与创意等环节设计体现目标要求，主线清晰，结构合理，过渡自然；活动前寻找花草地的情境体验法、活动中课件互动的联想欣赏法、活动后的创作体验法及贯穿全程的多方对话法等适宜有度，彰显幼儿主体性，注重幼儿主动感知与实际操作体验；提问设计具有启发性和层次性，从提问画面整体感受到色彩、点线与构图关系分析，从画面形式美要素的识别到激发幼儿展开审美想象与表达，符合大班幼儿的年龄段特点，切合主题内容审美特点；通过情境体验、多方对话、联想欣赏、创作体验等方法，步步递进，有效突出重点，化难为易，突破难点；活动过程设计基本做到面向全体，关注差异，注重互动，建议在创作环节可以细化对不同水平幼儿的分层指导要求。

从设计创新看，彰显课改新理念，从活动目标、准备到过程均体现幼儿学习的主体性，活动前有自然景观欣赏，活动中有摄影展和动画课件欣赏，用语言、动作、创作等多种方式表达审美感受，将生活经验与艺术活动有机整合，将自然美欣赏与作品美欣赏有机融合，将感受欣赏与表现创造有效联通，整体设计完整流畅有新意；看一看、说一说、演一演、画一画等方法设计新颖有特色，有效引发幼儿审美感知，激发审美想象力和创造力，彰显欣赏活动特点和幼儿年龄特点。

从文档规范看，教案设计结构完整，布局合理，格式美观；语言简洁明了，指导要点清晰，逻辑通顺流畅，文字符号规范。

实训活动一　幼儿艺术作品美欣赏活动的观察、分析与评价

1．目标

（1）能观察、分析与评价不同年龄班幼儿艺术作品美欣赏活动的水平。

（2）能基于观察记录与分析、评价对欣赏活动提出有针对性的教育建议。

（3）关注艺术作品美欣赏活动与幼儿生活、情感和各领域教育的联通。

（4）涵养关爱尊重幼儿、基于幼儿身心发展特点施教的师德情怀。

2．内容要求

（1）项目小组在幼儿园实习班级中结合艺术作品美欣赏活动，进行集中教育活动的现场观察。

（2）运用表 1-11 进行观察记录，也可以在记录表后面适当做一些典型事件的描述，并进行小组交流与分享。

（3）与园所教师反馈交流观察记录情况，结合相关知识分析并评价幼儿艺术作品美欣赏活动水平，并提出相应的教育建议。

（4）与在不同年龄班实习的项目小组交流观察记录与分析、评价情况，了解不同年龄班幼儿的艺术作品美欣赏水平。

实训活动二　幼儿艺术作品美欣赏活动的设计、实施与评价

1．目标

（1）掌握艺术作品美欣赏活动的基本形式和主要方法。

（2）能够设计、评价幼儿艺术作品美集中欣赏活动。

（3）能在园所教师的指导下开展幼儿艺术作品美集中欣赏活动。

（4）树立科学的教育理念、培养自主学习与小组合作学习实践能力。

2．内容要求

（1）与园所教师商定适宜实习班级幼儿欣赏的艺术作品，项目小组合作设计艺术作品美集中欣赏活动方案。

（2）运用表 1-12 进行项目小组评价与交流。

（3）与学校和园所教师交流反馈、分析评价、反思修订集中欣赏活动设计方案。

（4）在学校和园所教师指导下，项目小组开展艺术作品美集中欣赏的模拟活动，并在实习班级协同组织实施。

（5）与学校和园所教师交流反馈、分析评价、反思推进艺术作品美集中欣赏活动。

拓展学习

基于学习品质视角的美术活动问题诊断与教育反思[①]
——以大班美术欣赏活动"蛙声十里出山泉"为例

福建幼儿师范高等专科学校　吴丽芳

教育部2012年颁布的《3—6岁儿童学习与发展指南》（以下简称《指南》）明确指出"重视幼儿的学习品质"，并强调"幼儿在活动过程中表现出的积极态度和良好行为倾向是终身学习与发展所必需的宝贵品质"。本文以大班美术欣赏活动《蛙声十里出山泉》为例，帮助广大教师厘清学习品质的概念，反思在活动设计与实施的现实境况中对幼儿学习品质关注与支持存在的问题，探讨幼儿学习品质培育的有效策略。

一、活动案例实录

【活动目标】

1. 欣赏作品中墨色和线条的丰富变化，感受水墨画的笔墨情趣。

2. 体会"不见青蛙，却闻蛙声"的意境美。

3. 体验水中水墨画的创作乐趣。

【活动准备】

1. 经验准备：幼儿已有游历鼓山、武夷山等风景区的生活经验及画水墨画和欣赏名画的经验。

2. 材料准备：

（1）《蛙声十里出山泉》欣赏课件、放大2.5倍的立轴水墨画复制品（注：原图尺寸纵129厘米横34厘米）、纵200厘米横60厘米的立式山涧泉水奔流摄影作品的大型彩喷画幅、《小蝌蚪找妈妈》水墨动画片、投影仪；

[①] 吴丽芳.基于学习品质视角的美术活动问题诊断与教育反思：以大班美术欣赏活动"蛙声十里出山泉"为例[J].福建教育，2018（43）：49-53.

（2）扮演齐白石爷爷的头饰、服饰、三个红色的锦囊（里面装着微型卷轴，分别画着山、水和青蛙）；

（3）水中水墨画创作工具、材料人手一份，包括装有土耳其粉加水调制液体的透明长方形托盘、装有浓墨的蓝色挤酱瓶、装有淡墨的白色挤酱瓶、毛笔和笔架。

【活动过程】

1. 情境导入，激发兴趣。

教师身着水墨画唐装带领幼儿进入活动室，活动室电子屏幕一侧立着纵200厘米横60厘米的立式山涧泉水奔流摄影作品的大型彩喷画幅。

（1）倾听声音，唤起经验。

教师演示课件，播放其中有蛙鸣、鸟叫、水流等大自然声音的背景音乐，同时在电子屏幕播放山涧泉水奔流的动态视频。

师：听，你们听到了什么声音？

幼儿边看动态视频和彩喷画幅边听声音，多数幼儿回答听到水流的声音、青蛙叫的声音、小鸟叫的声音。

（2）出示作品，引发感受。

教师将悬挂在大型彩喷画幅上方的水墨画《蛙声十里出山泉》（见图1-8）的卷轴缓缓放下，超过300厘米的水墨画长卷顺着200厘米高的彩喷画幅从上往下一直延展至地面，仿佛山顶的清泉顺着山涧奔流直下。

师：看了这幅画你有什么感觉？

自上而下悬挂的大型水墨画长卷一下就吸引了幼儿的注意力，幼儿发出"哇哇"的惊叹声，说这幅画很美，不少幼儿忍不住从座位上站起来走近水墨画长卷观察。

图1-8　齐白石《蛙声十里出山泉》

2. 欣赏作品，感受艺术美。

（1）情境表演，激发兴趣。

师：这幅这么美的画是我国著名画家齐白石爷爷画的，现在，就让我们一起来听听这幅画背后的故事吧！

扮演齐白石爷爷的另一位教师从水墨画长卷后走出来说："小朋友们，你们好。你们喜欢这幅画吗？这幅画是我的好朋友老舍先生要求我画的，名字叫作《蛙声十里出山泉》，画里藏着三个秘密。现在我把装着秘密的锦囊交给老师。"

扮演齐白石爷爷的教师把三个红色的锦囊交给教师，与此同时，电子屏幕上呈现三个红色的锦囊。

幼儿的注意力从水墨画长卷上转移到扮演齐白石爷爷的教师和三个红色的锦囊上。

（2）欣赏水墨画，感受墨色的浓淡。

教师请幼儿抽取第一个锦囊，许多幼儿跃跃欲试，教师请一个幼儿上台抽取，三个锦囊里都放着微型的卷轴，教师请幼儿抽取一个打开给大家看，上面是一座山的简笔画，教师同时在电子屏幕上呈现山的简笔画。

教师提问：《蛙声十里出山泉》中的山有什么秘密？

有的幼儿回答山很高，有的幼儿回答山很远，有的幼儿回答山的颜色有深有浅……

教师追问：为什么有的山看起来感觉离我们很远？深色的山给你什么感觉？

多数幼儿回答深色的山比较近、浅色的山比较远。

教师小结：齐白石爷爷在作画的时候，用浓淡墨来表示山的远近关系和高低错落。

（3）欣赏水墨画，感受线条的疏密。

教师请幼儿抽取第二个锦囊，展示的是水的简笔画，教师同时在电子屏幕上呈现水的简笔画。

教师提问：这是什么？你为什么认为这是水？

抽取锦囊的幼儿回答是水，因为上面画的是弯弯的线条。

教师提问：我们一起来找找画中线条的秘密，说说你发现了什么？

多数幼儿回答画中的线条是弯弯的，有的地方线条多，有的地方线条少。

教师小结：齐白石爷爷用比较乱、多而密的线条表示水流急促，用疏而少的线条表示水流缓慢。

（4）激发想象，体会"不见青蛙，却闻蛙声"的意境美。

教师请幼儿抽出最后一个锦囊，里面画的是一只青蛙。

教师提问：这幅画叫《蛙声十里出山泉》，青蛙在哪里呢？青蛙在做什么？

多数幼儿回答画上有小蝌蚪，小蝌蚪去找青蛙妈妈，青蛙妈妈在叫小蝌蚪。

教师在电子屏幕上演示水墨画《蛙声十里出山泉》的动画，屏幕上随着教师的旁白逐渐出现小蝌蚪、浓淡远近的重山、疏密有致的水纹，完整呈现画面上的所有元素后，画中的水流起来，小蝌蚪游起来，同时伴有水流和蛙鸣等音效。

教师小结：虽然画面上没有青蛙，但从在山泉中游的几只小蝌蚪、湍急的水流中，我们仿佛听到远处青蛙的阵阵叫声。

（5）游戏：寻着蛙声找妈妈。

教师：青蛙妈妈在呼唤小蝌蚪呢，我们也帮小蝌蚪来找找妈妈吧。妈妈、妈妈，你在哪里？

教师带领幼儿起身在活动室里找青蛙妈妈，活动室的灯光暗下来，随着教师的旁白，地面接连投影出水草、小山等画面，最后，教师带领幼儿来到电子屏幕前观看《小蝌蚪找妈妈》水墨动画片的剪辑版,水墨动画片结束了,有些幼儿还不愿意回到座位上。

3. 幼儿创作,体验水中水墨画。

(1)介绍创作的材料、工具和方法。

教师请幼儿观看视频,了解创作的材料、工具和方法。

教师:欣赏了齐白石爷爷的水墨画《蛙声十里出山泉》后,今天我们来画一幅水中水墨画,小朋友们画的时候要注意浓墨和淡墨的使用,蓝色瓶子装的是浓墨,白色瓶子装的是淡墨,小朋友们可以用装淡墨的白色瓶子,在托盘中的水上来回或上下滴出横的和竖的线,然后用毛笔在线上轻轻滑动,就可以画出水草,还可以在水上滴几滴,然后用毛笔的笔尖画出小尾巴就变成小蝌蚪了;小朋友们也可以用装浓墨的蓝色瓶子,在水上滴几滴,然后想想它像什么,可以怎么添画。

(2)幼儿创作,教师巡视指导。

幼儿按照教师讲授的方法和步骤在背景音乐中开始创作,因为是装在挤酱瓶中,幼儿不论用浓墨还是淡墨,基本上用滴画的方式,直接滴在装有土耳其粉加水调制的液体中,虽然不像墨直接滴入水中马上就化开了,但也会慢慢地漾开,过一会儿基本变成长着毛刺的球状图案,有的大点、有的小点,小的图案幼儿用笔尖添画成小蝌蚪,大的图案幼儿基本没有添画;来回或上下滴在装有土耳其粉加水调制的液体中,可以出现线条,幼儿基本上添画成水草;幼儿创作的画面中基本上是大大小小的长着毛刺的球状图案和少许的线条。

4. 组织幼儿进行作品欣赏和讨论。

教师将幼儿的作品拍照上传,通过电子屏幕引导幼儿欣赏和讨论。

幼儿:这是我画的小蝌蚪找妈妈,小蝌蚪游来游去,穿过了水草。

幼儿:我画的也是小蝌蚪找妈妈,小蝌蚪一只接着一只,钻到石头后面去了。

……

教师小结:小朋友们都画得很好,用浓墨淡墨画出了小蝌蚪找妈妈的故事。

活动结束。

有几个幼儿没有马上离开活动室,又再次走近自上而下悬挂的大型水墨画长卷《蛙声十里出山泉》,看了看才离开。

二、案例诊断分析

在案例中,教师对幼儿学习品质的支持行为存在诸多问题,关于学习品质,《指南》明确指出:"要充分尊重和保护幼儿的好奇心和学习兴趣,帮助幼儿逐步养成积极主动、认真专注、不怕困难、敢于探究和尝试、乐于想象和创造等良好学习品质。忽视幼儿学习品质培养,单纯追求知识技能学习的做法是短视而有害的",显而易见,学习品质不是知识,也不是技能或能力,是幼儿学习的态度、习惯和风格。良好的学习品质对幼儿各领域的学习与发展均有着不可估量的作用,艺术领域亦然。如何在幼儿园美术教育活动中让幼儿成为向学的生命,如何让幼儿在美术活动中展现生机勃勃的学习热情,焕发自由快乐的想象和创意,这就需要教师关注幼儿在美术活动中学习品质的培育。下面将通过对上述案例的问题剖析,帮助教师改善对幼儿学习品质的支持行为。

1. 活动设计花样繁多,降低幼儿的学习兴趣和专注力。

在案例中,我们可以明显看到,教师非常注重对活动情境和活动形式的设计,为了营造《蛙声十里出山泉》的欣赏意境,教师不仅自己身着水墨画唐装,还请了一位教师扮演齐白石爷爷;不仅制作了《蛙声十里出山泉》的欣赏课件,还剪辑了《小蝌蚪找妈妈》水墨动画片;不仅复制了大型的《蛙声十里出山泉》水墨画,还彩喷了大型的山涧泉水奔流摄影作品,并在地上投影了小蝌蚪找妈妈的不同场景;活动形式也是花样繁多,在情境导入、激发兴趣部分,幼儿不仅要倾听声音,还要同步观看动态的山泉视频与大型的摄影作品;在欣赏作品、感受艺术美的部分,幼儿经历了扮演齐白石爷爷的情境表演、抽取锦囊找秘密、寻着蛙声找妈妈及观看《小蝌蚪找妈妈》水墨动画片等多个环节。教师可能觉得这样的设计很好地激发了幼儿的学习兴趣,殊不知这样过于丰富的信息环境、高频转换的活动形式恰恰伤害了幼儿的学习品质,一方面转移了幼儿对水墨画欣赏的兴趣,另一方面降低了幼儿对于水墨画欣赏的专注程度。

教师对教育活动的设计要回归幼儿本真和内容本源,通过简洁流畅的设计与慢节奏的推进,让幼儿全身心地投入艺术的欣赏和感受中,有效地培育幼儿学习的兴趣与专注性。基于此,笔者建议,在教具方面只保留放大 2.5 倍的立轴水墨画复制品和有蛙鸣、鸟叫、水流等大自然声音的背景音乐即可。我们在案例实录中清晰地看到,当巨型的水墨画长卷《蛙声十里出山泉》缓缓放下,从上往下一直延展至地面时,仿佛山顶的清泉顺着山涧奔流直下,幼儿发出惊叹,完全被教师设置的审美情境吸引住了,这时幼儿学习的兴趣和专注对象直指水墨画欣赏本身而不是其他,有些幼儿甚至在活动结束时还依依不舍地走近水墨画长卷再次观赏,教师应当珍惜幼儿对水墨画的本真兴趣,尽量排除环境中的其他干扰因素,给予幼儿充分的时间和空间,让幼儿沉浸在美好的意境中自主感受、专注欣赏、自由表达。此外,笔者建议教师用举办山水摄影展的方式导入活动,大班幼儿有和父母游山玩水的经历,教师可以让幼儿带来自己最喜欢的山水摄影照片,与同伴分享自己喜欢的山山水水,谈谈自己在山涧中听到的蛙鸣鸟叫,幼儿自带的摄影照片是教师准备的大型彩喷摄影作品和动态视频所不能比拟和替代的,因为它唤醒的是幼儿真实的生活经验和富有个性色彩的情感体验,有益于提升幼儿对水墨画《蛙声十里出山泉》的欣赏兴趣和专注度,同时有助于引发全班幼儿多元化而不是趋同化的审美情感和想象。

2. 活动指导牵引性强,束缚幼儿的艺术想象和创造性。

齐白石先生画的水墨画《蛙声十里出山泉》构图饱满,引人入胜,动中寓静,静中含动,在129厘米长的立轴上,虽不见青蛙,但那摇头摆尾的蝌蚪、清泉奔流的山涧,演奏出悦耳的华章,可谓画中有诗、画外有音、声情并茂,让人产生无尽的遐想。但是教师的活动指导体现了较强的牵引性,束缚了幼儿的艺术想象和创造性。首先,教师的指导预设性强,虽然幼儿在教师出示水墨画长卷时表现出了极大的欣赏兴趣和探究意愿,但教师并没有给予幼儿自主欣赏的时间和空间,教师还是按原计划进行齐白石爷爷的情境表演、抽取锦囊找秘密、寻着蛙声找妈妈及观看《小蝌蚪找妈妈》的水墨动画片等环节,限定了幼儿的探索与想象创造。笔者建议教师设计一个自由欣赏的环节,让幼儿有机会用自己的经验进行个性化的视觉感受、情感体验和自由创想。

其次,教师的指导控制性强,在案例中,我们可以发现,教师支持幼儿想象和创造性发展的行为一般是由教师发起的。笔者建议教师不要采用线性的指导方式,不必统一要求全班先欣赏山再欣赏水,教师在教案中可以分类呈现预设的问题,但是在实际活动中可以依据与幼儿的现场互动灵活调整。最后,值得注意的是欣赏提问,如果仅仅是问画中的山或水有什么秘密,你有什么感觉等比较宽泛的问题,可能无助于幼儿发散思维,教师可以具体追问。例如,关于山的问题,教师可以追问:"为什么感觉有的山离我们很远?深色的山给你什么感觉?"这样的具体追问有助于幼儿探寻墨色的浓淡、笔法的深浅与山的不同表现性之间的关系,较好地支持了幼儿的审美想象与创造,但是在案例中,教师关于水的欣赏引导就过于粗放,影响了幼儿对水墨画线条的感受和想象,建议教师可以具体追问:"泉水的线条是粗的还是细的?是流畅的还是断断续续的?是密密的还是疏疏的……这样的线条给你什么感觉?"

3. 创作材料提供窄化,阻碍幼儿的主动尝试和探索。

在案例中,我们看到的是,教师提供的水中水墨画工具、材料的表现力非常有限,加上之前的"寻着蛙声找妈妈"的游戏和水中水墨画的示范影响,幼儿基本上将《蛙声十里出山泉》的审美经验窄化为《小蝌蚪找妈妈》。从齐白石水墨画《蛙声十里出山泉》的审美特色来看,主要是墨色和线条的丰富变化所呈现的笔墨情趣和生动意境,画面工写结合,妙趣横生,既有灵动的小蝌蚪和潺潺的流水,又有错落有致、浓淡相宜的远山和乱石。但是教师设计的水中水墨画的滴画方式只适宜表现小蝌蚪和流水,难以表现坚实厚重的山峰和乱石,少了山的坚实就难以体现水的灵动,少了山的厚重也难以体现蛙鸣的回响。笔者建议教师提供传统的水墨画工具、材料并且舍弃示范环节,让幼儿自主画一幅有故事的山水水墨画,这样对于大班幼儿的美术发展水平来说具有一定挑战性,同时也有益于幼儿欣赏作品审美经验的迁移,能够更好地鼓励幼儿积极探索、有效迁移、主动建构,助力幼儿良好学习品质的发展。

三、活动方案修订

活动目标：

1. 欣赏作品墨色和线条的丰富变化，感受水墨画的笔墨情趣。
2. 体会"不见青蛙，却闻蛙声"的意境美。
3. 体验水中水墨画的创作乐趣。

活动准备：

1. 经验准备：幼儿已有游历鼓山、武夷山等风景区的生活经验及画水墨画和欣赏名画的经验。

2. 材料准备：

（1）放大2.5倍的立轴水墨画复制品（注：原图尺寸纵129厘米横34厘米），画架，有蛙鸣、鸟叫、水流等大自然声音的背景音乐；

（2）师幼共同布置山水摄影展；

（3）水墨画工具、材料人手一份，包括宣纸、浓墨、淡墨、毛笔、排笔和笔架。

活动过程：

1. 山水摄影展导入，激发兴趣。

师：这是小朋友们和老师一起布置的山水摄影展，有小朋友们和爸爸妈妈旅游的照片，也有大家和老师一起去秋游的照片。小朋友们可以上来看看，哪一张是你最喜欢的？上面的山是什么样的？水是什么样的？你们还听到什么声音？这样的声音让你们想到什么？

播放有蛙鸣、鸟叫、水流等大自然声音的背景音乐，引导幼儿自主欣赏，互相交流。

2. 出示水墨画作品，引导欣赏。

（1）自由欣赏，引发感受。

教师将悬挂在画架上方的大型水墨画《蛙声十里出山泉》的卷轴缓缓放下，从上往下一直延展至地面，营造山顶清泉顺着山涧奔流直下的意境。

师：这幅水墨画是我国著名画家齐白石爷爷画的，看了这幅画你有什么感觉？上面的山、水、蝌蚪是怎么画的？这样的画法给你什么感觉？

教师引导幼儿围在水墨画长卷旁自由移动欣赏，相互交流感受。

（2）集中欣赏，梳理经验。

师：这幅画最吸引你的（最有趣）的地方是什么？为什么？

这幅画上的山给你什么感觉？是什么画法给你这种感觉？画中山的大小、方向、颜色一样吗？颜色深（浅）的山给你什么感觉？

这幅画上的水给你什么感觉？是什么画法给你这种感觉？画中水的线条是粗的还是细的？是流畅的长线条还是断断续续的短线条？是直线还是波浪线？是密密的还是稀疏的？这样的线条给你什么感觉？

这幅画叫《蛙声十里出山泉》,你知道为什么吗?你从哪里感受到蛙声十里出山泉?

教师依据与幼儿的现场互动抛出相关的问题,引导幼儿梳理经验,提升美感。

教师小结:齐白石爷爷在作画的时候,用浓墨淡墨来表示山的远近关系和高低错落;用多而密的线条表示水流急促,用疏而少的线条表示水流缓慢;虽然画上没有青蛙,但从在山泉中游的几只小蝌蚪及湍急的水流中,我们仿佛听到远处青蛙的阵阵叫声。

3. 幼儿创作水墨画,迁移经验。

(1) 教师介绍水墨画的工具和材料。

(2) 鼓励幼儿用在欣赏中学到的方法画一幅有故事的山水水墨画。

(3) 幼儿自主创作,教师观察指导。

播放有蛙鸣、鸟叫、水流等大自然声音的背景音乐。

4. 欣赏幼儿作品,分享创意。

(1) 将幼儿的作品贴在摄影展背面的画轴中。

(2) 引导幼儿互相欣赏,分享不同的创意和表达。

赛 证 真 题

赛场直击

[全国职业院校技能大赛 幼儿教师职业素养测评]

1. 在艺术领域活动中,营造安全的心理氛围,让幼儿敢于并乐于表达表现。下面错误的做法是(   )。

A. 欣赏和回应幼儿的哼哼唱唱、模仿表演等自发的艺术活动,赞赏他独特的表现方式

B. 了解并倾听幼儿艺术表现的想法或感受,领会并尊重幼儿的创作意图,可以用"像不像""好不好"等标准来评价

C. 在幼儿自主表达创作过程中,不做过多干预或把自己的意愿强加给幼儿,在幼儿需要时再给予具体的帮助

D. 展示幼儿的作品,鼓励幼儿用自己的作品或艺术品布置环境

2. "你在画中看到了什么?"这一问题属于幼儿美术欣赏的哪一阶段的指导?(   )。

A. 描述阶段的指导　　　　　　B. 形式分析的指导

C. 解释阶段的指导　　　　　　D. 评价阶段的指导

3. 幼儿美育的主要目标是(   )。

A. 培养幼儿初步感受美和表现美的情趣和能力

B. 培养幼儿美术方面的技能和技艺

C. 培养幼儿欣赏美的能力

D. 培养幼儿创造美的能力

4. "这些线条是朝哪些方向延伸的？看上去有什么感觉？"这一问题属于幼儿美术欣赏的哪一阶段的指导？（　　）。

  A. 描述阶段的指导　　　　　　　B. 形式分析的指导

  C. 解释阶段的指导　　　　　　　D. 评价阶段的指导

5. 美术欣赏材料的设计原则不包括（　　）。

  A. 经典性原则　　　　　　　　　B. 差异性原则

  C. 目的性原则　　　　　　　　　D. 题材多样性原则

国考链接

[幼儿园教师资格考试]

6. 幼儿园艺术教育的主要目标是（　　）。

  A. 发展幼儿的艺术技能　　　　　B. 培养幼儿的艺术感受和表达能力

  C. 丰富幼儿的艺术知识　　　　　D. 拓展幼儿的逻辑思维能力

7. 问答题：简述幼儿园美育的意义。

招考聚焦

[幼儿园新任教师公开招聘考试]

8. 教师专门组织幼儿欣赏莫奈的艺术作品《睡莲》，这种欣赏形式为（　　）。

  A. 专题性欣赏　　　　　　　　　B. 随机性欣赏

  C. 渗透性欣赏　　　　　　　　　D. 整体性欣赏

9. 幼儿在欣赏艺术作品时常常手舞足蹈、即兴模仿，教师应（　　）。

  A. 理解和尊重幼儿的行为　　　　B. 制止幼儿的行为

  C. 忽视幼儿的行为　　　　　　　D. 模仿幼儿的行为

10. "喜欢自然界与生活中美的事物"，这一目标所属的艺术领域是（　　）。

  A. 倾听与表达　　　　　　　　　B. 感受与欣赏

  C. 表现与创造　　　　　　　　　D. 科学探究

11. 指导幼儿美术欣赏最基本的教学方法是（　　）。

  A. 对话法　　　　　　　　　　　B. 游戏法

  C. 比较法　　　　　　　　　　　D. 体验法

12. "愿意和别人分享、交流自己喜爱的艺术作品和美感体验"所体现的艺术领域目标是（ ）。

A. 喜欢自然界与生活中美的事物

B. 喜欢进行艺术活动并大胆表现

C. 具有初步的艺术表现与创造能力

D. 喜欢欣赏多种多样的艺术形式和作品

13. 喜欢花草树木，所体现的艺术领域目标是（ ）。

A. 具有初步的艺术表现与创造能力

B. 喜欢欣赏多种多样的艺术形式和作品

C. 亲近自然，大胆表现

D. 喜欢自然界与生活中美的事物

14. 教师应引导幼儿学会用心灵去感受和发现美，用自己的方式表现和创造美。（ ）

A. 正确　　　　　　　　　　　B. 错误

15. 阅读下列材料，按要求作答。

材料：

大（一）班的孩子们在户外活动时发现几只蝴蝶，林老师启发他们观察蝴蝶的色彩和形态。之后，林老师引导孩子们和家长一起收集蝴蝶的图片和标本并展示出来，还经常和孩子们一起欣赏、交流蝴蝶美在哪里。语言活动中林老师讲了《三只蝴蝶》的故事，并和孩子们一起玩《花儿和蝴蝶》的音乐游戏。美工区林老师提供了画笔、颜料、彩纸、橡皮泥等材料，让孩子们自主表征蝴蝶。丽丽等一群孩子想表演《三只蝴蝶》，林老师就鼓励他们自己做头饰装扮，并扮演其中的角色参与游戏。

问题：

(1) 结合材料阐述《幼儿园教育指导纲要（试行）》艺术领域的目标。（3分）

(2) 分析材料中教师引导和支持幼儿开展艺术活动的有效策略。（6分）

16. 阅读下列材料，按要求作答。

材料：

在大班美术活动"美丽的服装"中，某教师请幼儿观赏生活中各种服装的款式、图案、色彩、质地等之后，让幼儿自主选择材料设计、装饰服装。当有的幼儿提出不会画或画不好时，该教师便引导幼儿再次欣赏、感受风格各异的服装，鼓励他们用自己喜爱的方式大胆表现。活动结束后，该教师请幼儿将作品展示在"服装店"，幼儿在游戏中兴致勃勃地相互介绍并推荐自己的"美丽服装"。

问题：

(1) 请结合材料分析教师组织该活动的有效指导策略。（8分）

(2) 请对活动延伸提出合理建议。（2分）

答案解析

"画"的艺术:幼儿绘画活动的设计与指导

幼儿绘画活动是指幼儿运用线条、色彩和形体等艺术语言,通过造型、设色和构图等手段,在二维空间里塑造出静态的视觉形象,以表达其审美感受的一种艺术活动。绘画是幼儿进行艺术表达表现的一种常见形式,在幼儿美术活动中占有重要位置。绘画作为一种视觉造型艺术,具有强烈的直观性,对幼儿有很大的感染力。绘画也是幼儿喜爱的表达思想与情感、与人进行沟通的一种方式。绘画具有直观性并且表现方式可简可繁,幼儿可以尽情地通过绘画来表达他们的情感、理解和想象。特别是当幼儿的语言发展还不够成熟、逻辑思维还处在萌芽阶段时,绘画作为一种形象化的语言自然而然就为他们所选择。

本项目将主要围绕观察幼儿绘画能力发展的特点,分析和评价幼儿绘画能力的发展水平,设计和实施各类绘画活动方案,以及评价和反思各类绘画活动的教育成效等展开,以利于教师更好地开展幼儿绘画活动。幼儿绘画活动的种类很多,有各种不同的分类方式。本项目将从幼儿绘画主要教学形式的分类切入,重点学习主题画、意愿画和装饰画三类绘画活动的设计与实施指导。

岗位要求

幼儿绘画活动的设计与指导是幼儿园教师必备的岗位能力和幼儿园艺术领域教育的基本工作内容。《纲要》的艺术领域部分指出：幼儿园教师要激发幼儿"表现美、创造美的情趣""鼓励幼儿用不同艺术形式大胆地表达自己的情感、理解和想象"。《指南》在艺术领域"表现和创造"部分进一步明确：幼儿园教师要"创造机会和条件，支持幼儿自发的艺术表现和创造""营造安全的心理氛围，让幼儿敢于并乐于表达表现""尊重幼儿自发的表现和创造，并给予适当的指导"，以引导幼儿喜欢进行艺术活动、敢于大胆表现、并具有初步的艺术表现与创造能力。幼儿绘画活动是幼儿表达自己对周围世界的认识和情绪态度的一种重要方式，是涵养幼儿审美素质、塑造幼儿健全人格、培养幼儿创造能力、彰显幼儿个性发展的重要途径。幼儿园教师应该做到：

1. 充分创造条件和机会，支持幼儿用绘画的方式表达自己的经验、情感和想象，有目的地观察并记录幼儿在绘画活动中的行为表现。

2. 在观察、记录与分析幼儿绘画能力的基础上进行各类绘画活动的设计、实施与反思、推进。

3. 尊重和有效支持幼儿在绘画活动中以自己喜欢的方式去表现美和创造美，培养幼儿初步的艺术表现与创造能力。

学 习 目 标

知识目标

□ 1. 理解幼儿绘画能力的发展阶段及特点。
□ 2. 理解主题画、意愿画、装饰画等不同类型绘画活动的设计与指导方法。
□ 3. 理解区域活动设计与组织实施的基本步骤和实施策略。

能力目标

□ 1. 能根据幼儿的绘画作品对幼儿绘画能力所处发展阶段及其相应的特点、下一步发展方向进行分析和评价。
□ 2. 能在观察、分析幼儿绘画能力的基础上进行各类绘画活动的设计、实施与反思、推进。

3. 在校内外联动、课内外联通的小组项目实践中形成有效指导幼儿各类绘画活动的岗位实践能力。

素养目标

1. 爱岗敬业，喜欢参与绘画类活动的教育实践，为实践教学认真做准备。
2. 以美育人，进行文化传承，改变单单重视美术教育技能技巧学习的绘画教育理念，树立"通过幼儿绘画活动，加强幼儿情感的体验和社会多元文化的滋润，促进幼儿健全人格的发展，培养幼儿人文精神"的教育理念。
3. 实践创新，学习多角度思考幼儿绘画教育问题并乐于展开创新的实践探索。

学 习 导 图

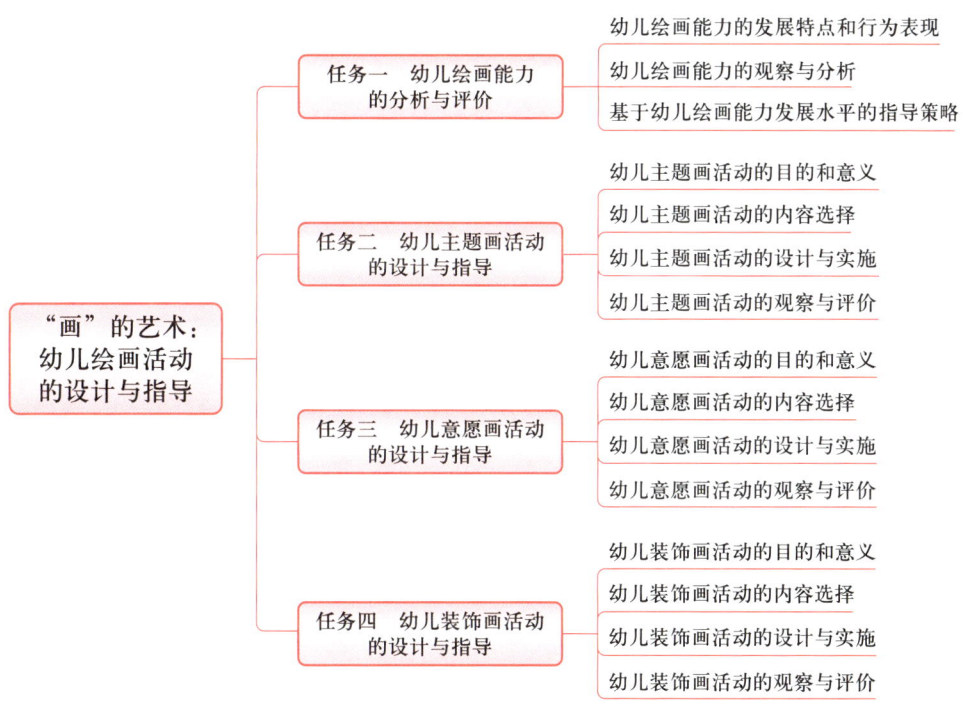

项目二 "画"的艺术：幼儿绘画活动的设计与指导

任务一 幼儿绘画能力的分析与评价

如何透过绘画作品了解幼儿的绘画能力发展水平？

近日，阳光幼儿园举办了一场名为"我的自画像"的幼儿绘画作品展览。家长们和老师们聚集在展览厅，观赏着孩子们的作品。他们在观赏的过程中逐渐发现了一些有趣的内容，并展开了讨论。

家长A：哇，看来小朋友们都非常用心地完成了他们的自画像。这些画作都非常可爱！

王老师：没错，让我们一起仔细观察一下。你们有没有注意到一些不同之处呢？

家长B：嗯，我发现我们家的小宝在上幼儿园前，经常画的是一团一团的线，我们都看不出来他画的是什么。但今天我一眼就能看出来他画的是一个小人，虽然很简单，但已经有了形象。

家长C：没错，我也注意到，画面上的人物开始有了眼睛、鼻子和嘴巴。

王老师：非常棒的观察！这是他们在绘画技巧方面和观察力方面的成长。那么，我们继续往前看，进入大班的作品区。

家长D：大班的作品有了更多的细节呢！颜色运用得好像更加丰富了，形象也开始更加立体了。

家长B：是的。看这幅画，有一个大大的红太阳，还有各种小花和蝴蝶。这个小朋友甚至在自己的马尾辫上画了一个小蝴蝶结，裙子也画得好漂亮呢，越来越真实了。

王老师：太棒了，你们观察得真好！我们可以看到大班的孩子们对色彩和形象都有了更深入的理解，他们开始更注重绘画的细节。通过这一次的展览，爸爸妈妈们都可以看到，自己的孩子在绘画能力上的成长和进步。

请结合案例想一想：可以从哪几个角度观察分析幼儿的绘画能力发展水平？幼儿的绘画能力发展可以分为几个阶段？这几个阶段的主要特点是什么？根据这些阶段特点，我们作为未来的幼儿园教师，应该如何进行幼儿美术教育实践呢？

任务描述

此项任务将围绕幼儿绘画能力的分析与评价展开,涉及幼儿绘画能力发展的三个阶段及其主要特点和教师的有效回应。在此项任务中,需要理解、观察并分析幼儿绘画能力发展水平的重要性,掌握不同阶段幼儿绘画能力发展的特点,学会观察、记录幼儿绘画水平的方法并付诸实施,而且能够基于对幼儿绘画行为的分析与评价,明晰指导幼儿绘画活动的有效策略。

任务探究

绘画是幼儿喜爱的一项活动,两三岁的幼儿只要拿到一支笔,就会毫无拘束地在纸上、书上、桌上甚至是在墙上涂画。这种自由自在的绘画乐趣,是幼儿表达情感和想象力的一种天真语言。从 20 世纪中期开始,世界各地的儿童美术教育家和心理学家就开展了一系列关于幼儿心理与绘画发展的研究。研究者通过观察、分析大量的幼儿绘画作品,发现幼儿绘画能力的发展有三个较大的飞跃,据此将幼儿绘画能力的发展分为三个阶段:涂鸦期、象征期和形象期。这里应当指出的是,幼儿绘画能力的发展是一个连续的过程,发展阶段的划分不是绝对的,但在不同发展阶段会呈现出一些明显的不同特征。了解幼儿绘画发展阶段理论有助于我们了解幼儿绘画发展的心理过程,从而更有针对性和适宜性地确定幼儿绘画活动的目标、选择绘画内容、设计和评价绘画活动。

一、幼儿绘画能力的发展特点和行为表现

(一)涂鸦期幼儿绘画的发展特点

涂鸦期通常发生在幼儿 1 岁半到 3 岁左右的阶段,是幼儿绘画发展的起点。在这个阶段,幼儿开始表现出对绘画的兴趣,并尝试用他们能接触到的工具,比如,蜡笔、铅笔、粉笔、画刷,甚至是小树枝、小木棍等在纸上、书上、桌上、墙上、地上等能留下痕迹的地方又涂又画,当他们看到自己画出的线条时,会感到非常的满足和快乐,这就是涂鸦现象。可见,幼儿涂鸦没有明确的表达意图。尽管涂鸦是个体最初的一种绘画活动,但对于幼儿而言,它似乎更像是一种让他们可以乐在其中的操作性游戏:在这种涂

走进艺术世界的开端——学前儿童绘画涂鸦期的特点

鸦游戏中,幼儿享受着由涂鸦动作带来的快感和产生的结果——线条和色彩。而这种涂鸦过程中产生的快乐和画面中的线条、色彩又不断强化幼儿的涂鸦动作,促使幼儿继续进行愉快的探索和操练。最初,由于幼儿缺乏肌肉经验和对精细动作的控制,他们只能以肩部为轴心,通过挥动手臂来画出线条。之后,随着幼儿视觉和肌肉动作间的协调发展和练习的持续深入,涂鸦的画面线条逐渐从杂乱变得有条理。国内外学者普遍认为幼儿涂鸦线条的发展可以分为四种水平。

1. 杂乱线

杂乱线是幼儿最早画出的线条,显示出一种未分化的涂鸦表现。它是一些毫无目的的乱笔画,可以说是来自幼儿缺少视觉控制的纯肌肉活动,线条的走向和长短取决于手臂前后摆动的幅度。杂乱线中很少有重复画的线条,一次画出的线条中可能包含竖线、横线、斜线、弧线,有时还有锯齿线、螺旋线和点等杂乱交织在一起。这些线条长短不一,没有一点规律可循,也缺乏流畅性和方向感。虽然幼儿的手部动作显得毫无把握,线条杂乱,但这是他们感到快乐的一种游戏,可以获得精神上的满足(见图2-1)①。

2. 单一线

单一线表现的是一种有控制的涂鸦,经过一段时间的涂画练习和幼儿手眼协调性的加强,幼儿的动作控制能力有所发展,能够重复地在纸上画出同样的线条。比如,幼儿能在纸上来回反复地画出一些长短不齐,但具有一定方向感的竖线、横线、斜线、锯齿线、螺旋线等。尽管幼儿此时对自己的涂鸦动作还没有完全把握,但他们乐于体验重复节奏的动作(见图2-2)②。

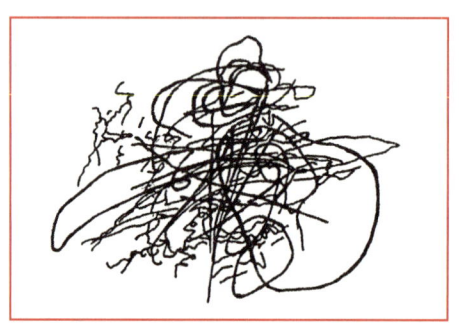

图2-1 杂乱线

图2-2 单一线

3. 圆形线

圆形线是有控制地涂鸦的另一种表现形式。随着幼儿在绘画过程中对自身动作的控制和对结果的逐渐理解,他们开始会注意涂鸦时画笔的运动方向,并在纸上反复地画出大大小小、封口或不封口的圆形线,尝试用形状各异的圆形来表现一切事物。

---

①② 张念芸.学前儿童美术教育[M].4版.北京:北京师范大学出版社,2020.

圆形线展示了幼儿较高级的涂鸦水平,从作品中可以看出他们能通过控制笔尖来控制线条的走向和幅度(见图2-3)[①]。

4. 命名线

幼儿在不断的涂画过程中,开始意识到所画的线条与自己生活经验中的某些事物之间的联系,会给自己的涂鸦作品取名字,并自言自语地进行解释和说明。但这并不表明此时幼儿已有明确的表达意图,幼儿的命名涂鸦与成熟的绘画造型有本质的区别:一是命名涂鸦是先进行无意识的涂鸦,再进行有意无意的联想命名,所以幼儿常常在不同的时间对同一幅涂鸦作品有不同的联想和命名,而成熟的绘画活动从一开始就是有目的的并且是有明确的目的;二是幼儿的命名涂鸦如果脱离了语言的解释,就会失去其意义,因为成人往往难以根据幼儿的涂鸦来确定其代表什么,而真正的绘画则无须解释其含义。图2-4是一个3岁幼儿画的"飞机",这是一张比较典型的命名线作品。[②]

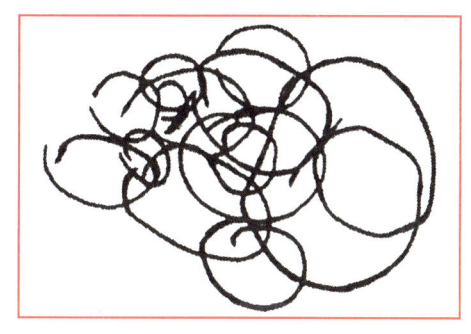

图2-3 圆形线

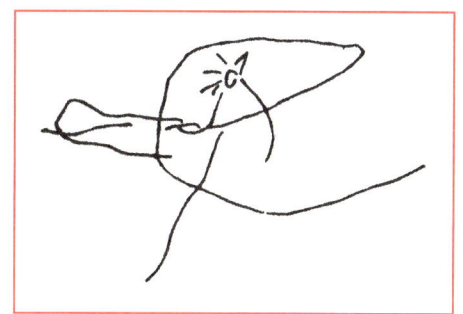

图2-4 命名线作品《飞机》

(二)象征期幼儿绘画的发展特点

象征期是介于涂鸦期和形象期的过渡时期,发生在幼儿3—4岁的阶段。幼儿开始能用极其简单的图形和线条描绘出事物的特征,并通过代表性的符号或象征性的绘画表达出他们所想要表现的事物,这就是象征期幼儿绘画水平的主要标志。接下来,我们将从构思、造型、构图和色彩方面来具体探讨象征期幼儿绘画的发展特点。

1. 构思

在这个阶段,幼儿的绘画常常是先动笔,后构思,他们在涂画过程中发现自己涂画的动作痕迹与某物的外形相似,于是就想起要画这一物体,而且在绘画过程中容易受到他人的影响。例如,有的孩子本来想画气球,但当他看到其他小朋友正在画太阳时,他就会跟着画太阳,可是刚画几笔,又听到另一个小朋友说:"我要画汽车",他也会跟着说:"我也要画汽车",这种现象常常发生。同一桌的小朋友们的画非常相似,这说明

---

①② 张念芸.学前儿童美术教育[M].4版.北京:北京师范大学出版社,2020.

他们的构思具有不确定性和易受暗示性。同时,一形多义也是象征期幼儿在构思方面的一个显著特点。

2. 造型

这个阶段的幼儿主要凭借主观知觉印象描绘出物体的粗略形象,以象征物体的外形轮廓。这些形象多半是不稳定、不完整的,表现出的感情和意图也是瞬间的、不明确的。另外,由于此时幼儿使用的形状简单且种类有限,所以类似的形状在每个幼儿的作品或同一个幼儿的不同作品中,可能代表不同的事物。比如,在幼儿作品《狼来了》中,幼儿用相似的三个图式符号分别表现小羊、王小宝和狼(见图2-5)。并且这三个图式符号均只呈现物体的基本部分,画面中左边最小的图形是小羊在吃草,中间稍大的图形是王小宝边叫"狼来了"边跑,而右边最大的图形是狼,表示它的威胁和存在……

图 2-5 狼来了

这个阶段幼儿所画的图示通常只是简单的近似几何图形和线条的组合,只具备各物体的基本外形轮廓和基本部分,缺乏细节和整体感。通过这种简化的象征性绘画,幼儿开始试图表达自己对事物的印象和感受,但在理解他们的绘画作品时,仍必须结合幼儿本人的说明才能判断他画的是什么。

3. 构图

从构图上看,这个时期的幼儿在画面上所画的形象较多,往往不止有一两个形象,有时有三四个甚至更多。尽管他们并不太注意物体之间的大小关系,但已经开始尝试关注物体之间的空间关系。比如,幼儿常常采用一种随机偶然的方式将每个形象独立地罗列在画面上,它们彼此之间似乎是互不相连的,但这样的表达方式依然能够在一定程度上传达出幼儿所要表达的主题。

4. 色彩

在色彩方面,象征期的幼儿在辨色能力上得到了大大的提升,并且开始形成对颜色的个人喜好。总体而言,他们更偏好高饱和度、鲜艳明亮的暖色调,比如,红色和黄色,而对蓝色、紫色等冷色调不太感兴趣。当然,这也不是绝对的,每个幼儿都有自己独特的色彩喜好。在这个阶段,他们喜欢用自己偏好的颜色进行绘画,通常只选用一种喜欢的颜色,较少在绘画过程中突然更换颜色。此外,他们更倾向于使用彩色笔直接勾勒线条,对于大面积涂色则缺乏耐心和相应的技巧。

(三)形象期幼儿绘画的发展特点

形象期,也称图式期,一般出现在幼儿5—8岁时,是幼儿开始有意识地再现周围事物和表达自己想法的时期。他们将自己的所见所闻、内心的感受及想象力通过绘画的方式呈现出来。在这个阶段,幼儿的绘画作品开始具备具象化的特征,形象和现实之间的符号关系逐渐清晰起来。他们会尝试使用不同的图形和颜色来描绘他们所想象的人物、动物和物体等,并且还会开始注意细节和线条的准确性。总之,在构思、造型、构图、设色等方面较之象征期都有明显的发展。

1. 构思

从构思方面来看,幼儿绘画先是经历了涂鸦期没有构思的阶段,接着进入了边画边构思的象征期,最终进入具有事先构思的形象期。随着幼儿思维能力的发展和教育的影响,形象期的幼儿能够在动手绘画之前进行简单构思,并且在绘画过程中能够坚持原来的构思,即构思的稳定性增强了,同时在绘画过程中改变构思和受他人影响的情况也逐渐减少了。在这一阶段,幼儿绘画构思的内容逐渐由简单向复杂、由零散向有内在联系的情节发展,他们会在绘画过程中逐步丰富和细化自己的构思,并能够在作品完成后较清晰、完整地表达出构思的内容。值得注意的是,形象期的幼儿的构思体现出了强烈的主观倾向性和丰富的想象力,他们似乎非常享受展现自己主观想象世界的过程,比如,幼儿作品《我爱我家》通过描绘做家务的机器人、坐在椅子上轻松休息的妈妈、和爸爸一同快乐游戏的自己,来表现自己心目中理想的家庭(见图2-6)。又如,幼儿作品《植物将军》中小作者在西瓜、苹果、菠萝、香蕉、芭蕉叶、兰花等自己喜爱的元素上画上了眼睛、鼻子和手脚,形成了一个个威风凛凛的植物将军的形象,幼儿通过发挥自己的想象力和创造力,展现出自己对生命力和美的独特见解(见图2-7)。

2. 造型

随着幼儿视觉感受力的提升和具体形象思维的发展,幼儿绘画的造型经历了一个由不分化到分化的阶段,他们不再只是简单地使用基本图形和线条来构成形象,而是能够运用更多、更复杂的形状来呈现形象。同时还能将不同部分融为整体,而不是机械地组合几何图形,这样画出来的东西就更易于辨认,使绘画作品具有更加丰富的表现意义。

在形象期,幼儿作品中的造型不仅能够表现出事物的基本部分,还能展现出事物的主要特征和细节,其中一个明显的标志就是幼儿在表现同类对象时能体现出具体的差别。例如,幼儿在画人时能区别出男女、长幼及其社会角色,在画汽车时能区分出公共汽车、小汽车、无轨电车、卡车等不同的车型。幼儿也开始尝试描绘动态场景,在刚开始表现动态时,幼儿多画人物正面的动态,较少画人物侧面的动态,相对人物正面而言,人物侧面较难表现。幼儿在画人物侧面时,常会出现人物的正面和侧面特征同时存在的现象。但动物则以侧面动态为多。幼儿刚开始表现人物动态时往往借助他物来表现,可能画面中的人物本身仍是机械呆板的,直立的双腿,张开的双臂,肢体没有明显的变化,各个身体部分呈放射或直角关系,但他们会在人物的旁边加画一个皮球或一个毽子,以此来表示这个人物正在拍皮球或踢毽子。随着幼儿逐渐学习画出有倾斜角度的人物肢体或躯干,幼儿开始能独立表现人物动作,画面会变得越来越丰富、生动。

关于这一阶段的造型,还有一点就是幼儿并不关注物体本身各部分的比例关系,他们常常不自觉地把自己感兴趣的、认为重要的事物画得很夸张、很仔细,而忽略了事物的整体或其他部分,例如,在与"医院""看病"等主题相关的绘画作品中,我们可以观察到小作者们往往会夸张地描绘着粗大的针筒、豆大的眼泪、紧抓桌面的巨手,而省略了坐着的椅子和身体的其他部位。再如,幼儿作品《漂亮妈妈》(见图2-8),当被问及为什么把妈妈的一条腿画得那么粗时,小作者回答:"我们老师说了,前面的东西要画得大一点。"

图2-6 我爱我家

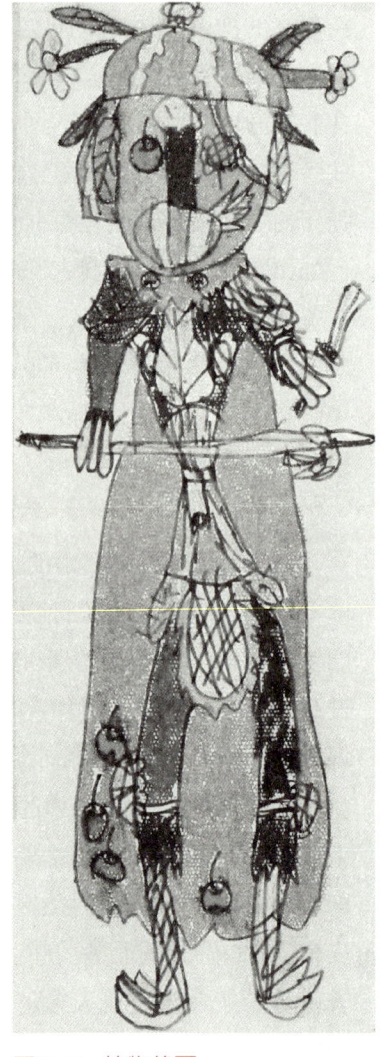

彩图2-6至彩图2-8

图2-8 漂亮妈妈

图2-7 植物将军

3. 构图

随着幼儿知识经验的增加和绘画表现能力的发展,幼儿作品中出现的形象的数量和类型都在逐渐增多。而在对幼儿作品中的形象进行分类和计数时,不能仅依据形象的数量进行统计,而要根据幼儿的表现意图对形象差别明显的事物的类别进行统计。比如,当作品涉及交通工具的时候,将小汽车、公共汽车和卡车各自作为一类统计。如果幼儿画了很多小汽车的形象,但形象完全重复,这些也归为一类。形象的种类比形象的数量更能反映幼儿绘画能力的提升。

当画面上形象的数量和种类多起来时,幼儿作品中的形象与形象之间就开始有了一定的空间关系,表现出相应的主题,并且形象之间的相互联系具有一定的含义。从构图形式上来说,幼儿也更加讲究画面的平衡、对称和统一。在作画过程中,他们常常会在画面的底部画一条长线,或是在画面下方画两条长线作为地面,并将他们所设计的主要形象一字形展开,比如,小树、房子都矗立在地面上,而太阳、小鸟、云朵都排列在画面的上半部分,这种作画方式被称为基线式构图,可以使画面变得更加稳固。基线式构图展现了事物的上下空间关系,但不能展现前后关系,是一种二维平面构图。

另一种二维平面构图是展开式构图。展开式构图是将从不同角度观察到的事物在同一个画面上表现出来。在这种构图方式中,比较具有代表性的例子就是将围成一圈的物体画在一起,例如,池塘边的树木、手拉手跳舞的人、围坐在餐桌吃饭的人等。幼儿会将每个形象画得与圆形或方形的基线相垂直,这样就呈现出画中形象围绕圆形或方形展开的效果,从而呈现出一种空中俯视物体的视觉效果。

当然,随着幼儿绘画水平的进步,他们不会仅仅满足于使用具有二维性的基线式构图或展开式构图。他们会为了在二维平面上表现出三维空间的各个方面,开始凭借着自己的认知水平和经验,创造出多种多样的构图方式,如散点式构图、多层并列式构图、透明画及遮挡式构图等。

散点式构图,也称多视点构图,是指画面中出现两个或两个以上的视点。当画面中出现两个或两个以上的视点时,画面就会开始呈现立体化效果,同时存在垂直空间和水平空间。例如,在幼儿作品《妈妈照镜子梳头发》中,妈妈的形象是从侧面看过去的,而浴缸和抽水马桶则是俯视的效果(见图2-9)。

多层并列式构图是幼儿在达到多视点构图水平后会进一步采用的一种构图方式,这种构图方式通常会把不同的物体、人物放置在一个画面中的不同层次或者平行位置,而且每个层次或平行位置里的元素都具有一定的独立性,在整个画面中起到平衡、分隔或者强调的作用。举个例子,假设一个幼儿的绘画作品中有一片草地、几棵树、几个小人和远处的一座房屋。那么在多层并列式构图中,幼儿可以将这些元素放置在不同的平行层次上,例如,将草地

图2-9 妈妈照镜子梳头发

放置在最下面的一层,树木和小人放置在中间的一层,房屋则放置在最上面的一层。这样的构图能够表现出画面中各个元素的空间关系和距离感,从而增强画面的层次感和立体感。

另外,随着幼儿对画面的处理更加深入和细致,他们不仅能够画出物体的外部特征,还希望能描绘出物体的内部结构,因此,透明画法应运而生。当然,透明画法的出现也是因为幼儿还未完全掌握重叠的概念,大部分幼儿在画"我的家"主题时,通常采用透明画法,使房间内部的人、家具等一览无余。在这个阶段,还有少数幼儿开始尝试使用遮挡式构图,这是幼儿期出现的最高水平的构图方式。这种方式的构图能使画面展现出一定的前后关系,不过在画面中有时还会掺杂一些前面提到的其他构图方式,反映了幼儿绘画发展的渐进过程。

形象期幼儿构图能力的发展还表现在形象主次关系的发展上。形象主次关系的发展是幼儿绘画中的一个重要方面,是指幼儿在绘画过程中逐渐发展出对形象的主次关系的处理能力,包括能够辨别在画面中哪些形象为主体,哪些形象为背景,这与构图排列方式的发展紧密相关。最开始,幼儿在处理画面上的形象时,更多的是罗列形象。随着幼儿认知的发展和观察力的提高,他们开始以物体的空间关系来安排形象,比如,太阳和小鸟在天上,人、植物、房屋在地上。而在进一步的发展之后,他们学会理解并表现出不同形象在画面中的重要程度。例如,幼儿可能会给予人物或者某个特定物体更大的比例、更鲜明的颜色、更多的细节,从而使其在画面中成为焦点。而次要的背景形象一般会以更小的比例、较淡的颜色或者简略的细节来表现,以平衡整个画面,突出主次形象之间的关系。

4. 色彩

从色彩的角度来看,这个阶段的幼儿对色彩表现出极大的热情,他们喜欢多种多样的色彩,他们作品画面上的色彩逐渐丰富起来。一项研究表明,5岁的幼儿能够开始选择与物体相近的色彩来描绘物体,比如,用棕色画树干,用绿色画树叶,用黄色画小鸡等,以便于识别所画的事物。而6岁的幼儿除了表现物体本身的颜色外,还会开始展现出很强的主观意愿性,也就是幼儿会在不影响物象识别的情况下,为了满足个人的美感需求,根据自己的想法给形象赋予不同的颜色。比如,在画交通工具、建筑物、服装等人造物时,会在不影响其表现的真实性的情况下减少物体固有色的使用,加入一些对比色、近似色或互补色,使得画面更加丰富多彩,呈现出一种概念色彩和主观意愿的混合表达,也使得他们的作品色彩具有明显的装饰性。又如,在一些幼儿作品中,我们可以看到小作者会把大象涂成红色或是黄色,甚至是彩虹色,而不是大象的自然色灰色,富有强烈的装饰趣味。再如,在幼儿作品《漂亮妈妈》中,小作者在妈妈的裙子上装饰了五颜六色的小圆点和花朵,以一个孩子的天真烂漫来展示妈妈的美丽。

此外,形象期幼儿对涂色产生了更大的兴趣,他们不再满足于象征期简单地描绘物体轮廓。在教师的引导下,他们会给画面中的形象涂色,涂色的面积会从小面积的局部涂色逐渐发展为大面积的完整涂色,并经历从无序涂色到有序涂色,从不均匀涂色到均匀涂色的发展阶段。总体而言,随着年龄的增长和绘画水平的提高,幼儿在色彩运用方面展示出了更多的技巧和表达能力。

二、幼儿绘画能力的观察与分析

为有效地观察与分析幼儿的绘画能力,首先,教师需要确定幼儿绘画能力发展的观测点和分析框架。其次,教师需掌握观察法,用于记录幼儿在绘画过程中的动作、对话和表情等。再次,在绘画结束后,教师要收集幼儿的绘画作品,并采用访谈法记录幼儿关于作品的想法和感受。最后,根据相关理论,运用作品分析法对幼儿的绘画作品进行具体分析,以深入了解幼儿的绘画发展特点,在"看懂"幼儿作品的基础上"读懂"幼儿的内心世界,进一步为他们提供有针对性的指导和支持。

(一) 厘清幼儿绘画能力的观测点和分析框架

我们可以将对幼儿绘画能力的观察与分析分为两个部分——绘画过程观察和绘画作品分析。绘画过程观察这一部分可以分解为以下五个观测点,即动作控制、情绪状态、兴趣与投入度、注意力、访谈与解释。其中,动作控制是观察幼儿在绘画过程中的动作协调和精细动作控制能力,特别是幼儿在绘画时的手眼协调程度。情绪状态则是观察幼儿在绘画时的情绪表现,包括情绪稳定性、兴奋或沮丧等情绪状态,这可以帮助我们了解绘画对幼儿情绪表达的作用。兴趣与投入度关注的是幼儿对绘画活动的兴趣程度和参与度。注意力是幼儿绘画过程中的重要认知因素,教师可以观察幼儿在绘画时的注意力集中程度和持久性。访谈与解释是通过使用访谈法来了解幼儿对自己绘画作品的理解、目的和意图。

绘画作品分析则是基于幼儿绘画能力发展阶段理论,构建一个绘画能力发展水平的分析框架,该框架涵盖绘画主题(即构思)、造型表现、构图表现、色彩使用、想象与童趣等要素。绘画主题分析评价了幼儿的作品在多大程度上表现出题意。造型表现分析评价了幼儿在图形复杂化、图形立体性、形象的发展三个方面的特点。构图表现分析评价了幼儿在形象数量、构图方式、形象主次关系上的发展情况。色彩使用分析评价了幼儿在颜色数量、涂色技能、色彩选取上的特点。我们在分析框架中还添加了幼儿绘画想象与童趣方面的内容,主要评价幼儿的作品是否具有想象力和充满童趣。

(二) 设计幼儿绘画过程观察记录表

为更有效地观察、记录幼儿绘画能力的发展特点和行为表现,我们可以设计相关的观察记录表。表 2-1 是一个供参考的幼儿绘画过程观察记录表,可以快速记录幼儿在绘画过程中的主要表现。观察记录表中的每个观测点下都有具体评价标准,这些标准呈现了从低到高的水平变化。在观察过程中,我们可以选择符合幼儿真实水平的相应描述。此外,对于观察记录表中无法详尽的情况,我们也可以在记录表后面适当做一些典型事件的描述,以利于后续更好地分析幼儿的绘画作品。

表 2-1 幼儿绘画过程观察记录表

幼儿姓名		班级		观察者	
观察日期		绘画活动主题			
观测点	具体评价标准			判断依据(行为实录)	
A. 动作控制	□A1. 手指、手腕和前臂缺少协调性				
	□A2. 能较好地控制手指、手腕和前臂的合作				
	□A3. 能很好地控制手指、手腕和前臂的合作				
B. 情绪状态	□B1. 表情紧张,情绪低落				
	□B2. 表情不耐烦,烦躁易怒				
	□B3. 表情舒缓,情绪愉悦				
C. 兴趣与投入度	□C1. 无兴趣,无法投入绘画中				
	□C2. 兴趣和投入度一般				
	□C3. 兴趣和投入度较高				
D. 注意力	□D1. 无法保持持久的注意,无法专注于绘画中				
	□D2. 能保持 5~10 分钟的注意,能专注于绘画中				
	□D3. 能保持 10~15 分钟的注意,能较高度地专注于绘画中				
E. 访谈与解释	□E1. 无法清楚地解释自己的绘画作品				
	□E2. 能够较为清晰地解释自己的绘画作品				
	□E3. 能够清晰明确地解释自己的绘画作品				

注:观察记录表中的每个观测点分为三个具体评价标准,当幼儿出现符合标准的行为时,在相应项目前的□中打"√",并真实记录相应的行为作为判断依据。在"E. 访谈与解释"一栏中可以记录对幼儿的提问及幼儿的回答,以了解其在绘画过程中更多的感受和体验。

我们可以用上述观察记录表对一个幼儿绘画能力的发展特点和行为表现进行连续的观察,日常的绘画活动可以每天观察一次,也可以结合户外活动中融入的写生活动进行观察记录。表 2-2 是供参考的幼儿绘画过程系统观察记录表。在使用访谈法与幼儿进行沟通时,需要注意提问的内容和方式,避免提出类似"你是不是在画一只狗？""这个颜色不对吧？你应该选择其他颜色来画，那样会更好看。"等过于主观或先入为主的问题，以免对幼儿的回答产生误导。相反，我们可以采用更开放的、更具有探索性的提问方式，例如，"你画的这是什么呀？""你为什么要这样画呢？""你为什么要涂这个颜色？"等。这些访谈问题更多地基于幼儿的实际情况，可以鼓励幼儿自由地描述和解释他们的绘画意图和感受。

此外，集中的绘画活动可以一周或两周观察一次，视幼儿园开展集中绘画活动的频率来确定。可以对同一个幼儿的能力发展特点和行为表现进行连续多次的观察记录，反映该幼儿比较稳定的绘画水平和绘画能力发展情况；也可以利用上述观察表对几个幼儿同时展开记录，可以是同年龄班幼儿，也可以是不同年龄班幼儿，据此可以比较分析同年龄班幼儿或不同年龄班幼儿绘画水平的个体差异和发展特点。表 2-3 是供参考的幼儿绘画过程比较观察分析表，可以将每次的观察记录情况进行汇总和梳理统计。

表 2-2　幼儿绘画过程系统观察记录表

幼儿姓名					班级					观察者			
观察次数	观察时间	A. 动作控制			B. 情绪状态			C. 兴趣与投入度			D. 注意力			E. 访谈与解释		
		A1	A2	A3	B1	B2	B3	C1	C2	C3	D1	D2	D3	E1	E2	E3
1																
2																
……																

表 2-3　幼儿绘画过程比较观察分析表

绘画活动主题					班级					观察者			
序号	幼儿姓名	A. 动作控制			B. 情绪状态			C. 兴趣与投入度			D. 注意力			E. 访谈与解释		
		A1	A2	A3	B1	B2	B3	C1	C2	C3	D1	D2	D3	E1	E2	E3
1																
2																
……																

（三）梳理分析幼儿的绘画作品

作品分析法是一种对调查对象的作品（比如，绘画、日记、作业等）进行分析研究的方法。该方法可以用于评估幼儿的绘画能力，把握其发展特点和规律。通过分析作品中的内容、形式、色彩运用和细节等方面，揭示幼儿在绘画过程中的创意表达、观察力、绘画技巧和审美意识等方面的成长和进步。此外,作品分析法还能帮助教育者了解幼儿的个体差异、绘画习惯、对形象的理解和表达能力等,以更好地指导幼儿并促进幼儿的绘画发展。因此,我们根据幼儿绘画能力发展阶段理论,确定了相应的分析框架,表2-4是供参考的幼儿绘画能力发展水平分析表。对于分析表中无法详尽的情况,我们也可以在分析表后面适当做一些补充,以利于后续更好地分析幼儿的绘画作品。

表2-4 幼儿绘画能力发展水平分析表

幼儿姓名		班级		观察者	
观测点		具体评价标准			判断依据 (行为实录)
A. 绘画主题		□A1. 没有表现题意			
		□A2. 表现部分题意			
		□A3. 表现全部题意			
B. 造型表现	图形复杂化	□B1. 没有完整图形,只有简单线条			
		□B2. 由简单形状组成形象			
		□B3. 由复杂形状组成形象			
		□B4. 各个部分融合为整体			
	图形立体性	□B5. 单一面			
		□B6. 正侧面同在			
	形象的发展	□B7. 未表现出基本结构			
		□B8. 表现出基本结构			
		□B9. 表现出细节			
		□B10. 表现出社会角色等主要特征			
		□B11. 能够借物表现动态			
		□B12. 能够独立表现动态等			
C. 构图表现	形象数量	□C1. 出现1个形象			
		□C2. 出现1种形象(两个以上的重复形象)			
		□C3. 出现2~3种形象			
		□C4. 出现4种以上的形象			
	构图方式	□C5. 基线式构图			
		□C6. 展开式构图			
		□C7. 多视点/散点式构图			
		□C8. 多层并列式构图			
		□C9. 透明画			
		□C10. 遮挡式构图			

续表

观测点		具体评价标准	判断依据（行为实录）
C. 构图表现	形象主次关系	☐C11. 罗列形象	
		☐C12. 以空间关系安排形象	
		☐C13. 形成背景与主体	
		☐C14. 形成特定环境	
D. 色彩使用	颜色数量	☐D1. 使用1种颜色	
		☐D2. 使用2~4种颜色	
		☐D3. 使用5~7种颜色	
		☐D4. 使用8种以上颜色	
	涂色技能	☐D5. 不涂色	
		☐D6. 小面积的局部涂色	
		☐D7. 大面积的完整涂色	
	色彩选取	☐D8. 色彩单一	
		☐D9. 色彩具有装饰性和表现性	
		☐D10. 固有色和随意赋彩兼有	
		☐D11. 使用近似色、同类色、对比色等色彩搭配	
E. 想象与童趣		☐E1. 作品缺乏童趣,过于成人化	
		☐E2. 作品具有一定童趣和想象力	
		☐E3. 作品富有童趣和想象力	

注：分析表中的每个观测点细分为不同的评价标准，当幼儿作品出现符合标准的形式时，在相应标准前的☐中打"√"，并记录相应的表现形式作为判断依据。

我们可以在对幼儿的绘画过程进行观察记录后，进一步对他们的绘画作品进行梳理和分析，可以收集同一个幼儿的3~5幅作品进行系统的观察分析，如表2-5为供参考的幼儿绘画能力发展水平系统观察分析表。此外，我们还可以在同一个绘画活动中随机收集几个幼儿的绘画作品，展开横向分析，这些幼儿可以来自同一个年龄班，也可以来自不同年龄班，如表2-6为供参考的幼儿绘画能力发展水平比较观察分析表，据此可以比较分析同年龄班幼儿或不同年龄班幼儿绘画能力发展的个体差异和发展特点。

表 2-5 幼儿绘画能力发展水平系统观察分析表

分析次数	分析时间	A. 绘画主题			B. 造型表现			C. 构图表现			D. 色彩使用			E. 想象与童趣		
		A1	A2	A3	图形复杂化 (B1—B4)	图形立体性 (B5—B6)	形象的发展 (B7—B12)	形象数量 (C1—C4)	构图方式 (C5—C10)	形象主次关系 (C11—C14)	颜色数量 (D1—D4)	涂色技能 (D5—D7)	色彩选取 (D8—D11)	E1	E2	E3
1																
2																
……																

表 2-6 幼儿绘画能力发展水平比较观察分析表

序号	幼儿姓名	A. 绘画主题			B. 造型表现			C. 构图表现			D. 色彩使用			E. 想象与童趣		
		A1	A2	A3	图形复杂化 (B1—B4)	图形立体性 (B5—B6)	形象的发展 (B7—B12)	形象数量 (C1—C4)	构图方式 (C5—C10)	形象主次关系 (C11—C14)	颜色数量 (D1—D4)	涂色技能 (D5—D7)	色彩选取 (D8—D11)	E1	E2	E3
1																
2																
……																

三、基于幼儿绘画能力发展水平的指导策略

基于幼儿绘画能力发展的三个阶段及其特点，教师在观察评价幼儿的绘画能力发展水平时可以采用以下策略。

（一）欣赏幼儿涂鸦，鼓励创意探索

通过前文的学习，我们了解到幼儿涂鸦并不是真正意义上的绘画活动。幼儿在涂鸦时，虽然没有明确的表现意图，但这是一种对环境所做出的探索，是能享受有节奏的"动"感和视觉愉悦感的游戏活动。尽管从涂鸦结果上来看，涂鸦的线条较为杂乱无序、不成形，也无法代表什么事物，但我们仍然认为幼儿涂鸦是一种积极的学习活动，是幼儿绘画活动的准备阶段。因为幼儿在持续的涂鸦探索中锻炼了双手的控制能力和手眼协调能力。同时，在不断的涂画过程中，幼儿逐渐积累了对线条、色彩和空间的经验。他们还会发现画出的痕迹与自己经验中的某些事物相似，通过展开联想来用它们表达记忆中的事物。所以，可以说幼儿涂鸦从身、心两方面为真正的绘画活动创造了条件，并打下了一定的基础。

因此，我们不应该简单地将幼儿的涂鸦看成是一种破坏性行为，并加以训斥和制止，使幼儿处于萌芽状态的创造力受到抑制。相反，我们应当接纳幼儿的涂鸦作品，并为他们提供必要的涂鸦条件。一方面提供适合他们年龄的绘画工具和材料，比如，大画纸、无毒蜡笔、水粉颜料等，另一方面提供良好的创作环境，鼓励幼儿的涂鸦行为，让他们有机会自由地涂抹。最后，与幼儿一起观察、欣赏他们的作品，鼓励他们描述绘画时的想法和感受。成人对幼儿的涂鸦解释要耐心地倾听，必要时进行一些记录，在发展他们观察和表达能力的同时了解幼儿的经验和想法，以增强他们的自信心和艺术表达的兴趣。

（二）引导自由绘画，给予创作信心

幼儿的象征期虽然短暂，但对于他们的绘画发展来说却具有重要的意义。在这一阶段，幼儿开始尝试用自己掌握的简单图形来再现自己的经验，并努力通过语言来补充自己的表达，所以我们常常可以看到这个阶段的幼儿在绘画时会自言自语，这都是因为处于象征期的幼儿的表现动机和信心还很脆弱，需要语言来支持他们创作时的思维。

因此，我们应该帮助幼儿梳理、丰富其绘画构思，鼓励他们大胆地按照自己的意愿作画，切忌以成人的习惯和眼光挑剔他们的作品，而是给予幼儿更多的鼓励和支持，同时，借助多感官的参与，我们可以引导幼儿初步观察事物，深化印象，加深体验，帮助他们逐步树立起过渡阶段中的艺术表现信心。在与幼儿的交流中，最重要的就是倾听他

们的想法,理解他们的绘画意图。通过互动对话,我们能够更好地指导他们的绘画过程,为他们提供有针对性的建议和支持。这样的绘画指导策略可以促进幼儿创造力的发展,并为他们顺利过渡到形象期奠定坚实基础。

(三) 把握教育尺度,支持个性表达

形象期是幼儿在绘画发展中展示出丰富想象力和自我表达能力的重要阶段。在整个形象期,幼儿的绘画水平在构思、造型、构图、色彩等方面都有了极大的进步,然而以自我为中心、具有强烈的主观倾向性仍然是幼儿绘画的主要特征。教师要在理解他们的表现方式的基础上,多多引导他们接触周围的环境和生活中美好的人、事、物,不仅要鼓励他们学会观察、丰富自己的感性经验和审美情趣,还要鼓励他们勇于按照自己喜欢的方式大胆地创作,表现自己的情感、体验和想象,而不是简单地照搬成人的模式和画法。在此基础上,教师再根据幼儿的发展特点和个人需求,对他们的表现方式和技能技巧给予适时、适当的指导。在评价幼儿作品时,教师要多倾听幼儿的想法,多记录、多归纳,从而更好地了解和认识幼儿在绘画表现上的差异性,这样才能够针对每个幼儿的特点和需求,促进他们在原有基础上的发展和进步。

(四) 尊重幼儿独特的审美感受和想象,切忌用成人的标准进行评价

每个幼儿都是独特的个体,他们对绘画创作有自己的独特理解和感受。他们通过童真的眼睛观察和理解世界,捕捉并描绘出与成人绘画作品有着极大区别的事物和画面,例如,把西瓜画得比人大,画小朋友放风筝时将小朋友的手画得很长。幼儿的作品也表达着他们独特的想象,比如,在作品《音乐会》中,小作者将一把巨大的小提琴想象成一个舞台,小朋友在舞台上演奏、跳舞;琴头上还抽出绿色的枝条,枝条上有小朋友在荡秋千、滑滑梯——音乐会乐趣无穷(见图2-10)。教师在评价幼儿的绘画作品时,要注重理解幼儿的创造性和创作意图,以及他们在绘画中展现出的个体差异,切忌以成人的观念、标准来评价幼儿的创作表现,如用"像不像"来进行评价。比如,部分教师和家长会认为幼儿画三只脚的鸡是不对的,蓝色的太阳是不正确的,然而,这种评价方式在实质上否定了幼儿的自我表现能力,是对幼儿绘画的片面评价。我们应该尊重他们的个体差异,鼓励他们以自己的方式去表达、去创作、去展现自己的绘画风格。

彩图2-10　　图2-10　音乐会

（五）平衡技能学习与幼儿创意表现的关系，关注幼儿全面发展

在确保不给幼儿过多限制和要求的情况下，教师可以给予幼儿适当的指导，帮助他们掌握基本的绘画技能。如为幼儿创造积极的绘画环境，包括提供丰富的绘画材料和工具，让幼儿有机会自由地选择和尝试不同的绘画方式；引导他们学会观察和感知周围的事物，而不是提供模仿的图样对幼儿进行机械性的技能训练；鼓励幼儿之间进行互动和合作，通过分享和交流创作经验，促进彼此的艺术成长。但重要的是在指导过程中，要努力平衡教学目标和幼儿的个性之间的关系，尊重幼儿的探索和创新。教师不仅要关注绘画创作的结果，更要重视幼儿的绘画过程，注重他们的情感体验和认知发展。教师通过细心观察和了解每个幼儿的需求，灵活调整指导方式，满足幼儿的学习和创作需求，保护他们的童趣和想象力。

大班幼儿绘画作品《热热闹闹过新年》赏析

根据大班幼儿绘画作品《热热闹闹过新年》（见图2-11），思考并回答以下问题：这是什么阶段的作品？你的判断依据是什么？

图 2-11 大班绘画作品《热热闹闹过新年》 彩图 2-11

这幅名为《热热闹闹过新年》的幼儿绘画作品展现了锣鼓震天的热闹中国年的场景。通过对构思、造型、构图和色彩等方面的分析，我们可以看出这是一幅处于形象期的

幼儿绘画作品。

(1) 从构思角度来看，该幼儿明确表达了过新年这一主题，展现了热闹的氛围和喜庆的场景。通过观察作品中的人物服装、动作等，我们能快速理解作品的意图，并从中感受到节日的喜悦和活力。

(2) 从造型方面来看，该幼儿对于线条的运用粗放有力，刻画出了各类鲜明的角色形象，比如，腰鼓队、舞龙队、踩高跷的人、秧歌队、威风锣鼓队、扇子舞队等。这些角色形象生动活泼，细节丰富，尤其是对人物的服装花纹都有细致的描绘，体现了幼儿对过新年场景的观察力和表现能力。而且，我们可以看到画面中人物的动作不仅有借物表现，比如，给小人的手上画上鼓槌、扇子、唢呐等，还有将人物的四肢画得倾斜来表现动作变化，最典型的就是画面中的两个打腰鼓的人，多么生动的肢体动作！同时，作品中展示了不同角色的表情变化，充分呈现出了过年时人们的喜悦表情，凸显了幼儿对情感表达的理解和运用能力。

(3) 从构图角度来看，该幼儿运用散点式的构图，表现出过年时各色表演者的空间关系。此外，作品中主次关系明确，幼儿通过合理的布局将主要人物角色进行放大，与过年的情景相得益彰，创造出生动丰富的情节，从而让整个画面充满了浓厚的年味。

(4) 从色彩运用方面来看，该作品的整体画面色彩单纯明亮，背景大面积地使用红色，展现了新年的祥和与喜庆，色彩的使用具有表现性。可以看出，该幼儿的生活经验丰富，能够了解并灵活运用明亮的色彩来描绘新年，再现生活实物中的固有色，并且部分色彩具有明显的装饰性和一定的个人美感。另外，在用色技能方面，该幼儿也能够有序地、大面积地使用彩色墨水笔和蜡笔进行涂色，显示出其对色彩表达的掌握能力。

(5) 从整体来看，以上分析揭示了这幅作品中该幼儿的创作特点和绘画能力水平。通过对构思、造型、构图角度和色彩的运用的分析，我们能更全面地理解幼儿作品中所传达的信息与创作意图，体会幼儿绘画过程中想象力、创造性和表达能力的发展。

岗位应用

实训活动一　幼儿绘画能力发展水平的个案观察、分析与评价

1. 目标

(1) 了解幼儿绘画能力发展的三个阶段及特点。

(2) 能根据个别幼儿的绘画作品观察、分析与评价其绘画能力所处发展阶段及相应的特点。

(3) 能基于个案观察、分析与评价提出下一步发展方向和有针对性的指导方法。

(4) 培养关爱和信任幼儿的教师情怀,尊重个体差异,因材施教。

2. 内容要求

(1) 在幼儿园实习的班级中选择一个幼儿,收集其一幅绘画作品。

(2) 采用表 2-1 观察记录幼儿在绘画过程中的动作、情绪、想法和感受等,对于观察记录表中无法详尽的情况,也可以在记录表后面适当做一些典型事件的描述。

(3) 运用表 2-4 对幼儿进行绘画能力分析,可以从幼儿绘画的主题构思、造型、构图、色彩等方面的特点对该幼儿绘画能力所处的发展阶段进行判断和分析。

(4) 与园所教师交流并反馈观察记录情况,结合相关知识分析、评价该幼儿的绘画能力发展水平和表现特点,并提出相应的教育建议。

实训活动二 幼儿绘画能力发展水平的抽样观察、分析与评价

1. 目标

(1) 了解幼儿绘画能力发展的三个阶段及特点。

(2) 能根据幼儿的绘画作品观察、分析和评价该年龄班的幼儿绘画能力发展水平和个体差异。

(3) 能基于观察、分析与评价提出下一步的发展方向和有针对性的指导方法。

(4) 涵养关爱并尊重幼儿、基于幼儿身心发展特点施教的师德情怀。

(5) 培养独立思考能力和项目小组合作学习实践能力。

2. 内容要求

(1) 项目小组在幼儿园实习的班级中合作开展幼儿绘画能力发展水平的抽样观察、分析与评价。

(2) 项目小组每人随机抽取 3~5 个幼儿,观察他们在同一个绘画活动中的行为表现,并收集他们的绘画作品。

(3) 采用表 2-3 对幼儿绘画活动中的行为表现进行观察记录,对于观察记录表中无法详尽的情况,也可以在记录表后面适当做一些典型事件的描述。

(4) 运用表 2-6 进行幼儿绘画能力发展水平比较分析,做一个梳理统计,将所有幼儿的观察记录情况进行汇总。

(5) 与园所教师交流反馈活动的观察记录情况,结合相关知识分析、评价幼儿的绘画能力发展的年龄班水平和个体差异,并提出相应的教育指导建议。

儿童画画的时候,心里在想什么[1]

中国科学院心理研究所 李甦

幼儿从一开始的涂鸦发展到最后比较高级的视觉写实阶段,在这个过程中,是什么原因促使他们画得越来越像呢?其中很重要的是幼儿的认知能力。

幼儿在画画中会采用不同的观察策略。有的幼儿画画的时候,看一眼就不再看了,而是埋头画画,有的幼儿是边看边画,这就会令他们画出的东西有很大的不同。幼儿的记忆力、画画时的计划性、组织性等,都会影响他们的作品。幼儿在发展过程中还会有很多社会经验,包括教师的语言引导和幼儿间的讨论,以及他们对作品的欣赏等。但是最核心的推动他发展的动力是幼儿自己,其中有一个非常重要的能力就是表征洞察力。简单说,就是幼儿知道可以用形状去代表生活中见到的各种各样的事物,能够在头脑中产生想画东西的愿望,并且能够找到方法,把想法转化到画面上。另外,幼儿也在不断地寻找表达的方式,他们希望能够最好地描画对世界的认识。幼儿绘画的发展需要经历较长的时间,逐渐从一开始的涂鸦发展到画得越来越像。

在一项研究中,给不同年龄的儿童呈现一些图片,让他们照着图片来画。每幅图片可能都会引发他们的一些联想。将这些图片依次放在儿童面前让他们照着画,要求他们看到什么就画什么,并且这些图片始终摆在儿童面前。以其中一幅图片为例,是两个长椭圆形十字交叉的画面,4岁多的幼儿会把它不同的部分拆开又拼贴在一起,这反映了其视觉加工的特点。5岁的幼儿则完全把它改造了,我们后来问他,你画的是什么呀?他说他画的是花。而另一幅图是由五个圆形和四条直线组成的,5岁的幼儿认为它是苹果树,并全部画成了像树的样子。大概到7岁的时候,幼儿能够做到看到什么就画什么。这项研究表明,即使是让幼儿照着画,幼儿对事物也有一个主动认知和加工的过程。幼儿的绘画过程包含了他们思维活动的过程。

---

[1] 李甦. 我们其实一直在接受美术教育,但长大后画一幅画好像很难[DB/OL].[2018-10-31]. 根据网络资料整理.

任务二　幼儿主题画活动的设计与指导

如何确定幼儿主题画活动的内容？

小一班的黄老师带领幼儿在户外活动时，发现幼儿对大片大片、犹如绿毯子的草地特别感兴趣。于是，黄老师鼓励幼儿仔细观察、感受草地，并与其他幼儿分享自己通过感官获取的有关草地的秘密。接下来，黄老师组织了题为《美丽的草地》的绘画活动。黄老师事先把幼儿在草地上玩耍的照片打印出来贴在教室中。在活动开始时，黄老师由这些照片引入，请幼儿分享自己感受到的草地的秘密，幼儿七嘴八舌地说："小草是尖尖的，像针一样。""草地是毛茸茸的。""草地有的颜色深有的颜色浅。""草地上有小花、有小蚂蚁。"等。在幼儿分享完对草地的观察结果后，黄老师出示创作工具——钢丝球锅刷，请幼儿说说用锅刷可以怎么画画。幼儿积极开动脑筋，有的说可以用锅刷蘸上颜料在纸上刷一刷；有的说可以用锅刷在纸上揉一揉；还有的说可以在纸上拍一拍。待幼儿想出不同的用锅刷画画的方法后，黄老师出示准备好的黄色和绿色的丙烯颜料、全开的画纸和多种颜色的皱纹纸条，带领幼儿进行"美丽的草地"的主题画创作。幼儿两两一组，自由地用锅刷蘸取黄色或绿色的颜料，通过拍、按、刷、揉等，在纸上画出一片片颜色自然变化的、富有肌理的"草地"；有的幼儿还将皱纹纸捏成团，作为花朵随意地粘贴在"草地"上。幼儿沉浸在愉快的创作中……

请结合案例想一想：该年龄段的幼儿绘画能力发展处在什么样的阶段？针对这个阶段的特点，教师选择的主题画活动内容是否适宜？活动过程中教师的指导是否有助于幼儿的发展？针对处在不同绘画能力发展阶段的幼儿，绘画活动的目标、内容选择和指导要点有哪些不同？

此项任务将围绕幼儿主题画活动的设计与实施展开，涉及主题画活动的目标制

订、内容选择、过程设计,以及指导要点。在此项任务中,需要掌握针对不同发展阶段幼儿的主题画活动的目标制订和内容选择,了解主题画活动的基本过程,能够基于上述原理设计主题画活动;掌握在幼儿主题画创作过程中对造型、构图、色彩等进行指导的策略并加以运用;能够对幼儿主题画活动设计的适宜性及实施的成效进行评价。

主题画,也称命题画,是指由教师提出绘画的主题与要求,幼儿按照指定的主题和要求完成作品的绘画形式。主题画与意愿画、装饰画同为幼儿园绘画活动的三种重要形式。

一、幼儿主题画活动的目的和意义

(一) 提高幼儿的观察能力,丰富幼儿的生活经验

幼儿主题画活动往往以幼儿的生活环境为依托,以幼儿的生活经验和绘画经验为基础。教师通过精心确定的绘画主题引导幼儿关注其周围环境和生活体验,帮助幼儿通过看、听、摸、尝、闻等多种感知方式全面深入地观察事物及周围环境,既有助于丰富幼儿的知识经验、充实其绘画内容,也在不知不觉中提高了幼儿的观察能力。

(二) 培养幼儿的想象力和绘画技能,提升幼儿的艺术表现力

幼儿进行主题画创作的过程,本质上是在其审美情感的驱动下,基于对事物的相关经验和愿望,将头脑中已有的表象进行加工并产生出新的形象,随后用线条、形状、色彩等绘画语言将头脑中的形象在纸上呈现出的过程。幼儿的绘画活动离不开想象,而幼儿绘画的可贵之处也在于其中蕴含的丰富的想象和宝贵的创造精神。在精心设计的主题画活动中,充满趣味的创作主题、自由宽松的创作氛围、不断丰富的感知经验及教师启发性的提问和支持,又会进一步激发幼儿的表达愿望和天马行空的想象,激励幼儿不断尝试、探索新的表达表现方式。在主题画教学活动中,教师还会有目的、有计划、有系统地引导幼儿学习一些基本的绘画表现技能,使幼儿逐渐学会用造型、构图、设色等形式语言去表现自己的情感、体验和想象。想象和绘画技能相互促进,从而提升幼儿的审美表现力和审美创造力。

(三) 各年龄段主题画活动的目标

主题画活动、意愿画活动与装饰画活动都是绘画活动的重要形式,是艺术表现和创造的活动。依据《纲要》中的艺术领域总目标和《指南》中艺术领域"表现和创造"的分目标,幼儿主题画活动的目标可以归纳为:(1) 喜欢进行绘画活动并大胆表现自己的情感和体验;(2) 能用自己喜欢的方式进行绘画活动,具有初步的艺术表现与创造能力。在实践中,根据不同年龄段幼儿的发展水平,各年龄段的主题画活动目标有所区别。

一般来说,小班阶段的主题画活动目标重点是:幼儿对绘画活动有兴趣,能体验绘画活动的快乐;认识常用的绘画工具和材料并掌握基本的使用方法;能用简单的线条和色彩大体表现自己想画的人或事物;能认识基本色,并愿意用自己喜爱的颜色作画,学习正确的涂色方法;学习在画面的中心位置大胆安排主要形象;能够大胆地用绘画表达表现。

中班幼儿绘画能力的发展逐步从象征期进入形象期,主题画活动的目标主要定位在:幼儿能积极参与绘画活动;认识更多绘画工具和材料并掌握其使用方法,以及形成收拾和整理的习惯;能表现物体的基本结构和主要特征;能大胆使用多种颜色作画,不同的事物用不同的颜色;初步学习有层次地安排画面,体现出主要形象和次要形象;能用绘画创造性地表现自己观察到或想象的事物。

大班幼儿的绘画能力已经进入形象期,该阶段主题画活动的目标主要定位在:幼儿能自主参与绘画活动;能用丰富的色彩和线条表现事物的细节、动态结构和简单情节;学习使用对比色、类似色等色彩搭配方案进行绘画,能运用各种颜色表现自己的情感;能围绕主题作画并均衡地安排画面形象;能综合运用多种绘画工具、材料或技能进行个性化地表达表现。

需要强调的是,上述主题画活动的年龄段目标对本项目后续将介绍的意愿画活动、装饰画活动也具有适用性。

二、幼儿主题画活动的内容选择

主题画活动内容是实现幼儿主题画活动教育目标的有效载体,也是将主题画活动目标转化为幼儿美术能力发展的中间环节,同时还是主题画活动设计和指导的主要依据之一。因此,主题画活动内容的选择是主题画活动设计的核心。

(一) 主题画活动内容选择的原则

教师在选择主题画活动内容时,要注意遵循以下原则。由于主题画、装饰画及手工同属于幼儿美术创作的范畴,所以,这些原则对幼儿装饰画及手工活动内容的选择同样具有普遍的指导性。

1. 依据目标选择活动内容

幼儿主题画活动的目标，特别是针对各年龄段幼儿设定的目标，是教师在选择主题画活动内容时的直接参照点。如前所述，幼儿绘画教育的核心目标就是激发幼儿的审美情趣，丰富幼儿的审美经验，引导与鼓励幼儿大胆地用自己喜欢的绘画方式表现自我及对周围世界的看法和印象，并且各阶段的绘画活动目标具有年龄段特点。教师在依据目标选择内容时，不必要求目标和内容必须一一对应。实际上，一项目标往往要通过多种内容来达到，一种内容也可以同时体现几项目标的要求。所以，教师在选择主题画活动内容时，要认真分析幼儿所处年龄段的目标，将目标具体落实到主题画活动的内容中，促进幼儿在认知、情感态度和能力各方面适宜、协调地发展。

2. 依据幼儿心理发展的特点选择活动内容

幼儿心理发展的主要特点是具体形象性思维，只有当幼儿对所选择的主题画活动内容有感性经验或有可能获得感性经验时，才能较容易同化到幼儿的审美心理结构当中去。所以教师既要善于从幼儿的生活经验中挖掘好的主题画题材，也要善于丰富幼儿的生活经验，让绘画真正成为幼儿表达自我经验和情感的一种语言。例如，在本任务开篇的"任务情境"中，教师看到幼儿对大片的草地特别感兴趣，围绕草地这个话题产生了很多的观察、体验和分享，于是开展了"美丽的草地"主题画活动。这样不仅有利于整合幼儿各方面的探索经验，还引导幼儿进行生动有趣的表达。

幼儿心理发展还有一个突出的特点是情绪性，凡是幼儿感兴趣的、觉得好奇的事物，都是他们愿意表达的对象。这就要求教师在选择绘画活动内容时，应注意其趣味性、新颖性。此外，具有丰富的想象力也是幼儿心理发展的显著特点，为此，教师在选择主题画活动内容时，要尽可能为幼儿提供充分的想象及自由创造的空间。例如，"恐龙世界""未来的房子"等命题都是这方面的好题材。

3. 依据绘画教育自身的规律与特点选择活动内容

绘画作为美术教育的重要内容，造型能力的培养要放在突出位置上，幼儿在绘画中，只有具备基本的造型能力，才能顺利地表达自己的情感、理解和想象。从这个意义上说，幼儿主题画活动就是不断为幼儿提供各种造型经验的过程。如果要使幼儿绘画活动提供的造型经验能够为幼儿所获得，成为他们自身经验体系的一部分，那么教师在选择主题画活动内容时，就要考虑新旧造型经验间的内在联系。同样，教师也要注意幼儿在绘画的其他形式语言，如色彩、构图等方面学习经验的连续性，即每一个活动内容都由具有内在联系的经验组成，每一次获得的经验都成为下一次活动的基础。此外，还要注意绘画活动内容的统整性，即经验与经验之间既有纵向连续，又有横向相关，从而使幼儿在新旧绘画经验之间真正建立起联系，有效促进幼儿绘画能力的发展。例如，幼儿在"美丽的大鱼"主题画活动中学习用自己喜欢的线条、形状和色彩表现一条鱼的美丽后,可以尝试主题画"美丽的海底世界",尝试表现出一群各有特点的鱼,并添画简单的环境作为背景。

(二) 各年龄班主题画活动的内容选择

1. 小班主题画活动的内容选择

小班幼儿的手部肌肉发展不够完善、精细动作较弱,知识经验缺乏,绘画水平处于涂鸦期或象征期。针对上述小班幼儿的发展特点和小班主题画活动目标,教师可以选择一些幼儿日常生活中常见的、熟悉的、感兴趣的事物作为绘画的题材,鼓励幼儿用点、线条与简单的图形去表现物体。对于小班上学期的幼儿,教师可以在纸上印上部分图案,让幼儿以添画线条或简单形状的方式完成创作。比如,在"吹泡泡"的主题画活动中,教师可以在画纸的一角印上吹泡泡的小老鼠或长颈鹿等形象,幼儿就可以任意添画自己喜欢的泡泡。此外,"下雨啦""好吃的面条""好吃的糖果"等也是适合小班幼儿的主题画活动内容。对于小班下学期的幼儿,教师可以选择外形简单、特征鲜明的事物作为绘画活动的主题,比如,画西瓜、小蝌蚪、气球等。同时,为小班幼儿提供的工具和材料应操作简单、便于表现,蜡笔画、棉签画、手指点画、各种印画等都是适合小班幼儿的绘画形式。另外,小班幼儿的主题画活动内容还应具有游戏性和趣味性,比如,在"好吃的面条"主题画活动中,教师可以询问幼儿:"你喜欢吃什么味道的面条?这种面条是什么颜色的?"从而启发并鼓励幼儿画一大盘自己喜欢的面条。应尽量避免让幼儿进行单调的涂色练习和临摹活动。

本任务开篇的"任务情境"所展现的活动案例就是一个适宜的小班主题画活动。在该案例中,教师设计让幼儿拿锅刷蘸颜料,用大胆地刷、拍、按等方式创作出点、线和面,表现出草地的大致轮廓,并自然地表现出草地的纹理;幼儿在这个过程中感受到了用锅刷这种新颖的工具作画带来的趣味性,也体验到了两种颜色自然混合的效果。该活动内容的选择很好地回应了小班幼儿的心理发展特点、兴趣、经验和绘画教育的目标。

2. 中班主题画活动的内容选择

中班幼儿的绘画能力逐步从象征期进入形象期,有了一定的生活经验和绘画基础,认识能力有了一定的提高,能够认识事物的基本组成部分,能把握观察对象各部分在形状、大小、颜色等方面的主要特征,创作的目的性也明显增强。中班幼儿的创造能力也开始发展,往往会出现无拘无束、天马行空的想象,这是非常宝贵的。

首先,教师可以扩大中班幼儿绘画活动的题材,除了生活中常见的人和事物,只要是幼儿观察过、认识过,能引起幼儿的兴趣且具有艺术表现空间的事物,都可以放手让幼儿去大胆表现。例如,在幼儿参观了动物园后,教师可以围绕幼儿普遍感兴趣的长颈鹿、狮子、大象等动物开展系列主题画活动。其次,教师可以有针对性地选择一些能够提高中班幼儿绘画能力的内容。例如,主题画活动"各种各样的交通工具"可以帮助幼儿学习运用图形组合的方法表现物体的基本形象与主要特征;活动"热闹的马路"可以引导幼儿学习在画面上有序地排列各个事物以表达空间关系的构图技巧。此外,一些富有幻想的题材也是中班主题画活动适合的内容,如活动"手掌画"引导幼儿在不同形状的掌印上进行添画,表现出不同的事物;活动"奇特的房子"引导幼儿对房子的造型和功能进行大胆想象,激发幼儿的审美创造力。

3. 大班主题画活动的内容选择

大班幼儿的绘画能力处于形象期,他们已经具有比较丰富的生活经验和较强的想象力,在造型、色彩和构图等方面的能力明显提高。大班幼儿不仅能够画出比较复杂的事物,还能对之进行较为细致的描绘,表现出事物的动态和细微的差别。在此基础上,大班幼儿也能表现故事的情节和一定的场景。因此,在选择大班主题画活动的内容时,教师可以侧重选择一些表现生活场景或情节的绘画主题,如"我们的家乡""快乐的六一节""我爱幼儿园""未来的城市"等。这些主题不仅要求幼儿表现出各个事物的结构和细节特征,还需要幼儿构思如何表现事物之间的关系和故事的情节,如何更有技巧地安排画面中物体间的空间关系,从而提升幼儿的构思和构图能力。从绘画的工具和材料上看,教师应选择更加多样化和新颖的工具和材料开展主题画活动,如版画、水墨画、喷洒画、刮画、吸附画等。这些绘画方式的操作技能和步骤较复杂,可以丰富幼儿的创作体验,带给幼儿较大的想象空间,培养幼儿的创造性思维。此外,写生活动也是非常适合大班幼儿的绘画活动。写生时复杂的线条、构图和丰富的色彩表现等内容都可以为幼儿提供更加广阔的绘画空间。通过对外形、细节、色彩等方面的观察,幼儿以自己的方式进行绘画创作,从而提高自己的艺术表现力。

三、幼儿主题画活动的设计与实施

(一)幼儿主题画活动的设计

幼儿主题画活动可以以集中教育活动、区域活动、个体活动等多种形式进行,其中集中教育活动是主题画活动开展的常见形式,此处主要介绍以集中教育活动形式开展的主题画活动的设计。与幼儿集中欣赏活动的设计相似,主题画活动的设计也包括活动目标的制订、活动准备的思考、活动过程的设计、活动延伸的设想。

1. 活动目标的制订

主题画活动目标的制订也遵循和集中欣赏活动目标制订一样的原则,要关注幼儿学习和发展的整体性,目标重点适宜,表述要具体、可操作。稍有不同的是,主题画活动的目标制订要以幼儿绘画教育的总目标和年龄段目标为依据;在全面考虑绘画教育情感目标、知识目标和能力目标的同时,也需要适当整合感受与欣赏方面的目标及其他领域的教育目标。主题画活动目标的重点通常落在幼儿掌握基本的绘画表现技能及养成对绘画的积极态度上,而难点往往是幼儿不易掌握的绘画技能。

2. 活动准备的思考

与集中欣赏活动类似,幼儿主题画活动的准备也包括经验准备、材料准备和环境创设三个方面,且各项准备的要点与集中欣赏活动的准备要点一致。需要特别指出的是,在经验准备方面,教师不仅要关注幼儿对绘画主题内容的感知经验,还要关注幼儿对绘画工具和材料的使用经验及特定绘画技能的前期经验。教师可以把在主题画活动中将用到的新工具、新材料提前投放到区域活动中,允许幼儿自由探索、使用,由此积累对新工具、新材料的使用经验。在主题知识经验准备方面,教师可以提前通过家园沟通,让家长协助幼儿收集与活动内容有关的调查表、图片、照片等资料,并把亲子合作收集的相关资料展示在班级环境中,以丰富幼儿的知识经验。

材料准备涉及教师和幼儿两个方面。教师的材料应提前摆放在合适的位置,便于活动中讲解或演示时拿取。在准备幼儿使用的材料时,一是要注意按照幼儿人数提供数量充足的绘画工具和材料,且应稍有富余;二是要在活动前亲自使用该工具和材料尝试作画,以保证工具和材料是便于幼儿使用的。

3. 活动过程的设计

幼儿的审美表达表现是以审美感知体验为基础的,对自然和生活美的欣赏及对艺术作品美的欣赏,可以萌发幼儿对美的感受和体验,丰富其想象力和创造力,从而促进绘画表达表现,所以幼儿主题画活动也离不开感受欣赏。与幼儿集中欣赏活动不同的是,主题画活动中的感受欣赏环节的用时大约为活动总体时间的三分之一,幼儿创作环节是主题画活动的主要环节,用时大约为活动总体时间的三分之二。主题画活动各环节的具体介绍如下。

(1) 导入活动

教师可以以教具展示、谈话、谜语、儿歌、情境表演、游戏等方式导入活动,引起幼儿兴趣,集中幼儿注意,提出活动主题。

(2) 感受欣赏,启发讲解(或讲解演示)

感受欣赏,即在提出活动主题后,教师出示相关的实物、图片、视频、作品等,让幼儿通过自由欣赏、交流及在教师富有启发性的提问引导下,对审美对象的主要特征进行深入的感受,以丰富幼儿对主题的审美感知经验。提问要符合幼儿的年龄特点,生动而富有启发性,抓住审美对象的主要特征,突出重难点。

启发讲解(或讲解演示),是在感受欣赏后,教师通过启发性的问题进一步引导幼儿对活动中的重难点问题进行感受、思考,并在与教师的对话和同伴的交流、讨论中相互启发、深化认识。比如,在本任务开篇的"任务情境"中,幼儿对使用锅刷作画缺乏经验,教师就引导幼儿思考和交流:"用锅刷可以怎么画画?"以帮助幼儿明确用锅刷创作草地的多种方式。在工具和材料的使用方法较复杂或幼儿对创作中要用到的某种重要技能缺乏前期经验时,也可对个体或小组进行个别操作步骤的演示,演示步骤要简明、清晰、突出重点;应边演示边配合精练、生动、具有启发性的语言讲解。教师也可以请能力强的幼儿来做操作方法或创作技能的演示,同伴的演示可以提供参考又不至于限制幼儿的思维。注意,一定是在非常有必要的情况下才进行演示,且教师应避免整齐划一的全程讲解演示,以免限制幼儿的个性化表现表达。

(3) 幼儿创作,教师观察指导

在幼儿创作前,教师要简要清晰、重点突出地提出活动的具体要求,以帮助幼儿明确工具、材料和创作要求,在主题范围内大胆表达表现。这个环节的注意事项与集中欣赏活动的一致。

幼儿独立创作是主题画活动的重要环节,是实现活动目标的重要部分。教师在活动设计时,可以结合活动重难点,预设对幼儿的指导要点。在活动实施过程中,教师要创设宽松的心理氛围、给予幼儿充足的时间进行创作;在幼儿自主绘画过程中,教师尽量不要打断幼儿绘画的思路。教师应在幼儿中巡回观察,注意对个别还不明确主题绘画要求的幼儿进行及时指导,帮助这些幼儿尽快进入绘画状态。同时,教师也要及时发现幼儿在创作过程中遇到的困难或问题,在幼儿需要的时候给予适度的帮助。教师可以视情况进行个别指导或小组指导,指导时尽量采用提问、讨论等隐性指导的方式,鼓励幼儿调动已有经验,用自己的方式进行表达。教师在指导过程中,要多倾听幼儿的想法以帮助幼儿实现自己的构思。

(4) 结束与欣赏

在幼儿完成作品后,教师可以利用启发对话的方式与幼儿共同评价作品、分享交流创作体验。比如,在中班"美丽的鱼"主题画活动中,活动目标重点是"能用自己喜欢的色彩和线条表现鱼的美丽"。在结束与欣赏环节,教师可以请幼儿点评"你认为哪一条鱼特别美?它有什么样的色彩和花纹?"或者请幼儿分享自己的作品"说说你用了什么色彩和花纹来打扮你的鱼?"以此回应活动重点,并帮助幼儿整合与提升学习经验。绘画评价有助于幼儿欣赏、分享同伴的作品,也有助于幼儿讨论造型要素,促进幼儿对美的感知和绘画潜能的发展。

绘画评价并不一定安排在每次绘画活动结束时,在时间不能保证的情况下,还可以安排在美术区域活动中,或作为下一次活动的开始环节。不论采用什么方式评价或在什么时间评价,教师都要鼓励幼儿对自己的作品做出语言表述,让他们多进行自我评价和同伴互评。教师要尊重幼儿情绪和表现上的差异性,对幼儿的作品多做积极肯定的评价,多做个性化的评价,避免横向比较的评价,以保持幼儿对绘画活动的热情和积极性。

4. 活动延伸的设想

这部分的设计与集中欣赏活动的延伸活动设计要求一致,在此不再赘述。

（二）幼儿主题画活动的指导

对幼儿主题画活动的指导主要是帮助幼儿掌握造型、构图、色彩等绘画技能。因造型、构图、色彩等是各类美术创作活动的基本要素，所以这些指导方法对幼儿意愿画、装饰画及手工创作活动也同样具有一定指导性。教师在指导幼儿主题画创作时，要注意根据活动内容和目的，有选择地运用指导方法。要特别注意发掘幼儿的感知经验，激发幼儿对形象的联想与想象，以有意义的内容引导幼儿对艺术表达方法的理解，引导幼儿用自己的方式去表达表现，以创作带动绘画技能的提高。

1. 造型的指导

（1）观察物体的形象特征

幼儿对事物的外形特征进行细致的观察是造型的必要前提。教师需要对幼儿的观察进行指导，对不同年龄班的幼儿，观察要达到的水平可以不同。小班幼儿只需要在教师的引导下观察到物体的大致轮廓外形即可。中班幼儿则需要观察到物体的基本组成部分及各部分的形状、大小、结构、颜色等特征。对大班幼儿的观察要求更高，他们需要对物体的形状、大小、结构、颜色的细微变化和区别，以及物体的动态等进行比较全面、细致地观察。

在幼儿观察的过程中，为了帮助幼儿抓住事物的突出特征，教师可以采用形象比喻、几何图形概括、特征对比等方法，如小鸡的头和身子是一小一大两个圆形，它的嘴巴尖尖的，像个三角形；小鸭的嘴巴扁扁的，像个半圆形；金鱼的尾巴像纱裙等。此外，幼儿绘画活动观察不应只停留在视觉上，教师可以调动幼儿的触觉、听觉、嗅觉、味觉、动觉等多种感官参与感受，这样可以帮助幼儿获得更为生动、完整的经验，有利于发展幼儿的创造性知觉，也有利于幼儿表达原发而有创造性的观念。例如，在"好吃的水果"绘画活动中，教师不仅引导幼儿观看各种水果的形状、颜色，还可以引导幼儿摸一摸、闻一闻、尝一尝，这样能够帮助幼儿获得生动、完整的感知，有助于幼儿进行生动而富有个性的表达。

（2）再现物体的形象特征

再现，是幼儿将头脑中已有的对事物的记忆表象以美术媒介（如线条、图形、色彩等）的形式再现出来，这是幼儿将内在的感知经验外化为艺术视觉形象的必经过程。有的幼儿头脑中有丰富的感知经验和表象，但不懂得如何将表象以美术媒介的形式再现出来，这就需要教师在幼儿动笔画之前，用恰当的方法引导其再现。引导幼儿再现的常用方法包括如下几种。

动作再现。即教师带领幼儿以身体动作姿态模仿物体特征以再现感知经验，这是幼儿非常喜欢的一种再现方式。如幼儿用动作表现自己观察到的小草的特征，有的幼儿双手合拢举过头顶并向上伸展，以表现长得直直的、尖尖的小草，有的幼儿则蹲下、将身体缩起来表现很矮的小草。幼儿也可以用动作模仿物体的动态,比如,在欣赏绘本《蚂蚁搬西瓜》后,幼儿独自或小组合作模拟蚂蚁搬西瓜的各种动作。此外,幼儿用手在画纸上空书、比画出事物的形象也是一种动作再现。空书可以先从大轮廓开始,待大形象有了之后,深入细节,让形象在头脑中一点一点清晰起来,好像浮现纸上。

实物再现。实物再现的方式主要有两种。一种是教具模拟,即教师使用活动教具,引导幼儿改变活动教具的形态以再现事物的动态。比如,幼儿画小鸟前可以通过操作活动教具来演示小鸟的各种动态;在画人物的动作前,可以通过弯曲由毛根(或称扭扭棒)制作的人形"模特"来再现人体四肢、躯干的动作。另一种是图形拼摆。教师可以事先用纸撕出或剪出形象的各个部分的纸形,让幼儿在桌面上或画纸上拼摆组合。比如,在"快乐的奥运会"主题画活动中,老师先用报纸剪出圆形、粗细不一的长方形等表示人的身体部分,幼儿用这些形状拼摆出各种运动项目的动态,以对体育运动的动作加以再现。幼儿还可以使用废纸盒、积木块等现成的材料进行拼摆、建造,比如,在"我们的小区"主题画活动中,幼儿在动笔画之前,先用不同形状的积木块搭建出自己喜欢的房子的样式。

语言再现。即引导幼儿用自己的语言描述事物的形象特征。比如,在"我设计的机器人"主题画活动中,教师引导幼儿"说说你设计的机器人是什么样子的;它有什么特殊的本领;它还有什么与众不同的地方"。幼儿的语言描述越具体形象,细节越丰富,越有助于对形象的艺术再现。语言描述是最容易组织实施的一种再现方式,在幼儿创作前,教师可以留出2~3分钟的时间,让幼儿跟同伴说一说自己想要表现的事物是什么样的,以此给每个幼儿再现头脑中艺术形象的机会。

在主题画活动开展过程中,教师可以根据幼儿造型能力的特点和造型需要,综合使用多种再现指导方法。教师应尽量在幼儿动笔之前,让每个幼儿都有再现感知经验的机会。

(3) 在系列活动中掌握造型方法

系列活动可以帮助幼儿从不同的角度表现一类事物的形态特征,从而形成关于这一类事物的一般造型特点和丰富多样的变式。比如,几何形是建筑物的造型特点,可以让幼儿通过欣赏"著名建筑",描绘或拼贴"我们的幼儿园""我们的小区""城市里的高楼大厦""未来的房子""我心目中的小学"等系列活动,掌握建筑物的造型。

2. 构图的指导

构图是根据主题的需要把有关的物体形象恰当地安排在画面上,以表现场景和情节等。要做到有序地安排画面与形象,特别是表现出事物的空间关系对幼儿来说具有一定的难度,这需要在幼儿欣赏和创作的过程中得到教师的恰当指导。

(1) 观察现实生活中的空间关系

观察现实生活中事物的空间关系有助于幼儿理解空间关系,并在构图时更均衡地安排好画面上的形象。对年龄小的幼儿，教师可以先引导他们认识物体之间相对的大小、高矮、上下、相邻、分离关系等。随着幼儿年龄的增长，再引导他们观察事物的内外、前后、远近等关系。比如，通过观察小区里的楼房，教师可指导幼儿了解楼房的高矮、前后关系，幼儿甚至能明白遮挡可以表现前后关系；通过观察公园里的一片小树林，教师可以指导幼儿感知树木的邻近和分离关系，幼儿就可以理解在画树林时有疏有密更美。

（2）欣赏艺术作品中的构图形式

名家名作往往构图巧妙，可以成为幼儿学习的范例。通过欣赏艺术作品，教师可以在跟幼儿的对话中，引导幼儿探究作者是怎么处理形象之间的关系的，并引导幼儿体会、理解各种构图方式的意图及带给观赏者的感觉。师幼对话可以围绕艺术佳作中主要形象和次要形象的位置与大小关系、主体与背景的关系、形象与背景的颜色等方面进行。比如，在欣赏林风眠的《枫林小鸟》时，教师可以引导幼儿发现小鸟有的两三只挨得很近，有的独自站在树枝上，形象安排疏密有致，增加了画面的趣味性。用墨色描绘的小鸟形象与明亮的橙色、金色表现的树叶背景形成对比，凸显了小鸟的生动活泼。

（3）在绘画活动中进行构图练习

教师应根据幼儿绘画能力的发展阶段和实际水平，在各次绘画活动中指导幼儿掌握相应的构图方法。对年龄小的幼儿，教师只需要指导幼儿将主要形象放在画面的中心位置即可。教师可以指导中、大班幼儿使用基线式构图，将形象在地面上一字排开。如果幼儿的能力进一步发展，开始使用散点式构图表现形象之间的远近关系，则可以指导幼儿将次要形象围绕在主要形象周围。主要形象要画大一些，重点、细致刻画；其他形象可以画得简略一些，紧密联系成为整体，以突出主要形象。

3. 色彩的指导

（1）通过欣赏活动提高幼儿对色彩的鉴赏与理解能力

幼儿对自然景观美、人文生活美及艺术作品美的欣赏能丰富幼儿对色彩的感知经验，培养幼儿对色彩的鉴赏能力。如幼儿在大自然中看到晚霞，他们将发现晚霞不只是一种颜色，而是一系列有深浅变化的绚丽色彩，同时晚霞艳丽的色彩又与天空其他昏暗的部分形成鲜明的对比，这将带给幼儿强烈的美感体验，继而激发其在绘画作品中用丰富的色彩进行表达表现。在社会生活中，颜色鲜艳的民族服饰、不同地区不同色调的传统建筑、家庭和幼儿园中的环境装饰等，也直接给予幼儿美的感受，对培养幼儿的色彩鉴赏力起着潜移默化的作用。指导幼儿欣赏不同风格的名人画作也可以提高幼儿对色彩的鉴赏能力，比如，韩美林的刷水画《猴》《熊猫》和徐悲鸿的《奔马图》等，强调笔墨的趣味，浓淡相宜，栩栩如生。而米罗的《蔚蓝的金色》和蒙德里安的《红黄蓝的构成》等则让幼儿感受到红、黄、蓝等纯度高的颜色对比的美。借助各类欣赏活动，可以让幼儿感受到颜色的和谐搭配产生美的效果。

(2) 运用色彩进行造型

运用色彩塑造形象有涂抹法、彩色线描法和线描涂色法等不同方式。涂抹法指不勾画形象的轮廓线,直接用笔蘸颜料涂画出形象,这种方法通常适用于水墨画、颜料画等的创作。彩色线描法指用彩色画笔,比如,水彩笔、马克笔、彩铅等,勾画形象的轮廓,不加填色。这种画法简单明了,能清晰地表现物体的特征,多为年龄较小的幼儿所采用。年龄稍大一些的幼儿会先用单色或彩色的画笔勾画轮廓线,然后在轮廓线内涂上不同的颜色,这种方法称为线描涂色法,它令画面形象更加充实饱满,在幼儿绘画创作中使用较为普遍。

不论用哪种色彩造型方法,教师都应鼓励幼儿在描绘物体时大胆用色,而不必要求幼儿一定要使用固有色。只需要要求幼儿在描绘形象时使用的颜色要有区别,用不同的颜色来表现不同的物体,形象就会自然显现出来。在此基础上,可以要求幼儿对深色和浅色加以区分,从而令作品更有层次感。

(3) 运用色彩进行构图

教师应引导幼儿运用色彩区别主次形象,以满足构图的需要。常用的方法有两种,一种是用丰富的色彩表现主体形象,而用较单一的色彩表现背景,通过繁简对比突出主体,这是幼儿最常用的方法。另一种是运用色彩在色相或明度上的对比区分主体形象和背景。例如,在蓝色或绿色的背景上画出黄色或红色的形象,在浅色背景上画出深色的形象等,都可以在色彩的对比中突出主体形象。

(4) 运用色彩表达情感

色彩除了可以造型和表达空间关系外,还可以表达个体的情感。教师可以启发幼儿使用简单的色彩搭配规律(如色彩的对比、协调)来表达情感。教师可以提示幼儿,如果想表现痛快、带劲的感觉,可以用纯一些、互不相同、看起来区别大的颜色来画,即通过色彩的对比表达较强烈的情感;如果想画出柔和、轻快的感觉,就用那些不太纯、有些类似、区别不大的颜色来画,即用同类色、近似色表达较柔和的情感。如果幼儿想以近似色表达细腻的情感,教师需要给幼儿提供具有细微色彩变化的画笔;若能提供给幼儿可调配的颜料则更好,幼儿可以自行调出丰富的色彩,满足创作表达的需要。

四、幼儿主题画活动的观察与评价

(一) 厘清幼儿主题画活动的观测点和具体评价标准

幼儿主题画活动的观察和评价可以从活动目标、活动内容、活动准备、活动过程和活动效果五个方面进行,各部分的评价标准与集中欣赏活动的评价标准有相似之处,但突出了绘画活动的价值目标、特点和要求。具体标准如下。

1. 主题画活动目标的评价标准

适宜的主题画活动目标要符合《指南》艺术领域的目标要求,且突出绘画表达表现的目标,以体现绘画活动的类型特点;要彰显幼儿的主体性,符合幼儿的年龄段特点;应体现活动主题的特点和要求,表述具体、可操作;情感、知识和能力三维目标有机融合,且适当融合其他领域的教育目标。

2. 主题画活动内容的评价标准

主题画活动的内容应符合活动目标的要求,能够支持目标的实现;贴近幼儿生活,符合幼儿的心理特点和发展水平;准确把握该主题下活动的重点,活动难点设置适宜;深入挖掘主题内容的内在联系及与幼儿已有绘画经验的联系,使幼儿的学习经验具有连续性和整合性。

3. 主题画活动准备的评价标准

主题画活动的准备首先需要做到经验、材料准备与环境创设符合目标和内容要求;要帮助幼儿对于主题内容及工具和材料的使用有充分的经验准备,以支持幼儿主动建构新的绘画经验;对教师和幼儿使用的材料要有适宜的准备,特别是要提供数量充足和适宜的工具和材料,满足幼儿表达表现的需要;环境创设适宜,能够激发幼儿的想象力和表达表现能力。

4. 主题画活动过程的评价标准

一个优秀的主题画活动,其实施过程要体现目标要求,做到主线清晰、结构合理、过渡自然;采用适宜的绘画指导方法,为幼儿提供充分的感知与操作的机会,在必要的时候进行讲解演示,且讲解演示适度、适当;提问具有启发性和层次性,符合幼儿特点且切合主题内容和活动目标;活动重点突出,且能运用恰当的指导方法突破难点,帮助幼儿获得有益的绘画经验;教师的指导既面向全体,又能关注个体差异;注重与幼儿互动,尊重幼儿的表现意图,鼓励幼儿自主表达表现。

5. 主题画活动效果的评价标准

对主题画活动效果的评价主要考虑如下四个标准:目标落实到位,幼儿在情感态度、知识经验和能力方面获得发展;幼儿在活动中积极投入、情绪愉悦,能大胆地用绘画表达自己的经验和情感;教师的教育理念科学,教态亲和,对幼儿言行回应有效;活动具有一定创新性,特色鲜明。

(二)设计幼儿主题画活动的观察记录表

根据幼儿主题画活动的观测点和具体评价标准,可以使用表2-7对幼儿主题画活动进行观察和评价。观察者可以一边观摩活动,一边在具体评价标准中将该活动有实际做到的项目勾选出来(在项目前面的方框中打钩),并在"判断依据"一栏中记录相应的活动实际情况或表现,以对一个主题画活动形成全面、客观的评价。

表 2-7　幼儿主题画活动的观察记录表

幼儿园		班级		教师		主题	
评价者				时间			

观测点	具体评价标准	判断依据(行为实录)
A. 活动目标	□A1. 符合《指南》中艺术领域的目标要求,且突出绘画教育的目标	
	□A2. 彰显幼儿的主体性,符合幼儿的年龄段特点	
	□A3. 体现活动主题的特点和要求,表述具体、可操作	
	□A4. 情感、知识和能力三维目标有机融合	
B. 活动内容	□B1. 符合活动目标的要求,能够支持目标的实现	
	□B2. 贴近幼儿生活,符合幼儿的心理特点和发展水平	
	□B3. 重点突出,难点适宜,符合幼儿的已有经验	
	□B4. 挖掘内容的内在联系,使幼儿的学习经验具有连续性和整合性	
C. 活动准备	□C1. 经验、材料准备与环境创设符合目标和内容要求	
	□C2. 经验准备充分,支持幼儿主动建构新的绘画经验	
	□C3. 材料准备适宜,满足幼儿感知欣赏和表现创造的需要	
	□C4. 环境创设适宜,能够激发幼儿的想象力和表达表现能力	
D. 活动过程	□D1. 体现目标要求,主线清晰,结构合理,过渡自然	
	□D2. 方法适宜,提供感知与操作机会,讲解演示适度、适当	
	□D3. 提问具有启发性和层次性,符合幼儿特点,切合主题	
	□D4. 突出重点,突破难点,帮助幼儿获得有益的绘画经验	
	□D5. 面向全体,关注差异,注重互动,促进发展	
E. 活动效果	□E1. 目标落实到位,幼儿在情感态度、知识经验和能力方面获得发展	
	□E2. 幼儿在活动中积极投入、情绪愉悦,能大胆地用绘画表达自己的经验和情感	
	□E3. 教师的教育理念科学,教态亲和,对幼儿言行回应有效	
	□E4. 活动具有一定创新性,特色鲜明	

根据幼儿主题画活动的观测点和具体评价标准,也可以形成"幼儿主题画集中教

育活动方案评价表"(见表 2-8)。该评价表可以用于对未正式实施的活动方案进行评价,观测点包括活动目标、活动内容、活动准备、活动过程、设计创新和文档规范。各指标的具体评价标准和分值分配见表 2-8。

表 2-8　幼儿主题画集中教育活动方案评价表

幼儿园		班级		教师		主题	
评价者				时间			
观测点	具体评价标准					分值	评分
活动目标	1. 符合《指南》中艺术领域的目标要求,且突出绘画教育的目标					3	
	2. 彰显幼儿的主体性,符合幼儿的年龄段特点					3	
	3. 体现活动主题的特点和要求,表述具体、可操作					4	
	4. 情感、知识和能力三维目标有机融合					4	
活动内容	1. 符合活动目标的要求,能够支持目标的实现					3	
	2. 贴近幼儿的生活,符合幼儿的心理特点和发展水平					3	
	3. 重点突出,难点适宜,符合幼儿的已有经验					3	
	4. 挖掘内容的内在联系,使幼儿的学习经验具有连续性和整合性					3	
活动准备	1. 经验、材料准备与环境创设符合目标和内容要求					3	
	2. 经验准备充分,支持幼儿主动建构新的绘画经验					3	
	3. 材料准备适宜,满足幼儿感知欣赏和表现创造的需要					3	
	4. 环境创设适宜,能够激发幼儿的想象力和表达表现能力					3	
活动过程	1. 体现目标要求,主线清晰,结构合理,过渡自然					10	
	2. 方法适宜,提供感知与操作机会,讲解演示适度、适当					10	
	3. 提问具有启发性和层次性,符合幼儿特点,切合主题					10	
	4. 重点突出,点面结合,难点突破,化难为易					10	
	5. 面向全体,关注差异,注重互动,促进发展					10	
设计创新	1. 体现课程改革新理念,活动方案整体设计有创意					3	
	2. 彰显绘画和幼儿特点,活动方法设计新颖有特色					3	
文档规范	1. 文档结构完整,布局合理,格式美观					3	
	2. 语言简洁明了,逻辑通顺流畅,文字、符号等规范					3	
	合计					100	

大班绘画活动：滨江夜色

大班绘画活动：滨江夜色

设计与执教：福州融侨杰座幼儿园　王世娥

评析：福建幼儿师范高等专科学校　吴丽芳　管琳

设计意图

绘画活动"滨江夜色"源于幼儿的生活经验感知，由于大部分幼儿家住闽江南岸，地理位置独特，对福州江滨两岸的夜景十分熟悉。而福州江滨的夜景不仅有万家灯火的美丽祥和，还有霓虹闪烁的璀璨梦幻。《纲要》指出：要"引导幼儿接触周围环境和生活中美好的人、事、物，丰富他们的感性经验和审美情趣，激发他们表现美、创造美的情趣。"因此，我们设计了"滨江夜色"这一绘画活动，旨在提炼幼儿对生活经验的审美感悟，使之上升到艺术创造表达的层面。在欣赏、感受"滨江夜色"美丽的同时，引导幼儿合理安排画面，大胆运用富有表现力的色彩，创造性地表现滨江的绚丽夜色，继而学习运用"对印画"的方式来表现夜色下的倒影，由于创造出来的画面有对称、虚实的变化效果，与现实生活中的滨江夜景十分相似。幼儿初次接触这种绘画方式，很感兴趣，乐意参与活动，体验对印画的新奇与乐趣，从而感受生活中的美。

活动目标

1. 欣赏"滨江夜色"之美，学习运用"对印画"的方式来表现夜色下的倒影。

2. 合理安排画面，能运用富有表现力的色彩大胆表现滨江的绚丽夜色。

3. 体验"对印画"的新奇与乐趣，感受生活中的美。

活动准备

经验准备：

1. 亲子实地感受过滨江夜景的美，并共同收集或拍摄滨江夜景的照片。

2. 幼儿对滨江夜景有较深刻的感知与认识。

3. 幼儿具有一定的水粉绘画基础。

物质准备：

《滨江夜色》摄影集课件、黑色卡纸、排笔、大排刷若干、每桌一盘清水、水粉颜料等。

环境创设：

事先将滨江夜景的照片张贴于区角墙面上。

活动过程

一、欣赏亲子收集的滨江夜景的照片，引导幼儿感受滨江夜色之美

1. 引导幼儿观察滨江夜色中的楼房高矮错落、远近虚实的特点。

师：滨江的夜景美不美？你觉得哪里最美？夜色中的楼房是什么样的？

2. 引导幼儿欣赏霓虹灯光的斑斓色彩及点、线、面的结构特点。

师：哪里有灯光？他们又是什么样的？

3. 引导幼儿发现江岸实景与水中倒影的对称、虚晃。

师：水中为什么会有灯光？水中的倒影和岸上的景色又有什么不一样？

二、教师运用"对印画"的方式进行示范，激发幼儿绘画的兴趣

师：滨江的夜景真美，除了江边的楼房、灯光很美，就连江水中的倒影也很美！这么美的景色，你们想不想把它画下来？

1. 师幼共同讨论：怎么画才会有倒影呢？

2. 学习"对印"绘画技巧，掌握绘画水中倒影的技法，感受"对印画"的新奇。

（1）将纸张对折摊开，在折痕的上半部分作画。

（2）用排笔蘸取多一些的颜料，大胆表现滨江夜色的绚丽色彩。（注意：一支排笔蘸取一种颜色）

（3）画好以后，拿起大排刷蘸取清水，快速地刷在卡纸折痕的下半部，要记得刷满每个角落。

（4）最后，沿着折痕再次对折卡纸，轻轻按压后打开，美丽的滨江夜色图就出现了。

三、幼儿自由创作，教师巡回指导

师：这样的绘画方式是不是很神奇，小朋友们也自己动手试一试吧！

1. 交代注意事项：

（1）绘画时要注意画面中房子要高低错落，远近变化，不要把整张纸都画满，适当地留点空白，让画面更整洁美丽。

（2）大胆运用各种色彩、线条来表现美丽的滨江，注意色彩的搭配与变化。

2. 幼儿进行绘画，体验"对印"绘画方式的新奇与乐趣，教师指导。

（1）重点指导幼儿在构图上的合理布局。

（2）鼓励幼儿大胆运用各种富有表现力的色彩表现滨江的绚丽夜色。

（3）关注幼儿对"对印画"技巧的把握，引导个别能力强的幼儿可以添加夜空中的星光、烟火等，凸显个性。

四、连幅展示幼儿作品，幼儿再次感受长卷中滨江夜景的梦幻之美

案例评析

1. 活动内容贴近幼儿生活，充分挖掘主题的审美元素，引导幼儿感受美、表现美和创造美。"滨江夜色"的绘画主题源于幼儿的日常生活经验。教师在设计"滨江夜色"的主题画活动时，以引导幼儿欣赏和感受家乡滨江夜色之美为基础，进一步提炼幼儿对生活经验的审美感悟，使之上升到艺术欣赏与创造表达的层面。教师充分挖掘"滨江夜色"作为绘画主题的艺术元素，使幼儿在自主创作中，学习用各种线条和色彩来表现夜色的绚丽多彩、夜色中楼房的高低错落，以及夜色下倒影的对称和虚实变化效果，凸显了主题画活动的教育价值和活动特点，目标具体，重点突出，难点适宜。该活动内容和目标设计符合《指南》要求，不仅使幼儿的审美感受和表达表现能力得到提升，同时也培养了幼儿对绘画活动的兴趣，滋养了幼儿对家乡的爱的情感，体现了主题画活动对幼儿的全面培养。

2. 巧妙选用绘画工具和材料，用简单的"对印画"技法"玩"出艺术效果，激发幼儿的创作兴趣。教师选用的排笔、大排刷、黑色卡纸、水粉颜料等工具和材料很适合表现城市绚丽的夜色，在黑色的底色衬托下，高纯度和明度的水粉颜色会产生令人惊艳的视觉效果。"对印画"的方式新颖有趣又简单易学，且能产生对称和虚实变化的审美效果，可令幼儿在充满趣味的探索和操作中创作出充满美感的作品。此外，教师在活动前通过家园合作，已在幼儿的经验上和环境创设上都做了充分的准备。这些措施有利于激发幼儿的创作兴趣，并带给幼儿创作的成就感。

3. 尊重幼儿在活动中的主体性，对幼儿的创作实施个性化的指导，鼓励幼儿大胆地表达表现。在活动实施的过程中，教师注意以富有层次性和启发性的提问引导幼儿观察和欣赏滨江夜景的图片，为幼儿自主表现滨江夜色积累了必要的感知经验。教师引导幼儿自主思考怎么画出倒影，充分发挥了幼儿的主体性。教师对"对印画"操作步骤的讲解演示简洁、清楚，避免了全程演示，给幼儿留下了充分的探索和创作的空间。在幼儿的创作过程中，教师认真观察幼儿的创作情况，注重跟幼儿的互动，根据幼儿的水平进行差异化的指导，鼓励幼儿大胆创作，给予了幼儿自主、自由创作的空间和适当的支持。在活动结束时，教师将幼儿作品连成"滨江夜色"的长画卷进行展示，既丰富了幼儿的审美体验，又肯定了幼儿的表达表现。整个活动目标明确、流程清晰、方法适宜、重点突出、难点得到突破，使幼儿获得了有益的绘画创作经验，取得了良好的活动效果。

实训活动一　幼儿主题画活动的观察、分析与评价

1．目标

(1) 能观察、分析与评价不同年龄班主题画活动设计的适宜性及实施的成效。

(2) 能基于观察、记录、分析与评价对主题画活动提出有针对性的教育建议。

(3) 关注在主题画活动实施过程中教师如何与幼儿互动,如何给予幼儿适当的指导。

(4) 培养独立思考能力和项目小组合作学习实践能力。

2．内容要求

(1) 项目小组在实习班级中对主题画活动进行连续2~3次的现场观察,运用表2-7对每次的幼儿主题画活动情况进行观察记录。

(2) 选取给你启发最多的一个幼儿主题画活动,评价其活动设计和指导方法的适宜性和有效性,并提出适宜的教育建议。

实训活动二　幼儿主题画活动的设计、实施与评价

1．目标

(1) 能针对幼儿的年龄段特点制订适宜的主题画活动目标,选取适宜的活动内容。

(2) 能进行环节完整的主题画活动,并在活动实施过程中对幼儿的创作进行适宜的指导。

(3) 能基于观察评价提出适宜的指导方法,注重对幼儿审美素养、健全人格和创造能力的全面培养。

2．内容要求

(1) 协助园所教师开展主题画活动。

(2) 运用表2-7记录项目学习小组开展主题画活动的情况。

(3) 基于观察记录和自身实践的情况,与园所教师和项目学习小组成员一起分析、评价主题画活动的成效,探讨适宜的指导方法。

绘画教学活动提升幼儿观察力的策略研究[①]

上海师范大学　庄咪

一、了解幼儿绘画发展特点，选择适当的观察内容

大班幼儿的绘画能力处于从象征期到图式期的过渡阶段，对颜色有自己的偏好，容易忽视物体的比例，习惯随机将物体排列在画面上。因此，教师需帮助幼儿明确观察的目的和任务，为幼儿提供直观的视觉形象，激发幼儿的观察兴趣，提高其认知水平。在幼儿观察时，教师要选择合适的时机和内容进行有效提问，把观察引向更深的层次，增强幼儿观察的持续性，有助于幼儿更加深入地了解事物的特点，优化思维过程。

教师可以根据幼儿接受度，有针对性地选择让其观察静态事物或动态事物。静态观察是指观察田野、人物、建筑、工艺品等静态事物的规格、形状、数量、结构等特点。动态观察需要幼儿迅速理清观察重点，及时、准确捕捉事物的变化，如安排固定时间观察植物的发芽、长叶、开花、结果，利用多媒体或在园内饲养动物，创造观察动物觅食、攀爬、奔跑、玩耍等动态特征的机会。教师在培养幼儿观察力的过程中，还可以将静态观察和动态观察有机结合，如观察宁静祥和的村落，能够看到随风摇摆的稻谷和天空中飞过的小鸟，静中有动。

二、指导观察方法，开展观察实践

提升观察的准确性、细致性需要练习并运用观察方法，教师应教会幼儿根据观察对象选用合适的观察方法。幼儿刚开始有意识地观察物体，需要学会捕捉观察重点，选择好合适的观察角度，从定点出发，快速了解事物的细节和背景。通过重点观察获取相关信息之后，教师可以引导幼儿从不同角度观察事物，体会不同角度带来的视觉感受，获得更加全面、具体的信息，丰富幼儿的表象。多角度的整体观察必须遵循一定的次序，即从上至下、从左到右、从远到近，有点有面，整体把握主要特征。

比较观察是幼儿喜欢的观察方法之一，指对物体进行横向、纵向、正反对比。教师要提供适合比较的观察对象，幼儿在异中求同、同中求异的过程中训练观察的准确性。面对比较复杂的观察对象，可以使用分类观察法将观察对象分解成几个部分，如观察美丽

---

① 庄咪.绘画教学活动提升幼儿观察力的策略研究[D].上海师范大学，2022.

的校园时,将校园分成建筑区、游玩区、绿化区等,了解每个区域的分布特征,行走的最佳路径,最终全方位了解校园。追踪观察法可以运用于观察自然景物和科学探究,如观察植物角种子的发芽过程、铁的生锈过程、月亮在天空中位置的变化、小蝌蚪的生长发育。运用追踪观察法时要做好详实的观察记录,教师可以为幼儿提供观察表格并给出建议。

在观察过程中充分运用多种感官,能够有效提高观察的敏锐性和理解性。教师要举办丰富多元的实践活动,保障并满足幼儿直接探究、实际操作及亲自感受、收获经验的需求。幼儿美术创作表现出其对身边人、事、物的特殊体验,并引导幼儿正确运用视觉、听觉、触觉、嗅觉、味觉等去感受与体会事物的特征。在幼儿观察时鼓励其展开想象,想象的内容既要有章可循、由表及里,又要丰富具体。借助观察对象的基本特征和自身的生活经验进行联想,提高幼儿的观察效率及整合观察信息的能力。

观察的目的性、全面性和深刻性需要幼儿建立观察意识,养成良好的观察习惯。教师要选择各种观察形式,让幼儿掌握必要的观察步骤,当遇到感兴趣的内容时,幼儿能够独立观察、思考。在教学活动中,教师可以先让幼儿观察事物的整体特征,关注事物的形状轮廓和颜色,快速抓住观察对象的突出特征。获取信息的观察可以与梳理信息同时进行,概括观察对象的大小、位置、比例、空间的属性,提高观察力和思维概括能力。幼儿通过多次的观察实践,可逐步养成主动观察、善于观察的习惯。

三、肯定幼儿观察的独创性,树立观察信心

幼儿观察的独创性主要表现在观察路径的选取、观察对象的描述、观察结果的分析三方面。幼儿掌握基本的观察步骤和观察方法后,愿意选取新颖的观察思路去熟悉感兴趣的事物。当幼儿冒出一些特别的想法时,教师要肯定幼儿思维的活跃性,用"独特""有趣""巧妙"这样的正向词汇评价幼儿的发现,让幼儿切实感受到自己的努力和进步,提高观察的自信心和效能感。

幼儿在接触尚未充分认知的事物时会产生畏惧心理,容易出现东张西望、注意力不集中等问题,教师要做好引导者、合作者的角色,设置幼儿稍微努力就能完成的观察任务,帮助幼儿树立观察事物的自信心。幼儿的观察结果可以通过绘画、图表、字符等方式呈现。在幼儿绘画完之后,教师应让幼儿说明自己的绘画内容,围绕"作品的构思是什么?创意来源于哪儿?"进行提问,对幼儿的专注观察和准确表达给予肯定和鼓励。在建立起幼儿观察效能感之后,委婉说明幼儿观察活动中的认知错误,以商量的口吻给出建议,并给予幼儿充足的耐心,引导其继续观察,指导幼儿对事物形成正确认识。

四、针对幼儿的表现,给予科学有效的评价

教师可以根据不同的情况和情境,运用不同的评价方法,如诊断性评价和过程性评

价、自评和他评，帮助幼儿认识和接纳自我。教师可以利用电子设备记录幼儿观察活动的过程，再现幼儿的绘画创作过程，与幼儿共同进行反思和调整。当幼儿观察活动的方法、渠道、对象及结果富有新颖性和独创性时，教师需及时积极评价幼儿，如"你这个想法非常好，看到了这么微小的细节""你用这个颜色和线条表现它的形象，很有自己的特色，继续按照你喜欢的方式描绘。"对于看不懂的绘画作品，教师需花时间与幼儿和幼儿的作品进行三方对话，鼓励幼儿在创作过程中展现更多的情感，倾注更多的构思。教师的评价语言一定要准确得体，明确评价的目的是促进幼儿观察力提高，避免将有趣的观察活动变成幼儿的心理负担。因人而异肯定幼儿作品的独特之处，有针对性地提醒幼儿，根据幼儿的表现做出及时的反馈和评价，通过科学的评价提高幼儿的成就感和活动参与度。

五、善于观察生活和利用资源，关注幼儿发展的整体性

儿童的发展具有整体性，在发展过程中，幼儿的各项能力相互影响和提升，教师要重视活动间的渗透和整合。在教学工作中，教师要组织和运用学校周围的有效教学资源，遵循充分发挥一日活动整体教学功能的原则，把相关联的活动有机地统筹为整体，不偏废。幼儿绘画活动的教学内容大多来源于生活，教师要善于创设情境，从生活中发掘富有感染力的活动素材，利用生活资源激发幼儿的好奇心和参与热情。在生活中观察并利用观察中收集到的信息对现象进行解释，学以致用。教师要创设宽松、愉悦的心理环境，以满足幼儿独立自主的需求，使幼儿的创造能力、合作能力、思维能力及语言表达能力得到全方位的培养与提升。教师要充分利用幼儿园、家庭、社区等各种教育资源，实现教育的整合性和幼儿发展的协调性。

任务三　幼儿意愿画活动的设计与指导

如何引发幼儿的意愿画创作?

实习生小王老师第一次在大班组织意愿画区域活动。她认为意愿画就是幼儿喜欢画什么就画什么，不需要教师做什么，于是在区域活动的时候，她只在美工区投放了一些白纸和水彩笔，告诉美工区的幼儿可以画任何自己喜欢的东西。但是好几个幼儿在美工区画了不到5分钟就离开了，他们的画面上只有一些常见的树、花、太阳的形象。小王老师问他们为什么不画了，幼儿说："没有什么想画的。"

第二天，小王老师仔细地观察了班里的张老师如何组织意愿画活动。午睡起来后，张老师带领全班幼儿去户外散步，一边散步一边观察和讨论春天的幼儿园。张老师先带领幼儿来到幼儿园的鱼池，有幼儿发现鱼池边的柳树上，原本光秃秃的枝条上长出了嫩绿的小芽和叶子，就兴奋地说："老师，柳树发芽了，是不是春天到了？"张老师微笑着说："是呀，春天来了，我们周围的事物会发生很大的变化，你们还知道春天有哪些事物会发生变化？"一个幼儿说："我看到小区里的小鸟多起来了，有一群黑色的小鸟就在我家窗户外面叽叽喳喳地，在树枝上跳来跳去。"另一个幼儿说："我发现春天下雨之前会打雷，我听妈妈说，要下雨才能让禾苗长得更好。"正讨论着，张老师和幼儿来到了幼儿园的花圃，有幼儿发现花圃中间黄色的迎春花露出了笑脸，还有幼儿兴奋地说："我看到几只小蝴蝶在花朵周围跳舞！"后来，幼儿路过了幼儿园的草地和小菜园，所到之处，他们都兴奋地发现了春天的变化……在随后的区域活动中，有多个幼儿在美工区里进行意愿画的创作。"蝴蝶仙子""柳树和小鱼""小鸟的一家""在草地上跳舞"等，幼儿的画各有创意，并且画得乐此不疲。看到这些，小王老师受到了启发……

请结合案例想一想：幼儿意愿画的创作受到哪些因素的影响？教师在幼儿意愿画创作前可以做哪些准备？在幼儿意愿画的创作过程中，教师可以如何进行指导？幼儿意愿画创作完成后，教师的评价需要注意什么？

任务描述

此项任务将围绕幼儿意愿画活动的设计与实施展开。在此项任务中,需要理解开展幼儿意愿画活动的重要意义,掌握幼儿意愿画活动的内容选择,能对幼儿意愿画区域活动进行设计、实施和反思评价。另外,在此项目中,教师也需要掌握区域活动方案设计的一般规范。

任务探究

意愿画,就是幼儿根据自己的生活经验,由自己独立确定绘画主题和内容,运用他们已掌握的美术知识和技能,自由地表达自己情感、愿望的一种绘画形式。意愿画强调幼儿要通过自己的想象和思维来作画,它对幼儿没有约束,只要求幼儿对自己在生活中的所见所闻和头脑中想象的东西进行独立的加工和改造,按照自己的意愿去作画。意愿画活动则是在教师的协助下,幼儿根据他们现有的生活经验独立确定绘画的主题和形式等,自由地表达对周围世界的认识、情感和愿望。

一、幼儿意愿画活动的目的和意义

(一) 彰显幼儿的自主性

让美术成为儿童自由表达的语言——无范画美术教育活动的实践探索

意愿画是幼儿根据自己的意愿创作完成的作品,绘画的主题、内容、造型、构图和色彩等都由幼儿自主决定,充分展现了幼儿在作画时的独立性。在创作意愿画的过程中,当幼儿遇到问题时,首先会自己想办法去解决问题,然后才会向同伴或者教师求助,所以在一定程度上会培养幼儿的自主能力。

(二) 丰富幼儿的想象力和创造力

幼儿想象丰富,成人习以为常的事情,在幼儿看来却有不同的角度。幼儿在创作意愿画时,可以在自己感兴趣的创作主题上自由发挥想象力,去表达内心的想法,这个过程会锻炼幼儿创造性想象的能力。在意愿画创作中,幼儿往往会使用自己喜欢的、熟悉的表现方式去表达自己的经验和情感。幼儿如果喜欢某种颜色、形象或构图方式,就会在平时绘画中频繁使用。但当他们发现自己熟悉的表现方式不足以准确地表达表现自己的想法和情感时,幼儿会有强烈的愿望去改进绘画技巧,用更有效的创作方式去表达自己的意愿。意愿画活动的宽松氛围为幼儿不断探索新的表达表现方式提供了广阔的空间。幼儿在意愿画活动中不用担心失败,可以多次尝试,直到找到令自己满意的表现方式,从而提升幼儿的创造力和个性化表现的能力。

(三) 满足幼儿的情感需要,促进幼儿心理健康

意愿画创作给幼儿提供了一个充分表现自己对周围生活的认识和情感的机会,使幼儿在没有压力、没有限制的条件下,自由抒发自己的情感。幼儿心中积极的情绪情感可以在意愿画活动中得到升华,消极的情绪情感可以得到宣泄和释放,从而促进幼儿的心理健康。意愿画活动还能满足幼儿同伴交往的需要。关系好的幼儿常常会选择一起创作意愿画,或在创作的过程中相互交流自己的想法和感受,这样的过程会使同伴关系更亲密。

二、幼儿意愿画活动的内容选择

教师对意愿画活动的内容选择容易存在误解,认为意愿画就是全部由幼儿自主决定,教师什么都不能预先决定。这种认识容易导致活动目标和活动要求过于宽泛,大部分幼儿在这种情况下会找不到方向,意愿画创作无从下手,教师也在这样的意愿画活动中找不到自己的位置。幼儿的绘画活动包括画什么(即绘画主题或内容)、怎么画(即表现形式)和用什么工具画(即绘画工具、材料)三个要素。意愿画活动强调由幼儿自主决定绘画内容,但在表现形式和工具、材料上,教师可以做出选择或提出一定的要求,从而给幼儿的意愿画创作提供方向。这既是教师组织意愿画活动的抓手,也有助于幼儿确定自己想要表现的内容。教师可以通过如下几种方式来推动幼儿意愿画主题的确定和活动的开展。

(一) 教师选定表现形式

绘画的表现形式包括线条、图形、构图和色彩的组织结构及特征等。不同的表现形式能带给幼儿不同的审美经验。教师可以从绘画的某一特定表现形式出发,通过对一些典型的事物、场景或艺术作品的欣赏,让幼儿对此种表现形式及特点有充分的兴趣和审美感知经验,然后结合自己已有的生活经验,产生丰富的联想和想象,在此基础上形成自己运用此种表现形式进行意愿画创作的主题或内容。

比如,某教师发现幼儿喜欢画家几米的画作,就挑选了几幅内容有趣、幽默,在构图上长长的、高高的画作给幼儿欣赏(见图 2-12 至图 2-14),包括主体形象本身瘦高因

图 2-12　瘦高的女孩　　　图 2-13　击球　　　图 2-14　气球帽子

而画面长而高的作品《瘦高的女孩》，几个主体形象从下到上叠加因而画面长而高的画作《击球》，以及表现物体从低处往高处飞去的运动轨迹的长而高的作品《气球帽子》。教师计划通过让幼儿欣赏这些构图特色鲜明的画作，使幼儿感受到绘画不是只有我们平时接触的画纸的构图比例，也可以用这种长长的、高高的独特构图方式，表现生活中那些长长高高的事物或场景带给我们的趣味和想象。幼儿在教师的引导下欣赏了这些构图独特的画作后，被这些作品的趣味性和幽默性深深打动，产生了强烈的创作长长的画的愿望。他们从自己的生活经验中挖掘出很多具有长长、高高特点的事物或场景，比如，长颈鹿、椰子树、飞得高高的风筝、攀岩等，迫不及待地想要表现在长长、高高的画纸上。在第一轮长形画创作完成后，教师组织幼儿展示、欣赏和讨论各自的作品，幼儿从同伴的作品和创作经验分享中得到了进一步启发，又进行了第二轮长形画的创作。在第二轮意愿画创作中，涌现出了更多充满独特想象的作品，比如，表现女孩被音乐喷泉喷出的水花托到高高空中的《音乐喷泉把我喷起来》（见图2-15），表现蹦极时向下会坠落到谷底的潭水里、而向上会弹到高高云层里的《蹦极》（见图2-16）。①

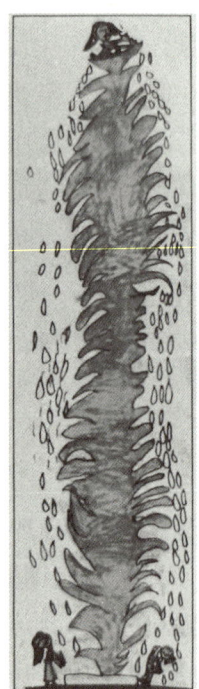
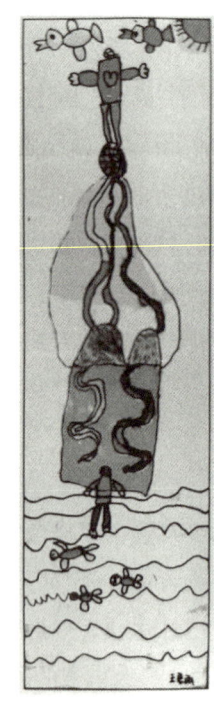

图 2-15　音乐喷泉把我喷起来　　　图 2-16　蹦极

---

①　张念芸.学前儿童美术教育[M].4版.北京：北京师范大学出版社，2020.

除了长长、高高的特殊构图形式可以引发幼儿充满想象的意愿画创作,宽宽的构图、画纸折叠后被压缩的构图等都会带给幼儿趣味性及丰富的想象。另外,圆形、三角形、倒三角形等不同的构图方式或图形和各式各样的线条也会带给幼儿不同的审美感受和想象,引导幼儿意愿画的创作。比如,螺旋线是一种容易引起幼儿兴趣的线条,教师可以引导幼儿欣赏水波、蜗牛壳、陀螺、旋转楼梯、舞动的体操彩带等具有螺旋线的事物的图片,在幼儿感受螺旋的线条美、颜色美、造型美和动态美后,鼓励幼儿用沙画、刮画或水彩笔画等方式创作自己喜欢的、含有螺旋线的意愿画作品。除此之外,色彩或色彩的搭配也可以带给幼儿创作的灵感,成为意愿画活动的起点。比如,教师可以通过谈话引导幼儿感受色彩蕴含的情感,不同的颜色可以表达不同的心情,并通过欣赏用不同色彩表现的作品来感受作者的心情及用色彩表现心情的技巧,进而启发幼儿在意愿画创作中用适宜的色彩来表现自己的心情。

总的来说,教师在从表现形式入手引导幼儿意愿画内容的选择与创作时,需要精选蕴含该表现形式的经典事物或作品给幼儿欣赏,以便幼儿对该表现形式有强烈的感受,快速把握其特征。而且,该表现形式还需要贴近幼儿的生活,便于幼儿在生活中体验和感受,只有这样,幼儿才能在欣赏经典作品后产生相应的回忆,从生活经验中挖掘相关的表象并进行联系和想象,继而激发幼儿大胆表达表现和分享交流的热情。

(二) 教师选定工具和材料

从工具和材料的选定出发引导幼儿的意愿画选题与创作,就是引导幼儿充分感受特定绘画工具和材料所具有的特性,从材料的特点启发幼儿进行想象和构思,确定创作内容,进而充分发挥该材料的特性进行意愿画创作。比如,在"有趣的石头画"活动中,教师先引导幼儿观察鹅卵石的外形特征,引导幼儿根据鹅卵石的外形特征联想"它像什么"。当幼儿有所发现时,教师提议幼儿把这个小石头画得更像一些。幼儿就使用毛笔蘸水粉颜料,把小石头画成自己觉得有意思的各种形象。

从工具和材料出发引导意愿画创作有多种不同的形式,"借形造像"和"借迹造型"是幼儿意愿画活动比较常用的形式。"借形造像"就是依照材料的形状构思、塑造出新的艺术形象,比如,上文提到的"石头画"就是借形造像的创作。再比如,在"橘子皮的联想"活动中,教师提供给幼儿吃橘子时剥下来的各种形状的橘子皮,幼儿选择一块橘子皮摆在纸上后,要根据该橘子皮的外形去构想相似的事物,然后通过添画,让该形象看起来更生动,且要添画背景和环境,使之成为一幅完整的图画。除此之外,手掌印画、蔬果切面印画等都属于借形造像的创作。

"借迹造型"就是对偶然产生的墨迹或色块的形状进行联想和添画,使之成为新的形象。比如,"砸蛋画"就是将装有水粉颜料的蛋从高处砸落到画纸上,颜料洒出来后在画纸上留下一个任意的图案,教师引导幼儿观察这个图案像什么,可以添加些什

有趣的借形想象——大班美术活动"搞怪厨房"

么来让这幅画更美、更像一幅画,以此激发幼儿的想象力和创造力。此外,幼儿还可以在滚珠画、滴流画、湿拓画等各种方式产生的偶然线条或图案基础上进行联想和添画创作,这些都属于"借迹造型"的创作。

总的说来,从工具和材料出发能有效地引导幼儿确定意愿画的创作内容。这种引导形式富有趣味性,能引起幼儿强烈的创作兴趣、激发幼儿丰富的想象力。该方式既适用于年龄较小的幼儿,也适用于年龄大一些的幼儿。教师在使用该方法时需注意:首先要引导幼儿感受材料的特性,因材施艺;然后需引导幼儿由材料的特性回忆、联想、想象有关的事物,进行构思;最后,在幼儿操作的过程中,要启发幼儿充分表现工具、材料的特点。

幼儿的意愿画活动也可以由教师先确定一个较宽泛的主题,再由幼儿从此范围中自主确定自己喜欢表现的具体内容。有研究者对数百名5—6岁幼儿的意愿画内容进行分析,发现大班幼儿的意愿画内容大致可以分为7大类,比重从高到低分别为自然类、物体类、事件类、人物类、交通类、建筑/场所类、其他类。该研究结果表明,有关自然、物体、事件和人物等的主题,是幼儿熟悉且感兴趣的内容,教师在幼儿喜欢表现的主题中先划定一个大致的范畴,既可以给意愿画活动的组织和幼儿的自主选题提供一个支架,又可以给幼儿留下充分的自主表达表现的空间。比如,"自然类"是幼儿在意愿画中喜欢表现的主题,在本任务开篇的"任务情境"中,张老师着重引导幼儿在意愿画活动前观察和讨论了春天时自然界的变化,虽然张老师并没有宣布意愿画的主题范围,但幼儿已经在该主题的讨论和观察中,围绕春天的大自然产生了丰富的感知、回忆、联想和想象,最终形成了多样化、个性化的创作内容。

三、幼儿意愿画活动的设计与实施

(一) 幼儿意愿画活动的设计

幼儿意愿画活动可以以集中教育活动、区域活动、个体活动等多种形式进行,其中区域活动为常见形式。区域活动,是指教师根据教育目标和幼儿的发展水平,为幼儿提供适宜的、丰富的操作材料,允许幼儿自主选择活动的材料、内容、主题和同伴,按自己的发展速度和意愿进行探索。区域活动是一种符合幼儿的学习方式和特点、彰显个性化学习的活动形式,是幼儿园的主要活动之一,有益于培育幼儿终身学习与发展所必需的宝贵品质。由于区域活动强调幼儿自主探索的价值理念与意愿画活动的理念不谋而合,意愿画活动特别适合以区域活动的形式开展。此处主要介绍以区域活动形式开展的意愿画活动的设计。意愿画区域活动的设计主要包括预期目标的制订、活动材料的选择、活动环境的创设、参考玩法的设计,以及指导建议的拟定几个部分。需要注意的是,意愿画区域活动的设计方法同样也适用于各类美术欣赏区域活动和手工区域活动。

1. 预期目标的制订

意愿画区域活动的预期目标要以幼儿绘画教育的总目标和年龄段目标为依据,目标要体现活动的特点,表述具体、清晰、可操作,这跟集中活动的目标制订要求一致。但因区域活动给予幼儿较为宽松自由的空间,允许幼儿以个性化的方式参与活动,所以在活动目标的制订上不要求三维目标面面俱到,只要求写出最核心的一个或两个预期目标即可。且预期目标的实现程度可以有一定灵活性,允许幼儿以自己喜欢的方式使用工具和材料,实现个性化的活动目标。

2. 活动材料的选择

意愿画活动提供给幼儿创作的工具和材料较主题画更为丰富多样,以满足不同绘画能力水平和兴趣的幼儿的创作需要。除了提供幼儿熟悉的工具和材料,还应该不断增加新颖的工具和材料,以激发幼儿创作的兴趣和想象力。教师可以把一些将在集中教育活动中用到的新工具和新材料提前投放到意愿画区域活动中,允许幼儿自由探索其使用方法、进行意愿画创作,为幼儿熟悉创作工具和材料的特性、更有效地利用工具和材料进行创意表现奠定基础。教师可以基于幼儿的发展特点及工具和材料本身的特性,将所提供的工具和材料进行巧妙搭配、分组摆放,既能满足不同能力发展水平的幼儿的创作需要,又能提升创作的审美经验和审美效果,对幼儿的创作起到隐性指导的作用。

比如,在"美丽的油纸伞"的意愿画区域活动中,幼儿以油纸伞为载体进行意愿画创作。教师提供的材料包括白色的纸伞、各色丙烯颜料、排笔、毛笔、记号笔、拓印模具等不同的材料。能力弱的幼儿可以在伞面上用拓印的方法进行创作;能力强的幼儿可以用记号笔在伞面上进行线描,或者用排笔、毛笔蘸取颜料后用点画、涂抹等方式创作自己喜欢的图案,也可以综合使用多种工具和材料进行创作,满足了幼儿个性化的创作需要。

3. 活动环境的创设

意愿画区域活动在进行环境创设时主要需要考虑审美环境的布置。教师可以把有利于幼儿欣赏、以启发幼儿意愿画创作灵感的实物或艺术品布置在班级环境中。比如,在前面提到的"长长的画"活动中,教师可以将有代表性的、受幼儿喜欢的长长的画展示在区域中供幼儿欣赏。又如,在"美丽的油纸伞"区域活动中,教师可以事先将若干把精美的油纸伞装饰在区域周围,以提升幼儿的审美情趣、激发幼儿的创作兴趣。审美环境的创设也包括巧妙地在环境中展示幼儿在区域中完成的作品。

4. 参考玩法的设计

与集中活动的设计不同,区域活动不强调对完整的活动过程进行设计,而是侧重于提出参考玩法,即教师预想的使用相应的工具和材料进行创作的步骤和方法。"参考"二字意味着幼儿还有自主决定的空间,他们也可以用自己喜欢的玩法进行活动。其理念是减少教师对活动过程和幼儿创作的引导,留给幼儿更多的自主选择、探索和操作的空间,彰显幼儿的自主性和创造性。教师可以根据活动目标和幼儿发展特点,针对一组工具和材料提出一种或多种参考玩法;也可以针对提供的多组工具和材料分别提出适用的参考玩法。对玩法的描述要步骤清晰、简单明了、突出重点。

考虑到在区域活动时教师需要关注不同区域幼儿的活动情况,难以时刻关注和指导幼儿的整个绘画创作过程,教师可以为步骤较多或者幼儿理解起来有难度的玩法制作图示,如步骤示意图等,以支持幼儿在区域中的自主创作。图示通常既展示操作前(即原始材料)的图例或照片,也展示操作后(即操作成果)的图例或照片。照片要清晰、背景简单、突出主体,尽量避免反光等问题。

5. 指导建议的拟定

教师需要对区域活动的指导要点进行预想。对区域活动的指导涉及如下三个阶段。在幼儿创作前,教师可以通过集中、小组或个别化等不同的方式,引导幼儿欣赏或观察特定事物或艺术品,或和幼儿进行谈话或讨论,以激发幼儿的想象和自主创作。在幼儿创作过程中,教师需要对幼儿的表达表现进行适当的指导,教师需要事先明确指导的要点及适宜采用的指导方式,一般来说,教师是在幼儿需要的时候才进行指导,且以隐性的指导为主。在幼儿创作完成后,教师需要以合适的方式分享和展示幼儿的作品;在时间允许的情况下,教师可以组织以幼儿自主评价为主的作品点评,意愿画作品点评应该以创造性为主要标准。指导建议还可以考虑如何进一步丰富区域的材料投放、增加材料的层次性,如何开展延伸活动等。指导建议的拟定也要重点突出,一般2~4点即可。如果在活动材料和参考玩法部分,教师是针对不同组的不同材料分别提出玩法的,在指导建议部分也可以分组拟定指导要点。

综上所述,教师在设计、撰写一份区域活动的方案时,要注意以下几个方面的要求:一是在活动方案前写清年龄班、活动形式(即区域活动)、活动主题等信息,如"大班美术区域活动:有趣的水墨画";二是预期目标必须体现本活动的核心目标,1~2点即可;三是材料较多时建议分组呈现;四是要创设富有审美情境的环境;五是写清玩法的名称和操作要点,必要时提供图示,除了教师事先想到的玩法之外,应允许幼儿用自己喜欢的方式操作;六是指导要点具有必要性和启发性,以留给幼儿充分的自主创作空间。具体规范表述可以参看本任务的案例分析部分。

(二) 幼儿意愿画活动的指导

对于意愿画活动的指导,教师容易产生一些误解。一种观点认为,意愿画活动就是幼儿想画什么就画什么,想怎么画就怎么画,不用教师操心。这种观点的错误之处在于完全忽视了教师的指导作用。意愿画活动作为一种教育活动,需要教师在观察幼儿作品、了解幼儿创作意图的基础上给予适当的指导,如果缺乏教师的指导,经过一段时间以后,幼儿可能会对创作失去兴趣,表达表现能力也无法得到提高。另一种观点则担心幼儿在意愿画创作过程中无从下手,因此教师经常给予幼儿一些暗示甚至明示,使得意愿画活动变成了幼儿的回忆画活动或主题画活动,达不到意愿画活动应有的教育价值。幼儿的意愿画活动作为一种教育活动,虽然离不开教师的指导和评价,但是教师在指导幼儿的意愿画活动时,要以幼儿为主体,并根据幼儿的创作意愿、能力和接受程度等予以适宜的指导,具体方法如下。

1. 意愿画活动准备阶段的指导

丰富幼儿的生活,帮助幼儿挖掘生活经验作为创作素材。幼儿绘画的内容与其所获得的知识经验有密切关系。有研究发现,幼儿的意愿画主题围绕幼儿熟悉的内容展开,幼儿最常在意愿画中表现的内容是自然类、物体类、事件类、人物类等。幼儿通过意愿画表达对大自然的热爱、对户外游戏的热衷、对同伴交往的渴求及对父母陪伴的期待。因此,成人平时要丰富幼儿的生活经验,带领幼儿多接触大自然、进行多样化的游戏和社会活动,增进幼儿与同伴、师长的交往,开拓幼儿的视野,给予幼儿多看、多听、充分观察和感知的机会。教师在平时的教学活动中,应留心幼儿感兴趣的事物,引导幼儿对自己感兴趣的事物进行观察、探究和审美,在这个过程中提高幼儿对事物的感知力和理解力,并由对身边事物的强烈兴趣和美的感受激发意愿画创作的灵感。

为幼儿准备丰富多样、数量充足的工具和材料。有研究者曾对三百余幅大班幼儿意愿画作品中的颜色数量进行统计,发现绝大部分5—6岁幼儿意愿画作品中的颜色数量集中在7~9种;幼儿在访谈中表示,更偏爱颜色丰富的绘画工具,更喜欢彩虹的颜色,在创作时,有时会因为找不到某一种特定的颜色而感到失望。因此,教师为幼儿提供色彩多样、数量充足的绘画工具对幼儿大胆想象和创作非常重要。丰富多样的创作工具和材料,特别是一些新颖而表现力强的创作材料,可以有效激发幼儿意愿画的创作兴趣和创作思路,鼓励幼儿尝试不同的表达表现方式,提升幼儿的想象力和审美体验。

创设生动有趣的游戏情境或者问题讨论来激发幼儿的创造性。教师可以利用生活中发生的情境激发幼儿的想象和创作,使幼儿用绘画的形式表达生活中的事物和所发生事件带给自己的感受,创作出具有新颖性和独特性的作品。比如,在某个早上来园时,好几个幼儿在幼儿园门口看到一只白色的小狗,他们非常关心这只小狗,就跟老师说:"幼儿园门口有一只白色的小狗,好像找不到主人了。"教师就问:"你们早上看到的这只小狗长什么样?"一个幼儿说:"它是白色的,身上很脏,尾巴很短。"另一个幼儿说:"它好像很多天没有吃东西了,非常瘦。"教师说:"那我们应该请警察叔叔帮忙,尽快找到它的主人。如果警察叔叔找不到它的主人,你们可以怎么帮助它呢?"

一个幼儿说:"我会把它带回家,给它好吃的。"另一个幼儿说:"我要给它洗澡,并且穿上干净漂亮的衣服。"……幼儿你一言我一语,想了很多照顾小狗的办法。教师看孩子们对照顾小狗有兴趣,就请幼儿把自己想要怎么照顾小狗画下来,并提醒幼儿小狗身上可能携带病菌,或者具有一定的攻击性等,所以不能直接用手去摸或带回家。幼儿欣然同意,各自在意愿画中画下了自己想象的照顾小狗的场景。这位教师抓住幼儿感兴趣的生活情境,通过跟幼儿即兴交谈,创设出"如果找不到它的主人,你可以怎么帮助它"的情境,将幼儿的想象和创作兴趣激发出来,在画纸上表现出自己的愿望和想象,是一次成功的意愿画活动的指导。在本任务开篇的"任务情境"中,张老师则是利用散步的机会,引导幼儿围绕"春天的变化"进行观察、体验和讨论,也成功地激发了幼儿的意愿画创作想象。

2. 意愿画活动创作阶段的指导

对难以确定创作主题的幼儿,教师可以引导其讲述自己喜欢的形象或社会生活场景。前文曾讲到,幼儿意愿画的主题常常是选择自己熟悉的自然类、物体类、事件类、人物类、交通类、建筑/场所类等形象或场景。除此之外,幼儿喜欢的动画片中的卡通形象也是幼儿意愿画常常表现的内容。面对在确定创作主题上有困难的幼儿,教师可以酌情引导幼儿讲述自己日常生活中的场景或自己喜欢的形象,比如,自己喜欢的动画片形象,喜欢的游戏,喜欢跟爸爸妈妈一起去做的事情等,来帮助幼儿确定意愿画主题。

对于创作中途画不下去的幼儿,教师也可以通过谈话引导幼儿深入观察或启发想象,以丰富画作内容。在幼儿开始作画之后,教师先不要与幼儿交谈,让其按照自己的想法完成绘画。如果中途幼儿遇到困难,教师可以提供适当的帮助和提示。例如,当幼儿画不下去时,教师可以抓住该幼儿最感兴趣的事物,引导幼儿细致观察,通过各种感官感知事物的特性,再引导幼儿进行下一步的创作;或者通过开放式的问题启发幼儿进一步想象,由此丰富画作内容。

3. 意愿画活动评价阶段的指导

积极倾听幼儿的想法,尊重幼儿的表达表现。教师要对幼儿的意愿画形成正确的认识,意愿画不同于主题画和装饰画,它更尊重幼儿的内心想法,鼓励幼儿用自己喜欢的绘画方式进行自由、大胆地创作,表达自己的内心想法。教师应尊重幼儿的自主性,鼓励幼儿大胆说出自己的创作思路和创作内容。教师要积极倾听幼儿的想法,从幼儿的角度出发,理解幼儿的表达意图,发现幼儿意愿画作品中的闪光点,积极地肯定和鼓励幼儿,让幼儿从内心出发,真正地做到"我想画""我要画",让幼儿在宽松、自由的意愿画创作氛围中大胆地进行意愿画的创作。

将创造性作为评价幼儿意愿画的首要标准,尊重幼儿的个体差异。教师应该意识到幼儿的意愿画水平存在个体差异,不以幼儿绘画技能水平的高低评价幼儿意愿画水平，而应把创造性放在评价幼儿意愿画的首位，注重幼儿创造性的发展。教师应该认识到意愿画对幼儿创造性发展的重要性，关注幼儿在意愿画过程中创造性的表现，减少幼儿在意愿画创作中模仿教师和同伴的行为，让幼儿从内心感受到意愿画带来的乐趣，独立、大胆地创作出新颖、独特的意愿画内容。教师只有真正理解幼儿意愿画的本质，才能从根本上理解幼儿的意愿画，读懂幼儿的意愿画，在实际的幼儿意愿画创作过程中，采用适宜的方式对幼儿进行引导，促进幼儿意愿画创造性表现的发展。

四、幼儿意愿画活动的观察与评价

（一）厘清幼儿意愿画活动的观测点和具体评价标准

1. 幼儿意愿画集中教育活动的观测点和具体评价标准

对以集中教育活动形式开展的幼儿意愿画活动进行观察和评价，其观测点和具体评价标准大体上与幼儿主题画集中教育活动相似（见表2-7）。但在个别评价标准上，幼儿意愿画集中教育活动具有独特性。一是在"活动目标"中，意愿画活动侧重于发展幼儿的主体性和绘画创造性。意愿画的创作可以是由教师确定表现形式或工具、材料，或是给幼儿提供一个宽泛的主题（比如，"我喜欢的动物"）作为参考，而把确定具体创作主题的空间留给幼儿。所以意愿画活动在制订"活动目标"时需要"体现活动表现形式或工具、材料的特点和要求，具体可操作"。二是在"活动过程"中，意愿画活动强调在幼儿创作前，以欣赏、创设情境、对话等适宜的方法激发幼儿的创作兴趣和想象，给幼儿留下充分的自主创作空间。在幼儿意愿画创作遇到困难、进行不下去时，也提倡教师用对话或启发性的提问引导幼儿观察或丰富想象。在意愿画活动中，教师不宜进行直接的指导，更不应进行直接的演示、示范和出示范画。所以在"活动过程"的观察评价中强调要"方法适宜，能激发幼儿的创作兴趣和想象，给幼儿充分的自主创作空间""提问有启发性和层次性，符合幼儿特点，有助于丰富幼儿的想象"。三是在"活动效果"方面，意愿画活动的重要标准是"幼儿在活动中积极投入、情绪愉悦，能创造性地表达自己的经验和情感"，并且强调"教师教育理念科学，教态亲和，会倾听和尊重幼儿的创作意图"。

2. 幼儿意愿画区域活动的观测点和具体评价标准

以区域活动形式开展的幼儿意愿画活动可以从预期目标、活动内容、活动材料、环境创设、参考玩法、指导意见、活动效果七个方面进行观察和评价，各部分的评价标准具体如下。

（1）预期目标的评价标准

意愿画区域活动的目标要符合《指南》艺术领域的目标要求，且突出绘画教育的目标；彰显幼儿的主体性，发展幼儿的创造性，符合幼儿的年龄段特点；体现活动表现形式或工具、材料的特点和要求，表述具体、可操作。

（2）活动内容的评价标准

意愿画区域活动内容的选择要符合预期目标的要求，能够支持目标的实现；符合幼儿的心理特点和发展水平，给予幼儿发挥想象力和创造性的空间；重点突出，难点适宜，符合幼儿已有经验等。

（3）活动材料的评价标准

活动材料的准备符合目标和内容要求；材料丰富多样，激发幼儿创作的兴趣，材料较多时分组呈现；材料适宜且数量充足，能够满足幼儿创作的需要；环境创设适宜，能够激发幼儿的想象和表达表现。

（4）环境创设的评价标准

审美环境的创设符合目标和内容要求，能够激发幼儿的想象和创造。

（5）参考玩法的评价标准

教师设想的参考玩法能体现目标要求，符合幼儿特点；玩法适宜，在带给幼儿审美感受的同时，给予幼儿想象和创造的空间；玩法描述步骤清晰、重点突出，必要时提供清晰易懂的示意图。

（6）指导意见的评价标准

对幼儿意愿画创作的指导，教师应以适宜的方式（如欣赏、谈话、创设情境等）丰富幼儿的审美经验，激发幼儿的想象；在幼儿创作过程中能关注到个体差异，对有需要的幼儿给予适当的指导，倾听和尊重幼儿的表现意愿，帮助幼儿个性化的表达表现。

（7）活动效果的评价标准

对意愿画区域活动效果的评价主要考虑如下四个标准：预期目标实现，幼儿以自己喜欢的方式参与到意愿画活动中，审美经验得到丰富；幼儿在活动中积极投入、情绪愉悦，能创造性地用绘画表达自己的经验和情感；教师允许幼儿以自己喜欢的方式进行创作，倾听和尊重幼儿的创作意图，以创造性为评价幼儿作品的重要标准；活动具有一定创新性，特色鲜明。

（二）设计幼儿意愿画活动的观察记录表

根据幼儿意愿画集中教育活动的观测点和具体评价标准，可以使用表2-9对幼儿意愿画集中教育活动进行观察和评价。观察者可以一边观摩活动，一边在"具体评价标准"中将该活动实际做到的项目勾选出来（在项目前面的方框中打钩），并在"判断依据"一栏中记录相应的实际活动情况或表现，以对一个意愿画活动进行全面、客观的评价。

表 2-9　幼儿意愿画集中教育活动观察记录表

幼儿园		班级		教师		主题	
评价者				时间			

观测点	具体评价标准	判断依据（行为实录）
A. 活动目标	□A1. 符合《指南》艺术领域的目标要求，且突出绘画教育的目标	
	□A2. 彰显幼儿的主体性，发展幼儿的创造性，符合幼儿的年龄段特点	
	□A3. 体现活动表现形式或工具、材料的特点和要求	
	□A4. 目标具体明确，突出重点	
B. 活动内容	□B1. 符合活动目标的要求，能够支持目标的实现	
	□B2. 贴近幼儿生活，符合幼儿心理特点和发展水平	
	□B3. 重点突出，难点适宜，符合幼儿已有经验	
	□B4. 挖掘内容的内在联系，使幼儿的学习经验具有连续性和整合性	
C. 活动准备	□C1. 经验、材料准备与环境创设符合目标和内容要求	
	□C2. 经验准备充分，支持幼儿主动建构新的绘画经验	
	□C3. 材料准备适宜，满足幼儿感知欣赏和表现创造的需要	
	□C4. 环境创设适宜，能够激发幼儿的想象和表达表现	
D. 活动过程	□D1. 体现目标要求，主线清晰，结构合理，过渡自然	
	□D2. 方法适宜，能激发幼儿的创作兴趣和想象，给幼儿充分的自主创作空间	
	□D3. 提问有启发性和层次性，符合幼儿特点，有助于丰富幼儿的想象	
	□D4. 突出重点，突破难点，帮助幼儿获得有益的绘画经验	
	□D5. 既能面向全体指导，又能关注差异进行个别指导	
E. 活动效果	□E1. 目标落实到位，幼儿在情感态度、知识经验和能力方面获得发展	
	□E2. 幼儿在活动中积极投入、情绪愉悦，能创造性地表达自己的经验和情感	
	□E3. 教师教育理念科学，教态亲和，会倾听和尊重幼儿的创作意图	
	□E4. 活动具有一定创新性，特色鲜明	

根据幼儿意愿画区域活动的观测点和具体评价标准,也可以设计幼儿意愿画区域活动方案评价表(见表2-10)。该评价表可以对未正式实施的活动方案进行评价,观测点包括预期目标、活动内容、活动材料、环境创设、参考玩法、指导建议、设计创新和文档规范。各观测点的具体评价标准和分值分配见表2-10。

表2-10 幼儿意愿画区域活动方案评价表

幼儿园		班级		教师		主题	
评价者				时间			

观测点	具体评价标准	分值	评分
预期目标	1. 符合《指南》艺术领域的目标要求,且突出绘画教育的目标	3	
	2. 彰显幼儿的主体性,发展幼儿的创造性,符合幼儿的年龄段特点	3	
	3. 体现活动表现形式或工具、材料的特点和要求,表述具体、可操作	4	
活动内容	1. 符合活动目标的要求,能够支持目标的实现	3	
	2. 符合幼儿心理特点和发展水平,给予幼儿发挥想象力和创造性的空间	4	
	3. 重点突出,难点适宜,符合幼儿已有经验	3	
活动材料	1. 材料准备符合目标和内容要求	5	
	2. 材料丰富多样,能够激发幼儿创作的兴趣,材料较多时分组呈现	5	
	3. 材料适宜且数量充足,满足幼儿创作的需要	5	
环境创设	审美环境的创设符合目标和内容要求,能够激发幼儿的想象力和创造力	5	
参考玩法	1. 体现目标要求,符合幼儿特点	10	
	2. 玩法适宜,带给幼儿审美感受的同时,给予幼儿想象和创造的空间	10	
	3. 玩法描述步骤清晰、重点突出,必要时提供示意图	10	
指导建议	1. 以适宜的方式丰富幼儿的审美经验,激发幼儿的想象力	10	
	2. 倾听和尊重幼儿的表现意愿,对有需要的幼儿给予适当的指导,帮助幼儿个性化地表达表现	10	
设计创新	体现课程改革新理念,彰显幼儿的自主性和创造性,活动方案整体设计有创意	4	
文档规范	1. 文档结构完整,布局合理,格式美观	3	
	2. 语言简洁明了,逻辑通顺流畅,文字、符号等规范	3	
	合计	100	

大班美术区域活动:有趣的水墨画

设计与执教:福州融侨幼儿园　王晶晶
指导:福建幼儿师范高等专科学校　吴丽芳
案例评析:福建幼儿师范高等专科学校　管琳

大班美术区域活动:有趣的水墨画

设计意图

水墨艺术是中华民族文化的瑰宝,从小让幼儿接触、了解水墨艺术,对于传承我国民族文化,培养审美情趣具有积极的作用。在以往的活动中我们多以技能学习为重、示范临摹为主,忽略了幼儿的情感需要和个体差异,造成幼儿水墨作品的模式化,使幼儿失去了作画的兴趣。

《指南》中指出:"创造条件让幼儿接触多种艺术形式和作品。""提供丰富的便于幼儿取放的材料、工具或物品,支持幼儿进行自主绘画"。因此,我园结合园本特色课程——电影课,选取了幼儿喜欢的多部水墨动画作为欣赏和模仿的素材,教师在关注幼儿学习品质培养的同时通过工具的巧妙运用,有效地降低幼儿水墨画创作的难度,让他们更好地表现水墨画的自由写意,体验创作的乐趣。

预期目标

1. 能根据墨汁的变幻,大胆想象并进行合适的添画。
2. 能运用辅助工具进行大胆的水墨拓印创作。
3. 大胆展示自己的作品,与同伴分享创作的快乐。

材料投放

墨汁(浓、淡)、颜料、颜料盘、水、桶、小碗、滴管、吸管、牙刷、排笔、棉签、托盘、竹签、铅笔、牙签、形状不一的积木、宣纸若干。

介绍新材料的课件。

环境创设

用于展示幼儿作品的展示板;在区域中播放相关的水墨动画影片,给幼儿提供欣赏的素材。

参考玩法

玩法一:水墨拓印

- 在水中滴入墨汁后,观察墨汁的变化,选择自己觉得最美的画面进行拓印。

- 根据自己拓印的影像,大胆想象并适当地进行添画。

玩法二:滴管画

- 选择一种工具将墨汁滴在宣纸上并用不同的方式让墨汁流淌起来。
- 从不同方向、不同角度观察流淌出来的墨迹图案并大胆借形想象与添画。

玩法三:工具拓印

- 与同伴协商好作画的主题,选择多种工具将墨汁拓印在宣纸上,共同完成水墨作品。
- 尝试使用浓墨、淡墨作画,感受水墨的渲染魅力。

指导要点

1. 通过谈话引导幼儿发现上次水墨画创作中遇到的问题,并自主找到解决的办法。
2. 播放课件介绍新增材料,引导幼儿构思其想要创作的内容及需要使用的工具。
3. 在展示板上展示幼儿的作品,并在区域活动结束时请幼儿交流分享自己的作品。

案例评析

1. 在预期目标的制订上,该活动强调了对幼儿情感态度和艺术表现力的培养,特别是突出了"根据墨迹大胆想象""大胆创作"等突显意愿画价值的目标,还考虑到了大班幼儿可以与同伴分享创作成果,符合《指南》艺术领域的目标要求;活动中既有借助辅助工具进行拓印创作,也有借迹造型,难度具有层次性,活动具有趣味性,符合幼儿年龄特点和能力差异,彰显幼儿主体性。所制订的目标突出了活动的核心要点,表述具体。

2. 在活动内容的选择上,教师确定了水墨画创作的工具和材料,在此前提下,由幼儿自主确定创作的主题和内容,水墨画创作本身自由、写意,表现力强,可以给予幼儿发挥想象和创造的空间。教师设计的不同方式的拓印、根据墨汁痕迹添画等难度适宜,符合幼儿已有经验和发展水平上的差异,能够支持目标的实现。

3. 在活动材料的选择上,教师根据预设目标和内容要求提供了丰富多样的工具和材料,比如,托盘用于水墨拓印,滴管、吸管、牙刷、棉签等用于将墨汁滴在纸上后让墨汁流淌,形状不一的积木用于工具拓印。且教师细心地为幼儿提供了浓、淡两种不同的墨汁,增强了作品的表现力。工具的巧妙投放降低了操作的难度,且使操作方式新颖有趣,能够激发幼儿的创作兴趣。但本次区域活动涉及的材料种类较多,如果教师在撰写活动设计时能将材料进行分组会更好。

4. 在环境创设上,教师在区域中滚动播放相关的水墨动画影片,给幼儿提供了欣赏的素材和审美的环境,另外,教师在区域中设置了展示板以展示分享幼儿创作的意愿画作品,环境创设符合目标和内容要求,能够激发幼儿的想象和创造。

5. 教师设想了三种参考玩法,每一种都既能体现活动特点和目标要求,又符合幼儿特点。玩法适宜,让幼儿在感受中国水墨画浓淡变化、自由写意之美的同时,打开了幼儿想象和创造的空间。教师对三种玩法的描述非常清晰,适合幼儿理解和操作。

6. 在本次意愿画区域活动的指导上,教师细心地安排了在区域中滚动播放相关的水墨动画,丰富了幼儿对水墨画的欣赏经验,有助于激发幼儿的想象。教师通过启发性的问题,引导幼儿对在水墨画创作中遇到的困难寻找解决办法;并通过介绍新材料,引导幼儿构思创作内容及需要使用的工具,彰显了幼儿的主体性,尊重了幼儿的表现意愿。教师还考虑到了幼儿创作结束后的分享和交流,有助于增强幼儿的创作热情。

整体来说,该活动方案设计有创意,彰显了幼儿的自主性和创造性,教师设想的玩法新颖有特色,文档结构完整,布局合理,语言简洁明了,逻辑通顺流畅,表述规范,是一篇优秀的意愿画区域活动教案。

实训活动一　幼儿意愿画活动的观察、分析与评价

1. 目标

(1) 能观察、分析与评价不同年龄班意愿画活动设计的适宜性及实施的成效。

(2) 能基于观察、记录、分析与评价对意愿画活动提出有针对性的教育建议。

(3) 关注在意愿画活动实施过程中教师如何与幼儿互动,如何给予幼儿适当的指导。

(4) 培养独立思考能力和项目小组合作学习实践能力。

2. 内容要求

(1) 项目小组在实习班级中对意愿画活动进行连续2~3次的现场观察,运用表2-9(意愿画集中教育活动适用)或表2-10(意愿画区域活动适用)对每次幼儿的意愿画活动情况进行观察记录。

(2) 选取给你启发最多的一次幼儿意愿画活动,评价其活动设计和指导方法的适宜性和有效性,并提出适宜的教育建议。

实训活动二　幼儿意愿画活动的设计、实施与评价

1. 目标

(1) 能针对幼儿的年龄段特点制订适宜的意愿画活动目标,选取适宜的活动内容。

(2) 能进行环节完整的意愿画活动,并在活动实施过程中对幼儿的创作进行适宜的指导。

(3) 能基于观察、评价提出适宜的指导方法,注重对幼儿审美素养、健全人格和创造能力的全面培养。

2. 内容要求

(1) 协助园所教师开展意愿画活动。

(2) 运用表 2-9(集中教育活动适用)或表 2-10(区域活动适用)记录项目学习小组开展意愿画活动的情况。

(3) 基于观察记录和自身实践的情况,与园所教师和项目学习小组成员一起分析评价意愿画活动的成效,探讨适宜的指导方法。

彰显美感体验 回归游戏精神
——幼儿园美术区域活动的研究与实践[①]

福建幼儿师范高等专科学校　吴丽芳

区域活动已经成为幼儿园课程实施的主要形式之一。但是在区域活动如火如荼开展的同时,我们也看到,部分教师开展的区域活动流于形式,盲目借鉴,没有真正体现区域活动所蕴含的教育价值,也缺乏有效的指导策略。本文尝试以游戏精神作为研究视角,在游戏精神的观照下探索幼儿园美术区域活动,期盼幼儿艺术教育呈现一种新的样式,促进幼儿艺术教育的良性发展。

一、美术区域活动的性质:学习活动 VS 游戏活动

笔者访谈发现,幼儿园教师对区域活动的理解主要表现为教育取向和游戏取向。教育取向的教师重视教育目标的达成,强调活动与学习的紧密联系,表现为关注区域活动与领域活动的结合、区域活动与主题活动的结合,有的教师主张区域活动是各领域集中教育活动的延伸,持这种观点的教师常常在美术集中教育活动中讲解示范,之后把操作材料投放到美术区域中,让幼儿强化练习。有的教师则强调区域活动主要配合主题活动的开展,将区域活动视为各种形式的主题探究活动,持这种观点的教师常常在班级美术

---

① 吴丽芳. 彰显美感体验 回归游戏精神:幼儿园美术区域活动的研究与实践[J]. 福建教育:学前教育,2014(Z3):67-70.

区域投放与本阶段活动主题相关的工具和材料,指导幼儿开展形式多元的艺术表现与创造活动(据笔者观察,幼儿园的美术区域活动,该类型较多)。游戏取向的教师则把区域活动视为在集中教育活动之外为幼儿创设的一种自由游戏活动,强调模拟情境和轻松愉悦的游戏氛围,支持幼儿按自己的兴趣、爱好选择活动的内容、材料和玩伴,教师指导得较少甚至是不予指导。持这种观点的教师常常在美术区域活动中为幼儿提供低结构化甚至是无结构化的材料,教师较少干预。

笔者以为,上述两种观点都失之偏颇。事实上,区域活动不能简单地划分为学习活动或游戏活动,因为游戏和学习是不矛盾的,学习可以在游戏中进行,游戏活动中必然隐含着幼儿的学习。笔者认为区域活动既是游戏活动又是学习活动,无论是教育取向还是游戏取向的区域活动都应以幼儿自主选择、个性化发展为主要特征,区域活动为幼儿各方面的学习和发展提供了巨大的可能,但是这种可能能否成为现实,取决于教师对幼儿活动的控制程度或者说是"指导是否适宜""干预是否适度",这对教师的专业能力提出了严峻的挑战,在当前幼儿园盛行任务定向区域活动的背景下,不宜一味地将区域活动学习化,应加强区域活动的游戏性,特别在美术区域活动中要彰显美感体验,回归游戏精神。

二、美术区域环境的创设:室内区隔 VS 开放拓展

以游戏精神审视当前的幼儿园美术区域环境创设不难发现,目前存在教师中心的活动区规划问题。活动区环境的设置基本从课程主题出发,主要围绕教师的经验和想法来开展,表现出教师设计、幼儿跟随,教师设计、家长配合等特点,美术区域与其他区域活动之间缺乏必要的关联,以及缺少与幼儿个人经验的联系,幼儿难以建构有意义的审美经验。众所周知,幼儿天性中好奇、好问、好动的特点,决定了他们是天生的建构者,他们更适合在自由、自主、开放的区域活动环境中探索发现和体验学习,因此教师需要反思,如何由主要传授知识技能转为向幼儿提供一个主动建构、开放、有挑战性和利于交往的区域活动环境,实现活动区游戏精神的回归,帮助幼儿收获有意义的个人学习经验。

符合幼儿学习方式和特点的区域环境创设应具有开放性、动态性和对话性等特征。首先,区域环境创设应具有开放性,这种开放性体现在思想观念上和物理空间上。观念上的开放指的是,区域之间及区域活动和非区域活动之间的界限是边缘性的,不存在区域活动与集体活动的二元对立及不同功能区之间的严格划分;空间上的开放指的是,活动室各区域之间的开放和室内走向室外的开放,不需要刻意的区域间隔。其次,区域环境创设应具有动态性,区域环境创设随时可以根据幼儿活动的需要灵活变化,一方面是区域环境创设内容适时调整,与幼儿活动发展保持动态平衡,另一方面是区域环境创设类型顺势更替,为幼儿活动的持续开展提供最适宜的支持。再次,区域环境创设应具有对话性,幼儿园区域环境的创设过程是教师、幼儿、家长多主体对话的过程,应充分发挥

教师的主导作用、幼儿的主体作用和家长的参与作用。教师要激励幼儿积极参与区域环境创设，通过与环境的交互作用引发幼儿的学习兴趣，支持幼儿的学习，鼓励幼儿自主解决各种问题。同时教师还要让家长通过环境及时了解幼儿园及班级动态，为幼儿提供区域活动开展的材料或其他资源，并积极参与相关活动。区域环境创设要充分关注教师与幼儿、幼儿与幼儿、家庭与幼儿园之间互动共生的关系，生成适宜幼儿健康、和谐、富有个性发展的文化生态环境，结晶出"生命—创造—审美"的校园文化。

三、美术区域活动的开展：指导介入 VS 自主体验

游戏是儿童特有的生活方式，游戏精神所弘扬的是一种愉悦的精神，在这种精神观照下的幼儿园美术区域活动应当重视幼儿自主的审美体验。《指南》明确要求"理解幼儿的学习方式和特点""珍视游戏和生活的独特价值，创设丰富的教育环境""最大限度地支持和满足幼儿通过直接感知、实际操作和亲身体验获取经验的需要，严禁'拔苗助长'式的超前教育和强化训练"。但是，当前区域活动的指导存在两个误区。一个误区是过度的指导介入，体现为教师对区域活动的严格规范，从各方面控制幼儿向同一个方向发展，幼儿的自由度是极其有限的。另一个误区则是教师对区域活动的指导采取"放任自流"的态度，教师仅仅通过材料来激发幼儿的好奇和兴趣，幼儿在区域活动中常常是浅尝辄止，活动内容难以深化，学习品质难以提升。

如前所述，区域活动既是游戏活动又是学习活动，无论是游戏取向还是教育取向的区域活动都应关注幼儿的体验性学习。区域活动的重要特征就是体验，这里的体验不仅强调幼儿外在的亲身经历，涉及物理意义上环境的客观特征，而且特别强调心理意义上对环境的主观体验，教师必须放手让幼儿成为学习与发展的主人。正如《指南》所倡导的，教师要"营造安全的心理氛围，让幼儿敢于并乐于表达表现""在幼儿自主表达创作过程中，不做过多干预或把自己的意愿强加给幼儿，在幼儿需要时再给予具体的帮助""了解并倾听幼儿艺术表现的想法或感受，领会并尊重幼儿的创作意图，不简单用'像不像''好不好'等成人标准来评价"。在区域活动的开展过程中，教师的指导介入与幼儿的自主体验并不矛盾，幼儿的有效体验需要教师的适度引导，因为幼儿的个人体验常常是松散的、零碎的，有些甚至是不太完善的，教师的适时介入，有助于幼儿个体经验的梳理提升与拓展深化，进而更富有主动性与完整性，为接下来在更高水平上开展区域活动积蓄力量。当然，如何协调二者的关系，确实需要教师的爱心、耐心与专业智慧。

幼儿是有个体差异的，幼儿体验到的区域活动是赋予了个体意义经验的区域活动，为了保证每个幼儿在美术区域活动中体验的完整性与丰富性，教师还要关注区域活动时间的灵活性、空间的开放性及主体的互动共生性。为了给予教师和幼儿更大的自主权，建议幼儿园可以将一日活动时间安排的线状模式调整为块状模式，这样有助于教师根据幼儿的兴趣需要、活动的现场状况及幼儿的个人情绪等因素，灵活调度区域活动的进程，

给予每个幼儿弹性的区域互动时间,有效推进区域活动向纵深发展,促进每个幼儿原有经验的激活及与后继经验的链接;对于区域活动空间的扩展,教师可以从物理环境和心理环境两方面来考虑。目前,教师多从物理环境方面来延展,教师已经关注到班级活动区域之间不必要区隔的拆除,便于幼儿跨区活动,同时也尝试实现室内美术区域活动与户外美术区域活动的联通。最后,教师还要处理好区域活动中活动主体的互动共生性与个体存在的独特性、独立性之间的关系。在区域活动中,教师需要营造一种自由平等、对话互动、宽松和谐的活动氛围,在尊重幼儿自我选择、创造和建构的前提下,保证幼儿与同伴之间、幼儿与教师之间、幼儿与家长之间的顺畅沟通,充分促进各方的发展,达到互利共生。

区域活动的指导对幼儿园教师而言是一种极灵活、极富创造性的工作,没有规范化的指导模式,需要教师随机应变、灵活调整,所以教师在区域活动中的角色具有多样性,既是环境设计的预备者、又是活动过程的观察者、活动氛围的营造者、活动进展的支持者、合作者与引导者及活动成果的分享者。在区域活动中,教师要做耐心的倾听者,耐心地等待、仔细地聆听,这样才会发现幼儿各种奇异的甚至是荒诞的想法常常会丰富原有的玩法,给美术区域活动带来意想不到的无限生机。生动、富有创造性的活动往往需要时间的沉淀,美术区域活动就应该按照幼儿的学习节奏提供安静、不急躁的活动步调,支持幼儿个性化的审美探索。"静等花开",等待,也是生命成长的一种方式,需要我们的爱心、耐心与专业赋予幼儿"以全面的、或缓慢的、或丰富的、或明亮的发展"。

任务四　幼儿装饰画活动的设计与指导

如何确定幼儿装饰画活动的内容？

幼儿的装饰画很多时候并不是纯粹意义上的画，而泛指幼儿运用各种花纹、色彩，在各种不同的载体上，按照形式美的规律进行装饰的美术创作形式。幼儿装饰画的主题大多来源于生活，从器皿、服饰、花砖等各种形式的生活用品中，幼儿能发现各种各样的美丽图案。在一次"帽子"的主题活动中，通过前期收集帽子、谈话活动"说说我的帽子"及"帽子分类"的活动，幼儿发现帽子的多样和各种帽子的不同，同时也感受到帽子的外观美。有的幼儿说："老师，你看这顶帽子上的图案多美！"有的幼儿说："这顶帽子的颜色很美！"有的幼儿说："这顶帽子就像一只米老鼠，好可爱呀！"……于是教师很自然地整合艺术领域，结合幼儿现阶段美术活动目标，以"动物们的帽子"为载体开展线描画活动，充分挖掘其审美教育价值。

请结合案例想一想：教师为什么选择帽子作为此次活动的主题？活动过程中幼儿对图案美的认识停留在怎样的层次？教师如何引导幼儿发现装饰纹样的规律？如何支持幼儿的兴趣与创意？除了线描的方式，教师还可以选择哪些材料和方式让幼儿表现这一主题？

任务描述

此项任务将围绕幼儿装饰画活动的设计与实施展开，涉及装饰画活动的内容选择、幼儿对装饰规律的认识与运用、装饰画活动的实施策略及反思评价。在此项任务中，需要掌握幼儿装饰画活动设计与实施的一般规范，并能够结合见习和实习活动展开合理的评价。

一、幼儿装饰画活动的目的和意义

(一) 提高幼儿的审美能力和美化生活的能力

装饰画属于工艺美术的一种,它突出的特点是花纹优美、色彩鲜艳、构图对称均衡。由于工艺美术与我们的生活紧密联系,装饰图案经常出现在日常生活各种各样的物品中,如服饰、家装、餐具等。对生活中装饰图案的欣赏,可以让幼儿感受到有规律排列的纹样所带来的画面节奏感和韵律感,培养幼儿感知与发现美的能力。而在此基础上让幼儿自己设计花纹、花纹的组织形式及配色,装饰各种纸型或物品,可以培养幼儿美化生活的能力及热爱美、热爱生活的情感。

(二) 培养幼儿良好的习惯和心理品质

装饰画活动需要幼儿运用一定的规律展开装饰花纹的描绘,幼儿需要按照等大、等距等诸如此类的规律描绘装饰纹样。这样的创作过程需要幼儿手、眼、脑协调配合,边画边比照花纹的大小、距离是否符合要求。因此,装饰画的创作过程能够充分锻炼幼儿手部动作的准确性、灵活性及手、眼、脑的协调。同时,幼儿需要将自己设计好的花纹按照规律重复地表现出来,这有助于培养幼儿认真、细致、有耐心、有条理的良好习惯和心理品质。

二、幼儿装饰画活动的内容选择

(一) 从生活中选取

装饰花纹组成方式的规律性对于幼儿而言是较为抽象的,因此对装饰花纹的感受与认识要与幼儿的生活相结合。若幼儿能够在常见的生活物品或场景中观察到某些花纹素材,将有助于幼儿对花纹规律的理解与认识。生活中有许许多多的装饰元素都可以成为我们教学的素材,我们可以将生活中的装饰元素归纳为几个大类。

1. 服饰类

包括各种布料上的花纹,如波点、格子、蓝印花布等,以及饰品如帽子、围巾等上面的花纹。在以服饰为教学内容的装饰画活动中,教师除了引导幼儿关注花纹图案的特点,还可以引导幼儿欣赏服饰中色彩的搭配。如有些服饰的花纹鲜艳、醒目,有些则素雅、柔和、沉稳,教师引导幼儿观察这些服饰上分别都有什么颜色并在此基础上帮助幼儿初步总结色彩搭配的知识。

2. 生活用品类

这一大类涵盖的种类较多,最主要的有器皿类,如盘子、水壶、花瓶等。器皿类的花纹风格多样,主要有:青花瓷、古代陶器、现代几何彩绘等。除此之外,在生活中随处可见的雨伞、扇子、贺卡等物品中都可以找到丰富的装饰纹样素材。

3. 工艺美术品类

包括剪纸、花灯、花瓷砖、花窗、屏风等。我国的传统工艺美术品常常蕴含着丰富的、优美的民族纹样,比如,羊角纹、蝴蝶纹、云头纹、回纹等,可以丰富幼儿的审美感受、强化文化传承。

(二) 根据纹样的形状与组合方式的难易选择

装饰图案除了种类、风格多样,其构成方式也相对复杂。对于幼儿而言,装饰图案的认识与运用需要循序渐进,教师需要结合幼儿的认知、生理等多方面的特点,选择适宜的内容。在选择适宜的装饰图案的过程中,教师可以参考以下三点。

1. 根据纹样的形状选择适宜的素材

纹样是组成装饰图案的单位元素,也是决定图案繁复与否的重要因素,构成装饰纹样的形状十分丰富,可以是规则的形状,如线条、几何图形;也可以是不规则的形状,如叶形、鱼形等自然形状及经过夸张、变形处理的形状。相对而言,规则的形状更易于幼儿找到装饰的规律并展开创作。因此,低年龄幼儿的装饰画活动教学尽量从规则形状组成的装饰图案入手。

2. 根据装饰纹样组合规律的难易程度选择适宜的素材

从装饰纹样组合的繁简程度上看,最易于幼儿掌握的是二方连续图案。二方连续图案以一个单位纹样为基础,向任意两个方向等距重复排列。二方连续图案只涉及两个方向,相对容易掌握,是幼儿学习纹样组合规律的开端。相较于二方连续图案,以上、下、左、右四个方向展开的四方连续图案,以米字形为主要组织形式的中心放射、同心圆图案和四角向心、角花图案,以及与外轮廓相适应的适合纹样图案等,相对更难以掌握。后面几种纹样组合图案主要是面向大班或是有一定装饰画基础的幼儿展开教学。

(三) 根据创作材料及方式的不同选择

美术创作的材料在很大程度上也对幼儿的创作方式及作品的效果产生影响,教师可以根据幼儿的年龄、装饰花纹的复杂程度及装饰载体的不同选择适宜的材料。

1. 拓印

以拓印的方式展开创作，幼儿只需要用相应形状的拓印工具，根据图案分布的规律，在相应的位置进行拓印就能够创作出装饰图案。这种创作方式不需要对纹样展开精细的描绘，只要掌握图案的组合规律即可完成作品，因此更适用于年龄较小的幼儿。以拓印的方式开展创作除了可以使用海绵、印章等各色拓印工具外，还可以选择白色T恤、帆布包等丰富的材料作为装饰图案的载体。

2. 描绘

以描绘的方式展开创作能够很好地锻炼幼儿的手眼协调能力，培养幼儿认真细致、有耐心、有条理的习惯。教师可以选择不同形状的纸张或物品作为创作的载体，以水彩笔、丙烯马克笔作为描绘工具。

3. 拼贴

相较于拓印和描绘，拼贴的创作方式可以更灵活地把握创作的难度，使用的材料及作品的呈现方式也可以更丰富。教师可以准备好各种形状的纸张、亚克力板、串珠、彩绳等丰富的材料，引导幼儿以粘贴的方式将材料组合成装饰图案。

4. 染

染是幼儿手工活动中常见的一种形式，这种形式也可以和装饰画活动很好地结合在一起。利用对折染的方法，引导幼儿在对折的基础上通过简单的染色即可形成丰富的图案，既能够帮助幼儿更好地理解装饰图案对称的特点，也能让年龄较小的幼儿创作出更为复杂的团花图案。同时，运用染纸的形式还可帮助幼儿尝试对比色、邻近色、同类色的搭配方法，丰富作品的色彩关系。

三、幼儿装饰画活动的设计与实施

装饰画与其他类型的美术活动的区别主要体现在：首先，装饰画活动给予幼儿大胆想象、自由创作的空间相对较小；其次，装饰画活动的创作更多地与生活紧密联系，充分体现了艺术要作用于生活；最后，装饰画活动能够让幼儿更直接地感受到形式与构成的美，充分体现了美术语言在艺术创作过程中的作用。针对装饰画活动的以上特点，我们在设计与实施装饰画活动的过程中，应注意把握好以下几点。

（一）提高装饰画活动的趣味性和成就感

装饰画活动的趣味性可以通过丰富装饰画的创作方法来提升。如用染纸的方式在方形纸巾上制作团花图案，成品似花手帕。教师可以将该装饰画活动命名为"送给妈妈的花手帕"，通过创设制作花手帕送妈妈的情境，让幼儿在创作的过程中感受到装饰画活动的趣味及完成作品的成就感。此外，丰富的创作材料和作品的呈现形式也能极大地提升装饰画活动的趣味性与成就感。如为学生提供素色的草帽并搭配以亚克力粘钻、毛球、花边等多种材料,自由设计属于自己的草帽。在幼儿完成后,可以以时装秀或是草帽展览会等形式呈现幼儿的作品。除此之外,装饰画作品本身就具有装饰环境的作用,将幼儿的作品融入幼儿园环境创设中,也能够很好地提升他们的成就感。

(二) 引导幼儿在装饰画活动中的能力迁移

幼儿装饰画活动的主要目的之一就是提高幼儿的审美能力和美化生活的能力,因此,在装饰画活动中,教师应该引导幼儿将习得的能力迁移到对其他物品的装饰或生活情境中。如幼儿通过染纸认识了中心对称图案的规律后,教师先引导幼儿将其应用于手帕的设计中,幼儿观察发现,花砖也是正方形的,它的图案和手帕有很多类似的地方,可以用同样的规律来设计花砖的图案。教师再引导幼儿通过观察发现圆形跟正方形都是对称图形,都可以用对称的规律来设计图案。最后,启发幼儿思考图案和其载体在外形上的联系,进而帮助幼儿获得装饰生活中的各种形态的物品的能力。在此过程中,教师可以根据装饰图案学习的规律循序渐进地设计一系列的相关教学活动。

此外,装饰图案的设计还可以和色彩的搭配紧密联系在一起,让幼儿在掌握装饰纹样设计方法的同时,也具备一定的色彩搭配能力。如让幼儿找出图案中的颜色,通过相同图案不同颜色的对比,发现使用对比色的图案给人醒目、活跃的视觉感受,使用邻近色的图案给人素雅、柔和、沉稳的视觉感受。在此基础上,进一步将色彩搭配与生活情境相联系,引出如果我们要给妈妈设计一条花裙子适合选择什么颜色的图案,给爸爸设计一条领带要选择什么颜色的图案等。让幼儿将图案设计和色彩搭配的能力转化为生活中最为实用的审美经验。

此外,幼儿对装饰图案的学习不仅在于可以灵活运用装饰规律设计不同图案,还包括能够将学习到的装饰方法运用于生活、形成热爱美化生活的情感。因此,装饰画活动要积极地和幼儿园的环境创设相结合,让幼儿发现生活中需要美化的环境、物品,由此生成课题并引导幼儿对周围的环境、物品展开美化、改造,真正将创造美的能力作用于生活。如有的幼儿园将花坛向幼儿开放,邀请小设计师们以自己喜欢的方式将原本灰色的水泥花坛打扮得漂漂亮亮。

(三) 将抽象的装饰构成规律以直观、生动的方式呈现给幼儿

幼儿对美的感受本质上是美的构成规律通过各种形式的视觉形象所呈现出的美感。这些美的构成规律,如对称与均衡、变化与统一、对比与调和、节奏与韵律等,以绘画、雕塑、建筑、工艺美术等各种形式的视觉形象呈现给欣赏者,从而给人带来美的感

受。但是,人们在欣赏的过程中更容易关注到的是直观的视觉形象,而往往忽略真正带给我们美感的是其中蕴含的构成规律。幼儿更是难以发现这些抽象的构成规律。为了让幼儿能够更容易发现这些规律,教师需要精心挑选欣赏的素材,而装饰图案则是将这些构成规律最为直接地呈现出来的视觉形象,因此幼儿装饰画的教学离不开对美的构成规律的感受与认识。

虽然装饰图案对美的构成规律的呈现相较于绘画、雕塑等其他类型的美术作品更为直观、明了,但是绝大多数幼儿仍然很难从观察到的图案中总结出图案的组合方式,更难以将这种规律运用到创作其他类似的图案中。比如,幼儿能够自主观察到蓝白相间的格子图案是以一个白一个蓝的规律排列的,但还不具备将这种初步的观察总结成二方连续、四方连续的构成规律的能力,更难以将这种构成规律运用于波点图案、菱格图案等同类图案的创作中。这个从观察到总结、再到迁移的过程需要教师的引导和帮助。

首先,教师可以充分运用现代教学技术呈现装饰图案的规律,如通过小动画呈现装饰图案如何由一个单位纹样变化出来,即一个圆点是怎样变成波点图案的。其次,通过生动地现场演示呈现装饰图案中的重要概念,如运用对印的方法让幼儿理解对称、对称轴的含义。最后,教师可以适当地结合其他领域或其他形式的活动,帮助幼儿理解,如通过数学活动中对规律的观察与认识,帮助幼儿理解二方连续图案的规律,通过科学活动中对万花筒的观察与探究理解团花图案的规律等。

四、幼儿装饰画活动的观察与评价

(一)厘清幼儿装饰画活动的观测点和具体评价标准

对幼儿装饰画活动的评价可以从幼儿的学习效果及教师的教学效果两个方面展开。对幼儿学习效果的评价包括观察幼儿在活动中的表现、对幼儿作品进行分析及对幼儿进行访谈。其一级观测点有两个,包括:对装饰图案的感受与认识,对装饰图案的创作与表现。"对装饰图案的感受与认识"的二级观测点有三个,包括:对图案规律的感受与认识,图案色彩的搭配,以及对图案美的感受。教师可以通过上述这些观测点观察和评价幼儿在装饰画活动中的学习效果。在"对装饰图案的创作与表现"中,根据图案创作方式的不同,分了拓印法、描绘法、拼贴法、染法四个二级观测点,观察者根据具体活动内容涉及的创作方式,有针对性地展开观察记录。

对幼儿装饰画活动教学实施的观察和评价与对其他绘画活动的观察和评价有一定相似之处,可以从活动目标、活动内容、活动准备、活动过程和活动效果五个方面进行。在活动目标方面,除了其他绘画活动所强调的要求,幼儿装饰画活动需要突出体现对幼儿美化生活能力的培养。在活动过程方面,教师要做到教学环节衔接自然、循序渐进,时间分配合理、教学富有节奏;教学方法灵活、实用,能够运用教学方法增强活动的趣味性;能体现幼儿在活动中的主体地位;能体现前期教学经验的铺垫、后续教学活动的延伸;在幼儿创作环节做到关注个体、兼顾整体、适时给予必要的支持。其他的几个评价指标跟其他类型的绘画活动要求相似。

(二)设计幼儿装饰画学习效果观察记录表

根据幼儿装饰画学习效果一级和二级观测点,设计出如表 2-11 所示的幼儿装饰画学习效果观察记录表。在该观察记录表中,每一个二级观测点都包含若干具体评价标准,其描述的是幼儿在对应二级观测点下不同程度的表现情况,当幼儿出现符合标准的特征行为时,在相应项目前的□中打"√",如果有需要记录的特殊情况,可以在备注中加以说明。需要注意的是,教师要结合幼儿的年龄、活动的内容与目标展开评价,以及对幼儿学习前和学习后的表现情况进行比较。此外,如果需要评价一个班级的整体学习效果,则需要对班级中的幼儿展开合理的抽样评价。幼儿绘画作品分析的抽样观察记录表在本项目的任务一中已有过示例,有需要的教师可以举一反三,设计幼儿装饰画学习效果的抽样观察评价表。

表 2-11 幼儿装饰画学习效果观察记录表

幼儿姓名		班级		教师	
主题		评价者		时间	
一级观测点	二级观测点	具体评价标准			判断依据(行为实录)
A.对装饰图案的感受与认识	A1.对图案规律的感受与认识	□A1.1 能够观察到图案的构成特点			
		□A1.2 能够观察到装饰图案与载体形状间的联系			
	A2.图案色彩的搭配	□A2.1 能够完整准确地说出图案中所使用的颜色			
		□A2.2 能够观察到图案中所使用颜色与图案构成规律的关联			
		□A2.3 能够观察并说出图案中所使用颜色间的对比或协调关系			
	A3.对图案美的感受	□A3.1 能够感受到装饰图案对生活的美化作用			
		□A3.2 能够感受到不同装饰图案的风格特点			

续表

一级观测点	二级观测点	具体评价标准	判断依据（行为实录）
B. 对装饰图案的创作与表现	B1. 拓印法	□B1.1 能够根据图案的组合规律拓印	
		□B1.2 能够根据图案的组合规律选择相应的颜色拓印	
		□B1.3 能够自主设计图案的组合方式	
	B2. 描绘法	□B2.1 能够用简单的形状和线条描绘二方连续及左右/上下对称图案	
		□B2.2 能够用复杂的形状和线条描绘四方连续、中心对称等较复杂图案	
		□B2.3 能够根据图案的组合规律合理搭配色彩	
		□B2.4 能够自主设计纹样的形状和组合方式	
	B3. 拼贴法	□B3.1 能够根据图案的组合规律用一种材料拼贴出图案	
		□B3.2 能够根据图案的组合规律用多种材料拼贴出图案	
		□B3.3 能够自主选择材料并设计图案的组合方式	
	B4. 染法	□B4.1 能够利用对折染的方法创作二方连续及左右/上下对称图案	
		□B4.2 能够利用对折染的方法创作四方连续、中心对称等较复杂图案	
		□B4.3 能够利用色彩的对比、和谐关系搭配图案的颜色	

注：记录表中每个二级观测点分为不同程度的表现情况，当幼儿出现符合标准的特征行为时，在相应标准前的□中打"√"，如果有需要记录的特殊情况，就在判断依据中加以记录。

（三）设计幼儿装饰画活动观察记录表

根据幼儿装饰画活动的观测点和具体评价标准，可以使用表 2–12 对幼儿装饰画活动的实施情况进行观察和评价。观察者可以一边观摩活动，一边在"具体评价标准"中将该活动有实际做到的项目勾选出来（在项目前面的方框中打钩），并在"判断依据"一栏中记录相应的活动实际情况或表现。

表 2-12　幼儿装饰画活动观察记录表

幼儿园		班级		教师		主题	
评价者				时间			

观测点	具体评价标准	判断依据（行为实录）
A. 活动目标	□ A1. 符合《指南》艺术领域的目标要求，且突出体现对幼儿美化生活能力的培养	
	□ A2. 彰显幼儿主体性，符合幼儿的年龄段特点	
	□ A3. 体现活动主题的特点和要求，具体可操作	
	□ A4. 情感、知识和能力三维目标有机融合	
B. 活动内容	□ B1. 符合活动目标的要求，能够支持目标的实现	
	□ B2. 贴近幼儿生活，符合幼儿的心理特点和发展水平	
	□ B3. 挖掘内容的内在联系，使幼儿的学习经验具有连续性和整合性	
C. 活动准备	□ C1. 经验、材料准备与环境创设符合目标和内容要求	
	□ C2. 经验准备充分，支持幼儿主动建构新的绘画经验	
	□ C3. 材料准备适宜，满足幼儿感知欣赏和表现创造的需要	
	□ C4. 环境创设适宜，能够激发幼儿的想象和表达表现愿望	
D. 活动过程	□ D1. 教学环节衔接自然、循序渐进，时间分配合理、教学富有节奏	
	□ D2. 教学方法灵活、实用，能够运用教学方法增强活动的趣味性	
	□ D3. 体现了幼儿在活动中的主体地位	
	□ D4. 体现了前期教学经验的铺垫、后续教学活动的延伸	
	□ D5. 在幼儿创作环节做到关注个体，兼顾整体，适时给予必要的支持	
E. 活动效果	□ E1. 幼儿在活动中积极投入，全程参与度高	
	□ E2. 教态、语态亲切自然，教学语言清晰、流畅，具有一定感染力	
	□ E3. 活动具有一定创新性，特色鲜明	

大班装饰画活动：青花瓷

设计与执教：福建省政府管理局屏东幼儿园　何莲漪
案例评析：福建幼儿师范高等专科学校　管琳

大班装饰画活动"青花瓷"之案例赏析

设计意图

青花瓷是中华民族的民间传统艺术，拥有独特的魅力，受到世人的喜爱。"青花瓷"系列活动在我班开展近一学期，深受幼儿的喜欢。第一阶段通过欣赏活动，幼儿了解了青花瓷的特点、图案及造型，感受了青花瓷独特的美，初步领略了传统文化的魅力；第二阶段，用简练、直观、富有趣味的教学手段，引导幼儿运用点、线、面、对称技巧在纸、盘子、碗等材料上进行从平面到半立体绘制青花瓷的花纹，积累了一些方法和经验。此次活动将引导幼儿运用已有的经验，用富有民族特色的纹样进行装饰（在立体器皿上作画），同时，鼓励幼儿充分发挥想象力和创造力，大胆地运用已有的经验和技巧进行创作，进一步感受青花瓷的美，培养对民间艺术文化的兴趣。

活动目标

1．能运用已有的经验和技巧，尝试用富有民族特色纹样的图案来装饰青花瓷，自主大胆地进行创作。

2．发展空间想象力和创造力，感受青花瓷独特的美。

3．培养对民间艺术文化的兴趣。

活动准备

经验准备：

1．已欣赏与了解有关青花瓷上富有民族特色的纹样。

2．具备平面、半立体装饰青花瓷的经验。

物质准备：

1．课件：有四种主题画的青花瓷图片动画演示课件。

2．材料：各种形状的白色瓶子、瓷盘、碗、白板笔和毛笔等。

3．幼儿初期作品展板、青花瓷作品展台。

活动过程

一、欣赏课件，进一步感受青花瓷独特的美，引发幼儿创作的欲望

欣赏有四种主题画的青花瓷图片，重点欣赏青花瓷上富有民族特色纹样的图案特点。

项目二 "画"的艺术:幼儿绘画活动的设计与指导

师导入:在前面的活动中,我们已经感受过青花瓷独特的美,并运用点、线、面、对称技巧等在纸、盘子、碗等材料上绘制过青花瓷的花纹。今天我们再看四个青花瓷图片,说说这些青花瓷上有哪些富有民族特色的花纹?这些花纹是画在瓷器的什么位置?你觉得这些花纹美吗?哪里很美?

师小结:这些青花瓷上中间的地方绘有龙、鱼、凤凰、牡丹花等具有民族传统特色的大花纹,这样的花纹称为主题花纹;在周围或者上下边缘有云纹、波浪纹、回字纹、花朵等小的特色花纹,这些花纹在瓶子上连续、重复出现,好像围成一个圈,十分美丽。

二、幼儿讨论

引导幼儿构思、设计自己的青花瓷的主题花纹和周围的花纹。

师提问:今天我们要在白色的花瓶或瓷盘上装饰漂亮的民族特色花纹。你想选择什么形状的瓷器进行创作?你想在你的瓷器中间画什么主题花纹?在主题花纹的周围或上下边缘画什么样的花纹?

三、提出活动注意事项

1. 构图要饱满,要突出主题花纹。

2. 遇到困难时,可以请同伴和教师帮助。

3. 注意作品的整洁。

四、幼儿装饰活动,教师巡回指导

1. 鼓励幼儿大胆创作,用具有民族特色的纹样来装饰青花瓷。

2. 鼓励幼儿大胆想象,尝试用连续性图案、独立性图案或对称性图案来装饰立体青花瓷。

五、欣赏作品,分享交流

在自由创作中自然结束。

活动延伸

在美工区青花瓷作品展台上展示幼儿绘制的青花瓷,并鼓励幼儿继续运用自己喜欢的民族特色花纹装饰瓷器。

案例评析

1. 该活动通过动画演示,让幼儿欣赏四个典型的、富有民族特色花纹的青花瓷图片,令幼儿充分感受青花瓷上民族特色花纹的美,以及充分感受主题花纹与周围的花纹的大小和空间关系,在丰富幼儿对民族特色纹样美的感受的基础上,激发幼儿用特色纹样进行青花瓷装饰创作的愿望。幼儿完成的青花瓷作品具有浓郁的民族特色且各具独特性,表明欣赏环节和讨论环节充分激发了幼儿的想象力和创造力。

2. 该活动在之前开展的欣赏活动和装饰活动的基础上进行,让幼儿借助平面和半立体物品的装饰经验,学习进行立体物品的装饰;借助已有的有关青花瓷上民族、特色纹样的经验,学习更为复杂的民族特色纹样的绘画方法,遵循了装饰画学习由易到难、由平面到立体的学习过程,有利于幼儿学习经验的连续和整合,使幼儿的学习走向深入。教师提供的瓷器有的是半立体的,有的是具有规则形状的立体物品,有的形状不规则,这为幼儿提供了难度不同的创作材料。幼儿可以根据自己的兴趣和能力选择适当的瓷器进行装饰,有利于不同水平的幼儿在原有能力水平基础上均获得发展。

实训活动一　幼儿装饰画活动的观察、分析与评价

1．目标

(1) 掌握装饰画活动设计的基本要求。

(2) 了解装饰画活动的实施并对教师的教学效果做出合理评价。

(3) 能对幼儿装饰画活动的学习效果做出合理评价。

2．内容要求

(1) 前往实习幼儿园至少观摩一次幼儿园装饰画活动,以及与装饰画活动主题相关的美工区活动。

(2) 参考表 2-11 幼儿装饰画学习效果观察记录表,采用抽样调查法对幼儿的装饰画学习效果展开评价。

(3) 采用表 2-12 幼儿装饰画活动观察记录表对观摩的装饰画活动进行评价。

实训活动二　幼儿装饰画活动的设计、实施与评价

1．目标

(1) 能够根据幼儿的生活经验选取适宜的装饰画主题及内容。

(2) 能够根据幼儿的年龄特点设计装饰画活动并选取美术工具和材料。

(3) 能够根据活动设计方案制作教学课件、教具及创设相关环境。

(4) 能够以模拟教学的形式实施活动设计方案。

(5) 具备独立思考能力和项目小组合作学习实践能力。

2．内容要求

(1) 在幼儿园同一班级实习的学生组建一个项目学习研究与实训小组,合作进行幼儿装饰画活动的设计与实施。

（2）运用表2-11对该小组的装饰画活动设计方案实施效果进行评价并改进设计方案。

（3）根据小组的活动设计方案，以片段教学的方式实施，并参照表2-12幼儿装饰画活动观察记录表来评价片段教学效果，完成教学反思。

恰当投放材料 促进幼儿发展[①]

甘肃省玉门市第二幼儿园　李桂香

在美术活动中，我发现幼儿对装饰画特别感兴趣，但要想把装饰画活动组织好，教师需要准备许多材料。怎样才能让材料的投放适合幼儿呢？教师要根据幼儿的兴趣点、活动目标、活动内容等有针对性地选择和投放操作材料，以满足幼儿的实际需要，达到开发幼儿智力、促进幼儿发展的基本要求。

1. 根据幼儿的兴趣点，有针对性地投放材料

根据幼儿的兴趣爱好，教师在装饰画活动中应有选择、有目的地为幼儿提供操作材料，让幼儿动手操作。

例如，在装饰画活动"海底世界"中，教师让幼儿在自由活动时间观察小鱼、给小鱼喂食。在幼儿对小鱼比较熟悉后，教师为幼儿提供纸盘、彩色纸、旧报纸、鸡蛋壳、剪刀、胶水等材料，幼儿根据自己的兴趣，选择不同的材料来制作出形态各异的鱼。

再如，幼儿特别喜欢五颜六色的花朵，不但能摆出花的各种造型，同时还想把自己亲手做的花插到花瓶里。根据幼儿的这一需求，教师把"美丽的花"活动进行延伸，为幼儿提供丰富多彩的材料，让幼儿装饰"美丽的花瓶"。幼儿运用粘、剪、拼、画等多种方法，选择不同的材料，装饰出漂亮的花瓶。

2. 根据活动目标，有层次地投放相应的材料

在选择和投放操作材料时，教师要根据幼儿的实际水平和爱好选择材料，既要照顾到不同层次幼儿的实际需要，又要确保能达成活动目标。教师要按照由浅入深、从易到难的要求分层次地投放材料。

幼儿根据自己的能力装饰画面，兴趣高、参与意识强，装饰的画面内容丰富、色彩

[①] 改编自：李桂香. 恰当投放材料　促进幼儿发展[J]. 儿童与健康，2021(10)：34-35.

鲜艳。

例如，装饰画活动"送给妈妈的贺卡"的活动目标是：(1) 学习用不同的材料，运用粘、剪、拼、画等方法装饰贺卡。(2) 培养幼儿对美的欣赏能力，充分发挥幼儿的想象力及创造力。

根据此活动目标，教师为幼儿提供不同的几何图形、幼儿自制的花朵、彩色鸡蛋壳、皱纹纸、剪刀、胶水等材料供幼儿装饰贺卡。教师允许幼儿充分讨论、自由交流，可以独自一人装饰贺卡，也可以两人合作装饰贺卡，还可以小组为单位装饰贺卡。幼儿根据自己的能力和爱好，选择不同的材料，通过粘、剪、拼、画来装饰贺卡。幼儿装饰出来的贺卡各具特色，十分漂亮。为了达到更好的效果，下午离园时教师让幼儿把制作好的贺卡送给妈妈，这样不但增强了幼儿的自信心，更让幼儿收获了满足感。

3. 根据活动内容，投放充分的材料

活动内容是实现活动目标的手段。教师只有根据活动内容投放幼儿感兴趣、贴近幼儿生活、符合幼儿发展需要的材料，幼儿才具备有条不紊地完成活动内容的条件。

例如，在撕贴画活动"小动物"中，教师根据活动内容为幼儿提供报纸、彩色纸、火柴、橡皮泥、棉签、胶水、剪刀等，引导幼儿在观察的基础上，撕贴出自己喜欢的小动物的主要特征。充足的操作材料提供使幼儿制作的小动物形象逼真、色彩鲜艳、姿态各异。

要让材料的投放充分发挥作用，仅仅让幼儿自己完成一幅作品并不能达到要求，因而教师要为幼儿创设与活动主题相适宜的活动环境。

教师在创设主题环境时，应将主题版面进行大概地点缀，剩余的大量空白留给幼儿操作。由此，能力强的幼儿在完成自己的一幅作品后，还可以再选择其他材料继续进行装饰。教师和幼儿将作品一一陈列在主题版面之中，幼儿也可以集体创作，将作品投放在主题版面之中。

例如，在装饰画活动"蝴蝶翩翩飞"中，教师为幼儿提供不同材料制作的蝴蝶，分三个版面将不同姿态、颜色的翩翩起舞的蝴蝶插入美丽的花丛中并摆在教室的周围。每个版面都留有一定的空间，幼儿扮演成小花观察各种姿态的蝴蝶，他们自由交流、讨论，一起欣赏美丽的蝴蝶，然后再将蝴蝶装饰出来，能力强的幼儿还装饰了几幅作品，贴到了主题版面之中。

除此之外，还可以让家长配合，亲子共同收集形状不一、颜色不同、花纹不同的花瓶，教师再提供其他材料，让幼儿动手操作、大胆装饰花瓶。为了让每个幼儿都能看到其他人的作品，师幼一起把花瓶摆在窗台上、柜子上，还可以邀请其他班级的幼儿、教师来欣赏。

兴趣是孩子最好的老师，教师要在充分调动幼儿自主参与、探究的基础上发展其对美的欣赏与感悟。幼儿的世界是立体的，只有通过立体的材料、鲜活的物品进行生动有趣的操作，幼儿才会在艺术创作中乐此不疲。而投放适合的材料，不仅能照顾到不同层次幼儿的发展、发挥幼儿的想象力，还能培养幼儿的合作意识，让幼儿获得综合的、全面的、系统的发展。

赛 证 真 题

赛场直击

[全国职业院校技能大赛 幼儿教师职业素养测评]

1. 为了培养幼儿的想象力，老师让幼儿画小鸡，下列做法恰当的是(　　)。

   A. 老师编了一首画小鸡的口诀，方便幼儿记忆模仿

   B. 老师在黑板上逐笔示范，让幼儿跟着画

   C. 让幼儿先观察小鸡，然后再把看到的小鸡画下来

   D. 老师看幼儿小鸡画得好，就表扬幼儿画得像；看幼儿画得不像，就无奈摇摇头

2. 幼儿在绘画的时候，如画侧视的汽车，一定要画出四个车轱辘；画桌子，一定要把四条腿都画上，而且一样长。这是幼儿绘画的(　　)特点。

   A. 抽象性　　　　　　　　　　B. 透明性

   C. 展开式　　　　　　　　　　D. 动态性

3. "六一国际儿童节"到了，教师组织幼儿画"快乐的儿童节"。这种题材的绘画是(　　)。

   A. 命题画　　　　　　　　　　B. 自由画

   C. 想象画　　　　　　　　　　D. 装饰画

国考链接

[幼儿园教师资格考试]

4. 在幼儿绘画活动中，教师最应该强调的是(　　)。

   A. 画面干净、美观　　　　　　B. 画得和教师的一样

   C. 按照自己的意愿大胆表达　　D. 画得越像越好

5. 在主题活动中，中班幼儿对画汽车产生了兴趣，为了提升幼儿的绘画能力，郭老师提供了"面包车"的绘画步骤图，鼓励每个幼儿根据步骤图画出汽车。

   问题：

   (1) 郭老师是否应该投放"绘画步骤图"？为什么？

   (2) 如果你是郭老师，你会怎么做？

6. 根据材料,回答以下问题。

图1

图2

问题:

(1) 图1至图3各反映出幼儿绘画的哪种表现方式?

(2) 怎样理解幼儿的绘画?

(3) 评价幼儿画时应注意什么问题?

招考聚焦

[幼儿园新任教师公开招聘考试]

图3

7. 幼儿美术能力发展分为三个阶段,即(　　)。

A. 涂鸦期—图式期—象征期 B. 涂鸦期—象征期—图式期

C. 象征期—涂鸦期—图式期 D. 图式期—象征期—涂鸦期

8. 小班阶段开展意愿画美术活动的侧重点是(　　)。

A. 自主选择绘画主题 B. 有创意地表现主题

C. 自由涂画宣泄情绪 D. 自由构思,大胆表现

9. 画面有清晰明确的前后关系是幼儿期最高级的构图形式,这种构图形式被称为(　　)。

A. 凌乱式构图 B. 并列式构图

C. 平行式构图 D. 遮挡式构图

10. 处于象征期的幼儿其绘画进入了(　　)。

A. 事先构思阶段 B. 没有构思阶段
C. 边画边构思阶段 D. 构思稳定阶段

11. 以"我设计的房子"为活动内容,拟订一个大班美术教育活动计划。
要求:写出活动名称、活动目标、活动准备、活动过程和活动延伸。

"做"的艺术:幼儿手工活动的设计与指导

幼儿手工活动是教师引导幼儿通过双手或借助一些简单的工具对不同的材料进行操作、加工,最终创作成一个完整作品的活动。根据使用材料的不同,手工活动可分为泥塑活动、纸艺活动和综合制作活动。幼儿需要用彩泥、橡皮泥等材料和一些辅助工具、材料进行的塑形活动称为泥塑活动。撕纸、剪纸、折纸、染纸和纸造型等属于纸艺活动。幼儿用不同的材料或者工具,并运用多种方法创作的作品称为综合制作活动。

幼儿手工活动是一种基于艺术欣赏和生活体验的艺术创造活动,对幼儿的发展具有重要的意义。幼儿手工活动中,一团泥、一张纸、一个纸箱均有无限的可能,纸艺活动富有童心童趣,同时也充满了想象与挑战。幼儿玩转指尖的艺术,趣玩泥巴,在纸上开花,于小制作中探寻创意大世界,同时发展了幼儿的想象力与创造力,促进幼儿审美素养的提升和身心的和谐发展,并在泥的王国和纸的世界中领略中华传统文化的魅力,活态传承中华优秀传统文化。因此,分析和评价幼儿手工能力的发展水平、理解各类手工活动的目的和意义、设计和实施各类手工活动方案及评价、反思各类手工活动的活动成效等成为幼儿手工活动设计与实施课程的主要学习项目。

项目三 "做"的艺术：幼儿手工活动的设计与指导

岗 位 要 求

幼儿手工活动的设计与指导是幼儿园教师必备的岗位能力和开展教育活动的基本工作内容。《纲要》指出：幼儿园教师应"支持、鼓励幼儿积极参加各种艺术活动并大胆表现""教师的作用应主要在于激发幼儿感受美、表现美的情趣，丰富他们的审美经验，使之体验自由表达和创造的快乐"。《指南》艺术领域部分也强调：幼儿园教师要"引导幼儿学会用心灵去感受美和发现美，用自己的方式去表现和创造美"，以引导幼儿喜欢上手工活动，并使幼儿在手工活动中能大胆地表现自己的情感和体验，富有个性和创造性地表达，从而提升幼儿的审美素养、培养幼儿健全的人格。幼儿园教师作为幼儿学习的支持者、合作者和引导者，在幼儿手工活动中应该做到：

1. 充分创造条件和机会，鼓励幼儿用手工的方式表达自己的感受和体验，有目的地观察、记录幼儿在手工活动中的行为表现，分析幼儿的手工作品。

2. 在观察、记录与分析幼儿手工能力的基础上，开展各类幼儿手工活动的设计、实施与反思、推进。

3. 鼓励并支持幼儿在各类手工活动创作中富有个性和创造性地表达。

学 习 目 标

知识目标

☐ 1. 识别、判断幼儿手工能力的发展特点和行为表现。
☐ 2. 理解并掌握泥塑、纸艺、综合制作等不同类型美术欣赏活动的设计与指导方法。
☐ 3. 明晰幼儿美术活动模拟教学和说课的基本步骤。

能力目标

☐ 1. 能结合幼儿手工能力发展阶段的理论知识，观察、分析和评价幼儿手工能力的发展水平。
☐ 2. 能在观察、分析幼儿手工能力的基础上，设计、实施与反思、推进各类手工活动。
☐ 3. 在校内外联动、课内外联通的小组项目实践中，培养有效指导幼儿各类手工活动的岗位实践能力。

项目三 "做"的艺术：幼儿手工活动的设计与指导

素养目标

☐ 1. 树立科学的美术教育观，在手工活动中涵养爱心、耐心、细心等师德情怀，传承中华优秀传统文化。

☐ 2. 主动参加小组项目，合作学习实践探索，多角度反思幼儿手工活动中的问题并乐于进行创新实践探索。

学 习 导 图

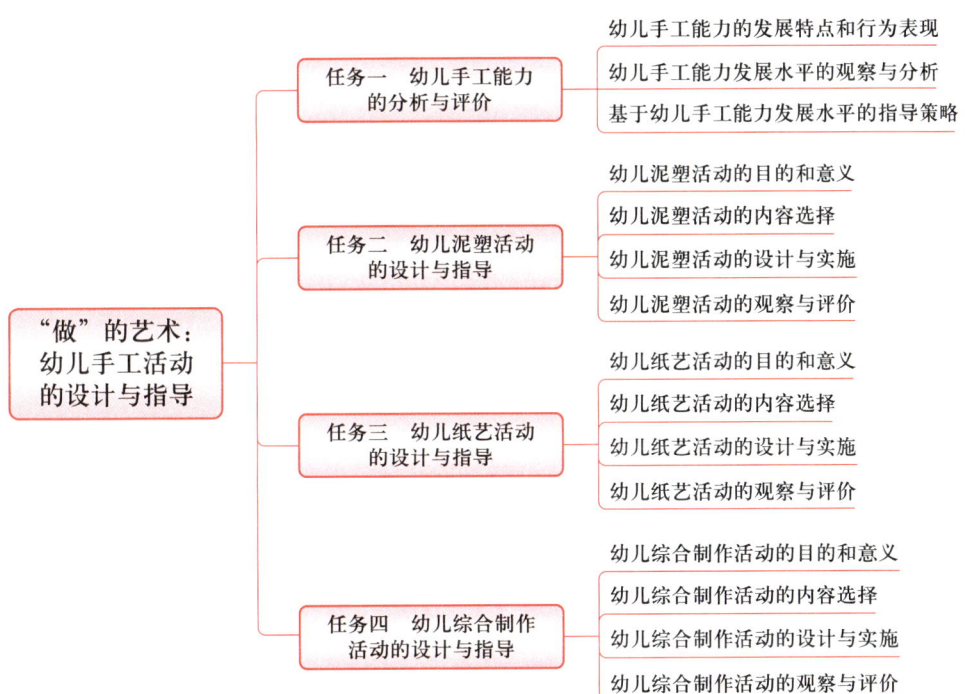

任务一　幼儿手工能力的分析与评价

如何分析幼儿的手工能力？

教师将孩子们收集到的山上的泥巴、海里的泥巴、田中的泥巴投放到户外美工区的创意坊里。在户外开阔自然、不受拘束的空间中，孩子们穿上罩衣、卷起袖子，利用泥巴和花草、小石块、小树枝、小瓦片、小木桩等自然材料开启了一段好玩有趣的泥巴嬉戏。欢欢将泥团搓成大大的圆，用小树枝在中间挖了一个小坑，开心地说："这是我做的碗。"听到欢欢这么说，轩轩将一根长长的树枝折成两段，放到欢欢的碗里，说："这是双筷子，我再给你做一些饺子，我们就可以吃饭啦！"贝贝和莎莎搬来两个小木桩，将两个小木桩叠在一起，然后用厚厚的泥巴将木桩涂抹、覆盖了一层又一层。"小兔子可别倒呀！"贝贝边说边小心翼翼地将两个小石子放在"小兔子"的脸上，莎莎则用泥巴搓了一段小长条当作嘴巴，嵌在"小兔子"的脸上。正当他俩准备做兔子的耳朵和尾巴时，欢欢说道："你这只兔子不是毛茸茸的，不可爱！"欢欢的问题让贝贝和莎莎愣在原地，不知如何解决。他俩将目光转向老师。老师说："你们可以看看，周围有什么材料可以让兔子看起来有毛茸茸的感觉呢？"欢欢想了想说："我可以用小草。"莎莎补充道："我可以用美工区里的羽毛吗？""你们可以试试看。"老师的话音刚落，两个小朋友便开始继续创作……

请结合案例想一想：幼儿手工创作有哪些行为表现？这些行为表现反映了幼儿手工能力的哪些发展特点？教师该如何分析幼儿的手工能力？针对幼儿手工能力的发展现状，教师的指导是否适宜呢？

此项任务将围绕幼儿手工能力的分析与评价展开，主要包括幼儿手工创作的行为表现、幼儿手工能力的发展特点及教师有效指导。在此项任务中，需要：

（1）理解观察、分析幼儿手工能力发展水平的重要性。

(2) 掌握幼儿手工能力的发展特点和行为表现。

(3) 学会观察、记录、分析幼儿手工能力发展水平的方法并付诸实施。

(4) 基于对幼儿手工能力发展水平的分析、评价,明晰指导幼儿手工活动的有效策略。

一、幼儿手工能力的发展特点和行为表现

手工活动是运用双手或借助简单工具,对具有可塑形的物质材料运用不同的方法进行操作、加工,制作出不同造型的物体形象的活动。手工是一种基于艺术欣赏与生活体验的艺术创造活动,可在三维的立体空间中塑造出可欣赏、可触摸、可操作、可互动的平面或立体视觉形象,既能培养幼儿的动手操作能力、观察感知能力、思维表征能力、审美想象能力与审美创造能力,还有助于幼儿在感知美、体验美、表现美和创造美的过程中充分表达自身对周围生活的认识与感受,并获得高级审美体验,对幼儿耐心专注、敢于尝试、乐于探究、勤于实践等个性品质的培养具有重要促进作用。《纲要》也明确指出,教师应指导幼儿利用身边的物品或废旧材料制作玩具、手工艺品等来美化自己的生活或开展其他活动。因此,手工是幼儿园美术教育的重要组成部分。

受认知思维发展水平的制约,幼儿在空间与物体感知、色彩辨别与运用、知觉体验与感受、创作意图与计划等方面都独具童心、童趣,因此在手工的构思、造型、设色、组合等方面也具有独特的发展特点。总体而言,幼儿手工能力的行为表现与发展特点经历了以下几个阶段。

(一)玩耍阶段(2—4岁)

1. 没有明确的目的,最初的手工活动形同游戏

玩耍阶段一般发生于幼儿两三岁的时期,相当于绘画的涂鸦阶段。由于幼儿的生理、心理条件不够成熟,特别是手部肌肉的控制能力与协调能力不足,对周围生活与事物的感知和认识有限,也还不理解手工工具与塑形材料的性质与功能,幼儿的手工活动具有较为明显的随意性与无意性,还不能正确运用手工工具和材料,往往根据自己的想象和意愿随意操作和表现,这个阶段也称为无目的活动阶段。他们对手工,特别是对可塑形的物质材料充满好奇和兴趣,往往在把玩材料的过程中将其作为一种纯粹的游戏来进行,享受着重复摆弄和操作或是模仿成人行为的快乐。我们在生活中经常会看到两三岁的幼儿将纸一张张撕破、揉捏、伸展,或是用小手挤压黏土,用工具戳黏土、拍打黏土,或是喜欢将泥巴和水混在一起,用手在泥巴中抓握、甩弄……这些都是玩耍阶段幼儿最初手工技能的典型表现。

2. 在摆弄操作中熟悉工具和材料,体验活动的快乐

具体在泥工活动中,这一阶段的幼儿还不能有目的地用黏土或泥巴制作某一种形象。他们最初拿到黏土或是泥巴,只是把它们当作"玩具",享受黏土或泥巴带来的触感,或是拍泥,或是抓泥,或是甩泥,或者把它们掰成一小块一小块的,或是用勺子在泥上敲打……此时,幼儿并不会思考要用黏土或泥巴制作什么,他们只是觉得这种"玩具"色彩鲜艳,还能够变形,非常有趣。这个阶段的后期,幼儿能用泥制作出圆球,但这并不意味着幼儿掌握了三维空间的构成,而只是能反映幼儿最初级的概念形式,即幼儿会用这种圆球来代表一切固体物质。如果问幼儿,这个圆球是什么,他们可能会回答是房子、小汽车、小马等一切他们想表征的物体。这一点与涂鸦期幼儿画出大大小小的圆来代表一切事物是完全一致的。再之后,幼儿在不断的尝试操作中偶然发现某些泥块与自己生活经验中的某些事物相似,也会像涂鸦期的幼儿给自己的涂鸦画联想命名一样,给这些泥块取名字,比如,他们会搓长长的泥条,命名为香蕉;团个圆圆的泥团,命名为鸡蛋;压个扁扁的泥片,命名为饼干等。但此时,幼儿的手工活动依然没有明确的目的,仍旧缺乏计划性。他们通常不会事先想好要塑造什么,往往是边塑造边思考。因此常常会出现,这会儿询问他捏的是什么,他说是香蕉,再过一会儿询问他,他又说是香肠。

具体在纸工活动中,也是如此。生活中有各种各样的纸,幼儿拿到纸,或是翻来覆去地玩,听听甩纸发出的声音;或是满足于撕纸,把一张纸撕成小块、再撕成更小的小块;或是把一张纸揉成团再慢慢展开再揉成团……以此为乐。幼儿最初接触到剪刀,也是把剪刀当作"玩具"而不是工具。他们在成人的指导和帮助下,逐渐意识到剪刀是工具,于是开始学习用手拿剪刀。但此时的幼儿还不会正确使用,动作还很不灵活,纸张常常被绞在剪刀里或从剪刀中滑出;即便有时能剪下纸张,也常常是奇形怪状的,而不是边线整齐的形状。所以,幼儿常常以撕代剪,撕纸比剪纸更经常出现在幼儿的行为中。在一些粘贴活动中,幼儿开始使用糨糊、固体胶等工具。此时,幼儿还不能正确地使用,往往拿起来就抹在图形的正面,即使有时抹在图形的反面,不是抹多了,就是抹少了,然后随意地把图形往纸上贴,贴出的图形常常是零乱的、起皱的,图形上的颜色也常被糨糊蹭到底纸上,整个画面显得"脏乱"。这个阶段的后期,幼儿在成人的指导下逐渐尝试通过撕纸、团纸来表征物体,例如,把纸撕成一条一条以表征面条,也会给偶然撕出来的形状命名;知道如何持握剪刀,但姿势不正确,手腕不够灵活,难以持续转动剪刀,初步会剪直线,但较难沿边线剪或是连续剪,经常出现剪断、剪偏、线条

不平整和凹凸不齐的现象(见图3-1和图3-2)。

总之,玩耍阶段的幼儿只是满足于重复性的手工操作与摆弄,还没有明确的表现意图,手工行为看起来更像是无意识的"游戏",所塑造的作品缺乏基本轮廓,或是有基本轮廓但特征不明显。这种无意识的"游戏"并不是无意义的,幼儿就是在这样无意识的操作过程中获得机能性、自主性的快感,同时在重复性的行为中认识并探索各种材料和工具的特性,如面巾纸的柔软、画纸的韧性、皱纹纸的粗糙、牛皮纸的硬度、黏土的黏性、泥巴的黏度,不断练习并掌握撕、揉、捏、压、拍、剪等手工方法。

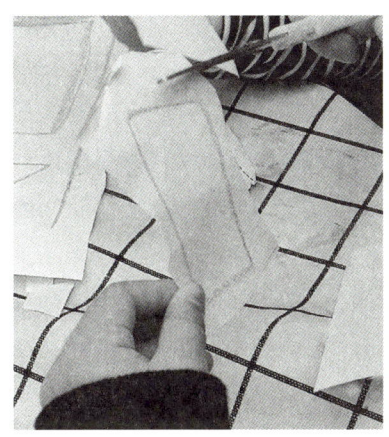

图 3-1 幼儿难以沿边线剪

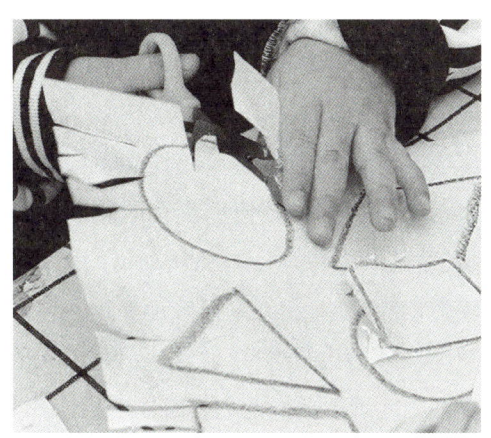

图 3-2 幼儿出现剪断、剪偏的现象

(二) 直觉表现阶段(4—5岁)

随着幼儿经验的积累,他们对周围生活和事物的认识越来越丰富,体验也越来越深刻,表达自身想法与感受的愿望也越来越强烈。幼儿动手操作能力与手眼协调能力逐步发展,手工活动成为表达表现的重要通道。这一阶段幼儿可以使用基本的手工工具,使用纸张、黏土等基本手工材料表征出较为常见的事物形象,因此称为直觉表现阶段或是基本形状阶段,相当于绘画中的象征期。

1. 具有初步的制作意图,开始尝试各种造型

相比玩耍阶段无意识的重复操作与摆弄,直觉表现阶段的幼儿逐渐呈现出有意识的尝试创作。这一阶段的幼儿有强烈的创作表现欲望,又具备初步的创作表现能力。在动手操作前,幼儿会有一定的计划与目的,他们会说自己要塑造的对象是什么,会有初步的意识去观察选择材料,然后才开始行动;他们也喜欢用手工材料探索、操作,开始尝试表征、造型生活中的常见事物,力图将无意义的材料变成有意义的作品。一般说来,幼儿用泥表现形象要先于用纸。

2. 再现物体的主要特征,作品较为粗糙单一

这一阶段的幼儿会依据自己对生活中常见的动植物、物品的形象记忆,运用简单

的技能,使用简单的辅助材料,对材料进行局部或整体的塑造,再现物体的基本部分和主要特征,表征并创作出较为简单的符合自己意图和想法的作品;他们还会用语言讲述自己的创作意图,介绍自己的创作作品等。由于幼儿的手工技能还不够娴熟,卷、绕、盘、雕、挑、切、嵌、拉、剪等复杂技能不足,也不能灵活运用手工工具和辅助材料,因此,这个阶段的作品较为单一、粗糙、质朴,立体感不强,细节表征不足,但又充满稚趣。

具体在泥工活动中,幼儿较少出现拍打、揉捏泥团的机械行为,逐渐进入用手团圆或是搓条阶段。团、搓、压、捏是这一阶段幼儿的常用技能,使用也较为熟练。他们常常将搓长的粗细不同、长短不同的棒状泥条排列在一个平面上,看上去像浮雕;他们把泥放在手中搓一搓便搓成薯条或马路;团一团,团成苹果或汤圆;再把它拍一拍、压一压变成饼干和比萨;他们的作品中也会出现某些较为夸张的部分,以致作品整体看起来不大协调,比如,把小汽车的轮子做得特别粗大以表现小汽车的速度,把动物的眼睛、嘴巴做得特别大以凸显动物的夸张形象……因此,这一阶段幼儿创作的作品形象较为粗糙简单,还不能很好地表现物体的细节,只是能够创作物体的基本部分,即使有两个部分形状的连接,通常也只是形状的机械相加,整体感不强,常常要靠幼儿的语言解释才能理解他们的创作意图与泥工作品。

例如,在中班美工区活动中,欣欣对周围的小伙伴们说:"今天好热,我想做一个凉快的太阳!"她在众多的橡皮泥中,选择了红色和绿色。她将红色的橡皮泥团成小球,用双手将小球压平,红红的圆形便是太阳;再将绿色的橡皮泥搓成一小段,嵌在太阳边上,表示发出的太阳光。当绿色的长条不够时,欣欣又抠出一些橡皮泥,不团也不搓,而是随意地粘在太阳上。整个作品形象简洁,比例协调,体现出太阳的基本特征。教师不解于欣欣的用色,邀请其介绍作品。欣欣说:"我不想太阳总是发出很热的光线,我要太阳发出的是凉快的光线,所以我用了绿色的橡皮泥。"可以看出,欣欣的创作意图较为明确,并且创作过程中始终保持原有计划,有选择性地设色,并能运用初步的搓、揉、压、捏等手工技能表现事物的形象特征,作品虽粗糙,但稚拙而富有童趣(见图3-3)。

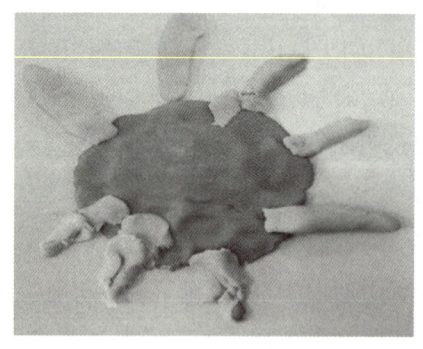

彩图 3-3

图 3-3 太阳

具体在纸工活动中,幼儿剪纸较为顺手,但由于纸工对手部灵活性及技能的要求较高,这一阶段幼儿总体还停留于剪直线的阶段,能沿着轮廓直剪,剪出的线条较为流畅和完整,偶尔出现剪断、剪偏的现象,且直剪往往持续很长一段时间,还不能根据自己的意愿和想法随意表达。随着技能的熟练,后期幼儿手腕能够跟随轮廓变化而转动,会剪简单曲线,剪出来的作品虽然是一个形状,但是与原来的轮廓线不符合,常出现缺口和凹凸不齐的现象,线条不太平整(见图3-4和图3-5)。在折纸方面,幼儿开始学习用正方形或长方形折叠一些简单的物体或玩具,如书、房子、小狗的脑袋等,但常常折得不平整,边角不齐,折缝不直,松松垮垮,不挺括。在粘贴活动方面,幼儿开始有意识地将糨糊涂在图形的背面,学习用干净的手掌将图形轻轻按压在底纸上,但仍不注意粘贴的顺序和位置,常常出现贴出的图形主次位置不当、起皱、颜色蹭到画纸上等现象。

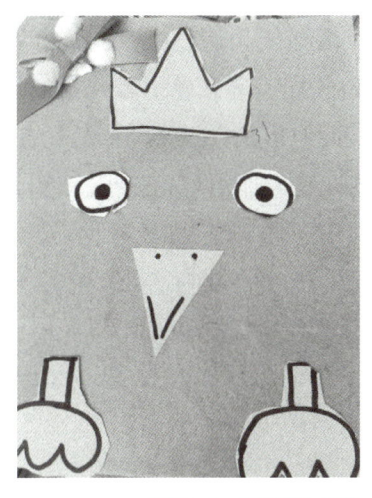

图3-4 可爱的小鸡

图3-5 好吃的汤圆

彩图3-4和彩图3-5

(三)灵活表现阶段(5—7岁)

经过前两个阶段的重复操作与不断练习,幼儿手、眼、脑的协调能力越来越强,积累了较多的认知经验和手工活动经验,能较为灵活地表达表现对周围生活及各种事物现象的感受与体验,因此,灵活表现阶段也称为样式化期,大约相当于绘画中的形象期。

1. 呈现物体的细节和动态,作品具有较强的整体感

这个阶段的幼儿不仅能够按照自己的意愿表现出物体的基本部分,能将物体的各个部分进行准确的拼接黏合,连接比较自然,还能对作品进行细节的装饰,手工作品开始呈现出较强的整体感。

具体在泥工活动中,幼儿能搓出各种弯曲的、盘旋的棒状泥条,能制作出立方体和圆柱体。除了团、搓、揉、捏、压的技能更为熟练外,他们还逐步掌握雕、拉、绕、卷等更为复杂的技能。技能的娴熟与拓展,使他们不再满足于用一个简单的形体来塑造物体,也不再用机械叠加的方式对物体的各个部分进行简单组合,而是能够将两三个形状以一定的角度盘成三维立体的具有形象姿态的复杂物体,而且连接得较为流畅自然,使制作的物体成为一个有机的整体。他们还能较为灵活多样地借助辅助工具表

现物体的细节,有时用加法,比如,将绿豆嵌在小动物的脸上作为眼睛,用有花纹的瓶盖为长颈鹿的身体盖上花纹,将小圆片嵌在小汽车上当作窗户,用牙签插在半圆形泥条上表征刺猬;有时用减法,比如,用牙签为人物刮出眼睛、嘴巴等。如果说上一阶段的幼儿的泥工作品还是带有浮雕式的,那么,这一阶段的幼儿作品大多是独立式的圆雕。

具体在纸工活动中,幼儿观察力、想象力、表征能力、精细动作与手腕灵活度都有很大的进步。在剪纸方面,这个阶段的幼儿不仅能够灵活地剪直线,还能双手配合稳当地剪曲线,能够根据线条轮廓的变化较为灵活地转动调整纸张,剪裁的边缘光滑、整齐、平整。他们能剪出像小汽车、鲨鱼、章鱼这样一些外轮廓较曲折的形象(见图3-6和图3-7),还会用对称剪裁的方法剪窗花等,但形状太复杂的作品幼儿剪起来还比较困难,常常容易剪断弄坏。在折纸方面,幼儿已经能用双正方折、双三角折、菱形折等方法折出一些比较复杂的东西,而且折得比较平整端正,如皮球、小兔、小鸟等;他们还能够尝试用两张以上的纸折叠插接组合成一个完整的作品,如孔雀、坦克、飞机等。此外,他们还能灵活地借形塑造,如借助金属盒作为动物型手机的滑盖结构,配合剪纸、粘贴纸等技能,制作出充满想象和童趣的兔子、蝴蝶造型手机(见图3-8和图3-9)。

彩图3-8和彩图3-9

图3-6 章鱼

图3-7 鲨鱼

图3-8 兔子型手机

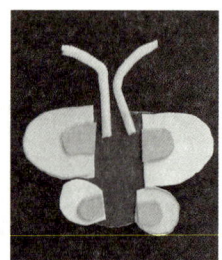
图3-9 蝴蝶型手机

2. 综合运用多种技巧方法,作品初具一定的故事性。

这个阶段的幼儿已经掌握了多种手工方法,能够综合运用绘画、手工等方法进行造型表征,通过细节装饰与部位组合,使整个作品具有一定的故事情节性。幼儿也常常分工合作,把各自创作的物体放在一起,借助语言将作品组合成有趣的故事或生活场景。

幼儿手工能力发展阶段与发展特点见表3-1。

表 3-1　幼儿手工能力发展阶段与发展特点

手工能力发展阶段		手工能力发展特点
玩耍阶段 （2—4岁）	前期	• 手工活动没有明确目的，具有明显的无意性 • 不理解手工工具与塑形材料的性质与功能，将其当作玩具，不能正确使用 • 在重复摆弄与操作中探索工具和材料，练习技能，并获得快乐 • 剪下的形状多是奇形怪状，粘贴图形凌乱 • 以撕代剪，撕纸比剪纸的行为更多
	后期	• 依然没有明确目的，仍然缺乏计划性 • 开始学习使用剪刀、固体胶等工具，但不会正确使用，动作不灵活 • 能用泥制作出圆球，会用圆球代表一切固体物质 • 开始给作品（如泥块、纸条、纸团等）命名 • 初步会剪直线，但较难沿边线剪或连续剪，经常剪断、剪偏，线条不平整
直觉表现阶段 （4—5岁）		• 具有初步制作意图与计划 • 开始尝试表征、造型常见事物 • 能再现物体的基本部分和主要特征，创作出简单的符合自己意图和想法的作品 • 不能很好地表现物体的细节，通常只是形状的机械相加，整体感不强 • 作品较为单一、粗糙、质朴，立体感不强，细节表征不足，但又充满童趣 • 团、搓、压、捏、剪是常用技能 • 能沿轮廓直剪，线条较流畅和完整；逐渐会剪简单的曲线，但与轮廓线不符合 • 能用正方形或长方形折简单物体，但折得不平整、不挺括 • 粘贴时，图形主次位置不当、易起皱
灵活表现阶段 （5—7岁）		• 能将物体的各个部分拼接黏合成具有形象姿态的复杂物体，连接流畅自然，具有较强的完整性 • 灵活多样地借助辅助工具表现物体的细节，并进行装饰 • 作品开始呈现出较强的整体感和一定的故事性 • 逐步掌握雕、拉、绕、卷等更为复杂的技能 • 能够灵活剪直线，能双手配合剪曲线；会用对称剪裁的方法剪较为简单的窗花 • 能折出比较复杂的东西；能将折纸进行插接组合；能借形塑造 • 能够综合运用绘画、手工的多种方法进行造型表征，通过细节装饰与部位组合，使整个作品具有一定的故事情节性

二、幼儿手工能力发展水平的观察与分析

观察、记录与分析幼儿手工发展水平是开展幼儿手工活动的设计、实施、反思与推进的前提。教师首先要明确针对幼儿手工能力发展要观察记录什么、分析评价什么，即手工能力发展水平的观测点和评价标准；其次，要学习使用依据等级评定法或行为检核表制作的观察记录表、辅之以典型事件描述等方法展开有效的观察记录；最后，对观察记录到的现象进行科学分析，为有效支持、指导幼儿手工活动奠定良好的基础。

(一)厘清幼儿手工能力的观测点和具体评价标准

对幼儿手工能力的观察、分析与评价通常包括两个方面,一是幼儿的手工作品,二是幼儿的手工创作。参考侯娟珍和李霖对幼儿手工作品和手工制作行为的评价标准,结合幼儿园手工指导活动的实践经验,可将幼儿手工作品的观测点分解为:材料选择与使用、作品造型与装饰、作品想象与创造。[1][2]将幼儿手工创作的观测点分解为:基础能力、创作品质、创作技能与创作意识四个方面,其中,基础能力包括工具使用与环境整理,创作品质包括主动性、计划性、坚持性、专注性、独立性与合作性,创作技能包括操作技能的熟练性与操作动作的稳定性,创作意识主要包括幼儿自身对作品的构思、理解与反思。

(二)设计幼儿手工能力发展水平的观察记录表

为了更高效地观察、记录与分析幼儿手工能力的行为表现与发展水平,可以将已经明确的幼儿手工能力的观测点和具体评价标准设计成相应的观察记录表。表3-2与表3-3是供参考的幼儿手工能力发展水平观察记录表。对于观察记录表中无法详尽的情况,也可以在记录表后面适当做一些典型事件的描述,以便于后续更好地分析幼儿的手工能力发展水平。

1. 幼儿手工作品观察记录表

表3-2 幼儿手工作品观察记录表

幼儿姓名: 班级:
观察者: 观察日期:

观测点	具体评价标准	判断依据(行为实录)
A. 材料选择与使用	□A1. 能根据构思与意愿,选择适当的材料进行制作	
	□A2. 会使用辅助材料进行塑造、装饰	
	□A3. 会综合使用剪纸、折纸、粘贴纸、可塑泥、生活物品等多样化的材料进行创作	
	□A4. 材料选择有助于物体形象与特征的表征	
B. 作品造型与装饰	□B1. 能创作出物体的基本部分,并形成相对完整的形象	
	□B2. 能表征物体的细节特征,并进行装饰	
	□B3. 作品各部分连接流畅自然,结实牢固	
	□B4. 造型形象生动、繁简合理、比例协调,整体性与立体感强	
	□B5. 色彩丰富,搭配和谐,有一定的美感	

---

[1] 侯娟珍. 幼儿园手工活动现状及其对策的研究[D]. 太原:山西师范大学,2011.
[2] 李霖. 幼儿园幼儿创意手工制作评价标准研究[D]. 上海:上海师范大学,2019.

续表

观测点	具体评价标准	判断依据（行为实录）
C. 作品想象与创造	□C1. 作品富有想象，富有童趣，有一定的故事性	
	□C2. 作品构思、材料选择、工具运用、作品表现富有独创性	
备注说明		

注：观察记录表中每个观测点分为不同的具体评价标准，当幼儿出现符合标准的行为时，在相应项目前的□中打"√"，并真实记录相应的行为作为判断依据。

教师可以在手工活动中或活动后，运用上述观察记录表对幼儿的手工作品进行观察、评价与分析。通过对同一个幼儿连续多次的观察、记录与分析，教师就能清晰识别该幼儿比较客观的手工能力的发展情况及水平趋势，更好地因材施教。教师也可以利用上述观察表对几个幼儿同时展开观察记录，可以是同年龄班的幼儿，也可以是不同年龄班的幼儿，据此可以比较分析同年龄班幼儿或不同年龄班幼儿手工发展水平的个体差异和发展特点。

2. 幼儿手工创作观察记录表

表3-3　幼儿手工创作观察记录表

幼儿姓名：　　　　　　　　　　　班级：
观察者：　　　　　　　　　　　　观察日期：

一级观测点	二级观测点	具体评价标准	判断依据（行为实录）
A. 基础能力	A1 工具使用	□A1.1 能选择合适的手工工具，并能正确、安全地使用	
		□A1.2 能拓展、创造性地使用手工工具	
		□A1.3 能运用生活中的其他材料作为手工工具	
	A2 环境整理	□A2.1 能遵守规则使用材料与工具	
		□A2.2 能保管物品、整理场地	
		□A2.3 能节约使用材料与工具	
B. 创作品质	B1 主动性	□B1.1 主动、愉快地参加手工活动	
	B2 计划性	□B2.1 知道自己要做什么，有步骤、有计划地行动	
	B3 坚持性	□B3.1 能坚持完成手工作品，遇到问题不放弃	

续表

一级观测点	二级观测点	具体评价标准	判断依据（行为实录）
B. 创作品质	B4 专注性	☐B4.1 能较长时间投入活动,集中注意,不受外界干扰	
	B5 独立性	☐B5.1 有独特的想法和观点,不受他人影响	
		☐B5.2 能独立开展手工活动,独立解决问题	
	B6 合作性	☐B6.1 能与同伴共享材料与工具,乐于帮助他人	
		☐B6.2 能接受他人的合理建议,能与同伴分工合作来完成手工活动	
C. 创作技能	C1 操作技能的熟练性	☐C1.1 能运用泥工、手工、拓印、综合制作等多种手工技能	
	C2 操作动作的稳定性	☐C2.1 操作动作较为连贯、平稳、熟练,姿势正确	
D. 创作意识	D1 幼儿自身对作品的构思	☐D1.1 构思巧妙,凸显主题,体现对生活的认识、体验与感受	
	D2 幼儿自身对作品的理解与反思	☐D2.1 能用清晰的语言介绍自己的作品	
		☐D2.2 能回答并解释他人对作品的疑问	
		☐D2.3 能对作品进行反思、调整与改进	
备注说明			

注:观察记录表中每个观测点分为不同的评价标准,当幼儿出现符合标准的行为时,在相应项目前的☐中打"√",并真实记录相应的行为作为判断依据。

教师在手工活动中不仅要观察分析幼儿的手工作品,更需要关注幼儿在手工创作过程中表现出的基本能力及创作品质、创作技能和创作意识。幼儿的基本能力、创作品质、创作技能、创作意识是幼儿手工发展水平提升的驱动力。运用上述记录表进行连续的观察分析,教师可以较为全面、客观地了解幼儿手工创作过程的整体情况。

(三) 梳理分析幼儿手工能力发展水平和表现特点

表 3-2 可以对一个幼儿的多次作品进行连续观察记录。教师也可以采用表 3-4 幼儿手工作品系统观察分析表对幼儿手工作品连续几次的观察记录做梳理统计,将每次的观察记录情况进行汇总,就可以比较清楚地显示该幼儿的手工作品水平。

表 3-4 幼儿手工作品系统观察分析表

幼儿姓名：		班级：			观察者：					
观察次数	观察时间	A. 材料选择与使用				B. 作品造型与装饰					C. 作品想象与创造	
		A1	A2	A3	A4	B1	B2	B3	B4	B5	C1	C2
1	4.5											
2	4.6											
3	4.8											
4	4.9											
5	4.12											

表 3-5 是刘老师对一个大班幼儿的手工作品进行为期 5 次的观察记录汇总分析。

表 3-5 幼儿手工作品系统观察分析表

幼儿姓名：欣欣		班级：大（三）班				观察者：刘老师						
观察次数	观察时间	A. 材料选择与使用				B. 作品造型与装饰					C. 作品想象与创造	
		A1	A2	A3	A4	B1	B2	B3	B4	B5	C1	C2
1	4.5	√	√		√	√		√		√		√
2	4.6		√		√		√					
3	4.8		√		√							√
4	4.9		√		√							
5	4.12	√	√	√		√		√				

从记录中可以看出，欣欣总体上能够根据自己的构思和想法选择合适的手工材料，创作中会使用纽扣、毛根、绿豆等辅助材料进行装饰，材料使用较为灵活多样；作品的结构清晰、形象完整、连接自然，有一定的细节表征，色彩明亮、搭配较为和谐，较好地表现了物体的形象与特征；综合使用纸工、泥工等制作能力略显不足，作品表征的丰富性、立体性与故事性不够，作品构思与表现的独创性也有待进一步加强。

表 3-2 也可以对同年龄班的不同幼儿进行同一手工类型活动的观察记录。教师可以随机抽取若干名幼儿或选择不同能力水平的幼儿进行观察记录，之后可以采用表 3-6 对不同幼儿的观察记录做梳理统计，就可以比较分析同年龄班幼儿的手工作品的一般水平和个体差异。

表 3-6 幼儿手工作品比较观察分析表

手工活动类型：					班级：				观察者：		
序号	姓名	A. 材料选择与使用				B. 作品造型与装饰					C. 作品想象与创造	
		A1	A2	A3	A4	B1	B2	B3	B4	B5	C1	C2
1												
2												
3												
4												
5												

表 3-7 是蔡老师对 5 个中班幼儿手工作品《可爱的蚂蚁》的观察汇总分析。

表 3-7 幼儿手工作品比较观察分析表

手工活动类型：泥工《可爱的蚂蚁》					班级：中（二）班				观察者：蔡老师		
序号	姓名	A. 材料选择与使用				B. 作品造型与装饰					C. 作品想象与创造	
		A1	A2	A3	A4	B1	B2	B3	B4	B5	C1	C2
1	可可	√			√	√		√				
2	君君	√	√		√	√	√	√	√	√	√	√
3	琳琳	√	√	√	√	√	√	√	√	√	√	√
4	轩轩	√	√		√	√	√	√	√		√	
5	辰辰	√										

从记录中可以大概了解中班幼儿手工作品的一般水平：他们有一定的创作意图，能根据自己的构思选择材料进行制作、辅助材料的选择与使用，能较好地表现蚂蚁的形象与姿态，各个部分组成较为完整、结实、自然，比例协调；大部分幼儿能表征出蚂蚁的细节动态，色彩搭配和谐，造型较为形象生动，富有整体性和立体感，富有想象和童趣；也可以从整体上看出幼儿在创作中互相模仿，表现出的故事性、综合制作能力与独创性不足。从表 3-7 也可以看出幼儿之间的个体差异：君君和琳琳的手工作品在各方面表现较好，尤其在细节表征、色彩运用、综合制作与作品创造性方面；可可与辰辰在辅助材料的使用、细节装饰、造型比例、色彩运用等方面都需要教师进一步的关注与指导。

同理，教师可以根据表 3-3 幼儿手工创作观察记录表，设计出幼儿手工创作的系统观察分析表与比较观察分析表，能够从整体上了解某个幼儿、部分幼儿在手工基础能力、创作品质、创作技能与创作意识上表现出的客观的发展情况，从而有针对性地展开指导与支持。

三、基于幼儿手工能力发展水平的指导策略

手工创作一般包含制作意图、构思设计、制作装饰三个过程。与成人相比，幼儿手工创作过程往往区分得不是那么明显，有些过程还会相互融合，常常表现为制作装饰中有构思设计，制作装饰与构思设计融为一体，或是在构思设计中融合制作意图。随着幼儿的年龄与经验增长，他们逐渐学习先构思，再创作。因此，无论是玩耍阶段、直觉表现阶段还是灵活表现阶段，对幼儿的手工指导都可以从制作意图、构思设计、制作装饰三个方面展开。

（一）制作意图方面的指导

制作意图即为创作动机、创作目的或是创作计划。成人手工活动的意图明确，知道自己要做什么，怎么做。而幼儿的创作意图常常是自发的，尤其是玩耍阶段的幼儿，他们对于手工制作没有预先的目的与计划，做就是玩；到了直觉表现阶段，幼儿开始慢慢有了明确的意图和目的。因此，教师可以从以下三方面引导幼儿逐渐明确制作意图。

1. 给予幼儿与多种工具和材料充分接触的机会

幼儿手工创作的意图大多是在与手工工具和材料接触的过程中逐渐产生的，因此，教师要为幼儿提供与多种工具和材料充分接触的机会，让幼儿充分感受与体验。操作工具和材料必须是安全的、卫生的，不要因为黏土、橡皮泥或面团容易弄脏衣服就不给幼儿操作的机会，也不要因为剪刀有危险就不让幼儿尝试。幼儿在撕一撕、揉一揉、卷一卷、折一折、剪一剪、贴一贴等活动中了解各种纸的软硬程度和它的可折叠、可分解等特性；在拍一拍、打一打、搓一搓、压一压、团一团、捏一捏、切一切、刻一刻等活动中了解橡皮泥的可塑性与变化性。幼儿在使用材料、工具的过程中，加强了对手工制作的兴趣，积累了一定的操作和认知经验，慢慢了解、熟悉了这些工具和材料的用途。当然，这并不意味着教师要在一次活动中给幼儿堆砌过多的工具和材料，而是要根据活动的内容与主题，逐步投放富有表现力的工具和材料，增强手工活动的指向性。

2. 在游戏与欣赏活动中逐步明确制作意图

对幼儿来说，手工活动就是一种游戏活动。教师应当在手工活动中帮助幼儿实现

从纯粹玩耍向有目的的造型活动过度。教师可以在幼儿玩工具和材料时,通过提问启发幼儿联想,如"你在做什么?""你想做什么?""你可以和我一起做一辆嘟嘟跑的小汽车吗"等,以此引导幼儿在工具材料的操作和教师的提问之间产生连接,主动思考手工制作的目的。

幼儿在日常生活中会接触很多优秀的泥工、纸工作品。教师可以通过优秀手工作品的欣赏来激发幼儿的创作兴趣与动机。比如,在班级环境创设中加入窗花,窗台上摆放泥塑,当幼儿注意到这些作品时,他们出于好奇会萌发出"这是什么?""这是怎么做的?""我也可以做吗"等问题。再比如,幼儿在参观、参与福建闽南地区"嗦啰嗹"民间民俗活动中,对"花婆"这一人物色彩鲜艳、夸张的服饰非常感兴趣,从而产生制作"花婆"服饰的愿望,由此引发制作"花婆"服饰的手工活动。

3. 适当的材料与技能支持帮助幼儿实现制作意图

当幼儿有了一定的制作意图和制作热情,想要制作某件作品时,常常会因为手工技能的不足而感到沮丧。这种挫败感会削弱他们逐步形成的创作意识和制作意图。因此,教师可以提供适宜幼儿结构塑形的手工材料与辅助材料,通过启发暗示的方法,给予幼儿适当的技术支持,引导他们学习团、捏、压、剪、折、贴等基本的手工技能,帮助幼儿实现自己的制作意图,体验手工制作的乐趣。比如,在"瓷砖"主题活动中,小班幼儿对瓷砖的图案美、色彩美有了初步的了解后,对设计瓷砖产生了浓厚的兴趣。基于小班幼儿的发展水平和特点,教师投放了橡皮泥与各种印花工具(各种有花纹的小玩具等)、方形模具、瓷砖图片,引导不同能力水平的幼儿根据自己的兴趣、能力,采用搓、压、印等方法,完成各具特色的作品,共同体验成功的乐趣(见图 3-10)。

彩图 3-10
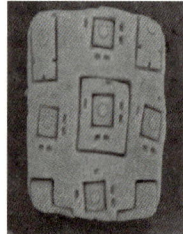

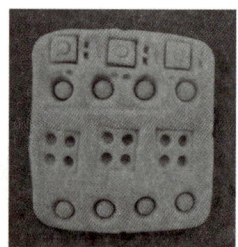
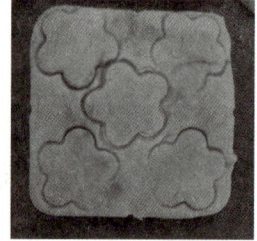

图 3-10 小班幼儿制作的"瓷砖"系列图

4. 恰当把握活动的结构化程度引发幼儿的制作意图

手工活动的结构化程度会影响幼儿的制作意图。在高结构化的手工活动中,教师有较为明确的活动目标,也会投放适宜的手工材料、手工工具、模具、图片等,这种高结构化的手工活动比较适合于低年龄段的幼儿和手工活动计划性较弱的幼儿。目标明晰的高结构化手工活动可引发幼儿的制作意愿,使幼儿集中注意力,确定制作意图,由此逐步培养幼儿的计划性与习惯。在低结构化的手工活动(一般是较为开放的区域自主活动)中,教师投放的手工材料、手工工具、辅助材料等具有较强的开放性,对幼儿的自主能力和创造能力有较高的要求。这种低结构化的手工活动比较适用于高年龄段的幼儿和计划性较强的幼儿。试想一下,如果教师把开放性的材料放到低年龄段的幼儿和手工活动计划性较弱的幼儿面前,告诉他们:"你们想做什么都可以",活动看似很自主,但孩子们反而会不知所措,不知道自己想要做什么。

(二)构思设计方面的指导

当幼儿有了较为明确的制作意图后,手工创作就进入构思设计阶段。构思,就是立意,幼儿需要思考,我用什么材料、怎么来制作,这是一种实现制作意图、开辟创作通道、支配创作过程的形象思维活动。教师的指导可从以下两方面入手。

1. 帮助幼儿积累丰富表象

构思是以表象为基础的,教师可以通过一日生活、其他领域的活动或是外出参观、郊游、散步、社会实践、阅读等方式,让幼儿接触丰富多彩的自然环境和社会环境,在与环境的互动中积累多样化的表象。在积累表象的过程中,教师要有意识地引导幼儿观察,可以采用特征对比、形象比喻、几何图形概括等方法帮助幼儿获得完整生动的视觉表象。例如,兔子耳朵长、尾巴短,小猪身体像冬瓜,双层巴士像座小楼房,闹钟肚皮圆滚滚、头上长着一双大眼睛等。在条件许可的情况下,教师要尽可能调动幼儿运用多感官参与观察,让幼儿在看一看、摸一摸、听一听等多感官体验中加深感受、强化对表象的记忆。教师还可以利用儿歌、谜语等方式来帮助幼儿进行记忆,例如儿歌:"猪宝宝,猪宝宝,耳朵大,眼睛小,身体胖,鼻子翘,最最喜欢睡大觉"。这样活泼生动的儿歌能帮助幼儿了解小猪的形象特征。当幼儿积累了丰富的表象后,教师可以引导幼儿通过对表象的变形、分解、组合等方式生发出众多的新表象,展开丰富的艺术想象。

2. 引导幼儿展开丰富联想

在构思过程中,因意选材和因材施艺是两大原则。所谓因意选材,就是在众多材料中,根据已确定的意图,选择能够充分而准确地表达自己主观意图和形象构思的材料;因材施艺则与之相反,是根据材料固有的形态特征展开联想,从而创造出新的形象来。在幼儿手工构思过程中,因意选材与因材施艺并存,而且因材施艺占有相当大的比重。所以教师要熟悉各种材料的特性,在手工活动中,能把适合幼儿的、具有表现力的材料提供幼儿,引导幼儿根据材料本身的特性,充分发挥自己的想象力,展开丰富的联想;同时也要引导幼儿根据自己的意图选择材料。例如,拿一个牛奶盒或者矿泉水瓶,请幼儿想象,它可以制作成什么形象。又如,请幼儿思考做一个机器人,用哪些材料比较适合等。教师要注意随时发现幼儿富有个性和情趣的想法,及时肯定、表扬他们独特的创意,帮助幼儿逐步完善他们的构思。

教师还可以引导幼儿通过欣赏手工佳作来丰富联想。欣赏"因材施艺"类的手工作品,即使用同一种材料制作出不同形象的作品;欣赏"因意选材"类手工作品,即使用不同材料制作成同一形象的作品。欣赏佳作可开阔幼儿的眼界,丰富幼儿的感性经验,引导幼儿学习如何运用造型、色彩、组合等艺术语言进行构思,从而给幼儿提供更广阔的联想空间。

(三) 制作装饰方面的指导

制作是对材料进行加工、创造,实现制作意图和构思设计的"施工"过程。装饰是指运用各种辅助材料对作品进行涂绘、修饰。低年龄段幼儿的装饰意识较弱,随着年龄的增长与经验的丰富,幼儿逐渐开始有意识地对作品进行装饰。教师可以通过以下几个方面进行指导。

1. 引导幼儿学习工具和材料的使用方法

学习使用工具和材料是手工创作的重要基础。幼儿在手工创作中遇到的各种问题,如"怎么连接各个部分?""怎么固定作品?"等都与工具和材料的使用有关。因此,教师要重点指导幼儿学习手工工具和材料的使用。

教师要根据幼儿手工能力的发展水平和特点引导幼儿掌握各种工具和材料的基本使用方法。例如,要求小班的幼儿学习组合折、学习沿轮廓剪曲线显然太难;同样,要求大班幼儿学习对边折、剪直线则过于简单。

教师不能将手工技能的学习凌驾于幼儿创造性表现之上。教师特别不要将"教"等同于讲解示范,更不要误解示范的作用,要求幼儿机械模仿,这样幼儿的手工活动便毫无趣味性和创造性可言。教师可以与幼儿一起讨论新的技能,先让幼儿用不同的方法尝试,然后与幼儿共同分析、反思,必要时,再进行示范。比如,在泥工活动"美味的汤圆"中,团圆是重要的技能学习。教师可以先让幼儿思考"你有什么办法可以将泥团圆?"再放手让幼儿根据自己的想法大胆尝试。在充分的感受和试误后,教师再引导幼儿分析自己和同伴的作品,取长补短,共同总结"团圆"的方法步骤。最后,教师让幼儿运用已有的操作经验和认知再次尝试操作,或教师总结性示范,引导幼儿巩固"团圆"这一技能的要领。这样的引导与互动,有助于幼儿主动形成技能,而且在形成技能的过程中蕴含着幼儿的创造与经验迁移。

2. 提供充分练习机会并发展制作的能力

练习是幼儿手工活动的重要方法。通过练习可以发展幼儿手部动作的灵活性,促进幼儿手工技能技巧的形成,提升手工制作能力。因此,教师要提供充分的手工活动的时间和空间,让幼儿反复练习。手工活动类型不同,具体练习的方式和内容也不尽相同,但教师都应注意合理安排时间,以游戏化的形式来进行练习,使幼儿在愉快、积极的游戏活动中,不知不觉地达到手工活动的目标。例如,用"化装舞会"的形式,引导幼儿积极主动地投入各种装扮服装和道具的制作过程中;通过用窗花布置班级节日环境,让幼儿练习团花剪法,不断融入团花的五角折剪、六角折剪;在角色游戏"小吃店"中,引导练习用搓、团、切等技能制作面条、鱼丸……

3. 手工制作与绘画互相结合互为补充

手工制作与绘画相结合,可以相互促进,相得益彰。一方面,手工制作中添加绘画,能赋予作品更多的想象性与故事性,也是提高幼儿手工制作兴趣、提升手工综合制作与细节装饰能力的有效手段。例如,当幼儿用瓶盖和黏土完成小汽车的立体造型时,教师可以引导幼儿在汽车上进行彩绘,为作品修饰增色,也可以在作品底板上进行添画,平面与立体的结合能增强作品的层次性与丰富性。另一方面,手工制作可以帮助幼儿更加深入地理解形象的部位结构,使幼儿在平面绘画中更富有表现力。例如,当幼儿折完一只小鸟,教师可以引导幼儿将其贴在底纸上,再添画上与之相关的形象,组成一幅有浮雕感的画面,使作品更富表现力与感染力。

这里教师还需特别注意,幼儿制作与装饰的水平有赖于他们对作品的再构思和再设计。当幼儿完成一个手工作品时,他的想象并未停止。幼儿处于具体形象思维阶段,他的脑海中必然会有关于这个手工作品的联想。这些联想就是他再构思和再设计的重要灵感与素材。因此,教师可以进一步引发幼儿思考、讲述"这只小鸟要飞去哪里?""小鸟在空中看到了什么?"等,支持幼儿通过添加、组合,由一个物体的想象延伸到一个场景画面的想象,由此手工作品自然而然就得到进一步的创作与装饰。

4. 恰当评价、鼓励和肯定幼儿的作品

幼儿的手工作品往往看起来比较稚拙、粗糙、质朴,不如成人作品细致、精巧、精美。教师在评价他们的手工作品时,不要苛求,不要打击幼儿的信心,要充分肯定幼儿个性化的审美表达方式和不拘小节的创作方式,要关注手工作品中反映出来的童心、童趣、想象力和创造力,只要是构思新颖、有创造性,情思与技巧意趣天成、率直自然,就可以算作是佳作。教师对幼儿的手工作品和手工创作能力的评价不是为了区分高低,而是了解幼儿发展水平,有针对性地展开指导。教师要尊重每个幼儿独特的想法,接纳幼儿对作品不同的理解和表达,对幼儿的作品多进行积极肯定的评价和个性化的评价,对不足之处应以建议、商量的方式提出改进意见。最后,还要注意,教师不论是鼓励的评价还是改进的意见都应当是真实的、具体的,幼儿可以理解和执行的。恰当的、积极的评价能树立幼儿手工制作的信心,激发幼儿手工创作的意愿,提高幼儿手工创作的水平。

项目三 "做"的艺术：幼儿手工活动的设计与指导

幼儿手工作品《西瓜》等赏析

图 3-11 中班泥工活动作品《西瓜》

图 3-12 大班纸艺活动作品《我来帮助你》

彩图 3-11 和
彩图 3-12

　　图 3-11 展示的作品《西瓜》是幼儿灵活表现初期阶段的典型作品。幼儿能够运用团圆、压扁的技法制作西瓜的红瓤，运用搓、揉、压、捏、卷、拉塑等技法制作西瓜的绿皮，用挑、捏的方式制作西瓜籽。作品造型看上去简单却运用了多种技能。西瓜籽、西瓜内里白皮、西瓜皮的黑白纹都体现了幼儿的观察与细节表征能力；西瓜的不同组成部分拼接黏合准确、连接流畅自然，整个作品细致并具有较强的完整性和立体感。

　　图 3-12 展示的作品《我来帮助你》也是幼儿灵活表现阶段的典型作品。作品中幼儿主要运用的是撕、贴报纸的手工方法。撕、贴的技能虽然较为简单，但要能根据对熊猫和小鸟的形象特征撕、贴并组合各个部位，撕纸部位轮廓分明、线条清晰，且要了解清楚各个部位之间如何连接、重叠、半覆盖，这对幼儿的想象表征与手工创作能力都具有挑战性。从整个作品来看，熊猫和小鸟的头、身体、身体部位的大小比例协调，制作较为精细，通过拼接使其自然融合成整体，站立、坐立、飞翔的姿态呈现得较为生动，流泪、抬手擦泪、伸手帮扶等细节表征使形象更为丰富，并呈现出具有一定故事情节的画面情境。

实训活动一　幼儿手工能力发展水平的个案观察、分析与评价

1．目标

(1) 能识别、判断幼儿手工能力的发展特点与行为表现。

(2) 能观察、分析和评价个别幼儿手工能力的发展水平。

(3) 能基于个案观察、分析与评价提出有针对性的指导方法。

(4) 尊重幼儿个体差异,因材施教。

2．内容要求

(1) 前往实习幼儿园选择一名幼儿,结合幼儿园手工活动,进行连续 3~5 次的幼儿手工作品或手工创作的现场观察。

(2) 运用表 3-2 或表 3-3 进行观察记录,对于观察记录表中无法详尽的情况,也可以在记录表后面适当做一些典型事件的描述。

(3) 采用表 3-4 或自制幼儿手工创作系统观察分析表,对连续几次的观察记录做一个梳理统计,将每次的观察记录情况进行汇总。

(4) 与园所教师交流反馈该幼儿的观察记录情况,结合相关知识分析、评价该幼儿手工能力的发展水平和表现特点,并提出相应的教育建议。

实训活动二　幼儿手工能力发展水平的抽样观察、分析与评价

1．目标

(1) 能识别、判断幼儿手工能力的发展特点与行为表现。

(2) 能观察、分析与评价幼儿手工作品,手工创作的年龄班发展水平及个体差异。

(3) 能基于观察与评价提出有针对性的指导方法。

(4) 学习独立思考能力,与他人合作完成项目任务。

2．内容要求

(1) 在幼儿园同一班级实习的学生组建一个项目学习研究与实训小组,合作开展幼儿手工能力发展水平的抽样观察与评价分析。

(2) 项目小组中每人随机抽取 3~5 名幼儿,进行幼儿手工作品或手工创作的观察。

（3）运用表3-2或表3-3进行观察记录，对于观察记录表中无法详尽的情况，也可以在记录表后面适当做一些典型事件的描述。

（4）采用表3-6或自制幼儿手工创作比较观察分析表，对观察记录做一个梳理统计与汇总。

（5）与园所教师交流反馈观察记录情况，结合相关知识分析、评价该年龄班幼儿手工作品或手工创作的基本水平和个体差异，并提出相应的教育建议。

幼儿创意手工的评价[①]

幼儿手工制作属于幼儿园课程中的艺术领域，它是锻炼幼儿动手能力及审美情趣的重要组成部分。《纲要》中明确指出，教师应"指导幼儿利用身边的物品或废旧材料制作玩具、手工艺品等来美化自己的生活或开展其他活动"，这是基于幼儿综合素质全面发展的需要。从幼儿手工制作开展的形式来看，幼儿手工制作主要分为两类：一类是在教师主导下的有主题的集体手工制作。另一类是以幼儿自主创意为主的非主题性的创意手工制作。前者按照教师意志或者说明书、范例等材料要求进行手工制作，以锻炼动手能力为主，幼儿自主创意的成分较少。后者以幼儿自主创意为主，使用材料、最终作品没有唯一性，对幼儿的综合素质要求较高。

如何评价幼儿在创意手工制作中表现出来的发展水平？从哪些角度进行评价更合理？这些问题普遍困扰着工作在一线的教师们。因此，就需要一套针对幼儿创意手工制作的评价体系。教育评价是指在系统地、科学地和全面地收集、整理、处理和分析教育信息的基础上，对教育价值作出判断的过程，目的在于促进教育改革，提高教学质量。如果能够对幼儿创意手工制作进行客观的评价，就可以帮助教师更加深入地了解幼儿现阶段的发展水平，有助于教师及时调整教学策略，从而进行更加有针对性的指导。

手工制作活动具有科学性和艺术性双重特征。科学性更多地强调事实的真相，尽可能地去揭示客观事物的规律，而艺术创作更多地倾向于表达个人的情感和人生态度，在于宣泄一种主观的情绪。对于幼儿艺术领域的评价，本身就具有一定的争议和难度。《指南》指出"成人应对幼儿的艺术表现给予充分的理解和尊重，不能用自己的审美标准去评判幼儿，更不能为追求结果的'完美'而对幼儿进行千篇一律的训练，以免扼杀其想象与创造的萌芽。"近年来，随着教育工作者对幼儿艺术教育观念的转变，艺术教育的价

---

① 李霖.幼儿园幼儿创意手工制作评价标准研究［D］.上海师范大学，2019.

值取向也在发生变化,主要表现为:越来越重视幼儿的学习过程而非结果;越来越重视幼儿的个性化表达而非模仿。因此,对于幼儿手工作品的评价要慎重,应当尽量避免对作品本身"好坏"的评价,而应更加重视幼儿在艺术活动过程中表现出来的对美的鉴赏能力、想象力、观察力、团队合作能力、坚持力等一系列综合素质,这也是与教育部所提出的"核心素养"相符的。幼儿自主性创意手工的评价,应当以"核心素养"为价值取向。"核心素养",即"学生发展核心素养",主要指学生应具备的,能够适应终身发展和社会发展需要的必备品格和关键能力。

幼儿手工制作活动包括三大要素:手、材料、造型活动,三者缺一不可。"手"即进行手工制作的主体——幼儿,幼儿借助材料进行造型活动。因此,若要制定幼儿创意手工制作评价标准,须将手工制作活动的三大要素考虑进去,将整个手工制作活动看作一个完整的系统,不能只关注到幼儿本身。

幼儿创意手工制作属于艺术领域范畴,艺术本来就不是一个独立的现象,不可能独立地为艺术制定一个标准。古往今来,艺术总是文化的一部分,它是人类把握世界的一种方式。在任何一个时代,艺术本身是没有标准的。我们所谓的标准指的是艺术作品的好坏、价值,一般来说是指技术、主题的表现,但这是在一定的范围内而言的,就像美本身也没有标准一样,不同的文化、不同的地域、不同的时期会对美有不同的认识。评价者应当避免教条的主观评价,避免单纯从幼儿作品的好坏、精美程度方面进行评价,同时,也应对幼儿个人的审美情趣和创意给予肯定和尊重。

任务二　幼儿泥塑活动的设计与指导

如何巧妙使用泥塑工具与材料？

大班的彭老师观察到班上有好几个小朋友经常讨论三星堆青铜人面具,对此非常感兴趣,刚好福州西湖美术博物馆最近有关于三星堆青铜人面具的展览,彭老师充分利用家园合作的方式,请家长周末有空带小朋友去参观展览,近距离感受三星堆面具的庄严肃穆与造型夸张美。随后,彭老师在班上带领小朋友们用泥塑的形式大胆创作自己喜欢的青铜面具。创作前,彭老师引导小朋友们观察青铜面具的图片,问小朋友们:"面具有什么特别的地方?"有的小朋友说:"老师,我发现三星堆的青铜面具人脸、眼睛都很大,还是三角形的眼睛",有的小朋友补充道:"青铜面具人的鼻子和耳朵也很大,鼻子还是突出的,跟外星人一样",有的说:"老师,我发现有的耳朵上面有回纹一样的花纹,有的还是镂空的圆形"。老师又问小朋友们:"那我们怎么用超轻黏土和辅助材料来表现青铜面具人大大的脸、眼睛、耳朵、突出的鼻子和耳朵上的花纹?""五官很大,可以用夸张的方式表示""耳朵上的花纹可以先搓出长细条再围成回纹""耳朵上的镂空可以用辅助材料挖个圆形或者用小木棍穿个洞"……彭老师在小朋友们的桌子上提供了黑色和绿色的超轻黏土,瓦片,泥塑板,塑料刻刀,金色、黑色和墨绿色的丙烯颜料等材料,小朋友们有的团、有的搓、有的压……纷纷开始创作属于自己的青铜人面具。

请结合案例想一想:开展幼儿泥塑活动的目的和意义是什么?开展幼儿泥塑活动内容的选择要注意些什么?案例中教师提供的幼儿泥塑活动工具、材料是否适宜?作为未来幼儿园教师的我们,应该如何设计、实施与评价幼儿泥塑活动呢?

此项任务将围绕幼儿泥塑活动的设计、实施与评价展开介绍,主要涉及幼儿泥塑活动的目的和意义、幼儿泥塑活动的内容选择、幼儿泥塑活动的设计与实施及幼儿泥塑活动的观察与评价等方面的内容。在此项任务中,需要理解幼儿泥塑活动的

重要性和泥塑活动内容的选择,掌握开展幼儿泥塑活动的方法,学会观察评价幼儿泥塑活动模拟教学,而且能够基于对幼儿泥塑活动模拟教学的评价提出对应的改进建议。

泥塑在民间俗称"彩塑""泥玩具",是以自然黏土或可塑性较强的泥为原料,塑造成各种形象的一种古老而常见的民间手工艺,或素或彩,主要形象以人物和动物为主。泥塑活动能帮助幼儿认识事物、开阔视野、激发情感、萌发美感、陶冶情操、滋养情趣,提升幼儿对塑造立体造型的审美能力、想象力和创造力,对促进幼儿身心全面和谐发展和弘扬传统文化具有十分重要的价值。

一、幼儿泥塑活动的目的和意义

(一) 感受泥塑传统艺术美,领略传统文化的魅力

《指南》在"表现与创造"方面的教育建议中指出:"创造条件让幼儿接触多种艺术形式和作品""带幼儿观看或共同参与传统民间艺术和地方民俗文化活动"。每个幼儿的心里都有一颗美的种子,在泥塑活动开展前,教师应充分创造条件和机会,精选典型且幼儿喜闻乐见的作品或故事,比如,闽南传统文化高甲戏中具有独特艺术风格的丑角,好玩的傀儡丑、有趣的媒婆丑、豪放的公子丑等泥塑作品,让幼儿通过摸一摸、看一看、闻一闻,多感官感受丑角的"别样美",体验其夸张幽默的艺术风格,从而激发幼儿的审美愿望,萌发幼儿的审美情感,领略传统文化的魅力,树立民族文化的自豪感。

(二) 欣赏泥塑造型夸张美,滋养幼儿的审美情趣

多感官感受泥塑传统艺术美之后,教师可以引导幼儿进一步欣赏泥塑的造型夸张美,通过对话法、体验法、游戏法等多元方式欣赏泥塑作品的表情与神态,正如《指南》所指出的:"幼儿艺术欣赏时常常用表情、动作、语言等方式表达自己的理解。"比如,在大班泥塑活动"有趣的媒婆丑"中(见图3-13),教师可根据幼儿的年龄特点,启发幼儿思考"你在媒婆的丑脸上找到了什么;是什么地方让人觉得好笑;还有没有办法让她变得更好笑",也可以引导幼儿用自己喜欢的动作直接感知、亲身体验来表现出媒婆

丑夸张的造型之美,感受媒婆丑泥塑作品强烈的感染力,从而丰富幼儿的感性经验,滋养幼儿的审美情趣。

图 3-13　大班泥塑活动 "有趣的媒婆丑" 系列作品

（三）表现泥塑匠心之美,促进幼儿的身心发展

在泥塑活动中,幼儿运用团圆、拍压、搓长、捏、挖等各种方法,借助辅助性工具、材料进行泥塑活动创作表现,充分彰显了泥塑的匠心之美。在创作中,幼儿的手和眼需要灵活配合,手指和手掌、手腕和手臂需要充分地发力,有助于锻炼幼儿大肌肉动作的灵活性,同时能促进幼儿的手眼协调。比如,在创作 "有趣的脸" 的泥塑活动中,幼儿需运用团圆、拍压等方式表现出脸型、五官形状等,这发展了幼儿的大动作,再用手指和辅助材料装饰脸部花纹、发型等,这发展了幼儿的小动作和提高了手眼协调。《指南》的说明部分强调:"重视幼儿的学习品质。幼儿在活动过程中表现出的积极态度和良好行为倾向是终身学习与发展所必需的宝贵品质。" 泥塑活动中幼儿认真投入地创作,有助于发展幼儿专注的学习品质;在创作中,幼儿天马行空,无拘无束,可以逐步养成乐于想象与创造的良好品质。由此可见,表现泥塑作品的匠心之美,对幼儿的身心发展具有重要的意义。

（四）创造泥塑多维之美,提升幼儿立体塑型的审美素养

《纲要》艺术领域的指导要点中强调:"幼儿的创作过程和作品是他们表达自己的认识和情感的重要方式,应支持幼儿富有个性和创造性的表达。" 泥塑活动作为一种三维立体的艺术,相比平面艺术更具有挑战性和启发性。罗恩菲德在其专著《你的孩子和他的艺术》中指出 "与绘画相比,有很多想法更适合用黏土来表现",也有学者说:"由于黏泥可以反复塑造,在拼摆的过程中,幼儿可以再改变泥的形状,这样他们面对失败的压力小,尝试的余地大"。在泥塑立体艺术创作中,幼儿大胆地想象,富有个性地表达自己的情感、想象与体验,逐渐加强了对形状、体积等空间概念的认识,增强了空间感知能力与立体造型能力,在泥塑活动的创造过程中,幼儿不断

地感受和欣赏泥塑的多维之美、表现美和创造的空间之美,对幼儿立体塑型审美素养的提升具有重要的意义。

二、幼儿泥塑活动的内容选择

(一)了解泥塑活动的内容类型与审美特点

泥塑是中华民族传统的民间艺术品,是一种喜闻乐见的艺术形式。传统泥塑的题材非常丰富,主要有各类寓意吉祥的动物、人物等,还包括历史故事、神话传说、民俗事项、戏曲、小说传奇中的形象。泥塑作品的题材也分为基本形体、综合体、有机体和群像塑造。泥塑作品的材料有色彩比较单一的陶泥、土黏泥,此类泥塑作品较为质朴;有颜色较为丰富的橡皮泥、超轻黏土,此类作品色彩艳丽,生动有趣。在选择适宜的泥塑活动内容时,要根据幼儿的审美特点,结合泥塑的题材、类型、颜色等,可为小班幼儿提供熟悉的、色彩鲜艳的、题材为基本形体的泥工作品,这符合该时期幼儿的艺术审美特点。小班幼儿在活动中注意力不集中,但能够关注到泥工材料及辅助工具;可为中班幼儿提供采用夸张、拟人的手法来表现的泥工作品;可为大班幼儿提供具有色彩搭配、艺术风格较为复杂的有机体和群像泥塑作品。

(二)扎根幼儿生活选择适宜的泥塑活动内容

《纲要》的实施部分指出:教育活动内容的选择"既贴近幼儿的生活来选择幼儿感兴趣的事物和问题,又有助于拓展幼儿的经验和视野。"德国著名教育家福禄贝尔说:"通过生活并来自生活的课,是使人印象最深刻、理解最容易的课。"我国教育家陶行知提倡"生活教育",即给生活以教育、用生活来教育、为生活向前向上的需要而教育。幼儿园教育之父陈鹤琴也明确指出:"大自然、大社会都是活教材"。由此可见,泥塑活动内容应来源于幼儿熟悉的、丰富多彩的、生动活泼的生活。教师选择幼儿熟悉且感兴趣的题材作为泥塑活动主题,能引起幼儿的共鸣、激发幼儿的创造灵感。

回归幼儿生活,意味着幼儿园教师首先要回到幼儿天真烂漫、富有想象力与创造力的世界,真正走进幼儿的生活,了解幼儿的兴趣、需要,敏感捕捉幼儿在幼儿园偶然发生的、生动有趣、印象深刻且具有美术创作空间的生活经验与情感体验,并将其转化为泥塑活动的内容。幼儿津津乐道的动画人物、精彩的故事情节、幼儿园中花草树木的变化等都不失为好的泥塑活动内容。多姿多彩的节日活动蕴含着丰富的泥塑活动资源,幼儿园教师应充分挖掘幼儿喜闻乐见的当地传统文化与习俗,将其有机渗透于幼儿泥塑活动中。例如,传统节日端午节包粽子、赛龙舟、挂香囊、插艾草等活动幼儿皆耳熟能详,以端午节为主题开展泥塑活动,鼓励幼儿在丰富多彩的节日美术活动中探寻生活之美,感受泥塑的造型之美、色彩之美、花纹之美、多维之美。

(三) 根据不同年龄班幼儿的发展水平做好系统安排

《指南》的说明部分指出:"幼儿的发展是一个持续、渐进的过程,同时也表现出一定的阶段性特征。"教师需根据幼儿不同年龄的发展水平和表现系统地安排幼儿泥塑活动的内容。

小班幼儿的泥塑活动没有明确的目的性,更多是在玩耍材料的过程中熟悉泥塑工具、材料的特性,体验泥塑活动的快乐。因此,在为小班的幼儿设计泥塑活动的内容时,教师可先侧重引导幼儿认识泥塑活动的工具、材料,比如,黏泥、泥塑板、小刻刀、模具等,帮助幼儿了解这些工具、材料的名称与使用的方法。在最初的泥塑活动中可以先让幼儿自由地玩泥,自由地塑造一些简单的形体,充分感受泥塑材料的柔软与可塑性,在大胆的尝试和快乐的游戏中体验泥塑活动的乐趣,积累初步的泥塑活动的经验。同时也可以提供一些幼儿熟悉、色彩鲜艳的泥塑作品引导小班幼儿欣赏,萌发幼儿的审美情感,激发幼儿参与泥塑活动的兴趣。随后还可以安排适宜小班幼儿学习的内容,引导幼儿运用搓、团圆、压扁等方法塑造简单的形象。

中班幼儿的泥塑活动已经具有一定的创作意图,能塑造物体的基本部分和主要特征,会使用一些简单的辅助材料,但泥塑作品较为粗糙。这个时期幼儿的手部动作和动作的结果与经验发生了联系,中班幼儿基本学会团、搓、压等方法,并且开始想做一些东西,比如,把泥放在手中团一团,团成苹果或汤圆;搓一搓,搓成薯条或香肠,再把它拍一拍、压一压变成饼干等。因此,教师可为中班幼儿设计稍微复杂的内容,尝试用捏的方法表现出物体的基本部分和主要特征,比如,小鸭子的嘴巴和小猫的耳朵等。虽然这个阶段的作品较为粗糙,但是教师不要苛求幼儿的泥塑作品,应该多鼓励幼儿按照自己的意愿大胆尝试,引导幼儿观察物品的特征,启发幼儿思考泥塑创作的方法,比如,"你看到鸭子的嘴巴是什么样?跟小鸡的嘴巴有什么不一样?怎么用黏土做出鸭子的嘴巴?"为了使幼儿创作的泥塑作品更加生动、有趣、形象,教师可以提供一些辅助材料支持幼儿创作,如在"我的爸爸"泥塑活动中提供长短不一的黑色毛线粘贴在脸上和头上,当作爸爸的胡须和头发,以有效突出爸爸的典型特征(见图 3-14)。

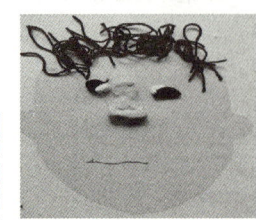

图 3-14 中班手工活动 "我的爸爸" 系列作品

大班幼儿的泥塑活动能够塑造出物体的细节和动态,呈现出较强的整体感。结合该阶段的特点及幼儿已经学会的团圆、搓、压、捏等方法,可指导幼儿用抻拉的方法并配合其他泥塑技法塑造较为复杂的人物或者动物的形象,使其能表现出所塑造物体的主要特征、细节和动态,并能表现出一定的场景或故事情节。比如,夸张有趣的跳芭蕾舞的小人,借助锡纸、牙签等辅助性材料,富有个性地塑造出芭蕾舞者的各种姿态;再如,多姿多彩的海底世界,综合运用多种泥塑方法展现神秘的海洋王国。

三、幼儿泥塑活动的设计与实施

泥,看似无形却形似万般;塑,是手指灵活多变的舞蹈;泥塑,完美地诠释了泥与幼儿童年的相互融合。幼儿此时的思维正处于具体形象期,泥塑作品造型质朴、色彩鲜艳、表现夸张、深受幼儿喜爱。泥本身具有可塑性、表现性、多变性等特点,为幼儿提供无限的想象与表现空间。在趣玩泥巴的过程中,教师需要为幼儿提供一定的指导与帮助,支持幼儿在做中学、玩中学的泥塑活动中促进身心和谐发展、提升艺术感受与表现能力,激发艺术创造力,涵养立体塑型审美素养,弘扬中华优秀传统文化。

(一)幼儿泥塑活动的工具与材料

1. 泥塑活动的工具

幼儿泥塑活动需要用到泥塑板、竹刀、小竹签及一些辅助材料,如牙签(用于连接)、小梳子(用于轧出花纹)、树枝(做动物的触角)、毛线(做人的头发)、小豆子(做动物或人的眼睛)等材料来刻画细节和装饰作品,使所塑造的形象更加生动、有趣、细致。

2. 泥塑活动的材料

幼儿园常用的泥塑材料主要有超轻黏土、橡皮泥、自制面泥、陶泥等,上述材料均可塑性强,操作方便,且便于保存,被广泛使用。

超轻黏土:是一种人工合成的专供幼儿使用的新型环保泥塑材料,色彩鲜艳,不同的色彩混合在一起能调成新的颜色,具有较好的黏性和延展性,适合幼儿游戏操作。超轻黏土易风干定型,定型后变得干硬则不能重复利用,储存时要注意密封。

橡皮泥:是一种人工合成的专供幼儿使用的油性泥塑材料。橡皮泥干净,使用方便,颜色丰富,易于造型。橡皮泥易受温度影响,冬季温度低会变得干硬,夏季温度高会变得黏软,更适合在春秋两季使用。

自制面泥:面泥捏塑是我国民间历史悠久的一种工艺,面泥塑形象逼真,面泥制作过程干净、简便,可用玉米粉或糯米粉或小麦面粉加水,加上凡士林油和耐高温的颜料,混合搅拌后加热,加热时不断地搅拌直至材料黏成一团,面泥就做好了。面泥的不足之处在于夏季易发酵,制作好的面泥可先冷却,再用塑料薄膜包裹好,放在冰柜里保存备用。

陶泥:是一种制作陶器用的黏土,泥质细腻柔软,具有良好的可塑性。陶泥可拉坯制作成陶罐,干透后的陶泥可以进行彩绘,作品能永久保存。

3. 泥塑活动的注意事项

幼儿园开展泥塑活动需要注意以下四个方面:第一,泥塑材料需被妥善保存,用保鲜膜包起来或者放在密封盒子里。第二,玩泥时要保持手部干燥,泥粘在手上时,可以用大块的泥粘走手上的泥。第三,玩泥结束时要做好桌面、地面及手部的清洁工作。第四,要将幼儿的泥塑作品放在通风阴凉处,防止作品发霉或者干裂。若要二次利用泥塑材料,教师需提前与幼儿商量且不当面处理作品,避免打击幼儿创作的积极性。

(二) 幼儿泥塑的基本手法

教师要引导幼儿学习泥塑的基本技法,包括团圆、搓长、拍压、捏、分泥、挖、连接、抻拉等。

团圆:将泥放在手心,双手手掌相对均匀转动,将泥团成圆球。比如,在制作"棒棒糖"时,幼儿可以选择自己喜欢的颜色团出很多彩色的"棒棒糖"。

搓长:将泥块放在手心中,双手配合前后搓动,搓成长条或圆柱体。比如,在制作"面条"时,幼儿将泥团前后搓动,泥团就变成了又细又长的"面条"。

拍压:将团好的泥球或搓好的泥柱放在泥塑板上,用手掌或者工具拍压成扁平状。比如,在"制作饼干"时,教师先请幼儿欣赏"饼干"的图片,再让幼儿进行有趣的"饼干"拍压制作。

捏:拇指和食指配合,在泥上捏出细小的部分,如捏出小鸭子扁扁的嘴巴。

分泥:根据所要塑造物体的基本部分的比例,将一整块泥目测分成若干小份。比如,在制作可爱的熊猫时,要根据熊猫的基本部分,把白泥和黑泥分成若干部分用于制作熊猫的身体、脑袋和四肢。

挖:在圆球或者立方体上,用手或者工具将中间泥挖去,将其修整成中空的泥筒或泥柱,如挖出动物的嘴巴。

连接:将已塑造出来的物体的两部分进行连接使其成为一个整体。一种是砌合的方法,在泥的一端挖孔,另一端加长再埋入孔中,两边砌合成形;另一种是插接的方法,用牙签插接两端,连接起来,如动物的头部和身体之间的连接。

抻拉:按照所要塑造的形象的结构,从一整块泥中抻拉出各个细节部分,如小老鼠的鼻子。

(三) 幼儿泥塑活动的指导方法

幼儿园教师作为幼儿学习的支持者、合作者和引导者,在开展幼儿泥塑活动过程中,须结合幼儿身心发展的特点、幼儿的经验及泥塑活动的类型特点等,灵活选择适宜的指导方法,指导幼儿从原有的水平向更高的水平发展,从而实现幼儿泥塑活动的目标,突出活动重点,突破活动难点。幼儿园泥塑活动的指导方法主要包括启发讲解法、游戏练习法、互动演示法等。

1. 启发讲解法

启发讲解法即转变传统的被动的"灌输"式为主动的"汲取"式,教师启发引导,促使幼儿积极主动学习的一种方式。幼儿在泥塑活动中创作的形象来自视觉经验,教师须引导幼儿对事物的外形特征进行观察,幼儿对事物的形状、色彩观察得越细致入微,幼儿创作的泥塑形象将越完整生动。因此,教师在泥塑活动前可通过特征对比、形象比喻、几何图形概括等方法启发幼儿抓住物体的主要特征。比如,在中班泥工活动"米老鼠和唐老鸭"中,幼儿对米老鼠和唐老鸭这两个卡通形象爱不释手,教师启发幼儿观察:"米老鼠和唐老鸭的嘴巴有什么不一样的地方?用黏土怎么做出来?"幼儿能直观地对米老鼠和唐老鸭的嘴巴特征(一个是尖尖的,另一个是扁扁的)进行对比,为后续的泥塑创作做好充分准备。再如,在大班手工活动"脸谱"中引导幼儿仔细观察、积极思考"猜猜这是什么?想想它(鞋模)的形状像什么?添加什么后可以变成什么?"等问题,启发幼儿通过大胆想象等方式来激发幼儿的创作兴趣。

2. 游戏练习法

幼儿生性好玩,以游戏的方式开展泥塑活动能激发幼儿的创作兴趣。《幼儿园工作规程》强调:"幼儿园以游戏为基本活动,寓教育于各项活动之中。"《纲要》也提出:"教育活动内容的组织应充分考虑幼儿的学习特点和认知规律。寓教育于生活、游戏之中。"下面介绍三种幼儿泥塑创作的游戏。一是在泥塑活动中创设游戏的情境,比如,在大班泥塑活动"森林王国"中教师创设游戏情境:"小朋友们,森林王国今天要举行森林舞会,请小朋友们用彩泥和辅助材料创作造型各异的动物。"二是以游戏的口吻开展泥塑活动,比如,在大班泥塑制作活动"装扮风狮爷"中,幼儿参观晋江深沪民俗馆后,教师发现幼儿对走廊的一尊"风狮爷"十分感兴趣。回园后,教师用游戏的口吻说:"小朋友们,风狮爷也很喜欢你们,我们今天和风狮爷一起玩彩泥装扮的游戏。"三是以游戏的方式开展泥塑活动,如在小班的泥塑活动中可以请幼儿分组进行团一团和搓一搓的比赛,看看谁团的"小汤圆"最圆,谁搓的"面条"又细又长,以激发幼儿的创作兴趣。

3. 互动演示法

根据罗恩菲德的理论,当幼儿都进行同一题材的创作且收到教师面向集体的提示时,其创作兴致会比只受到个别指导时高,并且幼儿的思想会相互碰撞产生创作灵感。由此可见,在幼儿泥塑活动创作时,教师与幼儿的互动演示是有必要的。教师演示的方式可以是现场互动演示,也可以是借助视频进行,当然示范演示者并不局限于教师,也可以请个别幼儿上台互动演示。教师可以请幼儿互动演示比较简单的泥塑技能技巧,教师也不需要尽善尽美地、完整地互动演示,只需要对泥塑活动中的难点进行有侧重地互动演示即可。比如,在大班泥工活动"蟳埔簪花围"中,教师重点示范帽檐围泥、压紧的步骤,引导幼儿借助上阶段制做出的花及已有的泥塑技能塑造簪花围外形。

(四) 幼儿泥塑活动的开展

作为未来的幼儿园教师,模拟教学有助于在生生互动、师生互动中提升学生发现问题、分析问题、解决问题的能力,增强学生的沟通学习能力及反思能力等岗位实践能力。本部分以幼儿泥塑活动的模拟教学为例,从模拟教学活动前的准备与模拟教学活动的实施两个部分进行介绍。模拟教学指的是学生在模拟实训室中,依托仿真的实训设备,借助高校教师与基地园教师共同开发的丰厚的多媒体资源,进行教学活动的设计与实施模拟活动,引导学生在模拟教学实践中提高设计和组织活动的能力。

1. 模拟教学活动前的准备

学生完成幼儿泥塑活动的方案设计后,教师及时对学生的方案设计进行批改和反馈。学生 3~4 人为一组,先根据教师的反馈意见对泥塑活动方案展开交流、研讨和进一步调整;再结合泥塑活动的主题制作出能突出活动重点、突破难点的玩教具。比如,在开展大班泥塑活动"可爱的冰墩墩"时,小组成员需提前准备相关的制作材料及冰墩墩的图片或泥塑作品;小组成员在实训室轮流进行 13~14 分钟的模拟教学,为后续的模拟教学做好充分的准备。

2. 模拟教学活动的实施

在模拟实训室中,教师从小组中随机抽取 1 位同学展开模拟教学,其他同学及教师运用"幼儿美术活动模拟教学观察评价表"展开评价。开展模拟教学时,学生需要注意以下几个方面。

(1) 礼仪方面

礼貌问候,上台问好(问候评委、报自己的序号及模拟教学的主题),比如,"各位评委老师上午好,我是 1 号考生,今天我要模拟教学的内容是:大班泥塑活动"可爱的冰墩墩。"模拟教学结束时要有结束语,如"谢谢各位评委老师,我的模拟教学到此结束",语速恰到好处,语音语调要有所变化。着装要求得体,不要穿短裤,要扎起头发等。

（2）教态方面

教态要大方得体，视线的高度要能体现出"心中有幼儿，眼中有幼儿"，在模拟教学时不宜四处走动，也不建议站着不动。

（3）活动内容方面

活动内容贴近幼儿的生活，需要关注幼儿的已有经验，符合活动的目标并且合理设置活动的重难点。比如，大班泥塑活动"可爱的冰墩墩"这一主题的确定是由于幼儿很喜欢2022年北京冬季奥运会的吉祥物冰墩墩的可爱形象。结合幼儿的已有经验，根据大班幼儿的年龄特点及泥塑活动的类型特点，确定了本次活动的目标为"能合理选取大小合适的黑白黏土，用团圆、捏、连接等方法制作冰墩墩"。本次活动的难点是"用团圆、捏、连接等多种方法制作出不同动态的冰墩墩"。

（4）活动准备方面

活动准备要充分，既要关注幼儿的已有经验，还要提供材料准备和创设富有审美的环境。比如，在开展大班泥塑活动"可爱的冰墩墩"前，幼儿对冰墩墩这一可爱的形象已经有初步的感受，积累相关的经验，模拟教学中教师可以呈现不同的冰墩墩图片及其泥塑作品以加深幼儿的审美感受，激发幼儿的创作愿望。活动材料上除了多准备黑色和白色的超轻黏土，还可准备少量的黄色、蓝色、红色、绿色的黏土及刻刀和泥塑板等材料。冰墩墩的主色调为黑色和白色，教师可创设一个浅蓝色展台以展示幼儿的冰墩墩泥塑作品，充分彰显富有审美的环境创设。

（5）活动过程方面

在整个模拟教学过程中，教师要灵活运用启发讲解法、游戏练习法、互动演示法等，突出活动重点和突破活动难点。教师要尊重幼儿，充分调动幼儿参与泥塑活动的积极性与主动性，模拟时要面向全体幼儿，可以请前排、中间、后排的幼儿参与互动。针对本次活动的难点"用团圆、捏、连接等多种方法制作出不同动态的冰墩墩"，可以请幼儿用动作模仿冰墩墩的不同动态，加深对这一视觉形象的感受，从而为后续的创作奠定基础。教师可以用视频或者现场演示（站位要面向幼儿，在右侧位展示）等方式对制作过程进行演示，也可以请个别幼儿进行演示，以突破难点。

（6）语言互动方面

教师与幼儿的互动语言要富有逻辑性和启发性，比如，使用引导语、进行提问和小结等会让活动环节显得更为清晰。例如，"冰墩墩的哪些部位是白色的？哪些是黑色的？""冰墩墩身上的奥运五环用黏土怎么做？怎样才不会断？"等提问有利于启发幼儿思考探索。此外，教师评价的语言要具体、明确，不要用简单的"你真棒""你真行"等宽泛的评价，建议用"你的想法真有创意""老师刚才看到你搓条做冰墩墩身上的奥运五环，断了好几次都没有放弃，真是个爱挑战的好孩子"等具体的评价语言，幼儿更能明晰自己的优点及今后该努力的方向。

(7) 评价方面

模拟教学结束后先请展示的学生进行自评,班上同学进行互评,教师最后进行总体评价。学生根据教师的反馈继续完善活动方案,准备到幼儿园真实的岗位情境中实践。

四、幼儿泥塑活动的观察与评价

对幼儿泥塑活动模拟教学展开观察与评价,有助于学生进一步反思、改进自己的教学活动方案,及时调整模拟教学过程中存在的问题,为学生后续在幼儿园岗位情境中开展泥塑活动做好充足的准备。因此,教师和学生首先需要明确幼儿泥塑活动模拟教学的观测点和具体评价标准,再根据相关的观察内容和评价标准形成相应的观察评价表,结合观察评价表的得分情况有针对性地提出可操作性的修改建议,促进学生教学设计能力与实施能力的螺旋式提升。以幼儿泥塑活动模拟教学为例,开展对幼儿美术活动模拟教学的观察与评价。

(一) 厘清幼儿泥塑活动模拟教学的观测点与具体评价标准

幼儿园活动设计与活动实施两个环节环环相扣、联系紧密,先有活动设计再有活动实施,活动设计方案指导着活动的具体实施,活动实施是活动设计的落实。因此本部分的"幼儿美术活动模拟教学观察评价表"与项目一任务四中的"表 1-12 幼儿集中欣赏活动设计方案评价表"有相同之处,观测点主要涵盖活动目标、活动内容、活动准备、活动过程、教学素质、活动效果与设计创新等方面,每个观测点亦有具体的评价标准,比如,活动目标要求符合《指南》中艺术领域的目标要求,要彰显幼儿的主体地位,落实情感、知识和能力三维目标,并且目标要具体可操作。

(二) 设计幼儿泥塑活动模拟教学观察评价表

为了更高效地观察、评价幼儿泥塑活动模拟教学,更清晰地了解学生模拟教学的水平,根据已经明确的幼儿美术活动模拟教学的观测点和具体评价标准设计出观察评价表,并将每条评价标准赋值,观摩者可以根据评价表快速、有理有据地进行评分,从而可以较为客观地对模拟教学活动给予评价,了解模拟教学的具体情况。具体如表 3-8 幼儿美术活动模拟教学观察评价表所示。

表 3-8 幼儿美术活动模拟教学观察评价表

幼儿园		班级		教师		主题	
评价者				时间			

观测点	具体评价标准	分值	评分
活动目标	1. 符合《指南》对感受与欣赏、表现与创造的目标要求	3	
	2. 彰显幼儿主体性,符合幼儿的年龄段特点	3	
	3. 体现活动主题要求,具体可操作	3	
	4. 落实情感、知识和能力三维目标	3	
活动内容	1. 体现活动类型特点,符合活动目标要求	3	
	2. 贴近幼儿生活,符合幼儿发展水平	3	
	3. 准确把握活动重点,活动难点设置适宜	3	
	4. 挖掘内容内在联系,立足审美整合相关领域	3	
活动准备	1. 经验、材料准备与环境创设符合目标和内容要求	2	
	2. 经验准备充分,支持幼儿主动建构新的审美经验	2	
	3. 材料准备适宜,满足幼儿实际操作和审美体验需要	2	
	4. 环境创设适宜,增强活动的审美性和趣味性	2	
活动过程	1. 体现目标要求,主线清晰,结构合理,过渡自然	10	
	2. 方法适宜,提供感知与操作机会,现代化手段使用适度	10	
	3. 提问有启发性和层次性,符合幼儿特点,切合主题	10	
	4. 重点突出,点面结合,难点突破,化难为易	10	
	5. 面向全体,关注差异,注重互动,促进发展	10	
教学素质	1. 保教知识扎实,教学严谨规范	2	
	2. 教学语言规范准确、生动简洁、师幼交流顺畅	2	
	3. 教态自然亲切、仪表举止得体	2	
	4. 教具直观有效、形象生动、具有美感	2	
活动效果	1. 目标落实到位,幼儿在情感态度、知识经验和能力方面获得发展	3	
	2. 教师的教育理念科学,教态亲和,对幼儿的言行回应有效	3	
设计创新	1. 体现课程改革新理念,活动方案整体设计有创意	2	
	2. 彰显活动类型特点和幼儿特点,活动方法设计新颖有特色	2	
合计		100	

注:评价表中的每个观测点分为若干具体评价标准,评价者依据实际情况对照标准打分。该表适用于幼儿美术欣赏、绘画活动、泥塑活动等的模拟教学和下园实践观摩评价。

大班泥工活动：蟳埔簪花围

大班泥工活动：蟳埔簪花围

设计与执教：泉州丰泽区实验幼儿园　郑青梅
案例评析：福建幼儿师范高等专科学校　叶丽芬

设计意图

蟳埔女以其勤劳贤惠的美德及头上独特风格的簪花围而闻名遐迩，她们头上的簪花围用花苞、花蕾串环，以发髻为圆心，圈戴在脑后，再插上几朵艳丽的大花和象牙筷，犹如一座春意盎然的小花坛。《纲要》中指出：幼儿艺术教育应引导幼儿接触生活中的各种美好事物与现象，丰富幼儿的感性经验和情感体验。我园开展课题研究《充分挖掘社区美育资源　培养幼儿审美能力》，充分挖掘家乡建筑、美食、艺术等美育资源，让幼儿多方位、多元化地感知生活中无处不在的"美"，我园开展"弘扬海丝文化""浏览民间艺术""光芒四射""自信的我"等小小艺术节，为幼儿创设感受美、表现美、创造美的机会。本次活动通过欣赏感受簪花围的造型美，激发幼儿动手、动口、动脑，感受泥工活动的乐趣，培养幼儿创造美的能力。

活动目标

1. 能运用搓、团圆、压扁、围合等技能塑造簪花围的基本造型。
2. 能感受簪花围色彩搭配、形状变化的美。
3. 体验泥工制作簪花围的乐趣。

活动准备

经验准备：幼儿初步欣赏蟳埔簪花围，了解簪花围的基本结构，对蟳埔文化有初步的了解；幼儿学会用泥塑的方法制作太阳花、菊花、花苞。（已在上一阶段完成）

物质准备：课件、超轻黏土、泥工工具、教师范例、线描画装饰的筷子、喷黑漆的小帽子等。

活动过程

一、观看图片引入，激发兴趣

提问：小朋友们，你们最喜欢哪个簪花围？它美在哪里？

小结：小朋友们都觉得头上戴着簪花围就像头顶着一座"小花园"，有五颜六色的花，美极了。

任务二　幼儿泥塑活动的设计与指导

二、结合课件图片，进一步感受簪花围的造型美和色彩美

提问：小朋友们，我们一起观赏蟳埔阿姨照片，看看簪花的颜色是怎么搭配的？簪花是怎么排列的。

小结：簪花有的是用红色和绿色对比色来搭配，给人感觉对比很明显；有的用红色和橙色、橙色和黄色、蓝色和紫色这些相近色来搭配，这样的搭配效果给人感觉很舒服。簪花之间紧紧挨在一起，串成圆形的环。

三、教师示范讲解操作方法

提问：小朋友们，我们今天用超轻黏土来做簪花围，怎么做呢？

教师重点示范帽檐围泥、压紧的步骤，引导幼儿借助上一阶段做的花及已有的泥塑技能塑造簪花围的外形。

要求：

1．花的围合要有颜色搭配，大胆选用对比色或者相近色。

2．做好的花先独立、整齐地排列在一边，以免粘在一起。

3．专心操作，小声交流。

四、幼儿分组创作，教师巡回指导

1．指导能力强的幼儿制作由花朵和花苞组成的花围，鼓励帮助能力弱的幼儿制作简单的一环花围。

2．鼓励个别幼儿有创造性地排列花围，大胆尝试动手做出不一样的花。

五、欣赏作品，自由表演

引导幼儿用夹子将自己做好的簪花围夹在头上，随音乐自由表演。

活动延伸

美工区：将制作簪花围的材料投放在美工区，引导幼儿继续用泥塑材料制作美丽的簪花围。

案例评析

1．活动目标定位科学。本次活动的活动目标制订较为科学合理，符合《指南》中艺术领域的子领域"表现与创造"指出5—6岁幼儿"能用多种工具、材料或不同的表现手法表达自己的感受和想象"的要求；能根据手工活动类型科学、具体定位活动目标，鼓励幼儿运用搓、团圆、压扁、围合等技能塑造簪花围的基本造型；活动目标能彰显幼儿的主体地位，基于幼儿的"学"展开教师的"教"，且活动目标的表述具体、明确；活动目标能彰显审美教育的特点，带幼儿充分感受簪花围色彩搭配、形状变化的美。

2．活动内容选择贴切。《纲要》中提出："充分利用自然环境和社区的教育资源，扩展幼儿生活和学习的空间"。教师在实践中能贯彻《纲要》精神，同时，抓住幼儿的年龄特点，满足幼儿的心理需求，挖掘、利用本土资源，充分发挥本土优势，精选勤劳贤惠的蟳埔女头上独特风格的簪花围作为活动的内容，贴近幼儿的生活，生动有趣，为幼儿创造感

受美、表现美、创造美的机会,同时也让幼儿充分感受到生活中俯拾皆是的美。

3. 活动准备充分。本次活动中,教师充分关注幼儿的已有经验,比如,幼儿初步欣赏蟳埔簪花围,对蟳埔文化有初步的了解,积累了蟳埔簪花围的视觉形象,同时教师关注了幼儿的手工能力发展水平,班上幼儿已经学会用泥塑的方法制作太阳花、菊花、花苞,在这基础上引导幼儿用围合的方法做好簪花围,支持幼儿主动建构新的审美经验。

教师选择泥塑这一活动形式,操作性和趣味性强,同时可以很好地表现簪花围的色彩搭配美和造型美。

4. 活动过程清晰。本次活动的活动思路清晰,结构合理,层层推进,教师能以幼儿为主体,充分发挥幼儿的主体性。灵活运用启发讲解法、示范法等多种教学方法以实现本次活动的目标要求,有效突出本次活动的重点"能运用搓、团圆、压扁、围合等技能塑造簪花围的基本造型"。活动过程中教师根据幼儿的不同能力发展水平有针对性地进行指导,并鼓励幼儿有创造性地制作簪花围,活动最后让幼儿夹着簪花围随音乐表演,在欢乐的氛围中迁移幼儿的审美经验。

实训活动　幼儿泥塑活动的设计、实施与评价

1. 目标

(1) 掌握幼儿泥塑活动设计、实施与评价的相关理论知识。

(2) 能够设计、实施与评价幼儿泥塑活动。

(3) 提升独立思考能力、小组项目合作能力及开展泥塑活动的岗位实践能力。

(4) 逐步形成实施幼儿园美术活动的信心,涵养爱心、耐心、细心等师德情怀。

2. 内容要求

(1) 与园所教师商量适宜实习班级幼儿的泥塑活动主题,项目小组合作设计、实施幼儿泥塑活动模拟教学。

(2) 运用表 3-8 幼儿美术活动模拟教学观察评价表进行项目小组评价与交流。

(3) 与学校和园所教师交流反馈、分析评价、反思修订幼儿泥塑活动设计方案。

(4) 在学校和园所教师指导下,项目小组开展幼儿泥塑活动的模拟教学,并在实习班级协同组织实施。

(5) 与学校和园所教师交流反馈、分析评价、反思推进幼儿泥塑活动。

幼儿园"泥趣"课程的目标[①]

一、幼儿园"泥趣"课程总目标

情感目标:

1. 喜欢玩泥,对玩泥充满好奇和兴趣。在玩泥活动中,尝试挖泥、装泥、分泥、和泥,感受在泥地中行走、在泥池中抛泥的快乐,尝试运用搓、捏、拉、揉等方法随意玩泥,自由改变泥的形体,萌发探索玩泥方法的浓厚兴趣。

2. 增强亲近自然、懂得感恩、热爱家乡的美好情感。

3. 愿意与同伴友好合作、互相协助,喜欢表达自己的想法,在玩泥活动中萌发爱探索、善思考的精神。

知识目标:

1. 了解家乡的泥文化及泥土的特性。

2. 掌握玩泥工具及材料的使用方法。

能力目标:

1. 掌握玩泥活动的基本技能和方法,养成良好的玩泥习惯。

2. 能大胆运用自己喜欢的方式进行玩泥游戏,随地选取各种自然材料进行艺术表现和创作,激发创作的思维与灵感。

3. 提高对事物的观察能力、空间想象能力,发展探究能力,强化手、眼、脑协调运用,使各方面能力得到和谐发展。

二、各年龄段"泥趣"课程实施目标

小班幼儿:

1. 喜欢玩泥,初步感受泥的特性。

2. 初步接触并了解各种玩泥的工具和辅助材料,乐于欣赏各种泥塑作品,养成良好的玩泥习惯。

3. 尝试学习搓、团、压、捏等方法,按照自己的意愿进行简单的塑形,能够表现各种水果、动物等基本造型,萌发对玩泥活动的探究兴趣。

[①] 改编自:郭佳丽.幼儿园"泥趣"园本课程开发实践研究:以成都市双流区某幼儿园为例[D].四川师范大学,2017.

中班幼儿:

1. 依据生活体验来创作自己感兴趣的事物,尝试徒手或借助磨具制作泥板,并进行泥板画创作。

2. 喜欢用捏泥、刻画等方式表现自己的所见所想,能抓住物体的主要特征,尝试使用多种工具、材料来表达、表现自己的感受和想象,注意安全使用工具进行擀平、刻画等,并学习收拾与整理。

3. 能与同伴初步合作、交流、相互评价等,了解家乡本土的泥文化;尝试将泥活动与其他游戏活动相结合,增加活动趣味性。

大班幼儿:

1. 能与同伴相互配合,能够主动尝试探索多种玩泥(泥池)活动,体验活动的快乐。

2. 在掌握各种玩泥技能的同时,根据自己的意愿创造性地开展玩泥(泥池)活动,有自己较为喜欢的玩泥(泥池)活动形式。

3. 能用自己的作品布置周围环境、美化生活;能借助多种工具、材料来表达自己的感受和想象。

三、"泥趣"课程实施的途径

"泥趣"课程的实施是将课程内容由静态变为动态的活动中介。专门的玩泥教学活动(泥塑活动、泥板画活动、泥池活动)、区域玩泥游戏、亲子趣味玩泥是"泥趣"课程的三个主要实施途径,这些实施途径是在长期的课程实践过程中,根据幼儿的年龄特点和幼儿一日生活的完善,在摸索、实践、总结及反思后逐渐形成的。三个实施途径满足了幼儿各方面的发展需要,充分体现了教育的整合性,也体现了师幼之间多种教与学的方式。

1. 专门的玩泥教学活动

专门的玩泥教学活动有三种主要的教学形式,即泥塑活动、泥板画活动和泥池活动,是以幼儿为主体,教师为主导,集中全班或小组,通过创设情境,引导幼儿主动探索、获得相应经验的集体教学活动。通过一系列的教学情境,激发幼儿玩泥兴趣,并引导幼儿大胆设想、积极尝试。玩泥教学活动可以在室内实施,也可在泥娃娃工作坊或泥土地活动区实施,教师可以和幼儿共同商讨活动的地点。

2. 区域玩泥游戏

"泥趣"课程关注幼儿在活动中得到的种种体验,也创造各种条件让幼儿与泥亲密接触,丰富幼儿的游戏活动,让幼儿在游戏中体验玩泥的快乐。比如,区域游戏时在科学区里观察泥的干与湿、调制泥浆;在娃娃家里用泥巴捏制点心;在美工区里进行泥塑作品的创作;在语言区里阅读与泥有关的书籍或绘本、用泥塑作品讲述故事等;在每周五下午的"玩泥狂欢日"里,和其他幼儿自由结伴,到泥池里寻宝、泥地里挖沟。幼儿的表达能力,同伴间的交往、合作能力,都在游戏活动中不知不觉地得到了提升。

3. 亲子趣味玩泥

亲子趣味玩泥活动是由家长、幼儿、教师围绕共同的主题开展的多种形式的活动，可增进父母与孩子的情感交流，促进双方共同成长。活动方案的产生、规划、组织来自家长或是教师，活动的形式也是多样化的，地点也可以根据活动内容进行商讨。活动能更有效地促进家长、幼儿、幼儿园之间的沟通和交流，也能促进家园教育步调的一致性，进一步帮助家长了解本土文化。

任务三　幼儿纸艺活动的设计与指导

幼儿纸艺活动的指导要点是什么？

　　大班的林老师发现班上的小朋友们很喜欢看动画片《狮子王》，时常聚在一块翻看《狮子王》的图书和图片，对狮子王的形象爱不释手，小朋友们自发在美工区绘画或撕贴狮子，基于幼儿的兴趣，教师在班上生成了撕贴画活动"狮子"。首先，林老师通过故事引出了活动主题："有一天，一群可爱的小狮子正在大森林里游玩，忽然来了个可恶的巫婆，巫婆通过魔法把可爱的小狮子变成了白纸，我们一起帮助小狮子变回原形好吗？"接着林老师和班上的幼儿一起讨论撕纸拼贴狮子的方法。乐乐小朋友说："先用油画棒在卡纸上画好狮子头和五官，然后用剪刀剪下。"林老师及时肯定了乐乐的好办法，又问道："那狮子的鬃毛可以怎么表现？"明明说："撕三角形后叠加。"天天说："把纸撕成长条后用小棒卷。"欢欢说："撕长条后正反叠出波浪形"……创作"狮子"时，林老师鼓励幼儿大胆作画并任意撕好狮子的四肢、身体及尾巴进行自由摆放拼贴，创意表现狮子的不同造型。最后，请小朋友们将做好的狮子作品放进森林背景中，自由欣赏交流。

　　请结合案例想一想：开展幼儿纸艺活动的目的和意义是什么？开展幼儿纸艺活动时在内容的选择方面要注意些什么？案例中教师如何指导幼儿开展纸艺活动？作为未来幼儿园教师的我们，应该如何设计、实施与评价幼儿纸艺活动呢？

　　此项任务将重点从幼儿纸艺活动的设计、实施与评价展开介绍，主要包括幼儿纸艺活动的目的和意义、幼儿纸艺活动的内容选择、幼儿纸艺活动的设计与实施及幼儿纸艺活动的观察与评价四方面的内容。在此项任务中，需要理解幼儿纸艺活动的重要性及纸艺活动内容的选择，掌握开展幼儿纸艺活动的方法，能够对幼儿纸艺活动说课进行评价并提出有效的教学策略。

幼儿纸艺活动是以不同材质的纸为主要材料,以撕、剪、折、染、粘贴等方式为主要技法,以幼儿为主体进行的游戏造型活动。幼儿纸艺活动包括平面纸艺活动与立体纸艺活动,平面纸艺活动有撕纸、剪纸、染纸等,立体纸艺活动有折纸、纸造型、衍纸等。探寻纸艺世界,能够使幼儿亲身感受古代匠人智慧,弘扬中华优秀传统文化,幼儿在趣玩、创玩纸艺活动中能促进自身身心和谐发展和审美素养的提升。

一、幼儿纸艺活动的目的和意义

(一) 探寻纸艺,传承中华优秀传统文化

造纸术是中国四大发明之一,是中国古代劳动人民经验的积累和智慧的结晶。造纸术的出现,对人们的日常生活产生了重大的影响,还衍生了纸的艺术,让我们的生活变得更加丰富多彩。带领幼儿探寻纸艺世界,对传承中华优秀传统文化具有重要的意义。比如,在一次活动中,小朋友手中的纸意外"落水",引起了幼儿对纸的探索欲望,教师追随幼儿的兴趣与好奇心,带领幼儿走进纸的世界,开启"造纸术"的探索旅行,幼儿化身为小小造纸师,动手操作,通过撕纸、捣纸、过筛、脱模等造纸工序,解锁了造纸的秘密。随后,生成了剪纸窗花、折纸郁金香和有趣的染纸等系列活动。幼儿亲身体验千年古法造纸术,感受古代匠人的智慧,增强了民族自豪感;幼儿用对称折叠剪制作出栩栩如生的窗花,双正方形折纸折出了有美好寓意的郁金香,以及用晕染的方式在纸上生花……幼儿在纸艺活动的探寻中,活态传承了中华优秀传统文化。

(二) 趣玩纸艺,促进身心和谐发展

纸艺活动是一种需要幼儿手、眼、脑高度配合的艺术活动。苏联著名的教育学家苏霍姆林斯基指出:"儿童的智力和才干来自他们的指尖。孩子的手越巧,就越聪明。"也有研究表明,纸艺活动能促进幼儿的智力发展、愉悦幼儿的情绪、发展幼儿的肌体。比如,在小班撕纸活动中,幼儿撕纸条做成了"妈妈的头发""柳条"等,幼儿不但充分体验了自由表达和创作的快乐,还增强了注意力和持之以恒的耐心;再如,在中班剪纸活动"泉州花灯"中,教师鼓励幼儿用对折剪的方法,剪出具有对称、均衡感的图案,丰富的色彩生动地再现了泉州花灯的独特魅力。在剪纸活动中,幼儿的手部精细动作得

项目三 "做"的艺术：幼儿手工活动的设计与指导

到发育，他们的观察力、想象力、创造力等得到培养。由此可见，多样的纸艺活动承载着幼儿的童心童趣，也促进了幼儿的身心全面发展。

（三）创玩纸艺，推动审美素养提升

幼儿纸艺活动是融合了美感与创造力的一种美术活动。在纸艺活动中，幼儿大胆想象、自主创造，促进了创造性思维的发展，有效提升了感受美、表现美、创造美的审美能力与审美素养。一张纸、一个纸盘、一个纸杯均有无限的可能，幼儿进行纸艺大创想，用巧手和智慧创造出属于自己的"纸艺王国"。比如，"中班创意撕贴画活动：有趣的脸"，幼儿创意撕贴各色打印纸及广告纸，充分发挥想象力与创造性，激发对撕贴活动的兴趣，提高表现能力及审美能力（见图3-15）；又如，"大班手工活动：螃蟹大聚会"，幼儿利用废旧材料纸盘制作螃蟹外形，并学习运用剪、贴、画等形式装饰螃蟹，幼儿在自由自在的螃蟹制作活动中发挥自己的聪明才智，审美能力也得到了提升。再如，"大班手工活动：纸杯动物"，幼儿综合运用剪、贴、卷等各种方法，一只长鼻子大象和一只特别厉害的恐龙就跃然纸上。在幼儿的创玩纸艺活动中，幼儿的想象力、创造力得到了提升，同时涵养了幼儿的审美素养。

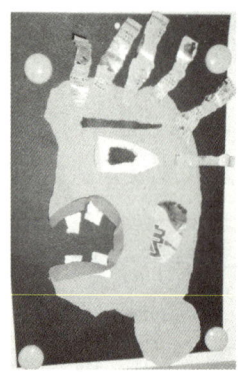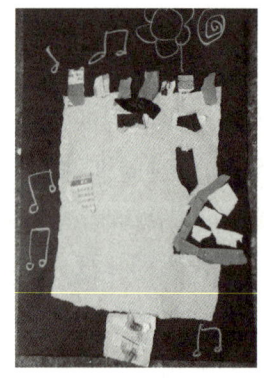

图 3-15 中班创意撕贴画"有趣的脸"系列作品

二、幼儿纸艺活动的内容选择

（一）了解纸艺活动的内容类型与审美特点

纸艺活动是以纸为载体开展的美术创作活动。纸艺材料较为丰富，在生活中随处可见，比如，卡纸、硬纸板、皱纹纸、瓦楞纸、宣纸等。纸艺的创作形式多种多样，可撕贴、可折、可剪、可染……不同的纸艺材料具有不同的肌理、质地、色彩、软硬等。纸艺材料通过制作，会带给观赏者不同的视觉艺术感受，让本色较为单调的纸艺材料重

唤生命力并更具奇幻感。比如,撕贴作品造型简洁;折纸作品经过折、叠、翻等方法就创造出美丽的花朵和活泼可爱的小动物;剪纸作品较为灵动,栩栩如生;染纸作品有的清新典雅,有的华丽多姿……在开展纸艺活动时,需引导幼儿顺应材料的特性进行美术创作,首先,引导幼儿运用多感官静静地、深入地感受材料的特性,对比感受不同材料在色彩、纹理等方面的细微差别,在适宜的时机穿插提问和讨论;其次,在充分感受材料后引导幼儿由材料的特性回忆、联想和想象有关的形象,如可以启发幼儿思考"你们看到或摸到的材料给你们什么样的感觉?""它们让你想到了什么?""可以用它们做成什么?"等;最后,鼓励幼儿大胆运用材料进行创作,可建议幼儿先做形象的主体部分,再添加或者处理细节部分。

(二) 贴近幼儿生活选择适宜的纸艺活动内容

美术的表现和表达建立在儿童已有的生活经验基础上[①],因此,纸艺活动内容的选择需要贴近幼儿的生活,教师和幼儿一起发现周围环境和生活中俯拾皆是的美,与生活中美的事物零距离、多感官的接触,强化幼儿的直接感受体验,从而帮助儿积累美的语言,丰富美的感受,使幼儿获得最真实、最触动心灵的感知经验,从而激发幼儿创作的灵感。比如,"小班手工活动:冰糖葫芦"中的冰糖葫芦是幼儿生活中常见的传统小吃,大街小巷随处可见,酸酸甜甜的口感深受幼儿喜爱,活动中教师以冰糖葫芦为审美对象,鼓励幼儿用撕贴方式大胆表现富有民间特色的冰糖葫芦;再如,"中班创意手工活动:相框DIY",生活中不管是家长还是教师经常用照片记录幼儿的精彩瞬间,为了更好地装饰这些照片,小朋友们决定自己动手制作美丽的折纸相框,并用亮片、纽扣等材料进行装饰,以支持自己的个性化表达。

(三) 根据不同年龄班幼儿的发展水平做好系统安排

《纲要》的实施部分指出:"教育活动内容的组织应充分考虑幼儿的学习特点和认识规律"。《指南》也强调:"幼儿的发展是一个持续、渐进的过程,同时也表现出一定的阶段性特征。"因此,开展幼儿纸艺活动时,教师需根据不同年龄班幼儿的发展水平、结合幼儿的手工能力的发展阶段特点做好系统安排。小班幼儿的纸艺活动,可安排幼儿熟悉的纸艺活动的工具和材料,引导幼儿感受各种纸的特性,体验纸艺活动的乐趣,比如,帮助幼儿认识剪刀、双面胶、固体胶等工具并掌握其使用方法;还可以安排一些简单的剪贴和粘贴活动,比如,教师准备好树干和花瓶图样、纸艺材料,让幼儿剪贴或撕贴成小碎纸片以装饰"树宝宝"(见图3-16)和"花瓶"。随着手部精细动作的不

---

① 陈杰琦,林琳,李琳,等.学前儿童艺术学习与发展核心经验.南京:南京师范大学出版社,2021.

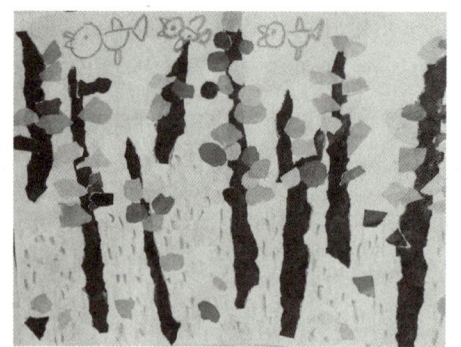

图 3-16 "树宝宝"撕贴作品

断发展,中、大班幼儿可以沿轮廓线折叠、撕、剪。比如,准备教师或者幼儿画的形象简洁、分明的动物、人物、植物的轮廓线,幼儿以游戏的方式,把手或者剪刀当作小鱼,张大嘴巴吃掉纸上的轮廓线(沿轮廓线撕、剪)。再如,选择有对称性、均衡感的形象,如"蝴蝶""灯笼""抓髻娃娃"等,引导幼儿开展折叠撕、剪活动。

三、幼儿纸艺活动的设计与实施

本部分将围绕幼儿纸艺活动的工具与材料、幼儿纸艺活动的基本手法与指导要点及纸艺活动的开展进行介绍,以提升幼儿纸艺活动设计的有效性。

(一)幼儿纸艺活动的工具与材料

幼儿纸艺活动的用纸范围较为广泛,比如,彩色卡纸、皱纹纸、瓦楞纸、衍纸、宣纸等,幼儿园的纸艺活动还经常用到报纸、挂历、硬纸板、纸杯、纸袋等废旧材料。不同材质的纸张肌理可以带来不同的视觉感受和触摸体验,对特殊材质的纸进行或染或折等处理,能够使整个纸艺作品呈现出特殊的美感。在幼儿纸艺活动中需根据具体的内容选择适宜的纸材料,如染纸需要用到吸水性较强的纸,折纸需要用到薄而有韧性的纸。

幼儿纸艺活动还较常使用到剪刀、固体胶、双面胶、订书机、颜料等工具与材料。熟悉这些工具与材料的使用方法能为纸艺活动的开展做好基础。

(二)幼儿纸艺活动的基本手法与指导要点

纸艺活动具有操作性、游戏性和趣味性等特征,深受幼儿喜爱。幼儿纸艺活动用纸范围较广,操作形式也较为多样,有撕纸、剪纸、折纸、染纸、纸造型等,由于纸艺活动的操作材料和操作方式不同,每一种纸艺活动也呈现出不同的手法和指导要点。本部分将围绕幼儿园经常开展的撕纸活动、剪纸活动、折纸活动、染纸活动、纸造型活动的基本手法和指导要点进行介绍。

1. 撕纸活动

撕纸是利用双手手指的配合将薄而软的纸按一定规律撕去多余部分,表现某种形象的手工活动。撕纸活动能有效地锻炼幼儿手指肌肉动作和控制能力,撕纸作品具有蓬松、柔软、自然的美感,这是其他造型手段无法比拟的。

撕纸一般分为自由撕、目测撕、按轮廓线撕、折叠撕等，在撕纸活动中，教师首先要引导幼儿学习撕纸的基本方法：用双手的拇指和食指捏住要撕开部分的两侧，分别向相反方向用力，每次撕口不要太长，以便控制所撕形象。一般先让幼儿自由撕，在撕、揉的过程中了解纸的性质，以积累撕纸的感性经验，再让幼儿学习用目测撕或沿轮廓线撕一些简单的形状，如可以让幼儿练习用报纸目测撕面条，用广告纸或者废旧画报等沿着轮廓线撕纸。中、大班幼儿可以练习将纸折叠后按造型要求去撕。例如，将长方形纸折叠后撕成小兔、将正方形纸折叠后撕成窗花等。

在撕纸活动中，教师提供给幼儿的纸张不宜太大，避免幼儿因为手部控制能力弱而越撕越小，导致一张大纸只撕出一个小形象而造成浪费。引导幼儿对撕纸作品进行想象，撕纸活动不是让幼儿随心所欲胡乱撕，但也不能苛求幼儿准确地撕出一个完美的形象，要注意保护幼儿撕纸的兴趣和积极性。即使幼儿撕出的形象与构思有较大的出入，教师也应该启发幼儿因材施艺进行再加工，引导幼儿观察手中的撕纸作品的形状，启发幼儿想象它像什么，再装饰或添画使之成为一个有意义的形象，鼓励幼儿充分发挥想象撕出自己满意的作品。要提醒幼儿将撕下的纸屑放在固定的容器内，保持桌面、画面及地面的整洁，帮助幼儿养成良好的卫生习惯。

2. 剪纸活动

剪纸是运用剪刀将纸剪成一定形象的手工活动。剪纸有利于锻炼幼儿手部动作的灵活性，发展幼儿手眼协调能力。

剪纸活动的关键是幼儿对剪刀的使用与掌握。所用剪刀以儿童专用剪刀为宜，要求剪刀是圆头的，两个柄环能伸进幼儿的大拇指和其余四指，这样幼儿使用起来较安全且不易疲劳。教师首先要教幼儿学习正确、安全使用剪刀的方法，即将拇指和其他四指分别伸进两个柄环中，然后分别向外、向内用力，交替张合剪刀，把纸剪开。在此基础上，引导幼儿学习基本的剪纸方法：目测剪、沿着轮廓线剪和折叠剪。

与撕纸一样，教师应遵循由简单到复杂、由易到难的教育原则，指导幼儿练习剪纸的方法。在剪纸活动中，对小班的幼儿，教师可向其提供安全剪刀，让幼儿尝试使用剪刀，教师要提醒幼儿左右手配合，右手剪时左手配合右手的动作转动纸张，以免幼儿边剪边拉扯使形象受损。中班幼儿的手部肌肉得到发展，幼儿开始学习剪一些简单的图形，逐步学会剪弧线和曲线，能根据教师的要求沿着轮廓线剪出物体形状，教师要引导幼儿先从大的轮廓开始剪，再剪小的细节部分。大班幼儿学习折叠剪的方法，折叠剪的第一步是折叠，但由于幼儿的手部肌肉动作发展还不够完善，因此在折叠时教师需提醒幼儿折叠纸的层数不宜过多，以2~3层较为适宜，折叠剪的时候要按照从里到外、从小到大、从细到粗、从局部到整体的顺序来剪，且提醒幼儿不能把两边全部剪断，随后再进行修剪。剪完后，教师需提醒幼儿学习按折叠层逐层慢慢揭开并摊平纸，动作要轻柔以保证作品完好无损。幼儿剪的形象往往边缘不整齐，教师不要苛求，应鼓励幼儿大胆尝试与练习，增强幼儿的自信心和剪纸兴趣,使幼儿在积极投入剪纸活动的过程中逐步发展剪纸技能。

3. 折纸活动

折纸是将薄而有韧性的纸,按一定的规律折叠成立体形象的活动。折纸活动不仅有利于锻炼幼儿手部动作的灵活性,还有利于幼儿目测能力、空间知觉能力和图形变换能力的发展。折纸取材方便,选型简洁且富于变化,是幼儿非常喜爱的手工活动之一。折纸一般使用正方形、长方形等规则形纸,根据形象塑造的需要,进行单张折叠或多张组合折叠等。在折纸活动中,教师首先要引导幼儿学习折纸的基本术语,如边、角、中线、中点、对边折、对角折等,以便幼儿在折纸活动中学习、交流。其次,要引导幼儿掌握折纸的基本规则,即对齐、抹平,使幼儿明确每一步折完对齐、抹平,作品才挺括、美观。在此基础上引导幼儿由易到难逐步学习折纸的基本技能,如对边折、对角折、集中一角折、集中一边折、双正方折、双三角折、四角向心折(见图3-17至图3-23)等。

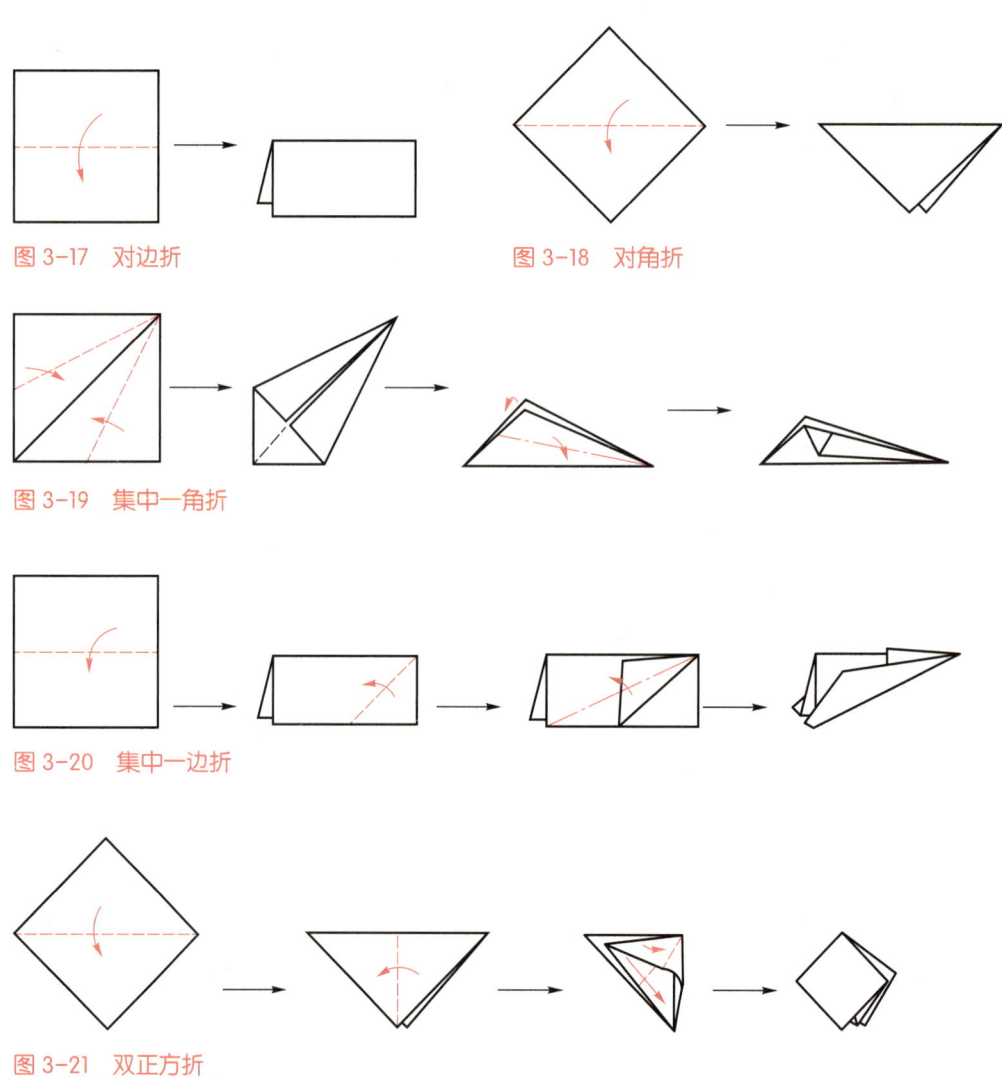

图3-17 对边折　　图3-18 对角折

图3-19 集中一角折

图3-20 集中一边折

图3-21 双正方折

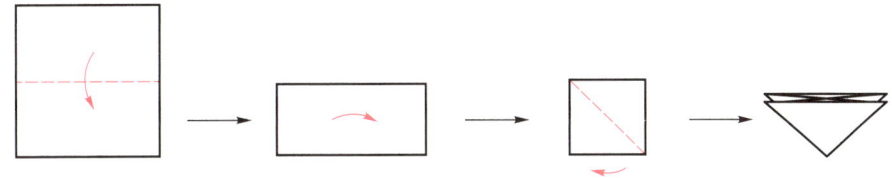

图 3-22 双三角折

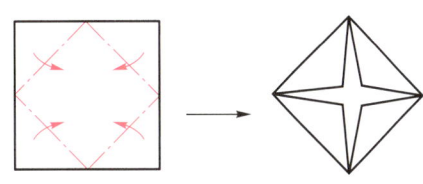

图 3-23 四角向心折

在实践中,幼儿学习折纸时需要教师互动演示。演示时,教师用的纸张要尽量大一些,正反两面是不同的颜色。互动演示时教师的动作要明显,语言要简练,边演示边说明折叠的方法和规则要求。幼儿存在个体差异,有的折得快有的折得慢,为避免幼儿折纸进度不一致,教师总要等待等情况,教师可以多准备几张折叠用的纸,从折的第一步开始,每折一步换一张纸加折,每折好一张就放在固定的展示板上。看图折纸也是解决幼儿折纸速度快慢不一的好办法,这种方法有利于幼儿迁移所学技能,为幼儿独立折纸、创造性折纸打下良好基础。看图折纸,首先要求教师边教幼儿识图边演示,让幼儿理解各种折纸符号;其次,引导幼儿按图示自己尝试折纸,然后教师演示难点部分;最后,过渡到幼儿独立看图折纸,教师只出示一个折好的样品,使幼儿对要折的形象有一个整体的概念,加深折纸的导向性。教师还可鼓励幼儿在已有的技法基础上创造性地折纸。

4. 染纸活动

染纸是将吸水性较强的纸(宣纸、餐巾纸等),通过折叠、渍染和点染的方法染出色彩美丽的图案的一种手工活动。染纸活动能够让幼儿充分感知色彩的奇妙变化,有利于提高幼儿对自然纹样的审美兴趣和对手工活动的兴趣,染纸活动有一定的难度,最好在幼儿园中、大班进行。

在染纸活动中,首先,教师要给幼儿提供充分接触和尝试材料的机会,让幼儿了解材料的性质和特点,比如,让幼儿将餐巾纸和卡纸等不同材质的纸用粉质颜料和水性颜料等不同的颜料浸染,通过直接感知、实际操作,亲身体验使用吸水性强的餐巾纸和渗透性强的颜料晕染出美丽的纹样。其次,要指导幼儿将纸进行折叠,可以将纸对折、放射折或自由折,但注意不宜折太厚,否则难以均匀染色。再次,引导幼儿学习染色,染色一般分渍染和点染两种,渍染是将纸插入颜料中,使纸自动吸附颜料,渍染的难点是控制染色时间的长短,教师应引导幼儿观察、尝试如何使颜料渗到自己需要染色的部位。点染是用毛笔或棉签上颜料,根据设计需要涂在纸上的适当部位。最后,引导幼儿揭开染纸,教师可引导幼儿先将纸阴干或用吸水纸压吸后,再轻轻地、慢慢地打开,以免撕破染纸。

折叠纸时,教师需要提醒幼儿根据染纸材料的形状采用不同的折叠方法。染纸时,教师要注意引导幼儿专笔专用,保证色彩的纯正,同时,要注意引导幼儿对色彩的把握,一般以一种色为主,且染色面要大;还要引导幼儿在色度上有深浅变化,注意先染浅色,后染深色;在色块排列上要有疏密变化以形成节奏感等,对染好的纸可进一步启发幼儿用于折纸、剪纸等制作活动,进一步体验手工制作的乐趣。

5. 纸造型活动

纸造型指的是运用略硬的普通纸张、图画纸、卡纸等纸材料,通过团、折、剪、粘贴等方法创作出立体的形象。纸造型活动帮助幼儿认识纸从平面造型到立体造型的变化,有助于发展幼儿的空间知觉能力、想象能力及造型能力。纸造型活动有一定的难度,建议在幼儿园大班开展。

在纸造型活动中,教师要先指导幼儿制作基本形体,这是纸造型的基础。如纸造型圣诞帽,幼儿先做出圆锥体的基本形体。再如,可爱的纸娃娃,幼儿需要先做出圆柱体的基本形体当作娃娃的身体。然后,需指导幼儿运用所学的技法进行联想造型。一方面可在基本形体上面做"加法",即在基本形体上进行贴、黏接、镶嵌、插接、盘绕、组合等。比如,用彩色的折叠纸或者彩带粘贴在圆柱体最上面就成了娃娃的头发。另一方面还可以在基本形体上做"减法",即对基本形体做剪、挖、切等加工,比如,用纸杯剪出娃娃的眼睛和嘴巴。幼儿进行纸造型创作时也可以充分利用纸盒、纸筒、纸杯、纸袋等生活中的废旧材料做基本形体,根据基本形体的引导幼儿大胆地想象,综合运用"加法"和"减法",创造出各种各样的纸造型,使幼儿充分感受纸的形体变化,妙趣无穷。

(三) 幼儿纸艺活动的开展

说课活动是教学、教研改革的重要手段。幼儿园说课,即幼儿教师以教育教学理论为指导,在设计教学活动方案的基础上,用口头语言和相关辅助手段向同行、领导或研究人员阐述对某一教学活动的设计及其理论依据。[①] 广义上,幼儿园说课可以指说各类教育活动,如说集体教学活动、说区角活动、说游戏活动等;狭义上,幼儿园说课特指说集体教学活动。本教材中的说课将从狭义的角度来阐述。说课对激发教师钻研课堂教学的积极性、提高课堂的教育教学质量、提升教师的自身专业素养具有重要的意义。本部分幼儿纸艺活动的开展以幼儿纸艺活动的说课为例进行介绍,将从"大班

---

① 梅纳新.幼儿教师说课技能训练[M].上海:复旦大学出版社,2015:5.

纸工活动:美丽的拉花"的活动内容、目标、过程与方法三个方面进行7分钟的说课展开阐述,即说清楚"学什么、教什么""怎么学、怎么教",以及"为什么"等问题。

1. 说内容

说内容即要说清楚"教什么",要求能阐述活动内容选择的理由,能根据《纲要》和《指南》正确地分析、理解活动内容,在客观分析幼儿的年龄特点与发展水平和已有经验的基础上,选取适宜幼儿的学习内容。现在来说一说"大班纸工活动:美丽的拉花"的活动内容:《指南》艺术领域的"表现与创造"部分中指出大班幼儿"能用自己制作的美术作品布置环境、美化生活",《纲要》中艺术领域的内容与要求部分也指出要"指导幼儿利用身边的物品或废旧材料制作玩具、手工艺品等来美化自己的生活或开展其他活动。"新年来临,幼儿对用拉花装扮教室产生了浓厚的兴趣,结合本班幼儿手部精细动作的发展,手工能力处于灵活表现阶段的水平,以及具备折叠剪的初步经验,我设计了本次活动,引导幼儿学习手工制作拉花来布置班级的环境,难度适合本班幼儿。

2. 说目标

说目标即说清楚"学什么",要求阐述活动目标的具体内容并说明制订目标的理由与依据,还要求能准确地定位活动的重难点,并说明确定活动重难点的理由和依据及解决活动重难点的方法与策略。接着说一说"大班纸工活动:美丽的拉花"的活动目标,儿童的发展是一个整体,结合大班幼儿的最近发展区和美术领域的核心经验,我预设了如下三维目标:(1) 认知目标:理解制作拉花的具体步骤图;(2) 能力目标:学习用正方形纸折剪拉花,能够合作将单个拉花组合成长的拉花;(3) 情感目标:感受拉花的独特美,体验集体制作的乐趣,增强合作意识。能力目标是本次活动的重点。本次活动的难点是"用正方形纸折剪拉花"中的"能在折剪拉花的过程中运用左右轮流剪且不剪断"。为了有效实现本次活动的预设目标,突破本次活动的难点,本次活动运用了欣赏法、启发式教学法、互动演示法、游戏练习法等教学方法,学习方法主要有讨论法、操作练习法。

3. 说过程与方法

说过程与方法即要说清楚"怎么学、怎么教",以及"为什么"等问题,要求能清晰地阐明各环节的活动设计与活动目标的达成关系,要求活动设计合理,能准确地预估活动成效,还要求能清楚地说明主要的教学方法及选用这些方法的理由。再接着说一说"大班纸工活动:美丽的拉花"活动的过程与方法:本活动坚持"以幼儿为本"的教育理念,充分尊重和发挥幼儿的主体性,将活动预设了四个环节:环节一,幼儿欣赏拉花,初步探索拉花的制作方法。教师将师幼收集的拉花布置成展览,请幼儿一起看一看、试一试拉花怎么变魔术,直观感受拉花独特的美,亲身体验拉花大变身,激发幼儿制作拉花的兴趣。环节二,结合拉花的制作步骤图,互动讨论和演示制作的方法。考虑到幼儿思维的具体形象性,教师先为幼儿提供了拉花的制作步骤图并启发幼儿观察讨论:"制作拉花一共有几个步骤?你们觉得哪个步骤最难?""需要折几次?怎么剪呢?"通过欣赏法和启发式教学法实现本次活动的认知目标和能力目标,突出本次活动的重点。随后教师再结合拉花制作中最难的步骤进行演示,教师可以进行难点互动演示,也可以请能力较强的幼儿进行互动演示,随后给幼儿充分的时间进行练习,借助互动演示法和游戏练习法突破本次活动的难点。环节三,幼儿集体制作拉花,教师巡回指导。此环节中教师充分关注幼儿的个体差异,结合幼儿的能力发展水平从强、中、弱等水平进行有针对性的指导,并考虑到大班幼儿在艺术活动中不仅能与他人相互配合,也能独自完成,教师引导幼儿小组合作将拉花连起来,变成长长的拉花,从而实现本次活动的情感目标。环节四,跟随音乐,用制作好的拉花装扮教室。本次手工活动灵活运用了看一看、试一试、说一说、练一练等多种方法引导幼儿直观感受了拉花的独特美,学习用正方形纸折剪拉花,能够合作将单个拉花组合成长的拉花,在欢快的音乐声中用拉花来装扮教室。活动结束后,在美工区投放彩纸和剪刀,引导幼儿继续探索其他拉花的折剪,同时建议家园共育,请家长与幼儿一起折剪拉花。

以上是围绕"大班纸工活动:美丽的拉花"从活动内容、活动目标、活动过程与方法方面进行说课,此外还可以凝练地说一说本次活动的亮点。在整个说课过程中要求说课者仪表大方、举止文雅、表情自然有亲和力、语言规范、条理清晰、逻辑性强,表达流畅规范,时间控制得当。

四、幼儿纸艺活动的观察与评价

观察、分析与评价幼儿纸艺活动说课,有助于教师进一步明晰活动的设计意图,反思活动设计的可行性,从而帮助教师在反思实践中夯实自身的理论基础,提升自身的专业素养。教师要明晰幼儿纸艺活动说课的观测点和具体评价标准,并据此设计相应的观察评价表,结合具体的评分情况提出改进的建议,为有效开展幼儿纸艺活动奠定基础。本部分以幼儿纸艺活动说课为例,开展幼儿美术活动说课的观察与评价。

(一)厘清幼儿纸艺活动说课的观测点与具体评价标准

幼儿纸艺活动说课的观测点主要涉及说内容、说目标、说过程与方法及说课现场表现等。本教材参考了全国职业院校技能大赛和福建省职业院校技能大赛中说课部分的评分标准,并将其评分标准中的具体指标进一步细化,比如,说内容的具体评价标准包括能根据《纲要》和《指南》正确分析、理解教学活动内容;内容贴近幼儿生活,符合幼儿发展水平;挖掘内容内在联系,立足审美整合相关领域。

(二)设计纸艺活动说课的观察评价表

为了更高效地观察、评价幼儿纸艺活动说课,更进一步了解教师说课的水平,可根据已经明确的幼儿美术活动说课观测点和具体评价标准设计说课观察评价表,并为每条评价标准赋值,观察者可以根据评价表快速、有理有据地进行评分,从而可以较为客观地对说课活动给予评价,了解说课活动的具体情况。具体如表3-9幼儿美术活动说课观察评价表所示。

表3-9 幼儿美术活动说课观察评价表

幼儿园		班级		教师		主题	
评价者				时间			
观测点	具体评价标准					分值	评分
说内容	1. 根据《纲要》《指南》正确分析、理解教学活动内容					5	
	2. 内容贴近幼儿生活,符合幼儿发展水平					5	
	3. 挖掘内容内在联系,立足审美整合相关领域					5	
说目标	1. 阐述情感、知识和能力三维目标					7	
	2. 说明活动目标制订的理由和依据					7	
	3. 准确把握活动重点,活动难点设置适宜					7	
	4. 说明确定重点的理由和解决难点的方法					7	
说过程和方法	1. 能清晰说明活动各环节的设计与活动目标的达成关系					15	
	2. 能清楚地阐述活动主要的教学方法					10	
	3. 能说明教学方法使用的理由					10	
	4. 设计合理,措施得当,准确预估活动效果					10	
现场表现	1. 保教知识扎实,教学严谨规范					3	
	2. 教学语言规范准确、条理清晰、逻辑性强					3	
	3. 教态自然亲切、仪表举止得体					3	
	4. 时间控制恰当(超时相应扣分)					3	
合计						100	

注:评价表中每个观测点分为若干具体评价标准,评价者依据实际情况对照标准打分。该表也适用于幼儿美术欣赏、绘画活动的说课观察评价。

大班剪贴画活动:古香古色的三坊七巷

大班剪贴画活动:古香古色的三坊七巷

设计与执教:福建省实验幼儿园　董双红
案例评析:福建幼儿师范高等专科学校　叶丽芬

设计意图

福州是一座风光绮丽、人文荟萃的历史文化名城,名列中国十大历史文化名街之首的三坊七巷被誉为"明清建筑博物馆",是福州的重要标志。我园的美术课题研究重视本土文化的挖掘和利用,对孩子们进行本土文化的熏陶及审美启蒙,使他们了解这经典古街的历史文化元素,引导他们欣赏古代建筑的美,激发他们爱祖国爱家乡的情感。

三坊七巷是难得的好教材,也是我园的园本课程。三坊七巷的建筑蕴含着中国古建筑中诸多美的元素:严谨的中轴对称稳重古朴,连绵起伏的马鞍墙错落有致,高翘的飞檐如大鹏展翅,精美的浮雕图案巧夺天工……孩子们徜徉其中,流连忘返。在参观欣赏之后,孩子们饶有兴致地进行了以三坊七巷为题材的写生画、线描画、剪纸等系列美术活动,以多样的美术表现形式尽情抒发自己对古建筑美的理解和感受。本次剪贴画活动目的是在原来平面创作的基础上以半立体浮雕的表现手法更细致地展现三坊七巷古建筑的美感,并将个人创作提升到集体创作,共同完成大幅画卷《古香古色的三坊七巷》。

活动目标

1. 尝试用剪贴画创作表现福州三坊七巷各种房屋、坊巷的造型,感受古建筑的美,萌发对家乡本土文化的热爱之情。

2. 能与同伴分工合作,共同完成大幅画卷,提高协作能力。

活动准备

1. 经验准备:

(1) 丰富三坊七巷的相关知识。组织幼儿参观南后街"三坊七巷",观察其主要的建筑特色(如马鞍墙)、装饰图案等。请家长与孩子一同上网收集、了解有关三坊七巷的故事。

(2) 幼儿创意写生三坊七巷各种建筑,以及木雕图案等。

(3) 初步掌握用剪纸方法表现房屋、巷和坊等。

2. 材料准备：

（1）多媒体设备、三坊七巷各建筑与幼儿作品的课件，背景音乐古筝《琵琶语》。

（2）背景图、各小组的标志牌、收集的棕色纸袋、瓦楞纸、色卡纸若干张、剪刀、泡沫胶、双面胶、棉签、铅笔、回形针等。

活动过程

一、播放课件，欣赏三坊七巷的建筑及前期幼儿的绘画剪纸作品

1. 在全国十大历史文化名街的评选中，哪一条街获得了最高的投票？为什么三坊七巷能获得第一名？有哪些名人曾经住在三坊七巷？

2. 三坊七巷不仅名人多，还保留了许多美丽的古建筑，我们都去参观过了，还拍了许多照片，我们一起来看看吧！（播放课件）

二、构想用剪贴画表现三坊七巷的建筑

1. 激发幼儿用剪贴画表现三坊七巷的愿望。

（1）三坊七巷的每一座建筑都很美，参观三坊七巷之后，小朋友们用了写生、线描画、剪纸的方法来表现自己认为最美的古建筑，看，老师把你们的作品都展示出来了。

（2）小朋友们除了用写生、线描画、剪纸的方法来表现，还可以用什么方法来表现呢？（剪贴画）

2. 出示背景图长卷，引导幼儿观察教师范例，提出剪贴画创作的任务。

（1）老师已经把什么建筑请进长卷里了？（南后街大门，风雨廊）

（2）老师是用什么材料来做这两个建筑的？（瓦楞纸、购物纸袋）

（3）用瓦楞纸剪贴屋顶看起来怎样？（认识瓦楞纸）屋顶除了用瓦楞纸剪，还可以用什么办法表现立体感呢？

（4）我们一起把整条街的建筑都剪出来，贴在长卷里，组成一幅三坊七巷的美丽画卷吧！

三、介绍组别，提出活动要求

1. 介绍各小组。

师：今天我们用剪贴画的方法表现三坊七巷里的各种建筑，分成三组，第一组剪巷子和坊的大门，第二组剪水榭戏台，第三组剪马鞍墙和各种木屋。

2. 提出活动要求。

（1）选：按桌上的提示牌，幼儿自主选择小组和相应的材料，座位满了就选另一组。

（2）剪：选好纸张后再剪，尽量充分利用每一张纸，不浪费。

（3）贴：不要贴在背景图的边框上，要贴得有高有低，有前有后，用遮挡法贴。

3. 教师与幼儿讨论小组的选择与分工。

四、幼儿创作，教师指导幼儿协商合作完成剪纸作品（播放背景音乐）

1. 教师重点指导幼儿选用合适的纸张剪贴古建筑，表现立体感与细节。

2. 提示幼儿粘贴作品时注意贴在合适的位置,疏密结合。

五、师幼共同交流创作好的长卷,感受三坊七巷整体的建筑美

1. 说说自己最喜欢哪一件作品,它美在哪儿?

2. 播放音乐,幼儿与同伴互相交流,说说自己都剪了什么,感觉怎样。

六、活动延伸

鼓励幼儿以多种美术表现形式创作三坊七巷,如粉印版画、纸板拓印、泥塑等。

案例评析

1. 活动内容适宜。《指南》指出:"创造条件让幼儿接触多种艺术形式和作品",课题组充分挖掘和利用本土文化,将历史古街三坊七巷作为本次活动的内容。三坊七巷是福州的历史文物古迹,蕴含着中国古建筑中诸多美的元素,幼儿对三坊七巷也比较熟悉。基于幼儿的生活经验与兴趣,确定了本次活动内容"合作创作剪贴画三坊七巷"。本活动注重挖掘内容的内在关系,活动前已开展以三坊七巷为题材的写生画、线描画、剪纸等系列美术活动,再合作创作剪贴画三坊七巷,以半立体浮雕方式展示古建筑的美感,能激发幼儿创作愿望,支持幼儿的审美艺术表达与创造。

2. 活动目标合理。《指南》艺术领域的"表现与创造"部分指出,5—6岁幼儿在"艺术活动中能与他人相互配合,也能独立表现"。本活动根据幼儿的年龄班特点制订了目标1"尝试用剪贴画创作表现福州三坊七巷各种房屋、坊巷的造型,感受古建筑的美,萌发对家乡本土文化的热爱之情"和目标2"能与同伴分工合作,共同完成大幅画卷,提高协作能力",结合活动的类型、幼儿的发展水平和经验,确定目标1中"尝试用剪贴画创作表现福州三坊七巷各种房屋、坊巷的造型"是本活动的重点,本活动的难点是"剪贴古建筑三坊七巷,表现立体感与细节"。本活动主要运用欣赏法、启发式教学法、操作练习法等方法实现活动的目标及突破活动的重难点。

3. 活动过程与方法有效。本活动过程设置合理,环环相扣,活动中教师活动思路清晰,设计了"欣赏—构想—创作—交流"的环节,帮助幼儿积累审美和创作经验,支持幼儿富有个性的审美艺术表达。"欣赏环节"——先在自由欣赏中,唤醒幼儿对三坊七巷古建筑马鞍墙、飞檐、浮雕等审美对象的关注,同时串联前期幼儿绘画剪纸的相关经验,为剪贴三坊七巷古建筑做好充分的准备。"构想环节"——运用启发式教学法,在师幼、幼幼互动中启发幼儿获得创作的方法,引导幼儿思考"用什么材料和怎么创作古建筑?怎么做古建筑才会更立体?"等问题以突破本次活动的重难点。"创作环节"——有针对性地示范给幼儿以不同的启发和表达的引导,注重营造宽松、自然的环境氛围,根据幼儿的个体差异有层次性地指导幼儿创造性表达。"交流环节"——在师幼、幼幼多元的互动中欣赏交流作品,迁移幼儿的审美经验,共享艺术创作带来的自豪与喜悦,同时萌发幼儿对家乡的热爱之情。

岗位应用

实训活动　幼儿纸艺活动的设计、实施与评价

1. 目标

(1) 掌握幼儿纸艺活动的基本方法和指导要点。

(2) 能够设计、评价幼儿纸艺活动。

(3) 能在校园双师指导下开展幼儿纸艺活动。

(4) 提升独立思考能力、小组项目合作能力,涵养爱心、耐心、细心等师德情怀。

2. 内容要求

(1) 与园任教师商讨适宜实习班级幼儿的纸艺活动主题,项目小组合作设计、实施幼儿纸艺活动说课。

(2) 运用表 3-9 幼儿美术活动说课观察评价表进行项目小组评价与交流。

(3) 与学校和园所教师交流反馈、分析评价、反思修订幼儿纸艺活动设计方案。

(4) 在学校和园所教师指导下,项目小组开展幼儿纸艺活动说课。

(5) 与学校和园所教师交流反馈、分析评价、反思推进幼儿纸艺活动。

拓展学习

纸工探索活动中教师的支持策略[①]

一、引入阶段教师的支持策略

(一) 鼓励幼儿自主探索材料

引入阶段是幼儿首次与材料或者工具接触的过程,也是幼儿审美经验发展的初期。幼儿需要从教师那里学到基本的工具和材料的名称,教师的介绍需要尽可能的简单、真实,将基本的名称与操作注意事项告诉幼儿,但是有关材料的其他特点应该留给幼儿自

---

① 张静宜. 基于单项深度法的 5-6 岁幼儿美工区纸工探索活动的行动研究[D]. 南京:南京师范大学,2020.

由探索。幼儿探索的材料应该是适宜幼儿年龄发展的、低结构化的材料,可以将材料分为二维和三维材料。二维材料包括幼儿在绘画中使用最多的画笔、画刷、印章、蜡笔、颜料等,例如,幼儿自主探索蜡笔后会发现使用不同的力度或者叠加可以产生多样的绘画效果;再如,各种尺寸、颜色和材质的纸,幼儿自主探索后会发现它们各自有独特的用途和特点,纸不仅可以成张使用,也可以成卷使用,以方便更丰富地探索与创作。三维材料包括两类:一类是用于造型的固定材料,包括木头、树枝等;另一类是用于塑形的,如纸、纸浆、泥土等。教师在为幼儿提供可供探索的材料之外,还应该鼓励幼儿自主探索。如果幼儿被成人告知探索材料就是破坏干净整洁的空间,就是浪费材料,那么他们的探索自由将会被限制。在经济允许的条件下,我们应该尽可能地为幼儿提供既便宜又丰富的材料,例如,纸可以为幼儿提供多种创造的可能性。

(二)创设幼儿自主探索与表达的环境

1. 创设足够的且富有艺术感的空间

设置一个足够的且富有艺术感的美工区,是开展活动的首要条件,也向幼儿传递着艺术是他们日常生活重要的组成部分这一信息。首先,足够的空间主要包含两层含义。第一,是指美工区应该足够宽敞与开放。在纸上绘画时,幼儿全身都会随着画笔移动,幼儿揉纸、卷纸、撕纸时,会用上全身的力气,因此给幼儿提供充足的空间,可以使其感受艺术创作的动态过程。第二,区角的材料应该便于幼儿取放,应该存放在一个幼儿容易看到、取用方便的空间之内。只有材料在容易取放的情况下,幼儿才能更主动地探索材料,创造艺术形象,开展游戏。其次,美工区的环境应该富有艺术感,在区角中可以投放适合幼儿欣赏的艺术作品,积累审美意象,可以用充满生机感的绿植装饰,重视大自然的审美价值等。

2. 设置展示幼儿艺术作品的空间

设置展示幼儿艺术作品的空间,可为幼儿提供更多自主表达的机会。对于已经完成的艺术作品,展示空间应该符合幼儿的身高,容易让幼儿看到。例如,展示二维作品的墙壁,展示三维作品的架子与盒子。此外,幼儿还未完成的作品,也应该被放到特定的桌子或者架子上,让幼儿知道他们的作品受到了保护,等待他们继续创作。展示幼儿的作品,一方面表明幼儿的创作受到了教师的重视;另一方面,幼儿不仅欣赏、介绍自己的作品而且也会欣赏同伴的作品,倾听同伴的想法,幼儿在这里互相交流,彼此学习,这也是视觉艺术中幼儿学习的过程。

二、拓展阶段教师的支持策略

(一)追随幼儿的兴趣发展,接住幼儿抛过来的球

在拓展阶段,幼儿对材料已经有了一定的探索和了解,并且这一阶段是幼儿兴趣逐渐浓厚和多样化的阶段,幼儿在探索之后,会出现新的自己感兴趣的问题和方向。教师要及时捕捉班级幼儿共同的兴趣点,从中追随兴趣发展,生成活动;对于个别幼儿感兴趣

的方向,教师也应该给予鼓励与支持,引导幼儿,在美工区进行探索。例如,在纸工探索活动中,班级大部分的幼儿对剪纸拼贴画表现出了兴趣,并且渴望表征更加丰富、完整的故事情节,因此教师及时捕捉幼儿的这一兴趣点,分析他们的已有经验,生成了拼贴画活动"跳绳的小人",用拼贴画表现人物动态。但也有少部分幼儿已经探索了纸的撕剪与拼贴,他们更感兴趣纸发出的声音,教师也没有忽视他们的发展。在美工区提供了多样的纸,他们可以揉、撕、拍、弹听声音,也提供了多种材质的纸盒、纸筒,他们可以用纸棒敲打,听它们发出的声音。总之,在探索阶段,教师应该平衡幼儿与教师发起的活动,追随幼儿的兴趣发展,接住幼儿抛回来的"球",生成幼儿感兴趣的活动。

(二)适时地提供"脚手架",将球抛回给幼儿

在幼儿持续深入的探索中,不仅需要教师追随幼儿的兴趣发展,也需要教师适时地"制造矛盾",提供"脚手架",引发幼儿的再思考与再探索。自主探索不是放任自由的探索,教师的参与是支持幼儿探索的基本要素。例如,在"动物乐园"活动中,幼儿对建造动物乐园一筹莫展的时候,教师提示他们可以考虑动物的分类,幼儿在将其分为水生动物和陆生动物的时候,他们也就明白了动物乐园中需要有草地、有河流,以适应不同动物的生存需要。另外,幼儿在为动物乐园造房子时,因为报纸太软而纸房子的屋顶太重,会面临房子"倒塌"这一困难。其实教师在幼儿开始制作时就明白房子存在"站不稳"的问题,但是她没有简单直接地告诉幼儿正确的做法,而是充分给予幼儿尝试的机会,允许幼儿试错。幼儿尝试了增加固定的胶带或者减轻屋顶重量的方法,但是房子还是"摇晃"。为了追随幼儿的兴趣,引导幼儿利用纸材料来解决活动中的实际问题,教师提示他们考虑纸的支撑力,选择更为稳固的纸。幼儿发现,硬质的纸板虽然可塑性差,不好改变形状,但是支撑力好,可以将它作为房子的支撑。教师这样适时地提供"脚手架",引导幼儿自主进行操作和探索,困难就会迎刃而解。

教师在幼儿认识材料、互动过程及操作中都扮演着重要的角色,他们参与幼儿的游戏,但不主导游戏。教师在幼儿的最近发展区内,及时地提供"脚手架",支持幼儿的探索;或者"制造矛盾",提出幼儿能力范围内的问题来推进他们的探索与学习。

任务四　幼儿综合制作活动的设计与指导

哪些材料可以用于综合制作活动？

秋天,是丰收的季节,田地里的麦穗摇曳着饱满丰盈的身姿随风扭摆,果树上的果实新鲜可人,娇嫩欲滴。秋风一吹,树上的叶子像一只只蝴蝶慢慢地、慢慢地着落在地上,给大地铺上一层金色的地毯。中班的许老师带着小朋友们一起到户外找秋天啦!看,有的小朋友捡了一些落叶,有的小朋友捡了一些枯树枝,还有的小朋友捡了一些落在地上的果子……许老师带着小朋友们满载而归,并提供了胶棒、剪刀、卡纸等各种各样的工具和材料,让小朋友们发挥想象,大胆自由地进行美术创作。许老师看到,有的小朋友在用树叶进行拓印,有的小朋友在用枯树枝搭建房子,还有的小朋友在用果核拼贴动物呢!真有趣啊!

请结合案例想一想:综合制作活动的材料和工具包括哪些?哪些综合材料适合在幼儿园中用于开展活动?幼儿园教师应该怎么去设计、实施、评价幼儿园综合制作活动呢?

此项任务将围绕幼儿综合制作活动的设计、实施与评价展开,包括综合制作活动的目的和意义、内容选择、设计与实施、观察与评价。在此项任务中,需要理解开展综合制作活动的必要性,能够根据幼儿特点选择活动内容,掌握设计与实施综合制作活动的基本形式和主要方法,学会观察与评价综合制作活动,并提出相应的教育建议。

综合制作活动,指的是在美术创作活动中运用媒介,将不同性质的材料创造性地组合在一起的美术语言,即运用多种技能与工具、材料进行创作的美术活动。随着社会的发展,文化、审美等更加多元化,更多的材料可被有目的、有创造性地运用到美术综合制作活动中,因此,能够被运用于综合制作活动中的任何材料都可称为综合材料。综合制作活动是幼儿喜闻乐见的一种美术活动形式,能够给人不同的视觉感受和审美体验,非常符合幼儿的年龄特点与身心需求,可以极大地满足幼儿的好奇心、创作欲望、想象力等。

一、幼儿综合制作活动的目的和意义

(一) 充满趣味,激发幼儿的探索欲

在综合制作活动中,常常需要运用生活中常见的物品和废旧材料,教师应鼓励和支持幼儿通过自己的奇思妙想创作出有趣的综合制作美术作品。综合制作活动具有化腐朽为神奇的力量,充满了未知和趣味,各种各样的材料能够让幼儿体会到综合制作活动的乐趣所在。例如,在"树叶拓印与添画"综合制作活动中,幼儿对形状不一的树叶产生了丰富的想象,有的幼儿说像孔雀,有的幼儿说像松鼠,并大胆想象,用树叶创作各种有趣的美术形象,幼儿在活动中感受到了乐趣。一片普通的树叶,一张彩色的纸片,一粒小小的纽扣……对幼儿来说都有莫大的吸引力,能够激发幼儿的好奇心,使幼儿乐于进行观察,并充满想象力、创造力地进行探索与创作。

(二) 充满可能,有助于幼儿的情感表达

综合制作活动,是幼儿情感表达的有效途径之一。在综合制作活动过程中,教师应鼓励幼儿充分地发挥自主性,将内心的想法、情绪情感,以及对外界的认识与理解,通过美术的形式表达出来。在材料的多样性、年龄的不限制性方面,综合制作活动具有绘画、纸工、泥工等专门的美术活动所不具备的优势。在综合制作活动中,幼儿可以自由取材、灵活运用各种材料,顺利地表达自己的感受与情感。例如,幼儿想要制作贺卡送给妈妈,如果单纯地进行绘画或纸工,幼儿受到年龄和绘画水平的限制,可能难以顺利地表达内心丰富的情感。这时,教

师可以提供贴纸、花瓣、绸带等材料,让幼儿通过绘画、剪裁、粘贴、编织等方式来制作贺卡,创作出满意的作品,帮助幼儿解决"画不出""做不出"的难题。综合制作活动,可以有效地将美术活动的重心从美术技巧方面转移到情感表达方面。

(三)充满挑战,锻炼幼儿分析问题和解决问题的能力

在综合制作活动中,可以运用绘画、纸工、泥工、扎染、编织等多种技法,又可以有平面、立体等不同的组合方式。综合制作是充满千变万化的美术活动,可以创作出各种各样不同视觉效果的美术作品,从而培养幼儿的发散思维,锻炼幼儿分析问题和解决问题的能力。例如,在黏合主题的综合制作活动中,同种物品选择不同的胶状材料时,不同物品选择相同的胶状材料时,都会呈现出不同的视觉效果。在这个过程中,怎么去选择,怎么去尝试,怎么才能达到理想的效果,需要幼儿在一步步探索中,去分析、去判断,通过不断尝试、调整来创作出自己满意的美术作品,从而锻炼幼儿分析问题的能力。

二、幼儿综合制作活动的内容选择

(一)了解综合制作活动的内容类型与审美特点

综合制作活动的表现方式丰富多样,呈现的美术效果各有不同。和泥工、纸工相比,综合制作活动具有更强烈、更丰富多样的形式美和内容美,也更能激发幼儿学习、发现、创作的兴趣。综合制作活动的内容类型如下。

1. 自然材料综合制作

自然材料包括水、沙子、石头、树叶、动物、花鸟鱼虫等。可以根据需要灵活选用自然材料来进行综合制作,比如,落叶可以用来拓印,麦秆可以用来编织,石头可以用来拼贴,树枝、鲜花可以用来装饰画面等。例如,以"欢乐国庆"综合制作活动为例,活动重点是让幼儿表达对祖国的热爱与祝福。幼儿的绘画水平有限,教师可以提供鲜花、干花等自然材料,让幼儿自由取材、大胆创作。多种多样的自然材料不仅新颖有趣,而且可以让幼儿更加顺利地达到美术创作的预期效果,更重要的是让幼儿更直接地参与自然、感受自然,利用自然之物表达对祖国的热爱,并在这个过程中培养他们的审美能力及对造型的感受能力。再如,可以让幼儿用矿泉水瓶来做"有趣的人"或"花盆"或"鱼缸"等,也可以用玉米粒、稻谷、红豆等五谷杂粮来粘贴"小动物"或"小房子"或"小花、小草"等,这样的方法既让幼儿能够认识、喜爱自然之物,同时,还可以培养幼儿的探索力、想象力、创造力,让综合制作活动变得妙趣横生,培养幼儿对美术的兴趣

和热爱之情。

2. 生活材料综合制作

生活材料是随处可见的、用于人们生产生活的物质材料。生活材料包罗万象，比如，一次性纸杯、纸盘、吸管、DIY T 恤衫、袋子、瓶瓶罐罐等，都可作为幼儿的综合制作材料，并且不限定于特定的使用方法。在日常生活中，家长和教师可以鼓励幼儿注意观察，对生活用品进行选择和开发，激发幼儿的观察力、想象力和创造力。例如，在"美丽的小花盆"综合制作活动中，重点是让幼儿进行花盆的装饰。这就需要一个立体容器来作为"花盆"，进而进行装饰。立体容器难以用纸工和泥工来完成，教师可以提供各种各样的瓶瓶罐罐，让幼儿有一个直观且逼真的"花盆"形象，有利于幼儿进行花盆的造型与装饰。又如，用一次性纸杯可以创作出各种各样的小动物；用纸盘可以创作出美丽的青花瓷，还可以与绘画相结合，创作出大千世界；用吸管可以搭建成房子，还可以剪贴成栅栏；用瓶瓶罐罐可以创作出美味的水果派对等。

3. 变废为宝材料综合制作

变废为宝材料，指的是原本已没有利用价值的废旧物品，包括：废纸箱、易拉罐、啤酒瓶、废旧轮胎等。运用变废为宝材料进行综合制作活动，重新赋予废旧物品价值，形成别具一格的美术作品，不仅可以拓宽综合制作材料的范围，而且可以拓展幼儿的思维，培养幼儿的环保意识。例如，在"有趣的印第安人"综合制作活动中，可以利用啤酒瓶作为印第安人的身体，让幼儿在啤酒瓶上面进行彩绘和装饰，从而创作出印第安人。又如，啤酒瓶盖可以用来印花朵；喝完的易拉罐和啤酒瓶可以用来彩绘，作为家里的装饰品；废旧报纸和杂志中的图片，可以用于剪贴画中；废旧的纸箱可以用来制作成动物椅子或机器人等。在变废为宝的综合制作活动中，首先，教师和家长要有"变废为宝"的意识，才能耳濡目染地影响幼儿。其次，教师和家长可以支持和鼓励幼儿，慢慢挖掘和开发废旧物品，让幼儿充满兴趣和热情地去发现更多、更丰富的变废为宝材料。让综合制作美术活动变成和生活息息相关的事情，让幼儿更亲近、更喜爱美术。

（二）选择符合幼儿生活经验的综合制作活动内容

随着社会快速发展，综合制作材料的种类日益多样化，并涌现出繁多的新型材料，如吹塑纸、水拓纸、刮画纸等。教师要不断打破传统艺术创作的常规，鼓励幼儿创作出更多元化的美术作品。综合制作活动也更加地生活化，可以说是无处不在，如啤酒瓶灯罩、编织草帽、矿泉水瓶鱼缸、鞋子花盆等。

综合制作活动的内容应符合幼儿的身心发展特点。活动内容应符合幼儿的年龄特点和认知特点，满足幼儿的兴趣需要，具备启蒙性，这样可激起幼儿的操作兴趣。例

拼贴画

如，在中班美术综合制作活动"美味的冰激凌"中，教师可以投放一次性纸杯、超轻黏土、贴纸、硬纸片等，这几种材料质地轻巧，安全性高，并且为幼儿所熟悉。其中一次性纸杯和贴纸可以直接拿来作为冰激凌的外壳和装饰，而硬纸片则需要通过折、剪、粘等动作来制作冰激凌外壳，不同水平的幼儿可自由选择适合自己的美术材料来完成制作。

综合制作活动内容应生活化。在日常生活中，有很多综合材料可以运用到幼儿美术活动中，比如，吃过的一些造型奇特的贝类、坚果核等，把这些材料收集起来，经过清洗、消毒，幼儿就可以利用这些材料大胆想象，进行组合创作。家长是幼儿的第一位老师，更加了解幼儿在日常生活中所接触到的各种材料，教师应主动多与家长进行交流，了解幼儿的基本情况，也可向家长传达收集综合材料的意愿，这样一方面家长会更加有意识地去收集材料，从而丰富幼儿园美术综合制作活动所使用的材料；另一方面家长的艺术意识会不断加强，并慢慢地影响到幼儿，从而让幼儿更加积极、主动地去思考、探索可利用的综合材料。

（三）根据不同年龄班幼儿的发展水平做好系统安排

1. 小班综合制作活动的内容选择

小班幼儿可以认知具体的物体并尝试用不同的工具和手段大胆、自由地表现对周围事物的认知。此时，教师应为幼儿提供丰富的活动环境，引导幼儿通过看、摸、听、嗅等多感官参与感知周围事物，并尝试运用不同的工具和材料创造性地进行美术创作，激发幼儿参与并体验美术活动的兴趣。

首先，提供给幼儿不同的工具（水彩笔、海绵棒、油画棒、胶棒、儿童安全剪刀等）和材料（彩色卡纸、报纸、瓦楞纸、皱纹纸、超轻黏土等），完全由幼儿自由表现。教师创设宽松的物理环境和精神环境，鼓励幼儿自由大胆创作，使幼儿尽快由随意涂鸦过渡到命名涂鸦。

其次，在小班幼儿认知的基础上，充分发挥幼儿的想象力和情感力量进行造型游戏活动。引导幼儿感受生活中的"点"和"线"并体验用"点"（手指点、圆形物拓印、粘贴等手法）或"线"（线染色印、滚色球等）进行美术游戏活动，体验美术活动中玩的乐趣。引导幼儿建立基本的事物之间的联系（例如，小兔和胡萝卜的关系，熊猫和竹子的关系，鱼和水的关系）并能合理地表现出来。

最后，鼓励幼儿感知和体验各种各样综合材料的不同，通过游戏的方式进行再现、联想、创造活动。引导幼儿通过看、摸、画、撕、粘等方式探索美术游戏活动的乐趣，并获得初步运用工具和材料的能力。

2. 中班综合制作活动的内容选择

中班幼儿的认知从单个事物逐步过渡到相关的更多事物，可以进行造型游戏活动再现情景,从而发展幼儿的形象思维广域性和准确性。中班应拓展幼儿认知的范围,除了对具体事物的感知以外,还应逐步开始对自然现象和社会形态等非直观的事物进行感知,并能够尝试用不同工具和表现手法进行创作。

首先,提供丰富的点状材料、线状材料和面状材料。引导幼儿观察不同的自然现象、不同的实物及它们之间的联系,鼓励幼儿创作。例如,水果聚会、神奇的宇宙、树的倒影、美味的冰激凌等。

其次,在中班幼儿认知的基础上,以"圆"或"方"为基本形,启发幼儿进行联想造型。引导幼儿感知并能初步运用点、线和基本形进行装饰性造型活动。引导幼儿感知色彩的美,培养幼儿初步体验并表现色彩美。启发幼儿对故事中的情节进行想象并能以较为合理的形式表现。

最后,引导幼儿通过撕、画、剪、粘、染、贴等多种手段进行感受、练习和运用材料。促进幼儿对块状材料的运用能力的发展,在团圆、压扁等基础上,引导幼儿运用木棒、木片等工具钻孔、画线等,并能简单地涂色。利用生活中的现成材料,如水果、蔬菜等进行加工,进行平面或立体造型练习。

3. 大班综合制作活动的内容选择

大班幼儿的认知能力进一步加强,能够较为完整地把握事物的整体,对事物的细节也更为敏感,并能寻求和发现事物的关联,因此,教师要提供造型、结构和色彩更为复杂和精美的物品和艺术品,进一步发展幼儿的感知能力,丰富幼儿"心像"。

首先,提供给幼儿丰富的富有美感的美术形象,既可以是大自然中的美丽事物,也可以是生活中的美丽物件;既可以是宏观宇宙中美的形态,也可以是微观世界中各种美的样式。如神奇的星空、奇特的细胞、五颜六色的树叶、黑白相间的斑马纹,色彩斑斓的扎染布,晶莹美妙的雾凇等美的形象。

其次,大班的工具要多样化,如毛笔、水彩笔、油画棒、水粉笔、刮画笔、棉棒等物,进行主题自由练习,以丰富幼儿的表现能力。大班幼儿能够根据美术内容,选择工具和材料,适当运用"点、线、面"进行美术活动。

最后,综合各种手段,如画、染、折、撕剪、贴等,扩展材料的性能。引导幼儿对生活中的现成品进行再创作,如鸡蛋彩绘、气球彩绘、水果皮拼图、酒瓶人形等。

三、幼儿综合制作活动的设计与实施

(一)幼儿综合制作活动的工具和材料

综合材料所包含的内容范围广泛,品性众多。

1. 按原始方式划分

天然材料：即未经过人工处理的、大自然本身的产物，这种材料在通常情况下直接就可以被人所使用。

加工材料：即在使用天然材料的基础上，经过人工处理形成的材料。例如，纸类、水泥等。

合成材料：也可称为"人造材料"，即通过运用各种化学手法对天然材料进行加工提炼，从而形成新型的物质材料。例如，塑料、玻璃、胶水等。

复合材料：这种材料由两种或两种以上有差异的材料合成，具有新特性。复合材料随处可见。例如，复合金属、陶瓷等。

2. 按材料形态划分

综合材料的形态主要按照点、线、面来划分。

点状材料：即呈颗粒状或粉末状的材料。例如，沙子、谷物、豆类等。

线状材料：即呈线条状的材料。例如，毛线、彩带、金属丝等。

板状材料：即呈板平面形态的材料。例如，木板、金属板、泡沫板等。

块状材料：即形态呈块状的材料。例如，石头、水果、木头等。

3. 按废旧和低碳材料划分

废旧材料：即生活中已被放弃使用的材料，包括的范围也很广泛。例如，废旧报纸、杂志、衣物、矿泉水瓶、啤酒瓶、轮胎等。

低碳材料：即在保证使用性能的基础上减少对不可再生能源的使用，在使用过程中不会产生有害物质，并且可以回收再生产的新型材料。例如，节能灯、LED灯等。

（二）幼儿综合制作的常见技法

1. 基本技法

幼儿在综合制作活动中，往往会通过撕、画、剪、贴、粘、涂等多种技法，探索各种材料的特性与功能，学会辨别不同材料之间的关系，掌握多元化的美术技法。在这个过程当中，幼儿能够逐渐积累美术经验和美术技法。

2. 组合技法

多种材料的组合方式不同，可以形成多元化的作品形态。综合制作活动的创作成果，通过不同的组合方式，既可以表现为二维空间的美术作品，也可以表现为立体的美术作品。例如，既可以将矿泉水瓶裁剪成平面的透明小花朵，也可以运用矿泉水瓶制作立体的小动物造型。

(三) 幼儿综合制作活动的原则

幼儿综合制作活动应在教师和家长有目的、有组织、有计划、创造性的指导下进行。幼儿借助工具、材料、绘画符号、造型手段自主地以游戏的方式，表达对外界的认识和理解。在幼儿综合制作活动中，教师应遵循的原则如下。

1. 主体性原则

教育活动中的主体性原则是指教师必须坚持以幼儿为活动的主体。所谓主体性就是人作为主体的规定性，其本质内涵包括自主性、能动性和创造性。在综合制作活动中，应强调幼儿的主体性地位，为幼儿提供广阔且自由的探索与创作空间。在尊重幼儿主体性原则的前提下，教师科学合理地进行指导，这样有利于幼儿真正认识和表达自身的认知、情感和思维。

2. 游戏性原则

游戏是幼儿的主要学习方式和基本活动，通过游戏进行教育，可以有效地培养幼儿的兴趣和能力，促进幼儿的身心发展。幼儿美术综合制作活动，也是幼儿游戏活动的重要形式之一。幼儿综合制作活动的本质是"游戏性"，创设以"游戏性"为标准的设计、实施和评价的美术活动方案，是开展幼儿美术综合制作活动的前提条件。

3. 审美性原则

幼儿综合制作活动是培养幼儿的审美情感、审美能力和审美意识的途径，提高幼儿的艺术修养和文化素养，可以促进幼儿全面发展。因此，审美教育要贯穿幼儿美术综合制作活动的始终。在美术综合制作活动中，通过提供给幼儿具有美感的对象，启发幼儿认知、感受自然、生活和艺术作品中美的造型、色彩和构图，以及材质美感等，让幼儿充分地沉浸在审美体验中。

4. 整合性原则

整合性思维是重要的思维品质，综合探索能力是人的整合性思维品质的外化。在幼儿美术综合制作活动中，活动设计、实施和评价，将有效地促进幼儿的整合性思维和综合探索能力的发展。综合制作活动的整合性设计，不仅体现在美术领域内，还渗透在音乐、语言、社会、科学等领域；综合制作活动的整合性实施，体现在将欣赏、表现、创作融为一体；综合制作活动的整合性评价，主要体现在对活动过程的评价和对美术作品的评价两个方面。

(四) 幼儿综合制作活动的开展

1. 支持幼儿充分地探索

提供适合幼儿的综合材料。幼儿教师在投放综合材料的时候，应充分考虑到幼儿的需求,支持幼儿的充分探索。幼儿为活动的主体,教师应抓住幼儿的兴趣。在综合制作活动中应力求从幼儿的兴趣入手,活动内容也应根据幼儿的兴趣需要进行选择和设计,对于材料的选择,以及用怎样的方式使用,把决定权交给幼儿,给予幼儿充分的信任,幼儿可以根据自己的兴趣、已有经验和操作能力,对材料进行自主选择,从而最大化提高幼儿的主动性,丰富幼儿的美术经验。

提供更多让幼儿自由探索材料的机会。幼儿对综合材料的玩法,往往是成人想象不到的,如果教师放手让幼儿充分地去探索,将会得到意想不到的惊喜。幼儿通过对综合材料的反复操作探索,从而发现一些新的玩法,挖掘美术综合材料更多的表现方法。从美术综合材料的可操作性方面来讲,教师应注重两点:一是幼儿是否有意愿进行操作;二是幼儿是否有能力进行操作。教师应根据观察,合理地进行引导。

在幼儿园教育活动中,环境作为重要的隐性教育资源,对幼儿的教育起到潜移默化的作用。优质的环境能够帮助幼儿更好地发挥创作潜能,增强探索欲。在环境创设中,也应凸显幼儿的主人翁地位。教师应积极引导幼儿参与到环境创设中去,让幼儿与环境积极主动地进行联动。

2. 鼓励幼儿大胆地创作

在综合制作活动中,教师的鼓励有着举足轻重的作用。可以说,每个幼儿都想要得到教师和家长的认可,渴望得到他人的支持与赞赏。教师对幼儿所持的态度,可以使幼儿感到满足、自信,也可以瞬间浇灭幼儿的兴趣。因此,幼儿的每一个奇思妙想,每一次的灵感迸发,都需要教师细心地呵护。在新课改背景下,教师更应尊重、鼓励幼儿的想法,尤其在美术综合制作活动中,没有标准做法,更没有对错之分。教师对幼儿的鼓励能够有效建立幼儿的自信心,教师应为幼儿提供自由、宽松的创作环境,鼓励幼儿大胆表现,并及时给予肯定,帮助幼儿获得成就感,从而让幼儿更加积极地表现自己的想法,大胆创作美术作品。

此外,需要注意的是,幼儿在发展的过程中存在个体差异性。对于想象力、表现能力比较弱的幼儿,教师更应细心观察,耐心指导并及时鼓励。当幼儿取得进步的时候,要及时给予积极的反馈;当幼儿遇到挫折想要退缩时,教师应适当地提供帮助,并启发幼儿自主探索。

四、幼儿综合制作活动的观察与评价

(一)厘清幼儿综合制作活动的观测点与具体评价标准

幼儿综合制作活动的观察与评价包括设计与实施两个方面。幼儿综合制作活动的设计包括主题与内容、活动目标、活动准备、活动过程、活动延伸等,其设计应环环相扣、相互呼应,始终围绕幼儿培养目标。幼儿综合制作活动的实施包括:活动目标、活动准备、活动过程、活动延伸、基本技能、活动效果、教师素质等,其实施应循序渐进、相辅相成,最终实现幼儿培养目标。幼儿综合制作活动的观察与评价可以上述内容为观测点,每个观测点又可细化为若干具体评价标准。

(二)设计幼儿综合制作活动的观察评价表

为了更高效地观察、评价幼儿的综合制作活动,了解执教者设计与实施活动的水平,根据幼儿综合制作活动的观测点、具体评价标准及所占分值等设计了观察评价表,观摩者可以根据观察评价表有理有据地进行评分,从而可以较为客观、合理地对模拟教学活动给予评价,了解幼儿综合制作活动的具体情况,具体如表3-10所示。

表3-10 幼儿综合制作活动的观察评价表

幼儿园		班级		教师		主题	
评价者				时间			
观测点	具体评价标准					分值	评分
主题与内容	1. 活动名称简练、有趣味性与教育价值					2	
	2. 符合幼儿发展年龄特点,具有挑战性					2	
	3. 贴近幼儿现实生活,能引发幼儿的有效学习					2	
	4. 正确分析和理解活动内容(素材),价值挖掘有效且充分					2	
活动目标	1. 活动目标符合《纲要》和《指南》精神,符合各领域的总目标和幼儿的年龄段特点,切合幼儿的发展水平和发展需要					2	
	2. 具有全面性,能围绕给定的主题,难度适当,对整个活动具有导向作用					2	
	3. 陈述简洁明了,主体统一,针对性强,具体可操作,充分体现本领域特点,能考虑到各领域间相互渗透					2	
	4. 目标重点与难点明确					2	
活动准备	1. 活动前的知识储备及环境创设(墙饰布置、区域材料准备、活动材料准备、空间安排等)均符合实现教学活动目标的要求					2	
	2. 环境材料适宜,最大程度地支持和满足幼儿学习、探索、操作活动的需要					2	
	3. 有效利用现代化教学手段,适用、适时、适当地增加活动的实效性和趣味性					2	

续表

观测点	具体评价标准	分值	评分
活动过程	1. 过程设计结构严谨,层次清晰,各环节之间过渡自然流畅,循序渐进,有层次感。精心组织教学环节,动静交替,层次清晰,教学方法运用恰当,教学时间分配合理	10	
	2. 教学方法和活动组织形式选择适宜,能体现幼儿的主体性,为幼儿提供感知与操作的机会,安排充分的思考和探索时间。根据教学内容创设学习情境,激发幼儿兴趣,支持幼儿学习	10	
	3. 提问具有思考性、启发性、开放性特点。能预测教学活动过程中可能出现的问题并能设计出相应的教学活动策略。面向全体,关注幼儿主体性,利用积极的师幼互动调动幼儿的积极性和主动性	10	
	4. 活动详略得当,重难点突破时间充分,能较好地突出重点,突破难点。教学手段设计针对性强,既适合于幼儿的认知特点,支持幼儿的学习,又有利于学习目标的达成	10	
活动延伸	1. 教案中有延伸活动设计	1	
	2. 延伸活动注重主题内容及在区角活动、生活活动、家园共育中的渗透	1	
基本技能	1. 对提供的内容进行合理加工并运用符合角色形象的语言技巧、动作、表情,富有童趣地进行教学。普通话标准,表现富有个性	5	
	2. 教学语言准确、流畅,咬字、吐字清晰,声音自然,表现具有儿童化特征	5	
	3. 根据幼儿特点合理运用各种教学方法,情绪、表情适宜,生动且富有童趣	5	
活动效果	1. 目标落实到位,幼儿在知识经验、方法技能和情感态度方面获得发展	5	
	2. 活动中的幼儿热情、投入、专注,有互动和运用已有经验的机会,敢于挑战和尝试	5	
	3. 教学过程具有创造性,特点鲜明	5	
教师素质	1. 教态亲切大方,表情自然、丰富,有亲和力	2	
	2. 语言规范,条理清楚,表达流畅,有感染力	2	
	3. 时间把握准确(超时相应扣分)	2	
合计		100	

大班手工活动：海龙王嫁女

设计与执教：莆田市涵江区涵西幼儿园　戴玉云
案例评析：厦门城市职业学院　林小青

大班手工活动：海龙王嫁女

设计意图

莆仙地区文化积淀深厚，民俗风味浓郁。我园美术课题组在福建学前儿童美术教育研究中心的指导下，立足本土文化，开展"以主题为线索，以幼儿为中心，以经验为基础，以美术为手段"的基于莆仙文化的幼儿美术表现力的实践研究。"小小海鲜"主题的选择，就是基于莆仙地域文化的特色。小龙虾、小螃蟹独特的外形及憨态可掬的形象常被引用为海底类的动画片原型，深受孩子们的喜爱。本次我们重点选取小龙虾和小螃蟹的形象进行创意，引发孩子们关注身边生活，感受生活中的美，积累审美情趣。在本主题下设计了系列活动，如亲子活动"海鲜大收集"、分类活动"海鲜家族"、欣赏活动"有趣的海鲜"、谈话活动"我的海鲜"、创意活动"我的海鲜我创意"。在创意活动中，孩子们的表现手法独特、形式丰富多样，极富童真童趣，如有的敲锣、有的打鼓、有的举重、有的走时装秀等，幼儿在与海鲜创意的对话中，真实地融入了民俗文化元素，审美情感得到进一步激发，自主创新水平得到进一步提高。

本次手工活动旨在让孩子们在有趣的故事情境"海龙王嫁女"中，解决美术表现中的技能技巧问题，实现美术创意与有趣的文学作品的有机结合，让文学作品赋予海鲜人物造型的灵性，让幼儿感受到美术创意原来可以如此富有意境，如此富有文化，进而增强对美术创意的兴趣，提高美术创新能力。

活动目标

1. 感受身边食材虾、蟹等的独特美，萌发审美情趣。
2. 尝试用身边的食材组合造型，组合创意故事《海龙王嫁女》中的场景。
3. 体验创意制作"海龙王嫁女"场景带来的快乐。

活动准备

1. 经验准备：
（1）亲子活动"海鲜大收集"。
（2）集中教育：分类活动"海鲜家族"、欣赏活动"有趣的海鲜"、谈话活动"我的海鲜"、创意活动"我的海鲜我创意"。

（3）熟悉故事《海龙王嫁女》。

2．物质准备：

小龙虾、螃蟹、贝类等海鲜；小锣鼓、小喇叭等饰品；各类纸、竹签、剪刀、糨糊等；百宝箱；泡沫板；课件——《老鼠嫁女》片段；小龙虾、小螃蟹的创意照片。

活动过程

一、欣赏海鲜创意造型，感受其外形独特的美

1．带着问题欣赏。

引导语：上次活动中，小朋友们一起装扮了可爱的小龙虾和小螃蟹，现在让我们一起来欣赏福州小朋友和莆田小朋友的作品，看看你最喜欢哪一幅作品，为什么？

2．交流分享欣赏感受。

（1）你最喜欢第几幅作品，为什么？

（2）看到它们，你想到了哪个故事里的人物？

（3）小朋友们都听过《海龙王嫁女》这个故事，可是客人老师没有听过，你们能不能用小龙虾、小螃蟹把"小龙女出嫁"这个场景表现出来呢？

评析：在本次综合制作活动中，教师以直接呈现玩教具与谈话相结合的方式导入，不仅可以唤起幼儿的已有经验，而且可以极大地激发幼儿对《海龙王嫁女》的兴趣和探索欲望。

二、迁移联想，引发创作灵感

1．欣赏动画《老鼠嫁女》。

2．《老鼠嫁女》有哪些热闹的场面？

3．师幼共同讨论"小龙女出嫁"的场景创意。

评析：探索与发现环节是美术活动的重中之重，该环节也是最考验教师教学能力的环节。在美术综合制作活动中，该环节幼儿教师不仅要引导幼儿对工具、材料的探索，还要引导幼儿对活动内容"海龙王嫁女"的探索。

三、尝试用虾、蟹等食材进行组合创意

1．提出创意注意点。

（1）场景的布置要突出主体，注意布局的合理性。

（2）小朋友们应该先商量好要怎么分工，怎么合作。

（3）小朋友们在用竹签固定小龙虾、小螃蟹时要注意安全，避免受伤。材料要轻拿轻放。

评析：到了幼儿创作环节，时间就交给幼儿了。在此环节，教师需要提出创作的要求，例如，本次活动的注意事项或主要操作步骤，起到提醒或加深印象的作用，并发放材料，播放背景音乐，为幼儿提供宽松、自由的物质环境和精神环境，让幼儿进行自由、愉快地创作。幼儿开始创作，教师应巡回观察，了解幼儿创作情况，并及时提供帮助。

2. 幼儿操作，教师巡视（同时播放故事中的配乐）。

在巡视过程中，帮助每组幼儿根据场景主题展开创意制作，重点引导幼儿创意制作人物的造型和道具。

观察幼儿创意制作人物造型及场景的情况，及时启发、引导，帮助能力弱的幼儿完成人物造型，鼓励能力强的幼儿创造性地装饰人物，并进行场景创设，使人物主体与周围的环境创设形成和谐的美感。

评析：到了欣赏与评价环节，应注意两点：一是评价主体多元化，可以将幼儿自评、同伴互评与教师评价相结合；二是不仅要评价美术作品，还应对幼儿在活动过程中体现出来的品质和习惯进行评价。

四、展示交流

自由邀请听课老师过来参观，并把场景中的故事讲述给他们听，进而体验创意制作带来的快乐。

案例评析

1. 活动目标合理。案例中的活动目标制定较为科学合理，符合大班幼儿的年龄特点及美术水平发展阶段，且具有一定挑战性，符合儿童最近发展区。通过将食材进行组合造型，组合创意故事《海龙王嫁女》中的场景，发展幼儿认知、技能与情感，目标具有全面性。活动目标以幼儿为主体，陈述简洁明了、主体统一、针对性强、具体可操作，充分体现美术综合制作活动的特点。

2. 活动内容适宜。案例中的活动内容用食材海鲜组合创作出《海龙王嫁女》中的场景，贴近幼儿现实生活，能引发幼儿的有效学习。活动内容的设计能够正确分析和理解中国传统故事《海龙王嫁女》的情节与场景，价值挖掘有效且充分，不仅能传授幼儿综合制作的基本技法，而且十分适宜激发幼儿想象力和创造力。

3. 活动准备充分。案例中的活动准备，包括了经验准备和物质准备。活动前的知识准备充分，例如，认识各类海底生物。活动前的物质准备，如教师课件准备、操作材料准备等，均符合实现教学活动目标的要求，能较好地支持和满足幼儿学习、探索、操作活动的需要。

4. 活动过程严谨。案例中的活动过程，设计结构严谨，层次清晰，各环节之间过渡自然流畅，循序渐进，让幼儿有充分的时间去思考和探索，充足的机会去感知与操作。教师的提问具有思考性、启发性、开放性特点，能较好地解决美术综合制作活动中教师的"教"与幼儿的"自由表现"的关系，能较好地解决美术技能与艺术自由的关系，能较好地突出重点，突破难点，既适合于幼儿的认知特点，能支持幼儿的学习，又有利于学习目标的达成。

实训活动　幼儿综合制作活动的设计、实施与评价

1. 目标

（1）掌握幼儿综合制作活动设计、实施与评价的相关理论知识。

（2）能够设计、实施、评价幼儿综合制作活动。

（3）培养独立思考能力、小组项目合作能力及开展综合制作活动的岗位实践能力。

（4）逐步形成实施幼儿园美术活动的信心，涵养爱心、耐心、细心等师德情怀。

2. 内容要求

（1）与园所教师商讨适宜实习班级幼儿的综合制作活动主题，项目小组合作设计、实施幼儿综合制作活动。

（2）运用表3-10进行项目小组评价与交流。

（3）与学校和园所教师交流反馈、分析评价、反思修订幼儿综合制作活动设计方案。

（4）在学校和园所教师的指导下，项目小组开展幼儿综合制作活动的模拟活动，并在实习班级协同组织实施。

（5）与学校和园所教师交流反馈、分析评价、反思推进幼儿综合制作活动。

幼儿综合制作活动中的家园共育[①]

为了促进幼儿的全面发展，为了幼儿综合制作活动更加高效地开展，要加强家园共育，促进幼儿园与家庭的有效沟通。

幼儿家庭的积极配合与协助，能够使幼儿园综合制作活动顺利展开。幼儿园要想取得良好的教育成效，就必须获得幼儿家长的积极配合和支持。因此要开展好幼儿综合制作活动，幼儿园应主动与家长交流，让幼儿家庭树立"家长认同意识"。落实到具体，就

[①]　曹慧.综合材料在幼儿美术活动中的应用研究：以太原市幼儿园为例[D].西安：陕西师范大学，2019.

是让家长配合幼儿教师共同树立综合材料的收集意识,并注意在日常生活中,对幼儿进行潜移默化的引导,让幼儿也树立综合材料收集意识。陶行知先生提出了"生活即教育"的教育理念,幼儿美术教育的目的并不是为了培养画家、艺术家,而是为了培养幼儿健康的审美意识,提高幼儿各方面的综合素质。

根据《幼儿园教育指导纲要(试行)》提出的基本理念,应注重引导幼儿通过运用生活废旧材料美化生活,使幼儿初步感受生活中的美。因此,幼儿教师应号召家长,在日常生活中,主动地与孩子一起留意生活中的废旧材料,把饮料瓶、旧衣服、包装盒等收集起来,在这个过程中不仅能够激发幼儿的想象力和创造力,而且还能够培养幼儿的节约意识和环保意识。例如,幼儿可以利用旧衣服进行裁剪,制作布贴画;可以用塑料瓶制作文具盒;还可以用坚果壳拼贴各种小动物等。艺术源于生活,要想让幼儿美术活动充满生机与活力,就应将视野投放到丰富多彩的生活中,这样才能捕捉到有意义的、富有生命气息的美术材料。家长还可以经常带领幼儿走进大自然,让幼儿充分地感受大自然,并引导幼儿加入自然材料的收集活动中。大自然是美术活动开展的天然课堂,美术教学资源无处不在,能为幼儿提供一个更为神奇的世界,自然材料对幼儿的发展作用不容小觑。

为了做好家园配合工作,幼儿教师应潜移默化地帮助家长树立正确的幼儿美术教育观念,使家长能够理解幼儿美术教育的目的和意义,理解教师的工作,更好地配合教师进行美术综合材料的收集,这样不仅能够在一定程度上拓宽收集综合材料的范围,而且幼儿家长也收获了科学的美术教育理念,参与到了幼儿的美术活动中,最终让幼儿受益。同样,幼儿教师也应站在家长的角度,与家长彼此交换意见,从而保证综合制作活动顺利、高效地展开。

赛 证 真 题

赛场直击

[全国职业院校技能大赛 幼儿教师职业素养测评]

1. 幼儿手工发展的基本形状期大约相当于绘画中的(　　)。

A. 涂鸦期　　　　　　　　　B. 象征期
C. 图式期　　　　　　　　　D. 写实期

招考聚焦

[幼儿园新任教师公开招聘考试]

2. 纸、布、树叶、羽毛等属于幼儿手工活动中常用的(　　)。

A. 块状材料 B. 点状材料
C. 线状材料 D. 面状材料

3. 幼儿将橡皮泥制作成许多彩色的小圆球,在该活动中幼儿要用到的泥土基本技能是( )。

A. 拉伸 B. 团圆
C. 压扁 D. 搓长

4. 手工活动没有明确的目的,只是一种纯粹的玩耍活动,这个特点所处的年龄段是( )。

A. 2—4 岁 B. 4—5 岁
C. 5—6 岁 D. 6—7 岁

5. 4—5 岁幼儿手工制作的发展阶段是( )。

A. 探索阶段 B. 直觉表现阶段
C. 灵活表现阶段 D. 探索表现阶段

答案解析

项目四

"玩"的艺术：幼儿美术综合探究活动的设计与指导

美术综合探究活动是通过主题美术、亲子美术、节庆美术和其他形式美术等综合性、探究性的美术活动，引导幼儿不断地主动探索以实现艺术创作，帮助幼儿认识美术与生活的密切关系，开阔视野，拓展想象空间，了解美感的多样性，激发幼儿的审美情趣、艺术创造力和探索未知领域的愿望，同时发展幼儿综合解决问题的能力，体验探究的愉悦与成就感。

不同于常规的欣赏、绘画、手工等美术活动，美术综合探究活动更具有拓展性、探究性、创造性的特点，能够以更加丰富的内容和形式激发幼儿的审美情趣和艺术创造力，给幼儿带来更加新颖的美术学习体验，在幼儿园美术教育实践中占据着重要的地位。因此，理解不同类型幼儿美术综合探究活动的目的和意义，设计、实施各类美术综合探究活动的方案，评价、反思各类美术综合探究活动成效等成为幼儿美术教育活动设计与实施课程的主要学习项目。

岗 位 要 求

设计与指导幼儿美术综合探究活动是幼儿园教师必备的岗位能力,体现了教师能够在教育实践中综合运用各领域的知识,实现幼儿园课程与幼儿生活、游戏之间的紧密联系。《纲要》中也强调:"教育活动内容的组织应充分考虑幼儿的学习特点和认识规律,各领域的内容要有机联系,相互渗透,注重综合性、趣味性、活动性,寓教育于生活、游戏之中。"美术教育不能孤立存在,只有与其他领域有机结合、相互渗透,并融入日常生活中,才能有效促进幼儿的全面发展。美术综合探究活动不仅提高了幼儿对美术活动的兴趣,更重要的是通过开展不同类型的活动,实现了对幼儿个性和合作意识的培养、良好亲子关系的建立,同时也实现了对中国传统节庆文化的继承与发展,幼儿园教师应该做到:

1. 创设宽松、和谐的教育环境,尊重幼儿,培养他们的自主意识,激发他们的主动性和积极性。

2. 深入理解幼儿的作品,增强幼儿的自信心和成就感,帮助幼儿充分释放他们的创造潜力,让他们更大胆地感受、表达和展示自己的作品。

学 习 目 标

知识目标

☐ 1. 理解不同类型的幼儿美术综合探究活动的基本概念、目的和意义,以及内容选择。

☐ 2. 理解并掌握主题美术活动、亲子美术活动、节庆美术活动及其他美术活动等不同类型的幼儿美术综合探究活动的设计思路与指导方法。

☐ 3. 区分不同类型幼儿美术综合探究活动设计与组织实施的基本步骤和实施策略。

能力目标

☐ 1. 能够根据幼儿美术能力发展特点,选择适宜的幼儿美术综合探究活动的内容和方法。

☐ 2. 能在观察分析幼儿美术能力的基础上进行各类美术综合探究活动的设计、实施与反思、推进。

项目四 "玩"的艺术：幼儿美术综合探究活动的设计与指导

☐ 3. 在校内外联动、课内外联通的小组项目实践中形成有效指导幼儿发现美、感受美和欣赏美的岗位实践能力。

素养目标

☐ 1. 树立科学开展幼儿美术综合探究活动的理念和意识，具有对幼儿美术综合探究活动的指导信心和研究兴趣，关注中华美育文化传承，厚植爱岗敬业的师德情怀。

☐ 2. 勤于独立思考、主动参与项目小组，开展幼儿美术综合探究活动的合作学习实践，乐于接受教师与同伴的合理建议，不断反思改进。

☐ 3. 注重在美术综合探索活动主题背景下的活动生成，重视传统节庆文化的继承与发展，强调亲子关系的建立与促进，突出幼儿综合思考问题、解决问题能力的发展。

学 习 导 图

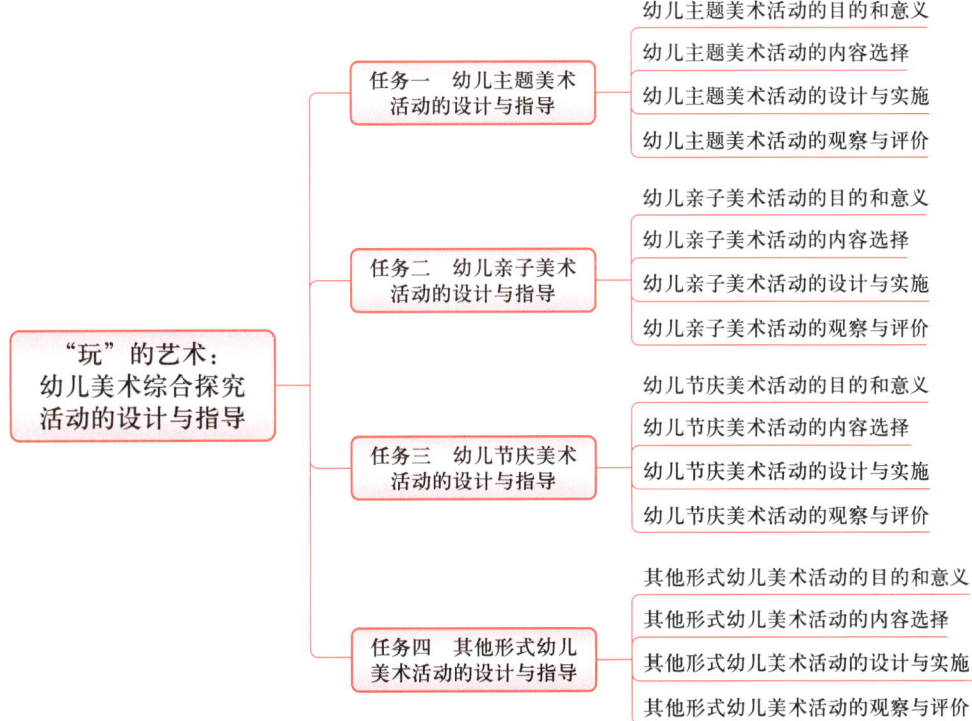

任务一　幼儿主题美术活动的设计与指导

如何在主题背景下逐步生成系列美术活动？

最近中（一）班的幼儿在户外散步时，发现菜园里的菜叶上、小树的树枝上有几只蜗牛。蜗牛缓慢爬行的样子、会伸缩的小触角、身上的蜗牛壳引起了幼儿的热烈讨论。有的幼儿说："我想把蜗牛养在班级里，我们一起照顾它，让它长大。"有的幼儿说："我可以牵着蜗牛一起去散步！"有的幼儿提出疑问："蜗牛住在哪里啊？""蜗牛吃什么呀？"……幼儿对蜗牛充满了好奇与探索欲，产生的问题需要教师进一步的支持与引导，于是陈老师以"可爱的蜗牛"为主题，根据幼儿的兴趣开展了系列活动，引发幼儿主动、积极地学习。

幼儿把蜗牛放在玻璃器皿、一次性杯子和金鱼缸里，围在一起交流自己的发现。陈老师引导幼儿仔细观察蜗牛的外形，用自己的话说一说蜗牛的形状与特点，并生成绘画活动，支持幼儿用螺旋线表现蜗牛的基本特征。在平面表征的基础上，教师还提供了超轻彩泥、牙签、毛根等材料，支持幼儿立体表征蜗牛的形象，由此生成泥工活动。当幼儿有了充分的观察与表征经验后，教师鼓励幼儿大胆想象，在欣赏、感受线描画的基础上，尝试运用线条粗细变化的装饰手法表现蜗牛的美。随着幼儿认知经验与美术表征经验的丰富，他们想要带着蜗牛去散步、想要给蜗牛盖房子……陈老师启发幼儿用画笔等材料工具表达自己的想法，大胆去探索、去尝试、去发现，逐渐生成主题画活动"快乐的旅行家"、综合制作活动"蜗牛的一家"等。

请结合案例想一想：教师是如何在主题活动的背景下根据幼儿的兴趣逐步生成系列美术活动的？案例中教师的支持与引导适宜吗？对你有什么启发？作为未来的幼儿园教师，我们该如何设计、实施与评价幼儿主题美术活动呢？

此项任务将围绕幼儿主题美术活动的设计、实施与评价展开，涉及幼儿主题美术

活动的目的和意义、内容选择、设计与实施、观察与评价。在此项任务中,需要:
(1) 理解幼儿主题美术活动开展的重要性。
(2) 掌握幼儿主题美术活动的内容选择与主要方法。
(3) 学会设计并开展幼儿主题美术活动。
(4) 学会观察、评价幼儿主题美术活动,并基于观察与评价提出相应的教育建议。

一、幼儿主题美术活动的目的和意义

幼儿主题美术活动能够促进幼儿萌发美感,陶冶情感;能够为幼儿开启一扇开放的大门,让幼儿自由地思考、探索和构建,激发他们的好奇心与想象力。通过围绕大自然、社会环境或文化传统等开展多样性主题活动,幼儿学会仔细观察细节,并将所见所感以各种方式表达出来,培养了观察力和表达能力。

(一) 促进幼儿萌发美感、陶冶情感

幼儿主题美术活动通过特定的主题来启发和引导幼儿进行美术创作,激发幼儿的创造力和艺术表现力。这些活动涵盖了多种艺术形式,包括版画、油画、蜡染、线描、扎染、纸艺和泥塑等,为幼儿提供了广泛的艺术媒介,以表达他们的想法和情感。美术主题活动可以涵盖各种内容,既可以是关于具体的事物、场景或概念,也可以与幼儿的兴趣和生活经验相关联。例如,主题可以涵盖家乡文化、动物、节日、家庭等,从而使幼儿在创作过程中能够将自己的生活体验和情感投射到作品中。通过主题美术活动,幼儿能够更好地理解和表达自己的思想和情感,传达内心的感受,培养情感表达能力和沟通技巧。此外,幼儿在实践中还可以学习到各种美术技巧和知识,如绘画技巧、色彩理论、构图和创意思维等,为他们未来的艺术探索奠定基础。

幼儿主题美术活动不仅仅是一种创造性的表达方式,它还对幼儿的身心发展具有深远的影响。通过参与这些活动,幼儿可以培养审美能力,提高对美的敏感度。此外,他们还能够增强自信心,因为成功的艺术创作将为他们带来成就感和自豪感。幼儿主题美术活动是一种促进幼儿全面发展的重要载体。它不仅为幼儿提供了艺术创作的机会,还培养了他们的情感表达能力、创造力和审美意识,为他们

未来的学习和生活奠定了坚实的基础,有助于幼儿成为富有创造力和艺术情感的个体。

(二) 打破单一活动模式,激发幼儿的想象力

在以往的幼儿园美术教学活动中,一些教师过分侧重于培养幼儿的美术技能,导致美术活动失去了本应具备的趣味性和游戏性,让整个过程显得沉闷和缺乏吸引力,这不利于激发幼儿的美术兴趣。同时,一些幼儿的作品在教师示范的影响下变得千篇一律,失去了个性和独特的创意。然而,在特定的主题背景下,创新和富有趣味性的教学方式可以激发幼儿的创造性思维,这是培养幼儿美术创造力和积极的学习态度的有效途径。主题美术活动为幼儿提供了更多的想象空间,让他们在活动中充分调动自己的想象力和创造力,同时也更深刻地感受美术作品的魅力,从而进一步激发他们对美术的浓厚兴趣。

将美术活动置于特定的主题背景下有助于引发幼儿的兴趣,满足他们的求知欲望,进一步促进幼儿能力和综合素养的全面提升。这种方法不仅可以提高幼儿的美术技能,还可以培养他们的想象力、创造力及解决问题的能力。这样的综合素养将在他们未来的学习和生活中发挥重要作用。以有趣的主题背景为基础的美术活动,有助于打破以往幼儿园美术教育的单一模式,激发幼儿的创造性思维,增强他们的美术兴趣,同时也为幼儿全面发展的教育目标提供了更好的支持和动力。

(三) 培养幼儿的观察力和表达能力

主题美术活动通过亲身体验来激发幼儿的学习兴趣,同时培养他们的观察力和表达能力。这些活动引导幼儿走出舒适的家庭环境,走向社会,参观本地的自然景观和人文景观,以便更深入地了解地域文化、风土人情和民俗特色。通过观察自然界、认识动植物和人文景观,幼儿能够分享和交流对美的独特感受,让幼儿从早期就与社会和自然界建立联系,增进他们对多元文化和大自然的理解。

需要明确的是,主题美术活动并不是单纯为了培养技巧和技法,而是更注重通过绘画和创作让幼儿认识和领悟美术的教育价值。在这些美术活动中,幼儿可以培养观察力、思考力、想象力和创造力。这些能力在幼儿未来生活和学习中至关重要,因为它们有助于幼儿更全面地发展自己的个性和智力。主题美术活动是一种丰富多彩的学习方式,强调通过亲身体验来启发幼儿的学习兴趣和发展他们的综合能力。幼儿在美术活动中学会观察、思考、想象和创造,在美术体验中展现童心童趣,表达自己的喜怒哀乐。

二、幼儿主题美术活动的内容选择

(一) 选择贴近幼儿生活的主题内容

选择与幼儿生活紧密相关的主题内容具有多重益处,它不仅能够有效地激发幼儿的兴趣和创造力,还有助于他们更积极地参与美术活动,推动身心全面发展。在美术创作活动中,幼儿借助观察、感知和体验获得关于各种事物的视觉经验。这些经验不仅构成了他们美术创作的基石,而且为主题内容的选择提供了关键线索。

首先,基于幼儿的生活经验来选择主题内容是一项关键策略。这些主题应该紧密围绕着幼儿熟悉和感兴趣的领域,如家庭、动物、食物、玩具等。这种选择有助于确保幼儿更容易理解和表达自己的思想和情感。当主题与他们的日常生活紧密相连时,幼儿更容易建立起情感联系,从而在创作中更加自信和投入。

其次,基于季节和节日的主题内容也是一种有益的选择。季节和节日是幼儿生活中的重要元素,选择与之相关的主题,如春天、夏天、春节、中秋节等,可以激发幼儿的兴趣和积极性。这不仅有助于幼儿深入了解传统文化和节日的意义,还能够拓宽他们的视野,使他们更好地融入社会和文化活动中。

再次,基于社会实践的主题内容也具有重要价值。选择与幼儿日常生活和社会实践相关的主题,如交通规则、超市购物等,可以帮助幼儿更好地理解社会规则和日常生活的方式。这种关联性有助于将抽象概念与实际经验相结合,促进幼儿的认知发展和社会参与。

最后,基于自然科学的主题内容也具备丰富的教育潜力。选择与自然科学相关的主题,如动物世界、植物生长等,不仅能够帮助幼儿理解自然规律和生命科学,还能够激发他们的好奇心和探索欲望。这种学习方式有助于培养幼儿的科学思维和独立探索的能力。

例如,在中班主题美术活动"我的家庭"中,教师鼓励幼儿先观察爸爸妈妈、爷爷奶奶、兄弟姐妹等家庭成员的外貌特点、穿衣风格和表情等。接下来,幼儿可以通过绘画和手工制作的方式来表现出家庭成员的人物形象和个性特点,有的幼儿认为妈妈特别美丽,会用红色的爱心和多彩的花朵来装饰妈妈的裙子,也有的幼儿觉得爸爸总是笑呵呵的,就用柔和的曲线来描绘爸爸的温柔。最后,他们还运用剪纸、拼贴等手工制作技巧,将每个家庭成员的画像剪下来,拼贴在一张大纸上,制作出一张家庭合照。这样的观察、绘画和手工制作过程,不仅可以提高幼儿对日常生活的观察力和美术创作能力,还能使其表达出对家庭成员的独特情感和珍视之情。

(二）选择符合幼儿认知水平和发展特点的主题内容

主题美术活动的选题必须紧密贴合幼儿的年龄特点，同时要充分了解幼儿的兴趣和差异，将不同领域的内容融合在一起，以促进幼儿综合素质的全面提升。在选择主题时，需要考虑以下几个关键因素，以确保主题的有效性和适切性。

主题美术活动的选题应该与幼儿的年龄特点相符。这意味着需要考虑幼儿的认知水平、审美观念和心理发展阶段。主题内容应当贴近幼儿的生活经验和认知水平，以便他们能够轻松理解和参与，为幼儿提供他们容易理解的主题，使幼儿能够对其进行分析，能够发挥他们的主观能动性和创造力。通过与幼儿的生活经验相结合，教师可以鼓励他们积极主动地参与活动，从而更好地实现教育目标。

需要注意的是，教师在选择主题时，需要深入幼儿群体中进行仔细观察，以充分了解他们的发展情况、兴趣需求和经验水平。这可以通过与家长之间的积极交流来实现，获取家长的反馈和支持，也可以鼓励家长参与主题美术活动，方便他们更好地了解孩子的兴趣和爱好。教师需要具备整合各种资源和理念的能力，以选择最适合本班幼儿的主题内容，确保主题美术活动顺利开展。

例如，大自然具有丰富且非常有趣的资源，可以激发幼儿的创作灵感，提高幼儿的创作兴趣。因为幼儿对大自然一直保持着好奇心，特别是喜爱观察各种昆虫植物、玩沙玩水、捡拾落叶等，所以教师可以引导幼儿对大自然中有趣的动植物进行观察，了解动植物的形态、颜色、生长环境等，并在画纸上表达出自己的想法。比如，可以以"有意思的叶子"为主题进行美术活动设计，而大主题需要靠各种小活动来支撑，根据发展线索，按步骤围绕框架充实有发展价值的内容。其中，认识不同种类的叶子、了解叶子丰富的颜色形状等，都可以成为教师开展主题活动过程中的主要线索。根据中班幼儿的发展特点和兴趣爱好，主题美术活动可以以"欣赏：漂亮的叶子""拓印：叶子的变幻""手工：我的叶子新衣""绘画：春天来了"等多种形式开展。

另外，针对大班幼儿善于思考、喜爱提问的特点，以及他们具有渴望表达情感的需求，教师可以进行与"爱"相关的主题美术活动。每个幼儿有自己的特点，教师发现有的幼儿愿意与同伴交流，但不擅长表达；有的幼儿积极表达自己的想法，但方式不合适；还有的幼儿不怎么会感恩他人的付出和爱等。为了支持这一主题的开展，教师将它拓展为三个方面的内容："感受认识爱""理解懂得爱""尝试表达爱"。在活动中，尝试通过一系列的美术活动来实现这些目标，如"我爱幼儿园""爱我你就画画我""父与子""我最想和妈妈一起做的事"等。

(三) 内容凸显领域融合和活动多样性

主题美术活动以特定主题为引导,以幼儿的需求和经验为基础,通过美术创作来丰富幼儿的情感,培养幼儿积极表达、勇于创新的品质,促进幼儿的个性健康,为幼儿的终身发展奠定坚实的基础。主题美术活动突破了传统学科界限,强调不同领域的融合和创意的多样性。

因此,主题美术活动应该充分融合多样元素,以促进幼儿的全面成长,激发幼儿对艺术创作的兴趣和创造性思维。这需要摆脱单纯以绘画或手工为教学目标的限制,将美术活动有机地结合到其他领域,如社会、语言、音乐等,以实现这些要素之间的深度互动和融合。主题的选择应多样化,可以涵盖幼儿亲身经历的生活场景,了解到的故事、诗歌、当地文化,以及教师、家长、同伴和幼儿自己等各类参与者的综合体验。

例如,以"我最喜爱的车"为主题的活动可以涉及多个领域的知识和技能。一是通过绘画活动与社会领域的结合,幼儿可以绘制不同种类的车来了解车的颜色、形状、构造、功能等。二是将手工活动与科学领域进行结合,幼儿可以参与设计并制作自己的车,从中探索车的秘密,理解车与人们生活的关系。三是结合区角游戏,幼儿可以自主设计游戏场景和游戏道具,进一步丰富与车相关的经验,体验主题活动带来的快乐。再如,在"我喜爱的动物世界"主题美术活动中,幼儿可以在学习动物的外貌特征、生活习性和栖息地等内容(科学领域)的基础上描绘自己喜欢的动物,也可以与其他幼儿分享有关自己喜欢的动物的知识和自己创作的动物主题绘画作品(社会领域),借此拓宽彼此的眼界,锻炼语言表达和社会交往能力。最后,幼儿还可以发挥创意,手工制作一份与喜欢的动物相关的手工艺品,更好地表达自己对动物的情感和创造力。

通过多元化的主题设计,将美术与音乐、舞蹈、游戏等有机融合,以顺应幼儿认知发展的规律,增进情境中的互动和交流。因此,教师需要有计划地创建具有多元特色的主题环境,以此教授幼儿相关的美术知识。以有趣的美术活动作为载体,结合幼儿的兴趣和需求,提高幼儿的美术技能。同时,教师通过主题教育活动的形式,可以促进幼儿的全面发展和健康成长。

(四) 内容给予幼儿创造和想象的空间

主题美术活动的内容应该给予幼儿创造和想象的空间,具有一定的发散性,同时提供适合幼儿表现题材内容的工具和材料,以引发幼儿的联想和想象,激发他们的独创性和创新性。例如,在"画秋天"的活动中,教师如果让幼儿只通过欣赏户外活动中捡回的落叶就尝试画出美丽的秋天,对幼儿来说,难度系数较高。一方面是"秋天"这个主题较为抽象,另一方面是幼儿缺少联想的线索。有一位教师不仅让幼儿观察并描绘落叶,还引导他们从落叶展开联想,"秋天到了,树叶在一点点地变黄。一阵秋风轻轻吹过,有的叶子飘落下来,乘着风儿飘啊飘,那叶子会落到哪里呢?会发生什么事情呢?"幼儿在思考和讨论的过程中,可以探索自己关于秋天的想法和感受。在此基础上,教师鼓励幼儿把自己想到的画出来。有的幼儿画了落满黄叶的秋日小河,也有的幼儿画了像在下着橘色雨的秋天,还有的幼儿画了在落叶下玩耍的小蚂蚁。所以,主题美术活动的内容应该选择那些能够引起幼儿想象的、活跃的形象与事件。适合的工具和材料也能为活动增色不少。例如,相比于用硬笔画飘零的落叶,用软笔蘸上水粉颜料来表现落叶的动态,画面会更生动,效果会更好;又或者使用拓印的方式,将树叶的轮廓和叶脉显现出来,再运用画笔或其他材料加工成其他的图案,进一步发挥幼儿的想象力和创造力。工具和材料的选择不在于数量和种类的多与杂,而在于精,因此,教师需要多从主题内容出发,思考并选择合适的工具和材料。

三、幼儿主题美术活动的设计与实施

幼儿主题美术活动是一种以某一主题为核心、采用多种美术表达形式、整合多个领域内容、促进幼儿全面发展的美术活动。因此,教师在设计并指导幼儿主题美术活动时,不仅需要确定富有吸引力且贴近幼儿生活的主题活动结构,还需要运用各种教学方式来开展系列活动,并给予适当的指导和反馈,以激发幼儿的艺术创造力。

(一)确定主题美术活动的内容

主题美术活动的内容不仅要贴近幼儿的日常生活,与他们熟悉的事物和经验相关联,还应符合幼儿的认知水平和发展特点。此外,主题美术活动需融通健康、语言、社会、科学和艺术五大领域的内容,以多元艺术元素来丰富活动,为幼儿提供充分的想象和创造空间。综合考虑这些要素,可以确保主题美术活动的内容兼具教育性和趣味性,满足幼儿的学习需求和兴趣爱好。

(二)开展系列活动

主题美术活动往往是以系列活动的方式展开,多个相互联系的活动围绕一个主题层层递进,不断深入。系列活动可以从以下几个方面进行。

1. 获得最初的经验,整合与拓展

在活动开始阶段,教师需要设法让幼儿获得足够的经验。幼儿的经验主要来源于两个方面,一是由日常稳定的生活、学习积累而来的普遍经验,二是来自偶发事件的个别经验,比如,旅行、参观、参加特殊活动或参与非日常事件等。通过以上的各种经验来源,幼儿可以为参与主题美术活动积累最初的素材和灵感。

由于幼儿对事物的认识和理解及经验的获得都是具有整体性的,所以教师还要具备整合意识,也就是在幼儿获得最初的经验的基础上,整合并拓展他们的经验。例如,在大班主题活动"家乡的红团"中,教师考虑到幼儿在除夕节庆活动中观察并品尝过红团,对红团的特征也有初步的了解。因此,在本次活动开始前,教师先设定了与"家乡的红团"主题相关的问题,在活动前期先引导幼儿回忆、交流对红团的已有经验,引发幼儿的兴趣。在充分的讨论与交流的基础上,师幼共同完成了"家乡的红团"的主题探索,并绘制出了相应的主题网络图(见图4-1)。

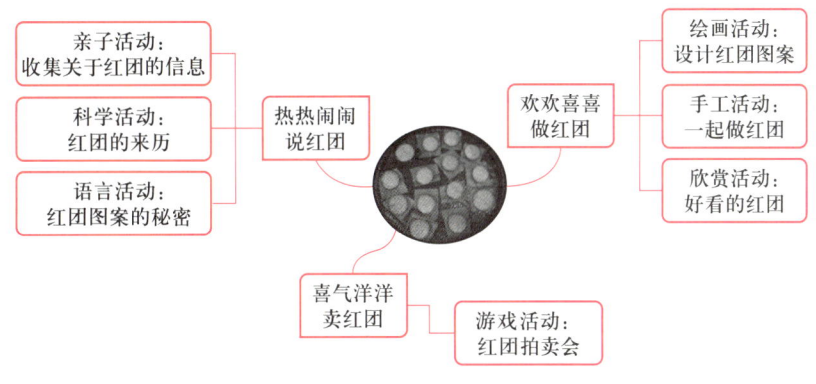

图4-1 大班主题活动"家乡的红团"网络图

教师还需对幼儿已有的经验进行整合和拓展,比如,提问"红团上的图案有什么秘密?"指导幼儿围绕红团上的图案进行讨论和讲述,进而利用区域活动的时间让幼儿对家乡的红团进行写生,以绘画的形式表现出红团的多种形状和不同图案。在这个活动中,幼儿对红团的认识没有停留在图案层面,而是延伸到了图案背后的寓意,如"贵"字,有的幼儿认为"贵"是表示什么东西都很贵,我们要爱惜每一样东西;有的幼儿觉得"贵"是每天都很开心,笑得和贵(桂)花一样美;有的幼儿认为贵是表示很有钱;还有的幼儿说贵是表示早生贵子……如果没有前期幼儿对红团的充分认识及体验,后期红团的图案之美就难以打动幼儿,也难以引发幼儿的创作激情;同样地,如果幼儿的认知仅仅停留在感知觉层面,缺乏对美好事物和生活的深入体验,那么他们就无法获得足够的认知。

2. 发现式教学,收集资料,扩充知识

"发现式教学"是一种以发现和探索为导向的教学方法。在幼儿主题美术活动中,教师可以通过创设情境和提供资源,激发幼儿主动探索和发现的动力,幼儿可以通过提出问题、自主观察、寻找答案、实践操作等方式,积极参与到美术创作的过程中。教师在此过程中主要扮演着引导者和支持者的角色,比如,在活动前期,可以引导幼儿做一个小小的探索家,广泛收集与主题内容相关的资料,包括照片、录像、相关道具等。教师通过展示和分享这些资料,开展认识和欣赏活动,进一步扩充幼儿对主题的认识和理解,为美术创作做好充分的积累和铺垫。而在具体的美术活动中,教师可以联通其他领域,继续开展探索、制作等活动,让幼儿学会自己去发现问题并解决问题。在这个过程中,教师要重视幼儿探究和学习的过程,调动他们的学习积极性,激发他们的创作愿望。延续前面提到的"家乡的红团"的主题活动,教师除了关注幼儿前期的知识经验准备外,还通过创设富有美感和春节气氛的主题情境来丰富幼儿的情感体验。在探索活动中,教师给予幼儿更大的空间,让他们充分表达自己的需要和想法。又如,在教授相关绘画技能时,教师可以将幼儿的几幅绘画作品和写生作品夹在一起,让幼儿像阅读绘本一样翻阅,并向幼儿提出"最喜欢哪一幅画?哪一幅画最美?为什么最美?"诸如此类的问题。教师要引导幼儿发现作品中的独特之处,并思考、交流如何更好地绘画。在这个自主发现和经验分享的过程中,幼儿会产生自己的想法,会很自然地学习到一些绘画的技能,也会更加容易记住这些知识点。

3. 引入各种表现媒介与形式

当幼儿对所要表现的事物有了深入的了解,并掌握了形象的结构后,教师可以尝试引导他们运用不同的媒介和方法进行表现,例如,绘画、泥塑、拼贴、剪纸、综合制作等。每种媒介和形式都具有不同的特点和表达方式,可以帮助幼儿从不同的角度去感知和表达主题内容。同样,教师让幼儿学习用不同媒介表现同一内容,可以增强他们对美术媒介特性的了解与敏感性。这样的学习体验将促使幼儿在美术创作中更加自如、自信地选择和运用不同的媒介和方法,创作出多样化的、富于个性的作品。比如,在主题活动"家乡的红团"中,教师可以引导幼儿尝试用绘画、手工等方法来表现家乡的红团,探索、尝试多元的美术语言。在主题活动"我喜爱的动物世界"中,教师可以引导幼儿用剪纸和拼贴来表现动物的轮廓,通过泥塑来塑造动物的立体形态等。

4. 导向创造性表现

创造性表现是一种想象成分较多的美术创作形式,意味着在幼儿拥有一定积累和萌发创造愿望的基础上展现个人的创造力。为了引导幼儿朝着创造性表现的方向发展,教师应该因势利导,并借助多种艺术形式的支持。首先,教师可以提出开放性的问题和任务,鼓励幼儿自由选择工具和材料,以探索新的艺术手法和表现方式。其次,教师可以选择与内容相关的故事,并引导幼儿以美术的方式来表现故事的情节。此外,教师还可以进一步将其发展为区角游戏或综合艺术活动,比如,角色扮演或戏剧表演等。在这样的活动中,美术可以成为整个活动的一个环节,幼儿可以参与绘制布景、制作道具服装、化装等,进一步丰富了整个活动的艺术体验。

5. 家园共育

《纲要》指出,家庭是幼儿园重要的合作伙伴。在主题美术活动的开展过程中,我们应该充分发挥家长这一宝贵的教育资源,以最大程度地提升活动的效果。主题美术活动中的经验准备、材料准备、环境创设、活动过程及家园互动部分都需要家长的积极主动参与。因此,教师不仅要善于向家长宣传主题活动的目标和内容,还要积极与家长保持沟通,分享系列活动的进展,提高教育的开放程度,让家长成为幼儿主题美术活动的坚定同盟者。此外,教师也可以主动邀请家长参与活动,帮助家长提升艺术教育能力,家园合力,共同营造一种富有艺术氛围的学习环境。以主题活动"家乡的红团"为例,教师在春节前布置幼儿与家长一起通过多种途径了解红团的相关任务,包括了解红团的来历,收集各种红团印模、红团或制作红团的照片,以获得红团制作的相关经验,并鼓励幼儿与家长一起制作红团并拍照。

(三) 在活动的过程中给予指导

为了顺利开展幼儿主题美术活动,教师不仅需要在活动设计上下功夫,而且需要在幼儿的创作过程中给予恰当的指导。教师既需要推动一系列美术活动的顺利进行,又要在现场面对面地解决问题。因此,教师应遵循以下几个要点,为幼儿的创作过程提供有效的指导和支持。

1. 具备背景知识经验

在向幼儿提供指导之前,教师要确保自己具备相关的背景知识和经验,包括掌握幼儿认知发展和幼儿美术能力发展的理论知识,了解每个年龄段幼儿的美术发展需求和潜力,以及掌握相关的美术知识,熟悉不同的美术媒材和表现方式,掌握基本的绘画、造型、色彩等技巧。此外,了解每一个幼儿也是教师背景知识的重要组成部分,要充分关注他们的兴趣爱好和个体差异。

2. 注意观察幼儿的表现

在现场面对面的指导中,教师应密切观察幼儿的创作过程,比如,他们的表情、言行等。通过细致的观察,教师可以及时发现并掌握幼儿当下的情况,如是否出现问题、是否产生新的教育契机、是否可以导向新的活动。

3. 学会等待

教师在指导过程中还需要学会耐心等待。给予幼儿足够的时间和空间,而不是一发现问题就急于为他们解决,更多的是鼓励他们独立思考和自由探索。比如,当一个活动的时间安排较为紧迫、幼儿可能无法完成作品时，特别是当有些幼儿可能想要画出较为丰富的画面，或者想要使用平涂的方式来涂满背景时，教师并不一定要强调幼儿必须完成作品，而是应尊重幼儿的意见。如果他们想继续画下去，那就支持他们继续创作；如果他们不想画了，那就可以将作品放进作业袋中，第二天在晨间活动时继续完成。这样的做法就可以避免幼儿因被催促而对画画失去兴趣。

4. 营造宽松的氛围

教师在指导中还需营造一种良好的、宽松的氛围。教师要赞赏幼儿的努力和成果，以积极的态度对待他们的表现，鼓励他们勇敢地尝试和创造。向幼儿传递积极的反馈，让他们感受到自己的想法和行动是被重视和认可的，从而让创作过程成为一种愉悦的成长体验。在宽松的氛围中，教师也能够更好地观察和了解幼儿的真实表现。

四、幼儿主题美术活动的观察与评价

对幼儿主题美术活动展开观察与评价，有助于教师进一步反思、改进教学活动方案，及时调整教学过程中存在的问题，为后续开展主题美术活动做好充足的准备。因此，教师需要明确幼儿主题美术活动观察与评价的观测点和具体评价标准，能根据相关的观察内容和具体评价标准设计相应的观察评价表，能结合观察评价表的得分情况有针对性地提出可操作性的修改建议，促进学生教学设计与实施能力的螺旋式提升。

（一）厘清幼儿主题美术活动的观测点与具体评价标准

幼儿主题美术活动观察评价表主要涉及活动目标、活动内容、活动准备、活动过程、活动效果与设计创新六个观测点，每个观测点都有具体评价标准，比如，活动目标要求体现《指南》中艺术领域的目标，彰显幼儿的主体地位，落实情感、知识和能力三维目标等。

（二）设计幼儿主题美术活动观察评价表

为了更高效地观察、评价幼儿主题美术活动，教师需要根据已经明确的幼儿主题美术活动的观测点和具体评价标准设计观察评价表（见表4-1），并为每条评价标准赋值。教师可以运用评价表快速、准确地进行评分，对教学活动进行较为客观地评价，及时了解教学的具体情况。

表 4-1 幼儿主题美术活动观察评价表

幼儿园		班级		教师		主题	
评价者				时间			
观测点	具体评价标准					分值	评分
活动目标	1. 符合《指南》感受与欣赏、表现与创造目标要求					3	
	2. 彰显幼儿的主体性,符合幼儿的年龄段特点					3	
	3. 结合幼儿的生活经验,综合幼儿各领域的发展,开展系列美术活动					3	
	4. 落实情感、知识和能力三维目标					3	
活动内容	1. 扩展的系列主题美术活动具有科学性、操作性、丰富性,符合活动目标要求					3	
	2. 主题美术活动内容关注幼儿主体性、兴趣性,符合幼儿发展水平					3	
	3. 准确把握主题活动重点,主题活动难点设置适宜					3	
	4. 挖掘主题内容内在联系,立足审美整合相关领域					3	
活动准备	1. 经验、材料准备与环境创设符合主题活动的目标和内容要求					3	
	2. 经验准备充分,支持幼儿主动建构新的审美经验					3	
	3. 材料准备适宜,满足幼儿实际操作和审美体验需要					3	
	4. 主题环境创设适宜,增强主题活动的审美性和趣味性					3	
活动过程	1. 体现目标要求,主线清晰,结构合理,过渡自然					10	
	2. 方法适宜,提供感知与操作机会,现代化手段适度					10	
	3. 提问有启发性和层次性,符合幼儿特点,切合主题					10	
	4. 重点突出,点面结合,难点突破,化难为易					10	
	5. 面向全体,关注差异,注重互动,促进发展					10	
活动效果	1. 目标落实到位,幼儿在情感态度、知识经验和能力方面获得发展					3	
	2. 能充分运用家长及社区资源开展主题美术活动,家园合作紧密					3	
设计创新	1. 体现课程改革新理念,活动方案整体设计有创意					4	
	2. 彰显活动类型特点和幼儿特点,活动方案设计新颖有特色					4	
合计						100	

注:评价表中每个观测点分为若干具体评价标准,评价者依据实际情况对照标准打分。

大班主题美术活动：闽南风情

设计与执教：泉州市第一幼儿园　柯志梅
案例评析：福建幼儿师范高等专科学校　许文鹏

设计意图

泉州，是中国的历史文化名城，著名的侨乡和台湾同胞的主要祖籍地，同时也是闻名中外的闽南民间艺术的故乡。许多海内外朋友来到这里，深为艺术种类繁多、文化底蕴深厚的闽南民间艺术的魅力所陶醉。作为一名泉州人，更应该了解自己的家乡，了解家乡的历史文化和各种民间艺术。为此，我设计了主题美术活动"闽南风情"。

主题目标

1. 尝试学习用油画棒、毛笔、水粉等工具和材料，运用多种绘画手段表现家乡泉州的民风、民俗。
2. 初步了解家乡泉州的民间习俗，激发幼儿热爱家乡、爱家乡人的情感。
3. 体验创作的乐趣。

主题活动安排

1. 手工活动：有趣的拍胸舞。
2. 小组合作画活动：赶海去。（略）
3. 吹塑纸版画活动：火鼎公婆。
4. 线条画活动：勤劳的惠安女。
5. 绘画活动：有趣的提线木偶。
6. 锡箔纸画活动：拜孔子领红蛋。
7. 折纸活动：古老的东西塔。（略）
8. 绘画活动：我演高甲戏。

手工活动：有趣的拍胸舞

活动目标

1. 尝试用撕、贴、折等方法制作"拍胸舞"小人。
2. 能用动作和手工创作表现"拍胸舞"小人的不同动态，感受"拍胸舞"的夸张有趣。

大班手工活动：有趣的拍胸舞

活动准备

1. 经验准备：欣赏闽南"拍胸舞"，感受舞蹈的动态、人物造型。
2. 材料准备：彩纸、胶棒、油画棒、剪刀。

活动过程

1. 播放舞蹈视频"拍胸舞"，引导幼儿互相观察舞蹈动作。
2. 讨论：跳"拍胸舞"的人有什么不同？有什么样的动作？衣服有什么样的特点？并邀请幼儿上前模仿舞者的舞蹈动作。
3. 展示"拍胸舞"小人模型，引导幼儿观察并讨论制作的方式。
4. 提出要求：用撕、贴、折的方法表现"拍胸舞"小人夸张的动作；给"拍胸舞"小人添画上夸张有趣的表情；把撕下的废纸放在筐中。
5. 播放音乐，幼儿边听边作画，教师启发幼儿把"拍胸舞"小人的动态制作得夸张一些，表现各种动作，添画出人物的特征。
6. 引导幼儿互相欣赏作品，评价人物的动态和特征。

活动反思

在手工活动开始前，小朋友们仔细观察了图片上跳"拍胸舞"的人的各种动态并模仿他们的动作。手工活动过程中，能力较强的幼儿一下子就抓住了舞者的特征，较形象地将他们舞蹈的动态表现出来了，而部分能力较弱的幼儿不能抓住人物的特征，不知道该如何进行创作……

地方文化、地方资源是艺术创作不可忽视的源泉。教师要引导幼儿发现生活中的美，能运用各种材料，展开想象，创作丰富多彩的作品。在创造表现中丰富想象力，陶冶情操，培养创新能力。"拍胸舞"就是幼儿比较熟悉的一种闽南民间舞蹈，在泉州市各种节日及大型活动中都能看到"拍胸舞"，运用跨领域整合教学资源的方法使幼儿能更清楚地了解他们所要画的对象的来龙去脉，激发幼儿对所要表现的对象的兴趣。在幼儿创作过程中，虽然考虑到能力较弱的幼儿无法表现出舞者的各种动态而展示了几个人物的图片，但是如果能展示更多舞者的不同侧面的图片让幼儿参考，将更有利于幼儿手工创作。我们的地方文化、地方资源都非常丰富，许多内容可作为我们的教学内容，接下来我们还会选择富有泉州特色的"木偶""惠安女"等整合更多资源进行教学。

活动评析

该教学活动从引导幼儿观察"拍胸舞"开始，让幼儿对"拍胸舞"的动作和舞者的身体动态有了直观的理解和感知，有助于幼儿在创作时更好地表现舞蹈动作和人物特征。通过讨论环节中的身体动作模仿，幼儿可以发现"拍胸舞"动作的不同之处，以及人物服装上的特点，这个环节有助于提高幼儿的观察力和创作表现力。教师提出的要求清晰明确，强调了创作过程中可以表现各种"拍胸舞"动作的手工制作方式，同时鼓励幼儿在人物制作中添画出人物夸张有趣的表情，为幼儿的创作过程提供了有明确的目标和方向。

另外，教师让幼儿在音乐的氛围中进行创作，有助于激发幼儿的兴趣和创造力。同时，教师强调了要把"拍胸舞"的人物动态制作得夸张一些，并突出各种动作，表现出人物的特征，这有助于提高幼儿在手工活动中对人物动态的表现和处理能力。

吹塑纸版画活动：火鼎公婆

活动目标

1. 初步学习制作吹塑纸版画的技能。
2. 初步了解家乡的民俗文化，热爱家乡和家乡人。
3. 初步具有想象力、创造力。

活动准备

1. 知识经验准备：活动前收集"火鼎公婆"的资料图片，对"火鼎公婆"这种民间舞蹈有初步了解。
2. 物质材料准备：颜料、画笔、吹塑纸、黑纸、铅笔等。

活动过程

1. 出示吹塑纸版画让幼儿欣赏，激发幼儿对活动的兴趣。
2. 请个别幼儿上来表演民间舞蹈"火鼎公婆"。
3. 教师示范吹塑纸版画的制作过程。
4. 引导幼儿观察"火鼎公婆"滑稽夸张的动态。
5. 请个别幼儿上来尝试"火鼎公婆"的版画制作。
6. 提出要求：
（1）在吹塑纸上要画出痕迹来。
（2）涂颜料时动作要快。
7. 幼儿制作版画，教师巡回指导，重点指导幼儿应该怎样涂颜料及按压印制版画，提醒幼儿制作时动作要快。
8. 展示欣赏作品。

活动反思

幼儿较少接触吹塑纸版画，对这种活动很感兴趣。由于幼儿还没有较好地掌握吹塑纸版画的技能，"火鼎公婆"夸张、滑稽的形象幼儿较难表现出来，更何况要在吹塑纸上表现。因此，在制版时就有较大的难度，部分幼儿无法完成作品。教师在为幼儿选择版画的内容时应注意幼儿制作版画的技能和水平，应逐步增加难度。

活动评析

教师通过出示吹塑纸版画作品，激发了幼儿对活动的兴趣，调动了幼儿参与活动的积极性。请个别幼儿上来表演民间舞蹈"火鼎公婆"，不仅活跃了课堂氛围，也加深了幼儿对民间文化的了解。教师在示范制作吹塑纸版画的过程中，也为幼儿提供了操作和学习的机会,有助于培养幼儿的动手能力和创造性思维。请个别幼儿上来试试"火鼎公婆"的版画制作,有助于提高幼儿的参与度和实践操作能力。教师展示欣赏作品,有助于提高幼儿的审美能力和对艺术作品的理解能力。

线条画活动:勤劳的惠安女

活动目标

1. 了解惠安女的服饰特点及当地风俗习惯,并以线条画的形式表现出来。
2. 初步学习用各种线条、花纹进行装饰。
3. 初步具有热爱家乡和家乡人的情感。

活动准备

1. 知识经验准备:收集有关图片资料,活动前初步了解惠安女。
2. 物质材料准备:图画纸、勾线笔、惠安女图片、各种线条、花纹及不同动态的惠安女。

活动过程

1. 出示图片,引导幼儿自由观察、讨论,教师提问:她们是什么人?穿什么样的衣服?
2. 启发幼儿想象,帮助幼儿拓展创作思路。重点引导幼儿观察惠安女的服饰特点,用简笔画的形式勾勒出惠安女的轮廓。
3. 请个别幼儿用各种线条、花纹进行装饰。
4. 提出要求:要画出惠安女的服饰特点;用各种线条、花纹装饰她们的服饰。
5. 幼儿作画,教师巡回指导。重点指导幼儿用各种线条、花纹装饰她们的服饰。
6. 展示幼儿作品,交流讨论。

活动评析

教师出示图片,引导幼儿自由观察、讨论,并提问"她们是什么人?穿什么样的衣服?"这有助于激发幼儿的好奇心和观察兴趣,引导幼儿自主思考和表达。而教师重点引导幼儿观察惠安女的服饰特点,并用简笔画的形式勾勒出惠安女轮廓的方式,有助于提高幼儿的观察力和想象力,同时也为幼儿的创作提供了一定的指导和支持。在练习过程中,教师请个别幼儿用各种线条、花纹进行装饰,这有助于培养幼儿的创造力和表现力,同时也为其他幼儿提供了学习和借鉴的机会。幼儿在作画过程中,教师进行巡回指导,重点指导幼儿用各种线条和花纹装饰她们的服饰。这有助于确保每个幼儿在绘画过程中都能得到必要的指导和帮助。最后,教师展示幼儿的作品,并引导幼儿进行交流和讨论。这有助于提高幼儿的表达和交流能力,同时也为幼儿提供了分享和欣赏艺术作品的机会。

综上所述,该教学活动通过观察、启发、自由创作和交流讨论等多种方式,引导幼儿了解和讨论惠安女的服饰特点,并尝试用绘画的方式表现出来。同时,教师也在整个教学过程中给予了必要的指导和支持。整个教学活动有助于提高幼儿的观察力、想象力、绘画表现力和审美能力。

绘画活动:有趣的提线木偶

活动目标

1. 初步了解家乡的提线木偶,并以绘画的形式将其表现出来。

2. 初步了解家乡的民俗文化,培养热爱家乡的情感,对家乡的传统民俗文化感兴趣。

3. 能与同伴分享体验绘画的乐趣。

活动准备

1. 知识经验准备:与爸爸妈妈一起查找关于提线木偶的资料,了解提线木偶的制作与使用方法等。

2. 物质材料准备:图画纸、勾线笔、提线木偶、图片。

活动过程

1. 出示提线木偶引导幼儿观察。

2. 观看多媒体课件,启发幼儿想象并帮助幼儿拓展创作思路。

3. 提出要求:先画小木偶,再根据它身上的关节画提线;可以画各种不同的小木偶(现代的、古代的、动物的、人物的)。

4. 幼儿作画,教师巡回指导,重点指导幼儿根据自己想象的情节画出不同姿态的小木偶。

5. 展示作品,交流讨论。

活动评析

这个美术教学活动是一个以提线木偶为主题的创作活动,旨在通过让幼儿了解提线木偶的制作与使用方法,并以绘画的形式表现出来,从而增进幼儿对家乡传统民俗文化的认知和热爱家乡的情感。

在这个活动中,教师做了充分的准备。教师请幼儿与爸爸妈妈一起查找关于提线木偶的资料,了解提线木偶的制作与使用方法等,以使幼儿做好知识经验的准备;教师提供了图画纸、勾线笔、提线木偶等材料,帮助幼儿更好地进行创作。在活动过程中,教师充分引导幼儿观察,启发幼儿想象并帮助幼儿拓展创作思路。在幼儿作画的过程中,教师提出了明确的要求:先画小木偶,再根据它身上的关节画提线。在这个环节中,幼儿可以根据自己的兴趣和爱好来画不同的小木偶(现代的、古代的、动物的、人物的),可以根据自己想象的情节画不同姿态的小木偶。当幼儿的作品完成后,教师组织了展示和交流活动,让幼儿能够相互欣赏和交流彼此的作品。在这个环节中,幼儿可以分享自己的创作思路和感受,增进彼此之间的互动和交流。

总体来说,这个美术教学活动能够培养幼儿的观察力和创造力,同时也能够激发幼儿对家乡文化的热爱之情。

锡箔纸画活动:拜孔子领红蛋

活动目标

1. 对锡箔纸画感兴趣,体验新画种创作的乐趣。
2. 尝试用水粉作画的技能表现闽南正月十五拜孔子领红蛋的民俗活动。

活动准备

1. 知识经验准备:幼儿通过向家长咨询或与家长上网查询等方式了解泉州民间正月十五拜孔子领红蛋的民俗活动。
2. 物质材料准备:拜孔子领红蛋的图片、锡箔纸、水粉颜料、毛笔、丙烯颜料等。

活动过程

1. 欣赏锡箔纸作品并感受锡箔纸画独特的画面。
2. 认识锡箔纸画的作画材料,了解锡箔纸画的创作方法。
3. 迁移幼儿的经验谈谈对民俗活动"拜孔子领红蛋"的认识。
4. 提出要求:
(1)用画笔表现正月十五拜孔子领红蛋的场面。
(2)正确使用毛笔和水粉颜料。
5. 幼儿创作,教师指导:
(1)引导幼儿用水粉颜料在锡箔纸上进行创作,表现正月十五拜孔子领红蛋的场面。
(2)指导幼儿正确使用毛笔。
(3)鼓励幼儿从不同的角度创作出拜孔子领红蛋的场面,使画面更加丰富。
6. 作品展示,幼儿互相评价。

活动反思

活动开始前与幼儿谈话"你们知道孔子是谁吗?"大部分幼儿不知道孔子是谁,我请幼儿回家去收集有关孔子的资料,了解孔子是什么样的人,"拜孔子送红蛋"是个什么活动?为什么要举办这样的活动?活动一开始,我先让幼儿将自己收集来的资料与同伴一起交流,讲一讲、谈一谈孔子,聊一聊我市每年春、秋两季开学时举办的"拜孔子送红蛋"的活动,大家你一言我一语争相把自己了解到的信息告诉小伙伴,气氛十分热烈。接着组织幼儿看网上搜索到的图片,教师注意引导幼儿观察图片上人物的动态,他们在干什么?背景里有些什么?有的幼儿说:"老师,我也参加过这个活动,他们手里拿着毛笔在签字。"教师:"对,这就是开笔。""这棵是祈愿树,上面有各种各样写着愿望的卡片""快看,这个古代老人就是孔子"……然后我引导幼儿进入下一环节:画一画《拜孔子送红蛋》……

在绘画活动开始前,教师首先要了解幼儿已有的经验。在了解到大部分幼儿不知道孔子是谁时,我请幼儿回家去收集有关孔子和有关"拜孔子送红蛋"的资料,使绘画活动与认知领域很好地结合,增长了幼儿的知识。

绘画前的谈话活动是教师了解幼儿内心活动、引导幼儿思维进程的有效途径。谈话中教师引导性、启发性的提问,幼儿回答及听取他人的讲述,使幼儿在头脑中已有信息的基础上,产生大量的、变化的、独特的新信息,以利于培养幼儿的发散性思维、求异思维,同时,也形成了幼儿与教师、幼儿与幼儿之间思维的互动作用。本次活动通过谈话活动中的引导、幼儿的讲述及相互间的讨论拓展了幼儿的思路,请幼儿将自己所讲的、所看到的用绘画的形式表现出来,较好地将语言活动与绘画活动进行整合,取得了较好的效果。

活动评析

该教学活动的过程设计合理,能够实现教学目标,符合幼儿的学习特点和发展阶段。首先,通过引导幼儿欣赏锡箔纸作品和认识锡箔纸画的作画材料,幼儿能够更好地了解锡箔纸画的创作方法和独特性,激发幼儿对锡箔纸画的兴趣和创作欲望。其次,通过迁移幼儿的经验和了解民俗活动"拜孔子领红蛋",幼儿能够更好地理解创作主题和相关文化背景,以及更好地表现创作内容。在创作过程中,教师提供了有效的指导和支持,引导幼儿正确使用毛笔和水粉颜料,鼓励幼儿从不同的角度创作出拜孔子领红蛋的场面,使画面更丰富。这有助于提高幼儿的创作技能和表现能力。最后,通过作品展示和幼儿互相评价,幼儿能够更好地欣赏和理解他人的作品,同时也能够得到他人的反馈和建议,有助于幼儿进一步改进自己的创作技能和表现能力。总体而言,该教学活动的过程设计合理,能够实现教学目标,符合幼儿的学习特点和发展阶段。

绘画活动:我演高甲戏

活动目标

1. 初步了解家乡的戏曲文化,尝试用绘画的形式表现戏曲人物。
2. 激发热爱家乡文化的情感。

活动准备

1. 知识经验准备:收集、了解有关高甲戏的图片、资料,与家长一起欣赏一段高甲戏。
2. 物质材料准备:图画纸、勾线笔、油画棒。

活动过程

1. 播放高甲戏片段与幼儿一同欣赏,重点引导幼儿观察戏中人物的装束与现代人有什么不同。

2. 幼儿讲一讲自己知道的高甲戏,说一说装束有什么不同,学一学戏中人物的动作,唱一唱高甲戏。

3. 提要求:大胆画出古代戏曲中人物的装束、形象;注意画面的布局;绘画时保持安静。

4. 幼儿作画,教师重点指导幼儿画出古代人的装束,鼓励幼儿大胆想象,画出自己演的高甲戏。

5. 展示作品,讲一讲自己的画。

活动反思

梨园戏、南音、高甲戏是孩子们既熟悉又陌生的泉州本土地方戏曲剧种,在大街小巷里经常会有优美动听的乐音在耳边萦绕。虽然它们经常出现在我们的生活中,但却很少引起我们的关注,更很少引起幼儿的重视。而它们却被称为"宋元南戏活化石",是中国现存最古老的剧种之一,是祖辈留给我们的宝贵遗产。作为泉州人,我们更应该传承和弘扬这一世界文化遗产。要用绘画的形式来表现离幼儿日常生活遥远的古代人,对于他们来说是有一定难度的,活动前期我要求幼儿回家注意收看有关梨园戏、南音、高甲戏等电视节目,请爷爷奶奶或是爸爸妈妈陪同他们一起观看并做适当讲解,并要求幼儿收集有关资料,让幼儿先有些感性认识。我将他们收集来的资料及时张贴出来,孩子们在自由活动时常常围着它们讨论、交流……活动一开始我请孩子们介绍自己收集来的资料并播放课件,让幼儿观察、讨论:古代人和现代人的装束有什么不一样?如果让他们来演大戏会演什么戏?演戏的人脸上与普通人有什么不一样?我怀着忐忑不安的心情看着孩子们开始动笔了,不一会儿,一个个栩栩如生的古代扮相的小演员就跃然纸上,这真是出乎我意料……

由于幼儿对离我们的生活十分遥远的古代人非常陌生,他们不清楚古代人的生活和装束,因此,我将本次活动与认知领域结合,并在活动前期做了大量的收集整理资料、图片的工作,使幼儿对梨园戏、南音、高甲戏有了粗浅的感性认识,因此有了一幅幅让我感到惊喜的作品;但是由于教师的引导不够深入,还有部分幼儿在把握古代戏曲人物(特别是旦角)上还有偏差,如有的人物穿着现代人的裤子、裙子等。泉州本土文化资源丰富,积淀深厚,戏曲方面还有很大的挖掘空间,教师自身还应提高这方面的修养。

活动评析

该教学活动的过程设计合理,能够实现教学目标,符合幼儿的学习特点和发展阶段。首先,通过播放高甲戏片段与幼儿一同欣赏,教师能够引导幼儿观察戏中人物的装束与现代人有什么不同,让幼儿初步了解高甲戏的文化背景和特点。其次,教师通过让幼儿讲一讲自己知道的高甲戏、学一学戏中人物的动作、唱一唱高甲戏等方式,进一步加深幼儿对高甲戏的认识,提高幼儿的学习兴趣和参与度。在绘画环节,教师提出要求,重点指导幼儿画出古代人的装束,并鼓励幼儿大胆想象并画出自己演的高甲戏。这有助于提高幼儿的绘画表现能力和创造力,同时也让幼儿通过绘画方式表达自己对高甲戏的理解和感受。最后,教师通过展示作品和让幼儿讲一讲自己的画,让幼儿更好地欣赏和理解他人的作品,同时也能够得到他人的反馈和建议,有助于幼儿进一步改进自己的绘画技能和表现能力。总体而言,该教学活动的过程设计合理,能够实现教学目标,符合幼儿的学习特点和发展阶段。

活动总评

该主题美术活动整体上表现出色,具有以下优点。

1. 主题明确,符合幼儿的兴趣和发展需求。

该主题活动都围绕特定的主题展开,例如,节日、民俗等,符合幼儿的好奇心和探索欲望,能够激发他们的创造力和想象力。

2. 多样化的活动形式和材料,具有吸引力。

这些活动采用了绘画、手工制作、游戏等多种形式,使用了各种不同的材料和工具,如毛笔、水彩、卡纸、剪刀等,能够吸引幼儿的注意力,提高他们的参与度。

3. 关注幼儿的艺术表现和创造力发展。

活动评价不仅关注作品的技巧和完成度,还注重作品的创意和个性特点,能够鼓励幼儿发挥自己的想象力和创造力,创作出更加独特、有趣的作品。

4. 注重幼儿的艺术体验和情感表达。

活动设置了一些开放性的问题或讨论环节,引导幼儿分享自己的创作思路和感受,表达自己的情感和体验,有助于提高幼儿的表达能力和社会交往能力。

然而,该主题活动也存在一些不足之处,需要加以改进:

1. 主题活动评价标准需要更加具体化。

虽然这些主题活动都注重作品的创意和个性特点,但是评价标准不够具体化,可能导致评价结果存在主观性和不公正性。因此,需要制定更加具体、客观的评价标准,以便更好地评估幼儿的艺术表现和创造力发展。

2. 主题活动参与度需要进一步提高。

虽然这些活动能够吸引幼儿的注意力和提高幼儿的参与度,但是在活动过程中仍然存在一些幼儿游离于活动之外的情况。因此,需要进一步改进活动设计和组织方式,提高活动的参与度和互动性。

3. 主题活动成果需要更加丰富和多样化。

虽然在这些活动中都产生了一些优秀的作品,但是成果形式和数量还需要进一步丰富和多样化。可以增加一些展示和分享的环节,让更多的幼儿有机会展示自己的作品,增强他们的自信心和成就感。

实训活动　幼儿主题美术活动的设计、实施与评价

1．目标

（1）掌握幼儿主题美术活动设计、实施与评价的相关理论知识。

（2）能够设计、实施与评价幼儿主题美术活动。

（3）培养独立思考能力、小组项目合作能力及开展幼儿主题美术活动的岗位实践能力。

（4）逐步形成实施幼儿园美术活动的信心，涵养爱心、耐心、细心等师德情怀。

2．内容要求

（1）与园所教师商讨适宜实习班级幼儿的主题美术活动，项目小组合作设计、实施幼儿主题美术活动。

（2）运用表4-1进行项目小组评价与交流。

（3）与学校和园所教师交流反馈、分析评价、反思修订幼儿主题美术活动设计方案。

（4）在学校和园所教师指导下，项目小组开展幼儿主题美术活动的模拟教学，并在实习班级协同组织实施。

（5）与学校和园所教师交流反馈、分析评价、反思推进幼儿主题美术活动。

主题探索中的美术教育[①]

当前积极倡导的儿童创意美术活动，以主题为线索，围绕幼儿这个核心，通过对多种美术表达形式的充分整合，创造新颖独特的艺术想象。这样的美术活动更有助于陶冶幼儿的美好情操，促进幼儿自我探索能力的发展。在主题探索背景下的美术活动，将美术元素与语言、科学、健康等多个领域进行融合，此时的美术教学活动已经不仅仅是艺术

---

① 谭晶萌．主题探索中的美术活动［J］．当代家庭教育，2020（26）：67-68．

教育的一种表现，而是与多个领域的有机整合，这样的美术活动也必然会取得更好的教学效果。具体在美术活动开展的过程中，教师应该注重班级特色的全面融入。比如，在开展以大自然季节"秋收""春生"为主题的活动中，教师可以组织幼儿走出教室，走到野外，在大自然中真正体验春风的吹拂，感受秋天的金黄，将大自然作为最好的课堂。之后，为幼儿提供水粉、水墨等材料，引导幼儿运用色彩和线描的方式开展创意美术活动，引导幼儿结合自己在大自然美景中的深刻体验，大胆联想，将自己心中的蓝图绘画出来，展示给大家。相信在这样的美术活动开展的过程中，幼儿一定会展露出无限的创造力，并且从中感受到无限的乐趣。比如，《春的色彩》《水墨江南》《金秋收获》等，幼儿尽情阐释心中的美景，将大自然美景用美术的形式呈现出来，不仅提高了美术绘画技能和审美能力，而且对于增强环保意识也有着积极的意义。

在主题美术活动开展之前，教师应该根据幼儿的认知能力，设置相应的教学目标。在活动中要创设教学情境，鼓励幼儿自主探索，一定要大胆放手，同时给予一定的点拨指导，促使每个幼儿都能创作出自己喜爱的美术作品。之后，教师要针对幼儿的美术作品进行多元化的评价，在评价的时候要以正面鼓励为主，要认真倾听幼儿对自己美术作品的介绍，要善于抓住幼儿在美术学习中取得的进步，要不吝赞美之言，从而促使幼儿始终保持美术创作的自信心和热情，鼓励幼儿充分展示个性，这样才能让他们真正感受到美术的独特魅力。在主题美术活动开展的过程中，教师还要进行详细的观察和认真的记录，通过写随笔案例的方式进行总结和反思，探索不同年龄段幼儿适合的美术活动形式，归纳出更有效的活动开展途径，解决存在的不足和问题，促进主题美术活动的组织更为完善。

任务二　幼儿亲子美术活动的设计与指导

任务情境

如何发挥家长在美术活动中的协同作用？

在一次户外写生活动中,李老师带领大二班小朋友来到操场上画树。在强调完活动要求后,大多数的小朋友都开始坐下来画树了。只有小杰非常兴奋,他对美术材料充满好奇心,不停地摆弄着不同颜色的画笔,拿着自己的小画板绕着幼儿园里的树木转来转去,还用手在大树的树干上不停地抚摸着,嘴巴念叨着:"好大好高的树,好粗好硬的树干……"李老师见状并没有制止他,反而过去引导小杰道:"你也可以抬头仔细看看树叶,看看这棵树的叶子是什么形状、什么颜色的?"小杰听完李老师的话,又抬头看了一会儿,便安静坐下来画画。活动结束后,李老师让小朋友们把完成的树木写生作品带回家给爸爸妈妈看。小杰的爸爸在看到其他小朋友的作品后却说他画错了,让他重画。原来小杰是班里唯一把绿叶画成了发黄的叶子的小朋友。第二天小杰来园时一脸疑惑地问道:"李老师,现在是十月了,我看窗外的叶子开始发黄,有些都落在地上了。我想按自己看到的画,错了吗?"

请结合案例想一想:案例中家长的做法是否适宜?作为未来幼儿园教师的我们应该如何发挥家长在美术活动中的协同作用,实现家园共育,共同发扬审美精神,发挥亲子美术活动的重要价值。

任务描述

此项任务将围绕幼儿亲子美术活动的设计与实施展开,涉及幼儿亲子美术活动的目的和意义、内容选择、设计与实施、观察与评价。在此项任务中,要明晰幼儿亲子美术活动的目的与意义,明确幼儿亲子美术活动的设计思路,把握幼儿亲子美术活动的组织与实施过程,学会观察评价幼儿亲子美术活动,并能够基于评价对幼儿亲子美术活动提出相应的教育建议。

一、幼儿亲子美术活动的目的和意义

我国著名的教育家陈鹤琴先生说过:"幼稚教育是一种很复杂的事情,不是家庭一方面可以单独胜任的,也不是幼稚园一方面能单独胜任的,必定要两方面共同合作方能得到充分的功效。"《纲要》也明确指出:"家庭是幼儿园重要的合作伙伴。应本着尊重、平等、合作的原则,争取家长的理解、支持和主动参与,并积极支持、帮助家长提高教育能力。"由此可见,在幼儿教育中家园共育所形成的教育合力起着举足轻重的作用,发挥着重要的价值,在幼儿美术教育方面亦是如此。我们应关注美术教育中家园共育的部分,让更多家长参与到幼儿美术教育的过程中,提升家长的幼儿美术指导能力。

幼儿亲子美术活动是指幼儿园创设一定的条件,以亲缘关系为基础,针对幼儿的年龄特点,由教师主导开展的家长和幼儿共同参与的美术教育活动,引导家长走进幼儿美术世界,并对幼儿的美术活动给予必要的支持。亲子美术活动是幼儿园美术活动的形式之一,也是家园共育的主要形式之一。

在日常的美术活动过程中我们时常发现有些美术内容对幼儿动手能力和表现能力的要求较高,容易使幼儿产生畏难心理。将家长作为教育元素引入幼儿的美术活动中,不仅能有针对性地支持幼儿参与美术活动,在与幼儿的互动中还有利于拓宽家长的思维。更重要的是,家长的参与能够使幼儿在精神上产生愉悦感,有助于培养幼儿对美术活动的兴趣并促进其认知经验的形成和良性发展。

(一) 幼儿亲子美术活动有利于提升幼儿的美术创造表现

《纲要》指出:"幼儿艺术活动的能力是在大胆表现的过程中逐渐发展起来的"。可见,宽松的心理环境是幼儿专注于美术创作活动、提升美术创造表现力的重要前提。家长是幼儿最信任、最依赖的对象,亲子美术活动中家长的参与能够给幼儿心理上极大的支持,使幼儿更容易产生安全感、自由感,体验到亲子美术活动的乐趣。在轻松自由的氛围下全身心地投入美术创作中,更有助于幼儿富有独特想象的美术创造与表现。此外,家长的参与还能够弥补教师无法一对一指导幼儿美术表现方式和技能技巧的缺失,能够针对不同幼儿的特点和需要有效地提升其美术表现的技巧和能力,同时还能促进幼儿语言、动作、知识和能力的发展。

(二) 幼儿亲子美术活动有利于提高家长的美术指导能力

幼儿园教育应以习近平新时代中国特色社会主义思想为指导,全面贯彻党的二十大精神和党的教育方针,按照保育与教育相结合的原则,遵循幼儿身心发展特点和规律,实施德智体美劳方面全面发展的教育,促进幼儿身心和谐发展。幼儿亲子美术活动能帮助家长克服过分重视美术技能而忽视幼儿情感体验的错误导向,建立科学的美术教育理念,用科学、正确的方式指导幼儿进行美术创作,促使家长以尊重幼儿自由的创造和表达为基础,支持幼儿富有个性和创造性的表达,营造良好的家庭美术教育氛围,让艺术自然而然地浸润幼儿的生活,促进幼儿的全面发展。

(三) 幼儿亲子美术活动有利于加深亲子之间的依恋关系

美国心理学家哈洛的"恒河猴"实验让我们发现了亲子依恋对健康发展的重要意义,对人类而言同样如此。亲子依恋是人类最初的也是影响最深远的一种情感,是婴幼儿健康成长过程中不可缺少的重要环节,是社会情感发展的基础,对幼儿一生的影响是重大的。幼儿亲子美术活动能够为家长和幼儿提供一个共同创作、共同互动的机会,能加强父母与孩子之间的情感互动交流,促进家长和孩子之间形成亲密的玩伴关系,加深亲子依恋。同时也让家长在参与幼儿美术创作的过程中,更加正确客观地了解孩子,更准确地了解自己孩子的优势与弱点,倾听孩子独一无二的审美表达,走进孩子充满童趣的美术世界。在相互交流、相互欣赏中,建立更加自由、平等、亲密的亲子关系。

(四) 幼儿亲子美术活动有利于形成家园共育的教育合力

在每个孩子对新事物的习得方面,家庭力量是不可或缺的。幼儿美育是一项系统工程,也需要幼儿园与家庭的共同参与,形成教育合力,只有家长参与的教育才算得上是健康完备的教育。幼儿亲子美术活动便是一座有利于家长与幼儿园有效交流互动的桥梁,为家长走进幼儿美术教育提供了一个有效的平台,让家长更加了解和熟悉幼儿园的美术教育工作,了解幼儿在美术方面的表现情况,进而更加积极地配合幼儿园的相关工作。家长更了解幼儿园,幼儿园更了解家长,这样家园之间更加容易达成美育共识,为家园共育建立一个良好的基础,共同促进幼儿健全人格的形成。

二、幼儿亲子美术活动的内容选择

(一) 活动内容选择依据

幼儿亲子美术活动内容的选择是活动开展的前提,也是活动开展的首要步骤。幼儿亲子活动的内容是丰富多样的,可以从幼儿发展水平、家长需求、美术教育自身的特性和内外部资源等方面来确定幼儿亲子美术活动的内容。

1. 幼儿发展水平

《指南》中的艺术领域部分,列出了幼儿在"感受与欣赏""表现与创造"两个方面的发展目标,分别对3—4岁、4—5岁、5—6岁三个年龄段末期的幼儿在美术欣赏、美术创作上应该知道什么、能做什么,大致可以达到什么样的美术能力发展水平,提出了合理的期望和要求。例如,根据3—4岁的幼儿"经常涂涂画画、粘粘贴贴并乐在其中"的特点,教师组织了小班亲子美术活动"春天花儿开",引导家长和幼儿一起用5~6个瓜子壳在背景图上拼贴成桃花,并涂抹颜料进行拓印。此外,除了关注3—6岁幼儿艺术发展的阶段外,还可以关注幼儿的手眼协调能力、精细动作发展状态、原发性艺术表达的欲望等方面来选择相应的亲子美术活动内容,可以使亲子美术活动内容丰富多样,满足幼儿各方面的发展需求。

2. 家长需求

家庭是幼儿最早接触的生活环境,也是幼儿最早受到启蒙的教育环境,影响着幼儿一生的发展。幼儿亲子美术活动强调运用科学的育儿理念,向家长传播正确的育儿观念和科学的早期美术教育方法,指导家长和孩子开展有实效的亲子美术活动。在亲子美术活动中,家长既是活动的实施者又是活动的传递者,因此,家长的需求应当是教师或美术活动专业人员选择亲子美术活动内容的依据之一,应关注家长了解艺术基础知识的潜在需求、家长艺术教育指导水平的现实考虑等方面。例如,在小班亲子美术活动"盆花"的开展过程中,教师为了满足不同家长的艺术需求,方便不同家长对幼儿进行艺术指导,不仅提供了卡纸、皱纹纸等原材料,还准备了画好轮廓的半成品花和成品花等材料,让不同家长根据自己的需求自主选择内容。只有充分考虑家长需求,激发其艺术兴趣、提高其艺术指导能力,才能从根本上提高幼儿的美术发展能力。这不仅是亲子美术活动最重要的任务,也是影响亲子美术活动内容选择的重要依据。

3. 美术教育自身特性

美术教育对人自身发展的影响是非常深刻的,美术教育不仅可以培养和发展幼儿的审美能力,陶冶幼儿的情操,促进幼儿身心和谐发展,还可以激发和强化幼儿的创造力与想象力。想象力和创新精神对创造性思维的培养有着不可替代的独特作用,在现如今这些素质无疑具有越来越重要的作用。例如,美术教育涉及欣赏、绘画、手工等不同艺术类型,不同艺术类型具有各自独特的审美和创作价值,课程目标及其原则等,因此教师在选择亲子美术活动内容时,也要考虑不同类型美术活动的教育特点,选择适宜的活动内容。

4. 内外资源的情况

教师应该以幼儿园的自身条件为主,以外力为支撑来选择适宜的幼儿亲子美术活动内容。首先,应考虑到幼儿园的内部资源,例如,教师队伍水平、幼儿班级布局、幼儿园所能提供的物质支持等。其次,还要关注对外部资源的利用,特别是对社会资源、社区资源,以及专家资源和家长资源的开发与利用等,这些都会影响幼儿亲子美术活动内容的选择。

(二) 活动内容具体类型

1. 亲子创意美术活动

幼儿美术活动贵在创造,日常生活中许多在家长眼里看起来是废弃的东西,往往却可能是幼儿珍贵的创作源泉。教师在组织亲子美术活动时,可以引导家长和幼儿共同选择生活中的废旧材料,例如,碎纸屑、空瓶子、糖果纸、小石头、小棍子、小盒子等,让家长与幼儿共同设计、共同创作、变废为宝,在锻炼幼儿审美创造能力的同时,增进了亲子间的美好情感。同时教师也可以定期为家长及幼儿举办"亲子创意美术展览",邀请各位家长前来参观,并请幼儿进行解说,让家长和幼儿共同欣赏,增进幼儿的审美表现能力和审美评价能力。教师也可以引导家长在客厅或幼儿的房间里拉上一根绳子,夹上几个彩色塑料夹子,将幼儿的绘画作品夹在上面,挂在家中展示。

2. 亲子郊游美术活动

大自然是最好的色彩宝库,绿水青山、花红柳绿、蓝天白云等,都蕴含着色彩的自然之美。家长绝大多数都是忙碌的上班族,很少有时间和幼儿一起去融入大自然,感受大自然之美。因此,可以利用双休日开展亲子美术郊游活动,正好满足了家长和孩子的需要。在亲子郊游活动前,教师可与家长共同策划,一起准备郊游活动材料,提前引导幼儿完成一些郊游前的美术欣赏要求。在亲子郊游活动中,教师可以组织家长与幼儿一起开展美术写生,引导家长、幼儿与大自然和美术材料产生积极互动,让家长感受幼儿借助美术表现自己独特的想象与创造的过程,使家长真正走进幼儿五彩缤纷的内心世界。同时这也是一次非常宝贵的自然美育的机会,从大自然出发,以最自然、最直接的方式对幼儿进行审美教育,让幼儿置身于大自然之中,在与大自然的互动中,加深对自然之美的感受,更深入地理解美的本质,掌握美的规律。

3. 亲子社区美术活动

幼儿园应以社区文化为依托,放大德育教育资源,让幼儿园美术教育从封闭走向开放、从文化孤岛走向开放社区,为社区开展一些公益性质的美术宣传、美化活动。这种活动不仅是美术活动,更是幼儿参与社会的一种方式,让幼儿走出校园,融入生活,丰富幼儿的生活经验和知识信息,实现家庭、社区、幼儿园的良性互动。此外,幼儿园还可以与社区一起,利用专题讲座、宣传橱窗、咨询活动等,向家长宣传幼儿美术教育的目标及指导思想,及时扭转家长中普遍存在的幼儿美术教育的误区,帮助家长了解各年龄段幼儿美术活动的特点,学习和掌握一些幼儿美术活动的引导方法,逐渐走进了解幼儿的美术世界。

4. 亲子助教美术活动

家长亲职教育是利用家长资源实现家园共育的一种理想方式。教师可以请有专长的家长转变角色,到班级做"老师"。例如,会剪窗花的"奶奶老师"来指导年轻的家长和幼儿剪窗花。亲子助教活动中的家长不再是教育活动的旁观者,而是积极的参与者,不仅仅是跟随教师和孩子被动活动,而是在活动中出谋划策、主动参与,为幼儿美术活动中的家园共育增添了活力,体现了家长的教育价值。

三、幼儿亲子美术活动的设计与实施

幼儿亲子美术活动既区别于幼儿日常的美术教育教学活动,又区别于幼儿的独立游戏活动,它有着独特的教育意蕴与特点:第一是多元主体性,这也是幼儿亲子美术活动最显著的一个特点,体现在教师、家长、幼儿等多方主体在亲子活动中相互协调、相互配合、互为主体的关系,不同主体各自有着不可替代的作用和地位;第二是多向互动性,这也是由多元主体性决定的,主要体现亲子美术活动中师幼间、亲子间、幼儿间、教师与家长间的互动和有效沟通,共同合作、共同创作、共同体验,让各方多元主体感受到美术活动的魅力和乐趣,收获快乐和满足感,实现师幼关系、幼幼关系、亲子关系的和谐发展;第三是形式多样性,体现在亲子美术活动中组织形式、人员构成、活动类型的多样化。从组织形式上看,可分为集体活动、小组活动、个别活动。参与人员在数量、类型等方面可以呈现多样化。活动类型则有接受型、体验型、游戏型、探究型、合作型等。

只有掌握了亲子美术活动的特征,才能更好地把握幼儿亲子美术活动的实施进程。因此,教师在设计幼儿亲子美术活动时,需要以美术教育核心经验为基石,以幼儿发展特点为依据,以家长需求为参考,引导家长珍视幼儿的艺术涂鸦、认识幼儿的艺术创造潜能、尊重幼儿自由选择材料的权利。

(一)活动目标的制订

1. 幼儿亲子美术活动总目标

教师在设计幼儿亲子美术活动时,应坚持生活化的理念,根据幼儿的年龄特点和需要,贴近幼儿的生活,从幼儿的生活经验出发,引导幼儿接触周围环境和生活中的人、事、物,丰富幼儿的感性经验和审美情趣。而亲子美术活动的趣味性也是活动生活化的一种体现方式,凡来源于生活的美术教育内容必定是妙趣横生的,较容易激发幼儿和家长的创作兴趣。在选择活动内容、确定创作主题时宜选取幼儿和家长熟悉的生活情境,创作对象应是幼儿认识和熟悉的事物,活动材料可以来源于生活或大自然,这有利于激发幼儿将生活中获得的经验迁移到美术创作中来,从而激发幼儿创作的想象力和创造力,获得富有趣味的创作体验。

因此,幼儿亲子美术活动的总目标可以表述为:通过亲子活动加强家园沟通与合作,密切幼儿、家长、教师三者的关系,在美术活动中增进亲子间的情感交流,帮助家长走进幼儿的美术世界,和幼儿一起分享他们创造的快乐,肯定和接纳幼儿独特的审美感受和表现方式,从而提升家长的幼儿美术指导能力,提升幼儿感受美、表现美、创造美的能力,促进幼儿身心全面和谐发展。

2. 幼儿亲子美术活动的年龄段目标

一般来说,在亲子美术活动中如果存在太复杂的操作任务和目标要求,家长难免会包办或操纵。教师在确立亲子美术活动目标时要依据幼儿的年龄特点和不同幼儿的美术能力发展水平,充分考虑活动的难度,让活动目标更具弹性,给家长和幼儿的共同参与、协同创作提供更大的空间。另外,亲子美术活动也是加深亲子关系的良好契机,因此也要关注幼儿与家长之间温馨的亲子氛围的营造,促进幼儿与家长在良好的交往合作、沟通交流等方面的发展,不宜仅仅重视美术方面的要求。

幼儿亲子美术活动的年龄段目标就是要关注幼儿和家长在不同阶段达成的具体表现,我们可以把它分解成为小班、中班、大班三个层次(见表4-2、表4-3)。

表4-2 幼儿阶段目标一览表

小班	中班	大班
1. 愿意参与各种亲子美术活动,在美术创作中情绪稳定 2. 愿意与家长互动交流,在家长的指导下,用不同的艺术形式表达自己的想法 3. 初步了解和遵守亲子美术活动中的基本规则	1. 喜欢参与各种亲子美术活动,在美术创作中情绪愉快 2. 喜欢与家长互动交流,用不同的艺术形式大胆表达自己的想法 3. 理解并遵守亲子美术活动中的基本规则	1. 积极参与各种亲子美术活动,在美术创作中情绪轻松愉快,兴趣浓厚 2. 主动与家长互动交流,用自己喜欢的艺术形式大胆表达自己的情感、理解和想象 3. 主动遵守亲子美术活动中的基本规则

表4-3 家长阶段目标一览表

小班	中班	大班
1. 了解亲子美术活动的特点和意义,并愿意参与 2. 在教师的指导下,初步学会观察孩子的美术创作行为 3. 能倾听并了解孩子的想法,适当地指导和帮助幼儿美术创作,不包办代替 4. 增进亲子之间的交流互动	1. 了解亲子美术活动的内容与形式,并喜欢参与 2. 学会观察孩子的美术创作行为,了解孩子美术能力的发展水平 3. 学会肯定孩子独特的审美感受和表现方式,能较灵活地运用态度支持、语言提示等方法与孩子共同创作 4. 增进亲子之间的情感交流	1. 积极参与亲子美术活动,能为活动出谋划策 2. 能观察并了解孩子的美术创作行为,分析孩子的美术能力发展水平 3. 尊重并接纳孩子独特的审美感受和表现方式,把握介入的时机与多种美术指导策略 4. 增进亲子之间的有效互动

（二）活动方案的设计与指导

教师在设计幼儿亲子美术活动时,应坚持生活化的理念,根据幼儿的年龄特点和需要,贴近幼儿的生活,从幼儿的生活经验出发,引导幼儿接触周围环境和生活中的人、事、物,丰富幼儿的感性经验和审美情趣。来源于生活的美术教育活动是家长与幼儿较为熟悉和感兴趣的,更容易激发幼儿和家长的创作兴趣。在选择活动内容、确定创作主题时宜结合幼儿和家长熟悉的生活情境,创作对象应是幼儿认识和熟悉的事物,活动材料可以来源于生活或大自然,这有利于激发幼儿将生活中的经验迁移到美术创作中来,从而激发幼儿的想象力和创造力,获得富有趣味的创造体验。

家长参与幼儿亲子美术活动有几种可行模式,即亲子平行模式、亲子合作模式和亲子传递模式。其中,亲子合作模式在幼儿园中最为常见。亲子合作模式指的是家长和孩子相互交流协助,共同参与美术活动(见图 4-2)。此模式对家长的参与提出了更高的要求,要求家长和孩子要经常沟通、合作。而教师在活动开展中的参与会逐渐减少,从引导者过渡到旁观者的角色,教师只提供学习主题甚至只鼓励、引导家长参与活动,把更多的空间留给家长和幼儿进行美术的创造与探索,亲子之间的合作和交流更加地密切。下面就以亲子合作模式为例,从活动开始、活动进行、活动结束三个环节来阐述亲子美术活动的设计与指导。

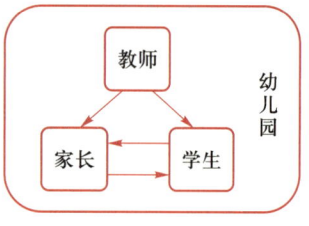

图 4-2　亲子合作模式示意图

1. 活动开始

活动开始的导入环节相当重要,能够起到激发幼儿兴趣的作用,而游戏是点燃幼儿求知欲和创造精神的火种。教师可以采用游戏化导入,通过音乐律动、手指游戏、猜谜语、动作表演等形式导入活动主题以引发亲子参与美术活动的兴趣,目的是使大家快速进入活动状态,让幼儿对美术活动产生兴趣,将注意力集中在即将开展的美术活动上。教师也要用简洁的语言向家长说明活动的主要目的和内容,对他们提出相应的要求。

2. 活动进行

在亲子美术活动的进行过程中,教师不仅要面对不同特点的幼儿,还要面对年龄、性格、文化素养、知识能力等各不相同的家长,教师应注意采取面向多主体的、富有层次的互动式的指导方式。在活动实施的过程中,教师的指导需灵活、及时,要随时观察亲子创作的状态,提高家长和幼儿之间的有效互动,并自如地在指导者、组织者、评价者、观众、欣赏者等角色之间转换,对活动中的幼儿和家长等不同主体进行指导,以保持和幼儿、家长之间真实、有效、流畅的互动。面对幼儿时,教师可以采取游戏化指导,指导语言、表情、动作要富有童趣,可适当夸张,活动情境要体现游戏氛围,以避免指导过程的单调乏味。面对家长时,教师的指导重点是引导家长观察孩子的美术创作过程,避免包办代替,防止因追求"好不好""像不像"的标准而产生急躁情绪。教师要引导或提醒家长尊重每个孩子之间的差异,尊重幼儿独特的审美感受和艺术表现,使家长通过亲子活动及教师的指导来体验指导幼儿美术技能学习的过程和方法。

3. 活动结束

亲子美术活动结束后,教师首先要对亲子美术作品进行欣赏与评价,鼓励幼儿表达出在美术创作中的创意想法,表扬具有明显进步的幼儿。而这里教师可以采用游戏化的评价,例如,在"秋天的画报"亲子美术活动的评价阶段,教师借鉴了击鼓传花的游戏形式,设计了击鼓传"秋"的游戏环节,写着"秋"字的卡片传到哪个幼儿手里,幼儿就要根据教师的提示,学着介绍自己的作品,并学习欣赏、评价同伴的作品。其次,要对亲子美术活动的过程进行评价与小结,力求简洁,抓住重点,对幼儿和家长的表现与互动予以表扬,同时鼓励家长在家里也可以创编更新、更好的美术活动形式,将亲子美术活动的指导延伸到家庭中,使亲子美术活动的目标更好地实现,使广大家长的美术教育指导能力不断提高。

四、幼儿亲子美术活动的观察与评价

《纲要》指出:"教育评价是幼儿园教育工作的重要组成部分,是了解教育的适宜性、有效性,调整和改进工作,促进每一个幼儿发展,提高教育质量的必要手段。"对幼儿亲子美术活动开展观察与评价,能够使教师意识到活动设计和实施过程中存在的问题,并有助于教师进行反思,寻找相应的解决对策来改进活动效果,从而达到促进教师专业发展的目标。

在开展活动观察与评价前,需要明确幼儿亲子美术活动的观测点和具体评价标准,接着再根据相关的观察内容和具体评价标准设计相应的观察评价表,再结合观察评价的具体情况,有针对性地提出具有可操作性的修改建议。

(一)厘清幼儿亲子美术活动的观测点和具体评价标准

为了突出幼儿亲子美术活动区别于其他美术活动的特点,在设计该部分观察评价表时,可以在原有美术活动评价指标的基础上,增加亲子互动这一观测点。因此,完整的观测点就包括活动目标、活动准备、活动内容、活动环节、教师指导、亲子互动、活动效果等方面。每个观测点有具体评价标准,其中也增加了家长行为的具体评价标准,以使观察评价表更加适用于亲子美术活动的观察和评价。

（二）设计幼儿亲子美术活动的观察评价表

为了更高效地观察、评价幼儿亲子美术活动效果，更清晰地了解教师指导的水平，根据已经明确的观测点和具体评价标准设计观察评价表，并为每条评价标准赋值，观察者可以根据评价表快速、有理有据地进行评分，从而可以较为客观地对教学活动给予评价。具体如表4-4所示。

表4-4 幼儿亲子美术活动观察评价表

幼儿园		班级		教师		主题	
评价者				时间			
观测点	具体评价标准					分值	评分
活动目标	1. 针对幼儿制订的目标符合幼儿的年龄段特点，目标具体且具有可操作性					5	
	2. 针对家长制订的目标能够结合本班实际情况和家长的教育困惑					5	
活动准备	1. 能够及时组织和开展相关的子活动及环境创设					5	
	2. 对幼儿关于活动主题的前期经验渗透充分，活动材料准备充足，空间利用合理					5	
活动内容	1. 内容贴近幼儿生活，能够激发幼儿和家长参与的兴趣					5	
	2. 内容分析准确，能够凸显目标					5	
	3. 活动内容选择新颖、适宜					5	
活动环节	1. 活动思路清晰，环环相扣，衔接紧凑，动静交替，结构合理					5	
	2. 家长和幼儿跟随活动节奏，情绪高涨，积极主动					5	
	3. 每个环节主题突出，能够完成活动目标					5	
教师指导	1. 教师语言素养高，富有感染力，能够调动活动现场的气氛					5	
	2. 教师能敏锐观察到家长及幼儿在活动中的问题及需求，并能针对性地指导					5	
	3. 具有随机应变的教育机智，能够随机处理一些突发性事件（调整活动流程、安排幼儿与家长的空间位置、解决没有家长陪同的幼儿等）					5	
	4. 教师有良好的组织能力，能把控全场活动节奏					5	
亲子互动	1. 家长能积极参与活动，并遵守活动要求					5	
	2. 家长能够在活动中观察幼儿的表现，支持并引导幼儿独立完成任务					5	
	3. 过分管理、支配幼儿、包办代替的家长不超过5%					5	
活动效果	1. 活动氛围温馨民主，所有参与者情绪高涨					5	
	2. 活动环节紧凑流畅，空间安排合理					5	
	3. 活动延伸环节完善，总结到位					5	
分析反馈							
备注	满分为100分。总分90分以上为优秀，80分以上为良好，60分以上为合格，60分以下为不合格						

小班亲子美术活动：有趣的格子画

设计与执教：福建幼儿师范高等专科学校附属幼儿园　陈霞、陈莹
案例评析：福建幼儿师范高等专科学校　吴丽芳

小班亲子美术活动：有趣的格子画

设计意图

亲子美术活动是幼儿园审美教育的重要途径和组织形式，丰富多彩的亲子美术活动不仅有益于亲子之间的情感交流，同时对幼儿审美表现力的发展也具有重要的促进和影响作用。根据小班幼儿对色彩敏感，喜欢随性、自主地进行涂鸦创作，以及对形式新颖的美术活动感兴趣等特点，我们充分挖掘世界名画、民间艺术作品的审美价值，营造美术欣赏的氛围，并有效运用多媒体手段，引导家长、幼儿共同参与欣赏和创意美术等活动，为增进亲子之间的情感沟通、体验合作创意活动的快乐奠定了良好的基础。

在本次活动中，我们依据小班幼儿的审美心理特点，以名画为载体，选择了蒙德里安的油画《红黄蓝的构成》作为亲子欣赏和创作的内容，通过欣赏名画、创作格子画作品等形式，让幼儿和家长了解通过运用横竖线条的分割、不同颜色的搭配，所形成的画面色彩、色块大小之间的对比，初步感受其节奏感、韵律感产生的和谐美、独特美。活动采用亲子互动的形式，降低了幼儿操作的难度，让幼儿在自由涂鸦的过程中，充分体验活动的乐趣。同时，我们还鼓励幼儿和家长运用已有经验，对格子画进行创意小制作，进一步增进亲子间的情感交流，激发幼儿的审美情趣和表现欲。

活动目标

1. 欣赏《红黄蓝的构成》，感受色彩的对比美与构图的节奏感和韵律感。
2. 尝试运用横竖线粘贴、填色等方法表现格子画作品，体验亲子美术活动中想象和创造的乐趣。

活动准备

1. 知识经验准备：
(1) 幼儿已有运用各色颜料进行大胆涂鸦的活动经验。
(2) 在亲子制作活动中，家长已习得运用折、剪、粘贴等技能改变纸张造型的经验。
2. 物质材料准备：
(1) 课件：蒙德里安的油画《红黄蓝的构成》、格子画步骤图、背景音乐。
(2) 活动材料：黑色卡纸、排笔、颜料、纸胶、剪刀、打孔器等。

活动过程

1. 以"变魔术"的形式,引导幼儿欣赏蒙德里安的油画《红黄蓝的构成》,感受名画作品的色彩及搭配的美。

重点欣赏红、黄、蓝三种颜色色彩搭配呈现的审美效果,感受大小格子的疏密排列带给画面的节奏感和韵律感。

(1) 请幼儿分别欣赏三幅画的课件。

师:今天陈老师要请小朋友们和爸爸妈妈欣赏三幅特别的画,它们特别在哪儿呢?我们一起来看看吧。

师:这三幅画里有什么颜色呀?

幼:有红色、黄色、蓝色。

师:除了好看的颜色,画里还有用一条线一条线组成的什么图案?

幼:格子。

师:有的格子大,有的格子小。这些画都是用大大小小的格子和红、黄、蓝三种颜色组成的,你们看了感觉怎么样呀?

教师与家长、幼儿互动,鼓励幼儿大胆表达自己的审美感受。

幼:我觉得很好看。

幼:我觉得颜色很多,很漂亮。

家长:我觉得很特别。

师:老师也觉得这些画让人觉得很舒服、很特别。

(2) 出示荷兰画家蒙德里安的照片。

师:这些特别的画是谁画的呢?它们都是由一位荷兰的画家蒙德里安创作的。

(3) 请幼儿欣赏蒙德里安的代表作《红黄蓝的构成》。

师:我们再来仔细看看这幅画,它的格子是什么样的?

幼:有的格子好大呀,有的格子好小好小。有的格子是方形的,有的格子是扁扁的。

师:画上都有哪些颜色?

幼:红色、黄色、蓝色。

师:这些颜色都涂在哪儿?

幼:有的颜色涂在大格子里,有的颜色涂在小格子里。

本环节中,教师通过简洁、具体的提问,与幼儿及家长互动,引导他们感知《红黄蓝的构成》中格子的疏密节奏与红黄蓝三原色搭配的色彩旋律,避免欣赏过程流于形式。

2. 交流、讨论格子画作品的创作方法和表现形式,激发幼儿的创作兴趣。

(1) 教师与幼儿、家长讨论格子画的作画方法。

师:今天小朋友们也和爸爸妈妈一起画一幅自己喜欢的格子画吧。你们觉得可以怎样画呢?

幼：可以用笔先画格子、可以画一格一格的。

师：大家想的办法很好，不过，今天老师要用一种神奇的胶带——纸胶，用它来在纸上变出格子。可以怎么变？

幼：可以贴在纸上。

师：是的，可以用纸胶在纸张上贴出你喜欢的格子。有的格子可以贴得大一些，有的可以贴得小一些。

通过互动问答的形式，再次引导幼儿与家长关注格子的疏密节奏。

师：接着可以在格子里干吗呀？

幼：涂颜色。

师：对了，可以涂上漂亮的颜色，有的颜色可以只涂在一个格子上，有的颜色可以涂好几个格子，还有一些格子可以保留卡纸原来的黑色（不用涂）。

师：最后把纸胶轻轻地撕掉，格子画就完成啦！

幼：哇！好棒呀！真好看！

教师继续展示几幅不同的格子画，拓宽幼儿与家长的作画思路。

师：我们可以画这样的格子画、这样的……还可以是这样的……

本环节用课件的形式将作画的步骤展示给幼儿与家长，既避免了教师现场操作带来的不便，又能引导幼儿与家长再次直观地关注到操作的要点。

(2) 引导幼儿与家长利用格子画作品创作出幼儿喜欢的各种物品。

师：完成格子画后你们想用它来做什么呢？

幼：我想做蝴蝶。

幼：我想做漂亮的包，给妈妈。

师：小歆爸爸，您想做什么？

家长：小歆说她想做一个鱼尾裙，我来陪她一起做。

……

师：你们想得真好，等会儿都可以把它们做出来。

3. 介绍制作材料，明确亲子操作要点。

(1) 安全、正确地使用活动材料。

(2) 家长应鼓励幼儿参与活动，并给予适时帮助。

师：今天陈老师准备了一些制作材料，爸爸妈妈可以和孩子们一起商量，一起做，别忘了要让孩子们多动手哦。好吧，现在就让我们穿上防水围兜，开始作画吧。

4. 亲子共同创作格子画作品，教师巡回指导。

(1) 重点引导幼儿大胆运用颜料装饰画面，并注意适当留白。

(2) 提醒家长和孩子积极互动，分工合作。

(3) 鼓励幼儿发挥想象，设计、创作格子画作品。

在创作过程中,教师除了在构图、大胆用色等方面与幼儿进行有效互动,还应该有意识地指导家长适时、适宜、适度地与幼儿进行互动。如鼓励幼儿用创作的格子画,制作各种自己喜爱的物品并装扮自己,避免了亲子活动中家长包办代替,以及用成人的眼光评价幼儿作品的现象。

5. 引导幼儿相互欣赏作品,并与教师、同伴互动,进一步感受美术创作的快乐,激发幼儿再创作的愿望。

师:完成作品后,爸爸妈妈可以带着孩子们向同伴和周围的老师介绍自己的作品。

6. 幼儿和家长穿戴上自制的各种物品合影留念。

在欣赏和评价环节,因每组家庭完成作品的时间不同,教师采取先请家长带领幼儿向周围老师展示、介绍作品,再引导各个家庭之间互相欣赏,最后合影留念的形式,既进一步促进了亲子互动,发挥家长的主动性,同时又让幼儿在轻松、快乐的氛围中获得成功的喜悦。

活动评析

活动过程中的"三性",体现了"以儿童为主体"的美术教育观。

1. 适宜性。活动内容适宜:本次活动内容的选择,尊重小班幼儿的年龄特点,引导幼儿感知画面格子的疏密节奏与红、黄、蓝三原色搭配的色彩旋律,符合幼儿的审美心理特点,适宜幼儿的欣赏水平。

活动材料适宜:在活动材料方面也充分考虑到适宜性,如提供容易撕贴的纸胶代替透明胶、用不同型号的油画板刷代替细细长长的排笔等,避免了幼儿在作画过程中出现不必要的干扰。

2. 趣味性。本次活动用纸胶粘贴格子再涂色的方式绘制格子画,使幼儿在作画过程中满怀期待,当纸胶撕开那一刻,幼儿与家长收获的是一份惊喜。完成格子画后,教师又鼓励幼儿与家长将格子画创作成自己喜欢的物品,如灯笼、头饰、服装、包等,幼儿可以用亲手创作的作品装扮自己与爸爸妈妈,既富有趣味性,又能感受到浓浓的亲情。

3. 互动性。欣赏课件过程中的互动:在欣赏名画课件环节中,教师通过简洁、具体的提问,与幼儿及家长互动,引导他们感知《红黄蓝的构成》这幅名画中的审美元素,避免欣赏过程流于形式。

亲子创作过程中的互动:在创作过程中,教师除了从构图、大胆用色等方面与幼儿进行有效互动,还有意识地指导家长适时、适宜、适度地与幼儿进行互动。如鼓励幼儿用创作的格子画,制作成各种自己喜爱的物品并装扮自己,避免了亲子活动中家长包办代替,以及用成人的眼光评价幼儿作品的现象。

作品评价过程中的互动:在活动结束环节,教师引导家长带领幼儿与教师、同伴积极互动,介绍自己创作的作品,进一步体验亲子活动的乐趣。

岗位应用

实训活动　幼儿亲子美术活动的实施与反思

1. 目标

(1) 掌握开展幼儿亲子美术活动的目的和意义。

(2) 能分析并评价幼儿亲子美术活动的活动成效。

(3) 能基于观察评价开展活动反思并提出改进。

(4) 能基于幼儿特点和家长需求进行设计施教。

2. 内容要求

(1) 协助园所教师开展幼儿亲子美术活动,对活动开展情况进行观察记录。

(2) 运用表 4-2 和表 4-3 分析幼儿亲子美术活动方案中目标设计的合理性。

(3) 分析幼儿亲子美术活动的活动模式,并运用表 4-4 观察、分析并评价活动实施成效。

(4) 与园所教师反馈交流观察记录到的情况,反思并探讨有针对性的改进方案。

拓展学习

学前儿童美术教育的家庭促进策略[①]

家庭对于儿童美术教育的促进,其关键在于家庭是儿童成长的初始环境,它通过为儿童提供可依赖的环境来培育他们的心灵和发现美的眼睛。家庭为儿童提供的视觉环境为他们的美术活动提供了感官刺激,良好的亲子关系和家庭氛围则可促进幼儿尚美心灵的发育,视觉环境和亲子关系共同构成促进儿童美术活动顺利开展的关键要素,两者共同形成美术活动的生态整体。家庭环境中的家具、壁画、玩具及动植物等的形状、色彩等特质会激发儿童的审美兴趣并引发他们的涂鸦等原始美术活动行为,同时增强他们的艺术理解力。美术教育应该是一种寓教于乐和寓教于爱的活动,儿童的创造力和纯真的

---

① 唐成辉. 学前儿童美术教育的家庭促进策略[J]. 学前教育研究,2019(06): 81-84.

心灵应该得到尊重和呵护，父母为儿童创造的良好心理环境和积极的语言与行为支持可以进一步激发他们的美术行为和美术感知。

因此，家长应做到：

第一，在家庭中开展审美活动，丰富学前儿童美术活动经验。

第二，提升家庭成员的美术素养，引领学前儿童家庭进行美术活动实践。

第三，提供美术资料和材料，创设学前儿童家庭美术活动环境。

任务三　幼儿节庆美术活动的设计与指导

幼儿节庆美术活动应该如何开展?

在一个温馨而快乐的幼儿园里,充满了幼儿天真烂漫的笑声。端午节这天,幼儿入园时惊喜地发现幼儿园的大门上悬挂着绚丽多彩的彩带,上面遍布着幼儿用彩笔亲手绘制的端午节祝福语和小船、粽子等图案。"哇,今天的幼儿园怎么这么热闹啊?""因为今天是端午节啊!老师说要给我们举办一个特别的活动呢!"幼儿都兴奋不已,小跑着进入幼儿园,期待着当天的活动。

幼儿聚集在美术室里,桌上摆满了丰富的艺术材料,包括彩纸、剪刀、颜料、画笔等。他们双眼发亮,满怀期待地等待着即将开始的活动。教师笑着说道:"今天,我们要一起创作一幅属于我们自己的端午节画作。"幼儿兴奋地鼓掌,纷纷举手表达自己的想法。乐乐说:"我们可以画一个大大的赛龙舟的场景,里面有很多勇士和欢呼的观众。""对!还要画一些色彩鲜艳的粽子和艾草,让画面更加生动。""我们可以在画里添加一些端午节的传统图案,比如,五色线和艾草人。""我们还可以用彩纸剪出小船和勇士的形状,然后粘贴到画上,增加立体感。"幼儿一致欢呼,纷纷动手。他们忙碌地剪、粘、涂,每个人都投入自己的画作中,展现出属于自己的创造力。

经过一段时间的努力,幼儿的画作逐渐完成。画面上赛龙舟的场景活灵活现,五彩斑斓的粽子和艾草点缀其中,整个画面洋溢着欢乐和节日的氛围。最后,幼儿在画作的周围贴上了自己亲手制作的小船和勇士形状的彩纸。画作立刻变得生动起来,让人仿佛置身于赛龙舟的盛况之中。幼儿欣赏着彼此的作品,交流着对端午节的理解和感受。他们发现,虽然每个人的画作都有独特的风格和表达方式,但都传递着对传统文化的热爱与敬意。幼儿与教师一同欣赏着这幅属于他们的端午节画作,心里充满了自豪和喜悦。

请结合案例想一想:开展幼儿节庆美术活动的目的和意义是什么?幼儿节庆美术活动的内容包含哪些方面?开展幼儿节庆美术活动的途径与方法又有哪些?作为未来幼儿园教师的我们应该如何设计、实施与评价幼儿节庆美术活动呢?

任务描述

此项任务将围绕幼儿节庆美术活动的设计、实施与评价展开介绍,主要涉及幼儿节庆美术活动的目的和意义、幼儿节庆美术活动的内容选择、幼儿节庆美术活动的设计与实施及幼儿节庆美术活动的观察与评价等方面的内容。在此项任务中,需要理解幼儿节庆美术活动的重要性和幼儿节庆美术活动内容的选择,掌握设计与实施幼儿节庆美术活动的方法,而且能够基于对幼儿节庆美术活动教学的评价提出对应的改进建议。

任务探究

幼儿节庆美术活动是一种多元化的教育方式,它以促进幼儿的全面发展为核心理念,通过艺术活动的形式,在特定的节日或庆典情境中,帮助幼儿感受和理解这些活动的文化内涵,同时促进他们的身体、认知、情感和社会性的发展。幼儿节庆美术活动是一座丰富的文化宝库,包含了历史、地理、民俗和艺术等多方面的文化资源,为幼儿提供了"知、情、意、行"全面教育的宝贵机会。这些活动引入了人们在社会生活中的代表性体验,为幼儿提供了直接、整体感受社会生活的生动教材,为幼儿接触中华优秀传统文化提供了良好的途径。这些活动蕴含了社会主义核心价值观和积极向上的民族精神,是向幼儿进行道德教育的有效载体。

总的来说,幼儿节庆美术活动的目标是借助节日或庆典的主题,引导幼儿参与各种美术形式,以此促进他们的全面发展。这种教育方式不仅能够提高幼儿的艺术技能和创造力,还能够培养他们的文化素养和社会交往能力。

一、幼儿节庆美术活动的目的和意义

幼儿节庆美术活动是针对不同年龄段的幼儿,在特定节日或纪念日进行的美术教育活动。这种活动旨在加强幼儿的美术修养,培养他们的创造性思维和动手能力。教师通过选择不同的节庆美术活动的主题和形式,让幼儿学习各种不同的美术技巧和方法,不仅有助于提高他们的审美能力,而且能够增强他们的自信心和社会交往能力,以及对中国优秀传统文化的认同感。幼儿节庆美术活动是幼儿在幼儿园生活的重要组成部分,是实施幼儿美育的重要途径,能使幼儿美育与幼儿生活紧密联系,促进幼儿的社会化。

(一) 有利于促进优秀传统文化的活态传承

幼儿节庆美术活动是一种全面的教育方式,旨在促进幼儿的全面发展,实现优秀传统文化的活态传承与创新发展。根据《纲要》和《指南》的相关内容,幼儿节庆美术活动是指借助艺术活动的形式,在特定的节日或庆典情境中,引导幼儿感受和理解这些活动的文化内涵,同时也推动他们的身体、认知、情感和社会性的发展。具体来说,幼儿节庆美术活动通过引入人们在社会生活中的代表性体验,为幼儿提供直接、整体感受社会生活的生动教材。这些活动不仅涉及美术技能的培养,还涵盖了文化、历史、社会交往等多个方面,帮助幼儿全面了解和感知节日或庆典的内涵和意义。这样的活动有助于为幼儿打造丰富的文化底蕴,培养他们的文化素养和社会交往能力。

此外,幼儿节庆美术活动还是传承和弘扬传统文化的重要途径。在活动中,幼儿可以参与各种具有传统文化特色的美术活动,如年画、剪纸、糊灯笼等,了解和感知中国传统文化的精髓和价值观。这种亲身体验和参与的方式有助于培养幼儿的民族自豪感,激发他们对传统文化的热爱和尊重。同时也有助于优秀传统文化的代际传承,让幼儿了解和接受不同文化的特点和价值,帮助他们理解并尊重文化的多样性。

因此,在幼儿园教育中,我们应该重视并充分利用幼儿节庆美术活动,为幼儿创造丰富的文化体验,激发他们的创造力和想象力,培养他们的文化素养和社会交往能力,使他们成为具有全球视野和多元文化意识的社会主义接班人。

(二) 有利于培养幼儿情感表达与审美创造的能力

根据《纲要》和《指南》的相关内容,从情感表达、情感认同、审美创造的视角来看,幼儿节庆美术活动有利于促进幼儿的情感表达和自我认知。节庆美术活动为幼儿提供了一种表达自己感受和情感的途径。通过艺术创作,幼儿可以表达自己对节日或庆典的内心感受和情感,从而增强他们的自我认知和情感表达能力。这种自我认知和情感表达的过程不仅可以帮助幼儿更好地了解自己,认识自己的情感,培养自我意识,还为未来的心理发展和社交技能打下基础。同时,幼儿节庆美术活动有利于增进幼儿与他人的情感交流和互动。在节庆美术活动中,幼儿需要与同伴、教师进行互动和合作。这种互动和合作的过程不仅可以培养幼儿的人际交往能力和合作精神,同时也可以促进他们的社会性发展,增进与他人的情感交流。通过与他人的互动和合作,幼儿可以学会如何与他人分享、交流和协作,培养他们的社交技能和情感交流能力,从而更好地适应社交环境。

幼儿节庆美术活动也能够有效帮助幼儿表达情感和调整情绪。有时候,幼儿可能会遇到一些情感上的困扰或压力。节庆美术活动提供了一个表达情感和调整情绪的途径,让幼儿可以通过创作来释放内心的情感,调整情绪,达到心理平衡。例如,在以春节为主题的节庆美术活动中,可以引导幼儿用色彩来表现节日的欢快气氛,将自己的情感转化为具体的作品,释放内心的压力和情绪,从而获得心理上的平衡和稳定。另外,通过参与节庆美术活动,幼儿可以体验到艺术创作的乐趣和成就感,从而培养他们对艺术的兴趣和爱好。这种亲身体验和参与的方式也有助于培养幼儿积极的情感态度和价值观,如热爱艺术、尊重文化、关注社会等。通过接触不同类型的艺术作品和创作过程,幼儿可以了解和欣赏不同的文化表现形式,培养他们的文化敏感度和文化意识,帮助他们形成积极的情感态度和价值观。

总之,在节庆美术活动中,幼儿可以尝试不同的艺术风格和表现方式,发挥自己的想象力和创造力,创造出独特的艺术作品。这种审美创造力的激发有助于培养幼儿的艺术素养,让他们具备发现美、创造美的能力,提升幼儿的审美体验和感受力。而幼儿节庆美术活动包含了丰富的审美元素,如色彩、形状、线条等。通过参与这样的活动,幼儿可以体验和感受到这些审美元素的美感,为未来的审美发展打下基础。

(三) 有利于增强家庭亲子关系和文化认同感

幼儿节庆美术活动提供了家庭亲子共同参与的机会,家长可以与幼儿一起进行艺术创作,分享快乐和情感,进一步加深亲子间的情感纽带。通过参与节庆美术活动,家长可以和幼儿共同探索和体验传统文化和习俗。家长可以向幼儿介绍家庭和地域的传统文化和价值观念,让幼儿了解和传承这些文化元素。这种亲子共同参与的艺术创作和文化传承过程,有助于增强幼儿的文化认同感和自豪感,培养他们对文化多样性的尊重和理解。此外,幼儿节庆美术活动还可以促进家庭成员之间的交流和沟通。家长可以和幼儿一起讨论艺术作品的创意和主题,共同探索和发现新的文化知识和乐趣。这种亲子间的交流和互动有助于增进家庭成员之间的相互了解和沟通,促进家庭关系的和谐发展。

二、幼儿节庆美术活动的内容选择

(一) 幼儿节庆美术活动内容选择的依据

1. 根据节日的主题和传统习俗进行内容设计

在选择节庆美术活动的内容时,可以根据节日的主题和传统习俗进行设计,以使活动更具有针对性和吸引力。例如,在春节期间,可以设计绘制春联、制作窗花等与春节相关的美术活动。在端午节,可以开展制作粽子、画龙舟等美术活动。在中秋节,可以设计月饼纹样、进行主题美术环境创设等。这些活动不仅能让幼儿了解节日的文化内涵和习俗,还能让他们通过艺术创作感受节日的氛围和特点。为了使美术活动更具有节日氛围和独特审美特点,可以从活动的色彩、造型、构图等方面进行设计。例如,在春节期间,可以使用红色、金色等色彩,采用吉祥的图案和造型,如福字、花边、龙凤等,营造出喜庆、热闹的氛围。在端午节,可以使用绿色、白色等色彩,采用粽子、龙舟等元素,表现出节日的独特气息。此外,还可以结合幼儿的兴趣和日常生活经验,设计具有趣味性和实用性的美术活动内容,如绘制生日贺卡、设计端午香囊等。这些活动不仅可以提高幼儿的实践能力和创造力,还能让他们将所学到的文化知识和技能应用到实际生活中。

2. 以节日中最具代表性、最被幼儿所熟知的典型习俗为切入点

除了根据节日的主题和传统习俗进行内容设计,还可以选择节日中最具代表性、最被幼儿所熟知的典型习俗为切入点,进一步展开活动,如端午节的点雄黄、包粽子,中秋节的赏月,春节的贴春联等。

以这些典型习俗为切入点,可以让幼儿更好地了解和感受节日的文化内涵和特点。对于特定习俗,例如,端午节中的龙舟元素,可以通过制作龙舟、画龙舟比赛的场景等活动,让幼儿了解龙舟文化的意义和特点,体验龙舟比赛的激情和团队精神。对于普遍存在的习俗,例如,春节的贴春联,可以设计制作春联、窗花等与春节相关的美术活动,让幼儿感受春节的文化氛围和特点。此外,教师还可以结合幼儿的兴趣和日常生活经验,将这些典型习俗与实际生活相联系,设计具有趣味性和实用性的美术活动内容。例如,在端午节,可以设计制作粽子、编织五彩绳等美术活动,让幼儿在实践中感受粽子和五彩绳的制作过程和文化意义。

总之,根据节日的主题和传统习俗进行内容设计,以及以节日中最具代表性、最被幼儿所熟知的典型习俗为切入点,是幼儿节庆美术活动的重要方面。教师深入挖掘节日的文化内涵和特点,结合幼儿的兴趣和需要,设计丰富多样的美术活动,可以培养幼儿对传统文化的兴趣和认同感,同时也能够提高他们的审美能力和创造力,促进他们的全面发展。

(二)幼儿节庆美术活动的基本形式

1. 主题式的幼儿节庆美术活动

主题式的幼儿节庆美术活动是围绕某个特定主题展开的,通常是在一个较长的时期内进行。例如,在国庆节期间,可以组织幼儿进行以爱国为主题的绘画活动,通过绘制国旗、天安门等形象,让幼儿了解国庆节的背景和意义。此外,还可以组织一些与节日相关的手工制作活动,如制作粽子、剪纸等,让幼儿在制作过程中了解节日的传统习俗。这种形式的活动需要提前进行规划和准备,以确保活动的顺利进行。

2. 开放式的幼儿节庆美术活动

开放式的幼儿节庆美术活动是一种更为灵活和开放的形式,通常是在一个较短的

时间内进行。例如,在春节期间,可以组织幼儿进行以春节为主题的绘画活动,不限制绘画的内容和形式,让每个幼儿自由发挥自己的想象力和创造力。这种形式的活动可以激发幼儿的创造力和积极性,同时也能够促进幼儿之间的交流和互动。此外,教师还可以组织一些开放式的创意手工制作活动,如制作手工贺卡、剪纸等,让每个幼儿自由选择材料和工具,制作出自己的创意作品。这种形式的活动需要注重安全性和指导性,以确保活动的顺利进行。

3. 互动式的幼儿节庆美术活动

互动式的幼儿节庆美术活动注重互动和交流,通常是在一个较大的范围内进行。例如,可以组织一些互动式的创意手工制作活动,如制作大型的互动玩具、装饰节日的场地等。这种形式的活动不仅需要注重安全性和指导性,同时还需要注重互动性和趣味性,以激发幼儿的学习兴趣和创造力。此外,还可以组织一些互动式的表演活动,如舞蹈、戏剧等,让幼儿在表演中体验节日的氛围和文化的魅力。这种形式的活动需要注重舞台效果和观众的互动,以提升活动的吸引力和参与度。

4. 混合式的幼儿节庆美术活动

混合式的幼儿节庆美术活动是指在实际教学中,可以采用多种形式相结合的方式,并根据实际情况灵活运用。例如,在春节期间,可以组织以春节文化为主题的绘画活动,同时开展张贴春联、窗花等随机式活动,让幼儿更全面地了解春节的文化内涵和传统习俗。此外,还可以在日常教学中引入一些春节文化元素,如讲述春节的故事、欣赏春节的艺术作品等,让幼儿在日常生活中感受春节文化的魅力。多种形式相结合的活动,能够让幼儿更深入地了解和感受节日文化,同时提高他们的美术创作能力和欣赏水平。

三、幼儿节庆美术活动的设计与实施

一般来说,幼儿节庆美术活动的设计与实施可以分为三个阶段:设计、实施与总结。活动设计阶段的主要任务包括选择节庆美术活动的主题,了解该节日背后的历史故事和民间传说,以及与节日相关的风土民情等。在设计阶段,还会初步规划出节庆活动的大致框架。其次,幼儿节庆美术活动实施阶段的主要任务是根据节庆活动特有的习俗、习惯和礼节,开展相关美术活动,体验节庆美术活动的魅力。而节庆美术活动的总结阶段实际上是节庆美术活动的后续延伸阶段,主要任务包括回顾整个节庆美术活动的过程,提炼和交流活动经验,以及分享活动的情感体验等方面。

(一)设计阶段

在节庆美术活动的设计阶段,师幼需要共同商议和确定节庆主题,以帮助幼儿逐步了解节庆文化。通过了解相关的习俗和故事等,幼儿可以逐步建立与节庆活动的情感连接。此外，师幼需要讨论活动内容、基本流程和环境材料准备等方面的内容，这些心理和认知上的准备是激发幼儿全身心投入节庆活动的重要基础，也是节庆活动能够顺利、有质量开展的重要保障。

具体而言，开展幼儿节庆美术活动要选定主题与激活经验。节庆是幼儿喜闻乐见的活动形式，是一种经过长期传承、优化、逐步积淀下来的活态文化。在做选择时，应该关注节日所传达的核心价值和文化内涵是否能为幼儿所理解，是否对幼儿的成长具有积极的促进作用。例如，"中秋节""元宵节""春节"等主题十分适合被引入幼儿园开展的节庆美术活动中，主要是因为这些节庆主题贴近幼儿生活、符合幼儿的年龄特点，具有教育价值且便于操作、易于实施。同时，幼儿园在开展节庆美术活动时应深入挖掘节日背后的文化内涵，在对节庆文化进行分析、梳理的基础上，根据幼儿的年龄特点，选择其中一至两个有意义、有价值的主题加以实施。对于小班幼儿而言，教师可以考虑一些简单的绘画活动和手工制作，比如，用各种颜色和线条绘制出节日的主题，如春节的对联、国庆节的气球等。此外，教师还可以开展一些亲子互动的美术活动，比如，亲子手绘T恤、亲子手工制作等，这样既能锻炼幼儿的手部精细动作和耐心，又能增强家长与孩子之间的互动和沟通。对于中班幼儿而言，教师可以增加创意绘画或组织更复杂的手工制作活动，比如，剪窗花、画月饼等。对于大班幼儿而言，可以进一步挑战幼儿的创造力和表达能力，比如，让他们画一张儿童画来描述节日的场景和氛围。同时，还可以进行更复杂的手工制作活动，比如，绘制节日装饰品、画龙舟等。总的来说，针对不同年龄段的幼儿，节庆美术活动的规划应该注重适应性和挑战性，以激发幼儿的创造力和想象力，同时让他们更好地了解和体验节日的文化和传统。

开展幼儿节庆美术活动要善于了解文化与甄选内容。传统节庆历经千百年的历史沉淀，蕴含了丰富的文化内涵，教师必须要根据幼儿身心发展特点及现代教育要求，选择健康向上、易于理解、便于组织实施的节庆美术活动主题，开展多元文化熏陶，促进幼儿社会化发展和多方面能力的提高。节庆活动是一种综合性活动，内容丰富，形式多样，经过长期历史沿袭，往往具有特定的规范和习俗。因此，师幼在选择节日主题时，应充分考虑现实情况，选择方便操作的节庆主题和活动内容。比如，在元宵节活动中，无论是画元宵还是制作简易手工宫灯，取材都比较简单，操作也比较方便。所以选择节庆内容时，应尽可能考虑"动态"的、方便幼儿参与体验的、幼儿能够理解的、真正感兴趣且发自内心愿意参加的节庆内容。

同时，作为传承文化的重要载体，幼儿园的节庆活动肩负着教育使命。在选择节庆美术活动内容时，既要考虑幼儿的年龄特点，也要尊重和传承节日所包含的文化内涵。教师通过多样化的活动形式和深入的文化解读，帮助幼儿了解和体验传统节庆活动的魅力，进而促进他们对中国传统文化的认知和理解。例如，在中秋节即将到来之际,幼儿园可以开展一系列的主题活动,以帮助幼儿了解中秋节的传统习俗和重要性。首先,教师可以选择适合幼儿理解的中秋节儿歌、故事或动画,让幼儿了解中秋节的起源和意义。通过朗朗上口的儿歌,幼儿可以学习到中秋节是团圆的时刻,家庭成员会聚在一起赏月、吃月饼、猜灯谜等。通过生动的故事,幼儿可以了解到中秋节与月亮的关系,以及嫦娥奔月等传统神话故事的魅力。其次,教师可以组织幼儿进行手工制作,如制作月饼、制作灯笼等,让幼儿在动手操作中感受中秋节的氛围。此外,教师还可以引导幼儿绘画家庭团圆欢度中秋的情景,进一步深化他们对中秋节的情感理解。最后,教师可以开展中秋节相关主题的环境创设,通过放置手工宫灯、幼儿绘画作品等,营造出浓厚的中秋节氛围。通过这些活动,幼儿不仅能够了解中秋节的传统习俗和重要性,还能够培养文化自豪感和尊重传统的意识。

(二)实施阶段

实施阶段是幼儿节庆美术活动最富有挑战性和创造性的阶段。在这个阶段,幼儿、教师和家长等根据节庆的主题和内容,共同着手准备所需的物品、装扮环境、策划和组织各种活动。

环境和氛围的营造是节庆美术活动中不可或缺的要素之一。它们不仅提供了所需的物质条件,如装饰材料、道具等,同时也提供了非物质条件,如隐性的文化浸润等。如果说在设计阶段,幼儿已经做好了知识经验和情绪情感的准备,那么在实施阶段,首先面临的就是环境布置和氛围渲染。幼儿节庆美术活动的环境创设要求在装扮校园环境的同时,要根据特定节庆的风俗习惯,抓住主要特征,营造出浓郁的节日氛围。例如,在端午节,人们会在门前悬挂艾草和五彩绳、划龙舟等,这些都是端午节特有的活动。教师在组织端午节美术活动时,也应该在环境创设中凸显出端午节的主要特征,如悬挂艾草和五彩绳,还可以在幼儿园美工区域中布置装饰过的龙舟展板,以此营造出浓郁的端午节氛围。

服饰也是幼儿节庆文化的重要组成部分,是节庆活动中不可或缺的重要内容。不同民族有着各自特有的服饰,这些服饰不仅体现了民族文化的特色,也是节庆活动中的重要元素。比如,苗族人民在过苗年时会穿上苗族特有的衣裙,戴着银饰载歌载舞,这不仅展现了苗族独特的服饰文化,也营造出了热烈的节日氛围。教师在组织实施节庆美术活动时,可以引导幼儿自主设计、绘制相应主题的节日服饰,不仅可以帮助幼儿进一步了解节日文化,也可以提高幼儿的美术创作和表现能力。例如,在元宵节来临之际,幼儿可以在教师和家长的帮助下,自主绘制一件唐装,并穿着自主设计的唐装开展相应的美术活动,喜气洋洋闹元宵的气氛就会弥漫整个校园。这不仅渲染了节日气氛,更增添了神秘感,激发了幼儿参与美术活动的兴趣。

（三）总结阶段

在幼儿节庆美术活动实施过程中，总结是不可或缺的组成部分，它是对幼儿节庆美术活动的延伸和深化。在这个阶段，师幼可以通过照片、视频等方式回顾与再现活动现场，借助作品、表演等交流与展示活动过程中的精彩片段，还可以通过谈话与讨论等提升经验、重温情感，并细细品味节庆文化的内涵。总结阶段是引导幼儿将节庆美术活动过程中获得的零散的、碎片式的经验进行梳理、提炼、提升的重要环节。

对于幼儿来说，节庆美术活动的感受通常是最直接的，但由于节庆美术活动的自由度很大，幼儿可能会专注于不同的美术活动，他们的所见所闻及感受体验很可能大相径庭。因此，教师可以借助照片、美术作品、幼儿园环境创设等方式为幼儿提供具体形象的情境，这不仅可以唤醒幼儿对节庆美术活动的回忆，帮助幼儿完整、流畅地交流，也可以借助具象帮助幼儿理解同伴分享的内容，为幼儿之间的有效互动打下基础。

四、幼儿节庆美术活动的观察与评价

进行幼儿节庆美术活动的观察与评价，有助于教师深度反思和优化自己的教学活动方案，及时发现和解决活动中存在的问题。因此，教师需要明确幼儿节庆美术活动的观察点和具体评价标准，然后根据观察内容和标准制定相应的观察评价表，再结合观察评分结果，有针对性地提出可行的改进建议，以促进幼儿节庆美术活动的顺利开展。

（一）厘清幼儿节庆美术活动的观测点和具体评价标准

为了突出幼儿节庆美术活动区别于其他美术活动的特点，在设计该部分观察评价表时，在原有美术活动观测点的基础上，增加了活动效果这一观测点。因此，完整的观测点具体涵盖了活动目标、活动内容、活动准备、活动过程、活动效果等方面，每个观测点亦有具体的评价标准，以更好地观察和评价幼儿的节庆美术活动。

（二）设计幼儿节庆美术活动的观察评价表

为了更高效地观察和评估幼儿节庆美术活动的开展效果，以及更清晰地了解幼儿的发展水平，教师可以根据明确的幼儿节庆美术活动观测点和具体评价标准，设计观察评价表。该评价表能有效记录在开展幼儿节庆美术活动中遇到的具体问题，这将有助于对开展的幼儿节庆美术活动进行较为客观的评价，并了解具体情况。具体如表4-5所示。

表4-5 幼儿节庆美术活动观察评价表

幼儿园		班级		教师		主题	
评价者				时间			

观测点	具体评价标准	分值	评分
活动目标	1. 符合《指南》中感受与欣赏、表现与创造的目标要求	5	
	2. 彰显幼儿的主体性,符合幼儿的年龄段特点	5	
	3. 帮助幼儿认识、了解节庆文化,增强文化认同感	5	
	4. 落实情感、知识和能力三维目标	5	
活动内容	1. 符合节庆美术活动基本特点,落实活动目标要求	5	
	2. 开展贴近幼儿生活、符合幼儿发展水平的节庆美术活动	5	
	3. 准确把握节庆美术活动重点,活动难点设置适宜	5	
	4. 能有效挖掘节庆美术活动与幼儿教育的内在联系,通过开展节庆美术活动帮助幼儿掌握基本的美术技能	5	
活动准备	1. 物质材料准备充分,符合幼儿节庆美术活动的主题和内容要求	5	
	2. 经验准备充分,活动开展前为幼儿提供相应的节庆美术活动经验	5	
	3. 材料准备适宜,满足幼儿实际操作和审美体验需要	5	
	4. 节庆主题的环境创设适宜,符合节庆主题活动的审美和氛围	5	
活动过程	1. 体现节庆美术活动的目标要求,主线清晰,结构合理,过渡自然	5	
	2. 方法适宜,提供感知与操作机会,现代化手段适度	5	
	3. 提问有启发性和层次性,符合幼儿特点,切合主题	5	
	4. 重点突出,点面结合,难点突破,化难为易	5	
	5. 面向全体,关注差异,注重互动,促进发展	5	
活动效果	1. 幼儿能积极参与节庆美术活动,并遵守活动要求,完成相应美术作品	5	
	2. 活动延伸完善,总结到位,幼儿能有效浸润在节庆文化的氛围中,增强家园共育效果	5	
	3. 幼儿通过参与节庆美术活动,了解节庆文化的相关知识	5	
评价反馈			
备注	1. 每项分值为5分,满分为100分 2. 总分90分以上为优秀,80分以上为良好,60分以上为合格,60分以下为不合格		

大班艺术活动：端午节 点雄黄

设计与执教：莆田市城厢区第一实验幼儿园　柯宝莹
案例评析：福建幼儿师范高等专科学校　许文鹏

大班艺术活动：端午节 点雄黄

设计意图

端午节是中华民族的传统节日,中国各地都有独具特色的端午节习俗。在莆田,有很多极具地域文化的端午传统习俗,点雄黄就是其中之一,大人们会在端午节这天帮孩子们在脸上点雄黄,独特的表现形式激发了孩子们的兴趣。《指南》中明确指出:"幼儿艺术领域学习的关键在于充分创造条件和机会,在大自然和社会文化中萌发幼儿对美的感受和体验,丰富其想象力和创造力,引导幼儿学会用心灵去感受和发现美,用自己的方式去表现和创造美。"我们借助"端午节点雄黄"这一原生态的民间艺术文化,以孩子们喜闻乐见的游戏形式让孩子们尝试在脸上作画,感受在面部彩绘的新奇与乐趣,为孩子们打开一扇独特的传统审美艺术之门。

活动目标

1. 现场体验过端午节,感受本土传统节日民俗的独特魅力。
2. 尝试在同伴面部上创作,体验不同艺术形式的创作乐趣。

活动准备

材料准备：面部油彩、画笔、蛋草、艾草、生鸭蛋、五毒肚兜、虎帽、香囊、蛋兜、课件、童谣《划龙舟》。

知识准备：通过端午节系列主题活动了解端午节的习俗。

活动过程

一、莆阳人家过端午,回顾端午的习俗

1. 情境引入,激发幼儿过节兴趣。

师：小朋友们,莆田人过端午节可好玩了,我们去莆阳人家过节吧。

2. 情境体验,感受端午节日的气氛。

配班：欢迎小朋友来莆阳人家过端午节,现在我要去煮午时蛋招待小朋友们,谁愿意来帮我?

评析

首先,教师通过创设"莆阳人家过端午"的情境,成功地将幼儿带入了端午节的氛围

中。这种情境导入的方式不仅激发了幼儿对活动的兴趣,还让他们感受到了传统节日的独特魅力。同时,通过与幼儿的互动,教师也成功地将幼儿的角色从学习者转变为参与者,让他们更加积极地投入活动中。其次,在活动过程中,教师巧妙地利用了情境体验的方式,让幼儿通过亲身参与和感受,深入了解端午节的习俗和文化。例如,通过邀请幼儿参与煮午时蛋的活动,让他们感受到了端午节期间家庭团聚和分享的传统习俗。这种情境体验的方式不仅增强了幼儿对端午节文化的认同感,还促进了他们的社会交往能力和动手能力的发展。最后,该教案在活动过程中巧妙地结合了地方特色的端午习俗,如"点雄黄"。这种结合不仅丰富了活动的内容,还让幼儿更加深入地了解了端午节的传统文化和地域特色。同时,通过让幼儿在脸上进行彩绘的方式体验这一习俗,也进一步增强了活动的趣味性和互动性。

二、莆阳人家来装扮,体验端午的气氛

1. 佩戴:先想一想这些吉祥物要怎么佩戴在身上更好看?
2. 欣赏:身上都带了哪些吉祥物,和好朋友看一看,说一说。

评析

首先,教师通过让幼儿思考如何佩戴吉祥物更好看这一环节不仅锻炼了幼儿的审美能力和创造力,还让他们对端午节的吉祥物有了更深入的了解。幼儿可以在这个过程中探索不同的佩戴方式,体验不同的视觉效果,从而加深对端午节文化的认识。其次,在佩戴完吉祥物后,教案设计让幼儿与好朋友相互欣赏、分享自己身上的吉祥物。这一环节不仅增强了活动的互动性,还培养了幼儿的社会交往能力和表达能力。通过分享和讨论,幼儿可以更加深入地了解端午节的各种吉祥物及它们所代表的文化意义。教案在这一部分强调了对幼儿审美能力的培养。最后,通过让幼儿欣赏自己和他人的吉祥物佩戴方式,以及讨论如何佩戴更好看,教师可以引导幼儿发现美、欣赏美,从而提高他们的审美水平。这种注重审美体验的教学方式有助于培养幼儿对美的敏感性和创造力。

三、莆阳人家点雄黄,激发脸上创作的愿望

1. 欣赏点雄黄图片,了解点雄黄的典故。

提问:为什么会在脸上点画?这些图案里藏着什么意思呢?(避毒祛邪强身防病。)

2. 提脸上作画要求。

评析

首先,教师通过让幼儿欣赏点雄黄的图片,让他们了解了这种民间艺术文化的独特之处和内涵,有助于幼儿更好地理解和感受这一传统习俗的艺术魅力。其次,教师通过介绍点雄黄的典故,让幼儿了解到这种民间艺术文化背后的深厚历史和文化背景。这有助于增强幼儿的民族自豪感和文化认同感,同时也为他们在脸上进行创作提供了更深入的文化支持。最后,教师提出了让幼儿在脸上进行创作的要求,这既是对幼儿动手能力

和审美能力的培养,也是对他们想象力和创造力的挑战。教师可以通过引导幼儿观察图片中的图案和色彩搭配等方式,帮助他们掌握基本的绘画技巧和方法,从而激发他们内在的创作潜能。

四、幼儿创作,教师巡回指导
五、交流、欣赏,享受艺术创作的快乐

评析

幼儿有机会与同伴和教师分享自己的创作过程和作品,通过交流和欣赏,他们不仅能够学习到他人的创作经验和技巧,还能够拓宽自己的视野和思维方式。同时,这也为幼儿提供了一个展示自己才华的平台,让他们感受到自己的价值和重要性。

六、"斗蛋"游戏,体验过端午民俗

引导语:在莆田,吃午时蛋前,小朋友们还喜欢一起玩"斗蛋"游戏,我们一起来斗蛋吧,看看谁会是今天的蛋王。

评析

通过引入传统的"斗蛋"游戏,让幼儿在欢乐的游戏中体验到端午节的传统民俗。这种游戏不仅富有趣味性,还能够让幼儿在参与过程中了解到端午节吃午时蛋的习俗和背后的文化内涵。通过参与"斗蛋"游戏,幼儿能够深刻感受到端午节的氛围和传统文化魅力。这种体验不仅能够增强幼儿对传统文化的认识和了解,还能够促进他们社会交往能力和团队合作意识的发展。

活动评析

该教学活动以"端午节"为主题,通过一系列富有创意和趣味性的活动设计,旨在让幼儿在亲身参与和体验中深入感受端午节的传统文化和习俗。教案设计科学合理,注重幼儿的主体性和实践性,同时也充分考虑到了幼儿的年龄特点和兴趣爱好。

在活动过程中,教案通过情境引入、佩戴吉祥物、点雄黄、创作表征、交流欣赏和斗蛋游戏等环节的设置,让幼儿在欢乐的氛围中了解端午节的习俗和文化内涵,同时也锻炼了他们的动手能力、创造力和社会交往能力。特别是在脸上进行彩绘和创作表征的环节,教案设计独特而富有创意,不仅激发了幼儿的创作欲望和艺术创造力,还让他们在实践中体验到了不同艺术形式的创作乐趣。

此外,该教学活动的准备工作也十分充分,包括材料准备、知识准备和环境创设等方面。这些准备工作为活动的顺利进行提供了有力的保障,同时也让幼儿在参与活动过程中感受到了浓厚的节日氛围和文化魅力。总之,该教学活动设计科学合理、富有创意和趣味性,注重幼儿的主体性和实践性,同时也充分考虑到了幼儿的年龄特点和兴趣爱好。通过参与这一系列活动,幼儿不仅能够深入了解端午节的传统文化和习俗,还能够锻炼自己的动手能力、创造力和社会交往能力,是一次有意义的教育活动。

实训活动　幼儿节庆美术活动的实施与反思

1. 目标

(1) 掌握幼儿节庆美术活动的基本形式和主要方法。

(2) 能分析评价幼儿节庆美术活动成效。

(3) 涵养关爱尊重幼儿、基于幼儿身心发展特点施教的师德情怀。

2. 内容要求

(1) 协助园所教师开展幼儿节庆主题美术活动。

(2) 运用表 4-5 记录协助园所教师开展幼儿节庆美术活动的情况。

(3) 与园所教师反馈并交流观察记录到的情况,分析并评价节庆美术活动的成效,探讨有针对性的指导方法。

中国传统节日与节庆文化融入幼儿园课程的策略研究[①]

1. 积极挖掘中国传统节日与节庆文化的含义

要使中国传统节日与节庆文化在幼儿园的教学中得到合理的运用,教育工作者必须在具体的教学实践中,积极地发掘、不断地剖析和研究其内涵,适时地更新观念,积极地创新中国传统节日与节庆文化活动,确保在幼儿园教学中渗透中国传统节日与节庆文化的合理性与科学性。首先,要对中国传统节日与节庆文化内涵不断探索与剖析。教师在进行中国传统节日与节庆文化活动时,要合理地分析节庆文化活动的重点,不断发掘其所蕴含的价值,再通过层层递进的方式,将有价值的内容提炼出来,对幼儿进行中国传统节日与节庆文化的熏陶。其次,积极更新传统的思想。近几年,随着社会的发展,中国传统节日与节庆文

---

① 张一婷. 中国传统节日与节庆文化融入幼儿园课程的策略研究[J]. 试题与研究,2023(20):115-117.

化也在与时俱进,不断地进行创新与改革,从而形成了一种特殊的教育资源。

2. 从多个渠道对中国传统节日与节庆文化进行渗透

在幼儿园的课程中,要确保传统节庆文化运用的科学性和有效性,就必须要通过多种途径来丰富和充实课堂,使其与传统节庆文化相融合,不仅能保证课程内容更加丰富、多样,还能够提高幼儿的兴趣。

(1) 创设传统节日情境渗透文化知识

幼儿园教师要充分认识到,要实现对传统文化的渗透,就要加强对传统文化的学习和对幼儿的文化素质的培养,而这都必须注重中国传统节日与节庆文化情境的营造。在具体的课程教学中,教师可以通过中国传统节日与节庆文化来引导幼儿进入节日的气氛,给他们讲解一些相关的知识,让他们在学习的过程中,感受到传统节日的魅力。教师在进行课程教学前,要做好充分的准备,设计适合幼儿年龄特点的教学活动,把传统的节庆文化知识以他们可以接受的方式进行传递,并通过计算机技术的运用,在教学过程中创设出生动的情境,使幼儿获得更为直观的学习经验。例如,教师可以在课堂上播放《屈原的故事》短片,并在教室里准备一些雄黄酒、粽子、彩绳、艾草等实物,并根据这些物品和端午节的关系,向幼儿解释相关的知识,例如,在端午节,人们会用雄黄酒洗手、包粽子、制作香囊、划龙舟等。

(2) 开展丰富的中国传统节日与节庆文化主题活动

虽然将传统的节庆文化渗透到幼儿的学习生活中,已成为一项重要的教学任务,然而对于某些较为晦涩难懂的文化内容,如若采用直接解释的方式很难让幼儿理解和接受。针对这种状况,教师可以在传统节日来临时,为幼儿组织和开展丰富多彩的主题活动,从而达到中国传统节日与节庆文化教学的良好效果。

例如,在中秋节到来之际,开展系列主题活动:一是"话中秋",了解中秋节的由来及有关传说,感受传统文化的魅力;二是"做月饼",开展生活活动"月饼DIY";三是"尝月饼",享受节日的快乐。一系列活动让全园幼儿在温馨的氛围中了解中国传统节日习俗,感受团圆和分享的乐趣。

(3) 落实家园共育理念,共筑中国传统节日与节庆文化环境

要把中国传统节日与节庆文化融入幼儿教育中,不仅要做好学校的德育工作,还要把"家"的观念贯彻到幼儿的身上,和家长一起努力,为幼儿创造一个良好的中国传统节日与节庆文化环境。这种教学模式可以有效地将教育的力量进行整合,从而提升在幼儿园中渗透中国传统节日与节庆文化的教育效果。

例如,在重阳节到来之际,邀请爷爷奶奶、外公外婆来园开展"浓浓敬老情"的敬老爱老主题活动。例如,我和爷爷奶奶包水饺,我和爷爷奶奶制作水果沙拉,我为爷爷奶奶捶捶背、捏捏肩,我为爷爷奶奶烫头发等活动,让幼儿表达对爷爷奶奶深深的爱,既弘扬了尊老爱老的传统美德,表达了对爷爷奶奶的尊重和关爱,也让幼儿从尊老敬老的优良传统中受到教育和熏陶。

3. 开展传统节日游戏，渗透传统文化

游戏是幼儿园的基本活动，更是幼儿生活中不可缺少的一环。一些传统节日中蕴含着丰富的游戏元素，在庆典娱乐等方面具有丰富的游戏形态和游戏精神，为幼儿游戏精神的培育提供了土壤。传统的节庆活动要给幼儿自由发展的空间。维果茨基认为，游戏的本质就是一种欲望的满足，它不是一种"冲动"，而是一种长期的、概括的情绪。许多传统的节庆承载着人们的美好心愿，这些心愿可以通过节日游戏来实现。可以运用传统的节庆活动为幼儿游戏营造一种"想象的情境"。这种情境体现在幼儿将某事物替换为另一事物时，以一种简化的形式重现现实生活场景，由于节日游戏是在现实的节庆场景下进行的，幼儿可以通过情境中各种具体的节日符号和替代符号来进行游戏从而使他们的想象力得到充分发挥。传统的节庆活动有助于幼儿获得内在的游戏精神，幼儿可以通过参与各种轻松、自由的中国传统节日与节庆文化活动，在不知不觉中接受传统的节庆文化，并将其精神融入日常生活，从而实现内化。传统的节庆游戏活动不但有助于幼儿的思想从特定的感知情境中解放出来，而且可以促进幼儿的思考思维在游戏的过程中得到发展。

任务四　其他形式幼儿美术活动的设计与指导

幼儿园还有哪些其他形式的美术活动？

寒假中，中班幼儿在家创作了许多绘画作品。一开学，教师和幼儿决定举办一个小型的绘画展，让小班幼儿有机会欣赏中班幼儿的作品。小班幼儿来到中班的活动室，中班的哥哥姐姐热情地为他们讲解画作的内容、使用的工具和材料及自己的创作想法。小明向大家分享："这幅恐龙图是我参观自然科学博物馆后回家画的，大家都夸我画得好。"莉莉也迫不及待地介绍："这幅城堡是我先用油画棒画的，然后再用水彩颜料添上底色。"参观结束后，教师组织小班幼儿谈论他们的观后感："你们觉得展览怎么样？""你们最喜欢哪幅画？为什么？"幼儿纷纷表示喜欢哥哥姐姐的画作，也对恐龙的画作很感兴趣。他们畅所欲言，并且表达了参与美术活动的意愿。这次绘画展活动让幼儿的学习情境发生了变化，中班幼儿的作品给小班幼儿带来了很大的视觉冲击，不同年龄段的幼儿之间的评价和交流也激发了他们参与绘画活动的兴趣和愿望。教师对幼儿的反馈给予鼓励并继续为幼儿提供美术学习的机会。

请结合案例想一想：在幼儿园中除了美术欣赏活动、绘画活动、手工活动，还有哪些美术活动？为什么要拓展幼儿园中其他形式的美术活动？其他形式美术活动开展的目的和意义是什么？其他形式美术活动的内容应该如何选择？作为未来的幼儿教师，我们应该如何设计与实施、观察与评价其他形式的美术活动呢？

此项任务将围绕其他形式的幼儿美术活动的设计、实施与评价展开，涉及其他形式幼儿美术活动的目的和意义、内容选择、设计与指导，以及观察与评价。在此项任务中，需要理解开展其他形式美术活动的重要性，掌握其他形式美术活动的基本形式和主要方法，学会观察评价其他形式美术活动，而且能够基于评价提出相应的教育建议。

其他形式幼儿美术活动是教师引导幼儿在幼儿园通过丰富的、多元的、渗透的形式开展的美术活动。除了传统的绘画和手工活动,教师还可以通过区域活动、班际活动、与其他领域结合的活动及渗透在一日生活中的美术活动来丰富幼儿的美术体验。这些非正式的、生活化的美术活动,可以进一步激发幼儿的创造力、想象力和艺术欣赏能力,是幼儿美术活动中不可或缺的重要组成部分。

一、其他形式幼儿美术活动的目的和意义

通过开展其他形式的美术活动,教师可以为幼儿提供多样化的美术体验,培养他们的创造力、观察力、细节意识、审美意识、手眼协调能力、自信心和综合能力。这些能力和素质对幼儿的综合发展和学习能力的提升都具有重要意义。幼儿园开展其他形式的美术活动有以下目的和意义。

(一)丰富幼儿的审美体验,激发幼儿的好奇心与想象力

在多样化的美术活动中,幼儿可以接触到不同的艺术形式和风格,丰富他们的审美体验。同时,不同形式的美术活动也可以激发幼儿的好奇心和想象力,让他们能够展开自由创作,表达自己的想法和情感。例如,在区域活动中,教师可以在各个区域投放丰富的美术材料,让幼儿使用不同的材料和工具进行绘画,如水彩、粉笔、油画棒等。鼓励他们自由发挥,创作出自己独特的艺术作品。

(二)营造良好的审美氛围,培养幼儿的审美意识和欣赏能力

通过参与各种类型的美术活动,幼儿可以接触到各种不同形式的艺术作品,培养他们的审美意识和欣赏能力。他们可以学会欣赏和评价艺术作品,培养对美的敏感性和理解力。教师可以通过展示各种艺术作品、组织观赏艺术影片、组织参观艺术展览等方式,营造良好的审美氛围。如在幼儿园的展示区域搭建一个小型艺术展览,展示幼儿的绘画作品和手工制作品,引导幼儿欣赏他人的作品,并鼓励他们表达自己的观点和感受。

(三)渗透生活化的美术活动,促进幼儿综合能力的发展

教师可以将美术活动融入幼儿园的一日生活中,如制作节日装饰、绘制班级食谱、

参与幼儿园公共环境的创设与班级室内外环境的创设等。这样的美术活动可以帮助幼儿将美术与实际生活相结合,促进他们的综合能力的发展。例如,引导幼儿使用废旧材料和日常生活用品制作手工作品装饰班级、利用纸盘制作动物面具、利用纸张和彩色纸制作折纸艺术作品等,既可以培养幼儿废物利用的意识、培养幼儿的责任感,又可以发挥幼儿的想象力与创造力。

(四) 融合其他领域的美术活动,提升幼儿的自信心与表达能力

此外,美术活动还可以与幼儿园的其他领域活动相结合,这些活动可以促进幼儿的认知、语言、社交、情感、动手能力等多个方面的发展,帮助幼儿全面发展自己的潜能。同时,美术活动可以让幼儿展示自己的创作成果,他们可以通过绘画、手工等方式表达自己的想法和情感,增强他们的自信心和表达能力。融合其他领域的美术活动可以提升幼儿的自信心与表达能力。例如,通过对几何形状的绘制和拼贴,幼儿可以学习不同的几何形状及其属性,如正方形、三角形、圆形等。这种活动不仅提供了幼儿对形状的感知和表达的机会,还巩固了幼儿对数学概念的理解。

(五) 创造多样化的合作机会,培养幼儿的团队合作意识

通过班级活动、环境创设、区域活动等形式开展美术活动可以为幼儿创造多样的合作机会,让其学会与他人合作、分享和交流。在合作中,幼儿可以互相帮助、倾听和尊重他人的意见,培养团队合作意识和良好的人际关系。在美工区,教师可以将幼儿分成小组,让他们合作完成一幅大型绘画作品。每个小组负责绘制其中的一部分,最后将各个部分组合在一起。这样的活动,能够培养幼儿的团队合作意识、沟通能力和协调能力。

总的来说,幼儿园开展区域活动、班际活动、环境创设及融合其他领域的美术活动等的意义在于促进幼儿的全面发展,培养他们对美术活动的兴趣、创造力、合作意识、审美意识、自信心、动手能力等,为他们提供了多样化的学习和表达的机会。多样化的美术活动可以丰富幼儿的审美体验,营造良好的审美氛围,为幼儿创造多样的合作机会。教师应该为幼儿提供丰富的美术体验,培养他们的审美意识、欣赏能力、综合能力和团队合作意识,这些能力和素质对幼儿的综合发展和未来学习能力的提升都具有重要意义。

二、其他形式幼儿美术活动的内容选择

幼儿园是培养幼儿审美意识和艺术创造力的重要场所,通过开展其他不同形式的美术活动可以促进幼儿身心发展,提升他们的美感与创造力。在选择其他形式幼儿美

术活动的内容时,需要考虑以下几个要点。

(一) 挖掘幼儿一日生活中的美术元素

幼儿园的活动主要包含生活活动、学习活动与游戏活动,因此,渗透在幼儿园中的美术活动需要结合各类活动的开展形式与特点,根据需要进行调整。幼儿园的生活活动、学习活动和游戏活动与美术活动可以相互结合,通过创设丰富多样的活动场景,让幼儿在生活、学习和游戏中充分体验美术和表达创造的乐趣。

在生活活动中,比如,日常的餐饮活动,可以通过美术活动的开展来培养幼儿的饮食文化和美感。教师可以引导幼儿设计和制作餐具,如自己动手做一个漂亮的餐具套装。通过绘画、剪纸、粘贴等艺术手工,幼儿体验到自己的创造力和劳动的价值。教师还可以利用幼儿的饮食经验,让幼儿用绘画或手工制作的方式来表达自己对食物的喜爱和理解。这样的活动有助于提升幼儿的审美能力和创造力,将生活融入美术活动之中。

在学习活动中,比如,幼儿园的自然科学学习,可以将观察和探索自然与美术活动相结合。比如,在季节变化的学习中,教师可以引导幼儿观察四季景物的不同,然后通过绘画、手工制作等方式,让幼儿表达对四季的感受和理解。可以用颜色和形状来表达不同季节的特点。通过亲自动手创作,幼儿能更加深入地体验四季的魅力。另外,在学习人体器官的过程中,教师可以引导幼儿主动参与绘画和剪纸等艺术活动,通过绘制自己的身体部位和器官,加深对人体结构的认识。

在游戏活动中,美术活动可以成为游戏的一部分,增强游戏的趣味性和创造性。比如,在角色扮演游戏中,教师可以引导幼儿设计自己的角色服装或道具,通过绘画、剪纸等手工活动制作,增强角色形象的丰富性。在游戏的过程中,幼儿可以根据自己设计的角色形象进行表演和创作,充分发挥他们的想象力和创造力。另外,在团队合作的游戏中,教师可以利用美术活动来提升团队的协作精神。比如,让幼儿一起绘制一幅大型的合作画,每个人负责一部分,通过合作完成一幅完整的作品,培养幼儿的合作意识和团队协作能力。

综上所述,幼儿园的生活活动、学习活动和游戏活动可以与美术活动相结合,创造丰富多样的活动场景,让幼儿在生活、学习和游戏中充分体验美术和表达创造的乐趣。这样的结合,可以促进幼儿的身心发展和艺术素养的培养。

(二) 根据幼儿的年龄特点和发展水平选择活动内容

活动的内容和难度应该与幼儿的年龄特点和发展水平相适应,避免过于简单或过于复杂,确保幼儿能够理解和参与其中。根据幼儿的年龄特点和发展水平选择活动内容,能够促进幼儿的审美能力和艺术表达能力随着年龄的增长逐渐发展。针对不同年龄段的幼儿,可以选择适合他们的美术活动内容。

1. 适合小班幼儿的美术活动内容

(1) 鼓励感知和表达

小班幼儿对颜色、形状、质地等方面有较强的感知能力,可以通过涂色、拼贴等活动形式进行感知和表达。例如,在音乐活动中,教师可以引导幼儿通过绘画表达对音乐的感受;在科学活动中,教师可以让幼儿利用手工制作的方式展示他们对科学实验结果的理解。

(2) 鼓励自由创作

小班幼儿的想象力和创造力逐渐发展,教师可以通过布置一些开放性的绘画和手工制作任务,鼓励他们进行自由创作。利用户外环境,带领小班幼儿进行自然素材的拼贴创作,如采集自然材料并共同创作一幅大型的自然拼贴画。教师还可以在班级里设置临时画廊,让幼儿自由地将自己的绘画作品展示出来,并可组织小班幼儿参观。

2. 适合中班幼儿的美术活动内容

(1) 强调细节观察

中班幼儿对形状、颜色、细节等方面的观察能力有所提升,可以进行更复杂的图案绘制,从而培养他们的观察力和细致认知。例如,教师可以组织幼儿参观当地的艺术展览或博物馆,引导幼儿观察和理解艺术作品中的细节和意义,并鼓励他们进行艺术创作。

(2) 探索不同的材料与技术

中班幼儿可以尝试使用不同的材料和工具,如水彩、油画棒、软陶等,进行创作,拓宽他们的艺术经验。例如,在语言活动中,以绘画的形式创作故事场景;在数学活动中,通过对几何形状的创作进行数学概念的学习和巩固。

(3) 尝试合作与竞争

可以与其他班级共同进行一个纸雕比赛,鼓励中班幼儿进行创意的纸雕作品设计和制作。此外,还可以在幼儿园内的自助餐区域提供绘画材料,幼儿可以绘制自己喜欢的食物等,开展班级美食展评选。

3. 适合大班幼儿的美术活动内容

(1) 强调艺术表达与理解

大班幼儿可以通过绘画、手工制作等方式,表达自己对事物、情感、主题等的理解与感受。在幼儿园内的角落里可以设置美术工作室,提供各种材料和工具供幼儿自由创作,鼓励他们尝试不同的绘画和手工制作技巧。

(2) 进行艺术创作的深入思考

大班幼儿能够进行更深入的艺术思考,通过绘画、手工制作等活动,培养他们对形式、结构、意义等方面的理解和创作能力。例如,在社会活动中,利用绘画和手工制作来让幼儿表达对社区的理解和对社区发展的想法;在体育活动中,可以让幼儿通过绘制运动场景来表达对体育运动的喜爱和理解。

(3) 拓展合作与交流的方式

与其他班级合作进行一个壁画绘制活动,让大班幼儿与其他班级的幼儿一起设计和制作一幅大型的壁画。还可以组织幼儿参观当地的艺术家工作室,了解艺术家的创作过程,并鼓励幼儿尝试在工作室里进行自己的艺术创作。

总而言之,幼儿园中其他形式的美术活动应根据不同年龄段幼儿的能力和兴趣开展,结合创造力、整体观察能力和细节观察能力等方面的发展特点,设计适合幼儿发展需求的美术活动。这样的活动能够培养幼儿的艺术素养、创造力、观察力和表达能力。

(三) 充分挖掘和利用幼儿园、家庭与社区资源

幼儿美术活动不仅要注重幼儿的艺术创造,还要提供多样化的艺术体验,让幼儿在观赏、欣赏和评价艺术作品中培养审美情趣。幼儿园可以组织幼儿观看艺术展览、观赏戏剧和舞蹈表演等,通过多样的审美体验来拓宽幼儿的艺术视野。还可以利用自身的教育资源,如美术室、图书馆等,为幼儿提供艺术学习和创作的场所,为幼儿提供更多样化、更广阔的美术体验和创造空间。

家庭是幼儿艺术教育的重要支持力量,幼儿园可以与家长进行沟通,共同探讨如何在家中提供艺术表达的机会和环境。可以定期进行家庭艺术活动,在家庭中培养幼儿的艺术兴趣和创造力。同时,幼儿园也可以鼓励家长在家中与幼儿一起观看和欣赏艺术作品,共同讨论和交流艺术中的美感和情感。

社区是幼儿园的延伸,幼儿园可以利用社区资源来开展美术活动。幼儿园可以积极与艺术教育机构或美术馆合作,组织幼儿参观艺术展览,让幼儿近距离接触到真正的艺术作品,并通过导览和解说,引导幼儿理解和欣赏艺术作品中的创意和情感表达。还可以与社区艺术工作者合作,组织幼儿参与社区艺术项目,如美术展示、艺术品设计等,让幼儿在社区中展示和分享自己的艺术作品。同时,也可以通过与社区艺术团体或社团机构的合作,邀请艺术家或艺术教师来幼儿园进行艺术指导和交流,丰富幼儿的美术活动内容和经验。

综上所述,其他形式幼儿美术活动的内容需要依据不同形式的特点、根据幼儿的年龄特点和发展水平来选择,并合理利用幼儿园、家庭与社区资源,以为幼儿提供多样的审美体验与表达创造的机会。教师要综合考虑这几方面的内容,为幼儿提供丰富多样的美术活动,促进他们艺术创造力和审美能力的发展。

三、其他形式幼儿美术活动的设计与实施

幼儿园中其他形式美术活动的开展形式多种多样,常见的形式主要包括区域活动、其他领域、班际活动、环境创设和研学项目中的美术活动,不同形式的美术活动的

设计与开展具有不同的要点,具体如下。

(一) 区域活动中的美术活动

在区域活动中,可以根据不同区域的主题或目标,选择适合的美术活动,为每个区域提供相关的艺术材料和工具,并提供适当的指导和示范。教师可以引导幼儿通过绘画、手工制作等艺术活动,探索和表达自己的想法、感受和理解。

1. 设计要点

可以在不同的区域开展不同的美术活动,比如,绘画区、手工制作区等。根据区域的主题或教学目标选择相应的美术活动,例如,在绘画区中可以提供各种油画棒、彩色铅笔、水彩颜料等。常见的区域如下。

① 美术角:提供各种绘画、涂鸦、剪纸等美术材料和工具,让幼儿自由创作。
② 制作角:提供各种手工制作材料和工具,让幼儿进行手工制作活动。
③ 模型角:提供各种拼图、积木等模型材料,让幼儿进行模型搭建活动。
④ 剧场角:提供舞台、服装等道具,让幼儿进行角色扮演和表演活动。

当与阅读区、娃娃家、表演区和科学区相结合时,美术活动可以通过绘画、手工制作和舞台布景等形式与这些活动相互配合,丰富和拓展幼儿的创造力、想象力和表达能力。

常见的区域有:

① 阅读区:幼儿可以通过绘画来表达他们对故事中人物、场景和情节的理解和想象。例如,可以鼓励幼儿绘制他们心目中的故事的主人公,创设一个绘画展示区,让其他幼儿观看并根据绘画来进行阅读理解活动。

② 娃娃家:幼儿制作和装饰娃娃家的家具、装饰品和背景等。例如,可以鼓励幼儿使用纸板、彩纸和颜料等材料来制作和装饰娃娃家的家具,然后通过绘画来描绘娃娃家的背景环境。

③ 表演区:幼儿可以制作舞台布景、服装和道具等,以增强表演的视觉效果。例如,可以鼓励幼儿绘制舞台布景,制作面具、帽子和道具等,使幼儿的表演更加生动和有趣。

④ 科学区:幼儿可以制作科学实验装置、模型和图表等,以增强科学概念的理解和呈现。例如,可以鼓励幼儿使用纸板、塑料瓶和颜料等材料制作科学实验装置的模型,然后通过绘画和图表来展示实验过程和结果。

活动示例:我的家

在美工区中,设置一个主题如"我的家",并为幼儿准备各种颜色的彩纸、剪刀和胶水。幼儿可以通过剪纸、拼贴等方式,绘制和构建属于自己家庭的图像,表达对家庭的情感和理解。

通过与阅读区、娃娃家、表演区和科学区的结合,美术活动不仅可以为幼儿提供更丰富的创造和表达机会,还可以促进幼儿跨学科学习和综合能力的发展。同时,这样的综合活动还可以激发幼儿的想象力、探索精神和社交技能,并培养他们对阅读、表演和科学的兴趣和热爱。

2. 实施要点

鼓励幼儿自由发挥和表达,提供合适的指导和示范。例如,在绘画角中,教师可提供与主题相关的图片或视频,营造美的氛围,帮助幼儿积累丰富的审美视觉形象,并布置绘画任务。实施要点如下。

① 提供具体的主题或任务,激发幼儿的创造力和想象力。
② 鼓励幼儿尝试不同的艺术材料和技巧。
③ 提供适合幼儿的画架、画板和绘画工具,以提高幼儿的自主性和参与度。

(二) 其他领域中的美术活动

幼儿美术教育与其他领域有机融合、相互渗透。融合的方式有两种。一种方式是将幼儿美术教育融入其他领域。例如,在美术活动"画春天"中,教师要结合科学领域的知识,引导幼儿了解春天的季节特点,并通过科学、系统的观察把春天的特征画下来。这些方法不仅可以丰富幼儿的学习体验,还可以培养他们的创造力、观察力和想象力。同时,幼儿美术教育融入其他领域的实践也有助于整合幼儿的学习内容,提高学习的有效性和综合素质。

另一种方式是将其他领域教育融入幼儿美术教育。在美术教育中融入其他领域教育,旨在通过美术感知、欣赏、表达与创作提升幼儿对其他领域的学习和理解能力。教师可以通过设定具体的学习目标,并结合相关领域知识进行指导,鼓励幼儿探索和发现,通过美术活动加深对其他领域的感受与理解。在前面三个项目中已涉及幼儿美术教育中融入其他领域的内容,本部分将介绍如何在其他领域中融入美术教育。

1. 设计要点

结合其他领域的知识和技能,设计与美术相关的任务。例如,教师可以设计绘画任务,要求幼儿画出不同数量和形状的物体来加深他们对数字和几何形状的理解。常见的任务如下。

(1) 语言活动

借助绘画、剪纸等形式,让幼儿进行图画故事讲述、诗歌朗诵等语言活动,帮助幼儿表达和展示他们的想法、故事和感情,培养他们的创造力和表达能力。

活动示例:我心目中的英雄

鼓励幼儿绘制他们心目中的英雄形象,可以是英雄、家人、教师等。教师可以引导幼儿思考和描述自己心目中英雄的特征和行为,并通过绘画表达出来。幼儿可以使用不同的材料,如彩色铅笔、水彩颜料等,来绘制自己的英雄形象。

活动示例：故事场景我来画

鼓励幼儿通过绘画来表达他们听到或读到的故事。教师可以选取一个故事，或者幼儿自己选择一个故事，绘制出故事中的场景或关键情节。在绘制的过程中，教师可以引导幼儿描述绘画中的细节、角色的外貌特征，并用简单的句子来表达他们对故事情节的理解和想法。

通过与语言活动相结合，美术活动不仅可以促进幼儿的艺术表达能力，还能够拓展他们的语言和沟通能力。此外，这样的综合活动可以加深幼儿对故事的理解和记忆，并培养他们的思维和创造力。

(2) 数学活动

通过绘制图形、拼图等形式，幼儿可以进行数学概念的学习和实践活动，探索数学概念和关系，并将其转化为视觉作品。

活动示例：几何图形大不同

鼓励幼儿通过绘画来探索不同的几何图形，如正方形、三角形、圆形等。教师可以引导幼儿使用尺子、圆规等测量工具来绘制精确的几何图形，并让他们观察和探索图形的属性和关系，如边长、角度等。幼儿还可以使用不同的颜色填充图形，强调和比较不同图形之间的特征。

活动示例：图形涂一涂

教师可以提供一张大纸板，让幼儿在上面绘制不同形状的图形，并使用不同的颜色进行填充和装饰。幼儿可以自由地探索和创造各种几何图形，并通过绘画来展示图形的特点和关系。这样的活动可以帮助幼儿理解几何概念，并培养他们的观察力、创造力和几何直觉。

美术活动与数学活动相结合，不仅有助于幼儿学习和掌握数学的知识和技巧，还能够培养他们的艺术表达能力和审美意识。此外，这种跨学科的学习也可以增强幼儿的综合能力和问题解决能力，使他们能够将数学概念与视觉艺术相结合，从而促进他们的全面发展。

(3) 科学活动

通过观察、绘制实验现象等形式，幼儿可以进行科学实践和探索活动，观察、探索、记录和表达他们对科学现象的理解和发现。

教师可以带领幼儿到户外活动，或者通过图片和视频等媒介，展示给幼儿一些自然的景观或现象，如季节变化、植物生长、天空的变化等。鼓励幼儿观察并记录下他们所看到的细节和特征，然后使用绘画来表达他们的观察和感受。

幼儿可能会注意到蝴蝶的生命周期和飞行姿态，或者夜空中星星的排列和亮度等。他们可以使用不同的颜色和线条来绘制蝴蝶的花纹、翅膀的形状，或者通过点、线和圆圈来表现星星的位置和星座的形状。这样的活动可以帮助幼儿将科学观察转化为视觉作品,并提升他们的观察力和绘画技巧。

活动示例:四季变化的观察图

鼓励幼儿在几个月的时间内观察四季的变化,并通过绘画来记录他们的观察。幼儿可以绘制树木的变化、天气的变化或动物的活动等。通过这个活动,幼儿既可以观察和理解四季的变化,又能够通过绘画来展示和分享他们的观察结果。

通过与科学活动相结合,美术活动不仅可以培养幼儿的艺术表达能力和观察能力,还可以增强他们对科学现象的理解和兴趣。此外,这样的跨学科学习可以提升幼儿的综合能力和问题解决能力,让他们从不同的角度来理解和探索自然界的奥秘。

(4)健康活动

通过绘画、手工制作等形式,幼儿可以了解健康饮食、个人卫生等健康知识,了解和学习健康生活的概念,并表达自己对健康的理解和意义。

活动示例:健康的饮食

鼓励幼儿通过绘画来展示健康的饮食。教师可以引导幼儿选择不同的食物,了解它们对身体的好处,并绘制自己的健康饮食图。幼儿可以使用彩色纸、剪纸和胶水等材料来构建自己喜欢的健康膳食图,并用简短的文字或图表来说明每种食物的特点和作用。

通过与健康活动相结合,美术活动不仅可以培养幼儿的艺术表达能力,还可以帮助他们理解和关注健康生活的重要性。此外,这样的综合活动还可以促进幼儿的思维和创造力发展,让他们通过绘画来探索和传达自己对健康的理解和态度。

(5)社会活动

通过图片欣赏、绘画等方式,幼儿可以了解和探索社会文化的多样性,表达自己对不同文化和社区的理解和尊重。

活动示例:来自不同国家的传统服饰

鼓励幼儿了解不同国家的传统服饰,并通过绘画来展示自己对这些服饰的理解。教师可以提供一些资料和图片,与幼儿一起观察和讨论不同国家的传统服饰,然后引导他们绘制自己喜欢的服饰,并用简短的说明来描述这些服饰的特点和意义。

通过与社会活动相结合,美术活动不仅可以培养幼儿的艺术表达能力,还可以帮助他们理解和关注社会问题和价值观。此外,这样的综合活动还可以促进幼儿的社交技能和团队合作能力的发展,让他们通过绘画和讨论来探索和表达自己对社会多样性和包容性的态度和想法。

(6)音乐活动

通过绘画、手工等方式,当与音乐活动相结合时,美术活动可以帮助幼儿表达和体验音乐的节奏、旋律和情感。

活动示例:画笔下的音乐之旅

鼓励幼儿通过绘画来表达他们对音乐的感受和想象。教师可以引导幼儿听一首音乐,让他们感受音乐的节奏、旋律和情感,并使用颜色和线条来绘制自己对音乐的理解和印象。幼儿可以根据音乐中的不同部分,使用不同的颜色和线条来表达音乐中的变化和情绪。

例如,在音乐的快节奏部分,幼儿可以使用明亮和活跃的颜色,创作出动态和充满活力的线条。而在音乐的慢节奏部分,幼儿可以使用柔和和温暖的颜色,创作出静态和平稳的线条。通过这样的活动,幼儿可以将音乐的情感和美感转化为视觉作品,同时培养他们对音乐的欣赏能力和艺术表达能力。

美术活动与音乐的结合,不仅可以增强幼儿对音乐的理解和感受,还能够启发他们的创造力和艺术表达能力。此外,它还促进了幼儿跨学科的学习,使幼儿能够将音乐和视觉艺术相结合,拓宽他们的审美视野和文化认知。

2. 实施要点

在美术活动中融入相关的学科知识,提供具体的学习目标和指导。例如,当幼儿参与科学实验后,设计一个绘画活动让他们表达实验结果,画出实验过程中的变化。具体实施要点如下。

① 将美术活动与其他领域的知识和技能相结合,促进幼儿的跨学科学习。

② 为幼儿提供具体的任务和问题,鼓励他们通过美术活动来解决问题和表达观点。

③ 鼓励幼儿参与讨论、分享和展示自己的作品,以培养他们的表达能力和自信心。

通过与这些领域的活动相结合,美术活动不仅可以发展幼儿的艺术素养和创造力,还能够扩展他们的学习和理解领域,培养他们的综合能力和感知能力。

(三) 班际活动中的美术活动

将幼儿园的班际活动与美术活动结合起来,可以为幼儿提供创造性的表达方式,加强与其他班级间的互动与沟通,强化活动的主题与意义,促进个人发展和艺术修养。这样做不仅能丰富班际活动的形式与内容,还能提升幼儿的综合素养和创造力。

1. 设计要点

组织班级间的美术活动,如集体绘画、彩绘团体画、班级艺术展等。鼓励合作与交流,营造积极的艺术氛围。提供合适的主题和任务,鼓励幼儿团队合作,共同创作。引导幼儿在美术活动中学会倾听、协作和彼此尊重。设计班级活动中的美术活动时,需要注意以下要点。

① 选择与班级活动主题相关的美术活动,以激发幼儿的兴趣和想象力。

② 准备适宜幼儿年龄的美术材料和工具,如颜料、画笔、彩纸、剪刀、胶水等。

③ 在班级活动中安排适当的时间开展美术活动,让幼儿有足够的时间发挥创造力和完成作品。

2. 实施要点

在班级活动中,应鼓励幼儿之间的合作与交流,营造积极的艺术氛围,强调合作与交流的重要性,鼓励幼儿分享和接受他人的看法和建议。提供明确的目标和角色分配,以促进团队合作和协作技能的发展。同时,要鼓励幼儿共同思考和决策,共同完成美术项目,培养团队精神和包容性。实施要点如下。

① 为幼儿设计美术任务,任务可以与班级活动主题相关,也可以是围绕某个节日或季节展开,还可以与其他班级的主题相关联。

② 鼓励幼儿发挥创意和个性,不拘泥于传统的标准,尊重他们自己的表达方式和风格,也尊重他人的表达。

③ 鼓励幼儿展示创作成果,可以在班级内进行展览或共同欣赏、讨论。同时,为幼儿提供分享的机会,让他们自豪地展示自己的作品和创意。

活动示例:我们的野餐

在野餐活动后,幼儿通过绘画或手工制作等方式表达他们对这次野餐活动的感受和体验。在活动开始前,教师可以给幼儿展示一些与野餐主题相关的美术作品,如以食物、自然景色等为主题的绘画作品。鼓励幼儿在创作时发挥自己的创意和个性,可以通过不同的色彩、形状和构图等表达他们对野餐活动的感受。在活动结束后,可以组织一个小型的展览,让幼儿互相欣赏彼此的作品,并分享他们对野餐活动的思考和体验。这样不仅能让幼儿感受到认可和鼓励,还能加深他们对活动的记忆和情感连接。

在班际活动中,可以通过以下方式鼓励幼儿进行展示、分享和交流。

① 创造安全和支持的环境:在活动中,为幼儿提供一个安全、支持和包容的环境,让他们感到自由和舒适,愿意分享自己的想法和成果。

② 给予鼓励和赞赏:在幼儿进行展示和分享时,给予鼓励和赞赏,肯定他们的努力和成就。这样能够增强他们的自信心和自尊心,激发他们的表达欲望。

③ 组织展示和交流活动:安排一些集体展示和交流的时间,例如,班级展览、公开演讲、小组讨论等,让幼儿有机会展示自己的作品和想法,并与其他幼儿进行交流和互动。

④ 设计互动和合作的任务:安排一些互动和合作的任务,让幼儿通过合作来完成一项任务或项目,并鼓励他们互相交流、分享和协作,例如,通过小组制作展板,合作创作一个故事等。

⑤ 提供适当的指导和反馈:在幼儿进行展示和分享时,提供适当的指导和反馈,帮助他们进一步提高表达能力。给予建设性的反馈,帮助他们发现自己的优点和进步的方向,提高自我认知和自我调整的能力。

⑥ 激发探究与发问的兴趣:鼓励幼儿主动提问和探究,通过提问题、分享联想和观察等方式,促进幼儿之间的交流和思维碰撞,激发他们的好奇心和求知欲。

以上鼓励和支持方式,可以激励幼儿积极参与展示、分享和交流的活动,增强他们的表达能力、合作意识和与他人的沟通能力。同时,这样的活动也能促进幼儿的情感发展、自我认知和社交技能的发展。

(四) 环境创设中的美术活动

美术活动作品可以用于装饰和美化幼儿园的环境,如墙面装饰、窗花制作等。提供艺术材料和工具,给予幼儿自由发挥的空间。鼓励幼儿参与环境创设,激发创造力和想象力。适时提供艺术指导和示范,并注重每个幼儿的个性和表达。

1. 设计要点

将美术活动融入环境创设中,装饰和美化幼儿园的墙面、大厅和教室等。教师在开展此类活动时,要为幼儿提供适宜的艺术材料和工具,鼓励幼儿参与创作和装饰。设计要点如下。

① 设计美术活动时要充分考虑幼儿的年龄特点和兴趣爱好。教师应选择适合幼儿能力水平的美术材料和技巧,激发他们的参与积极性。例如,对于3岁幼儿,教师可以让其使用简单的画笔、颜料和彩纸等材料进行绘画和手工创作。

② 为幼儿提供多种多样的美术材料和工具,如颜料、画笔、彩纸、泥土、剪刀等。鼓励幼儿探索和尝试不同的材料与工具,培养他们的创造性思维和艺术表达能力。

③ 既可以提供个人创作的机会,让幼儿自由地表达自己的想法和感受,也可以组织合作创作的活动,培养幼儿的合作意识和团队合作能力。例如,教师可以安排幼儿合作创作一幅大型拼贴画。

④ 引导幼儿观察和关注细节,培养他们的艺术感知能力。例如,在绘画活动中,可以鼓励幼儿观察周围的自然景色或具体事物,尽量还原细节。

⑤ 提供适当的指导和示范,帮助幼儿掌握基本的美术技巧和表达方式。教师通过示范或者图片展示,呈现不同的绘画技法和手工制作方法。

2. 实施要点

教师要引导幼儿发挥想象力和创造力并提供适当的指导和示范。例如,可以组织幼儿一起设计和绘制窗花,将其贴在教室的窗户上,增加节日氛围。实施要点如下。

① 鼓励幼儿参与环境创设的规划和决策,培养他们的自主性和责任感。

② 提供多样化的艺术材料和工具,以满足幼儿的创作需求和兴趣。

③ 注重保护和维护环境的美观和安全,引导幼儿培养良好的环境意识和责任心。

幼儿园环境的创设与美术活动的结合可以通过以下方式实现。

① 墙面装饰:利用班级墙面或公共区域的墙面进行美术装饰,可以贴上幼儿自己的绘画作品,也可以选择一些与季节、主题或教育目标相关的美术作品,如春天的花朵,有关动物的图画等。创建一个美丽、丰富多彩的环境。

② 制作欢迎牌和标识牌:通过美术活动,与幼儿一起制作欢迎牌和标识牌,用于指示幼儿园的各个区域和功能。可以利用彩纸、贴纸和手工制作材料,让幼儿参与其中,增强他们对环境的关注和认知。

③ 增加美术角：在幼儿园的环境中设置一个专门的美术角，供幼儿进行绘画和手工创作。教师需要准备丰富的美术材料和工具，如颜料、画笔、彩纸、剪刀等，以激发幼儿的创作欲望和兴趣。

④ 推行主题美术活动：将幼儿园的环境划分为不同的主题区域，如植物区、动物区、车辆区等。主题美术活动可以帮助幼儿更好地理解和感知主题，增强他们对周围环境的关注。

⑤ 定期举办展览活动：定期举办幼儿园的美术展览活动，给予幼儿展示和分享自己作品的机会。可以邀请家长、其他班级的幼儿和教师来参观，鼓励幼儿与他人交流和互动。

⑥ 制作个性化的艺术品：与幼儿一起制作个性化的艺术品，如贴画、剪纸、拼贴等，用于装饰幼儿园的环境和教室，从中幼儿能够感受到自己及自己作品的重要性。

通过与美术活动的结合，幼儿园的环境可以变得丰富多彩、温馨有趣，不仅能够激发幼儿的创造力和想象力，营造一个欢乐、活跃的学习氛围，而且能够促进幼儿的艺术修养、情感发展和审美意识的培养。

（五）研学项目中的美术活动

将美术活动融入研学项目中，如参观、实地考察、主题研究等。设计与目标和主题相关的美术任务，以加深幼儿对主题的理解与表达。引导幼儿观察和记录，通过绘画、手工制作等方式表达和分享他们在研学项目中的学习和感悟。注重培养幼儿的观察力、思考力和表达能力。

幼儿园研学项目与美术活动的结合可以通过以下方式实施。

① 利用自然环境进行美术创作：带领幼儿到户外进行素描或绘画，如画树木、花朵、小动物等，通过观察和绘画让幼儿对自然的美有更深的体验。

② 以研学为主题进行美术创作：在研学项目中选择一个特定的主题，如农田、水果、城市等，然后带领幼儿通过绘画、剪纸、拼贴等方式创作美术作品，表现出所学主题的特点。

③ 利用自然材料进行美术创作：带领幼儿到户外收集自然材料，如树叶、小石子、花瓣等，并利用这些材料进行拼贴、创作自然材料的画作，培养幼儿对材料的感知力和创造力。

④ 利用研学项目中的实物进行美术创作：在研学课程中带领幼儿观察和了解一些实物，如昆虫、鱼类、植物等，然后让幼儿通过绘画、模型制作等形式进行艺术创作，将所学知识与美术结合起来。

⑤ 利用戏剧、音乐等艺术形式与研学项目结合：在研学项目中通过戏剧、音乐等艺术形式表现所学知识，让幼儿参与其中，更好地体验和理解所学内容。

通过以上方式结合研学项目与美术活动，可以促进幼儿对自然和社会的认识和理解,同时培养其艺术创造力和美感。

1. 设计要点

将美术活动融入研学项目中,根据主题或参观的地点设计相应的艺术任务。例如,如果带领幼儿进行植物研学项目,可以安排幼儿在参观后进行植物绘画或手工制作。设计要点如下。

① 选择与研学项目相关的主题,确保美术活动与研学项目有机结合,以提高幼儿对主题的理解能力和表达能力。

② 根据主题准备适当的美术材料,可以使用绘画用具、彩纸、剪刀、胶水等,也可以利用自然材料如树叶、小石子等。

③ 根据幼儿的年龄和能力,选择适当的美术活动形式,如绘画、剪纸、拼贴、模型制作等,让幼儿能够充分表现自己的创造力。

④ 为幼儿提供展示作品的机会,可以在班级内或学校的展示区展出,或邀请家长参观,让幼儿获得成就感,并通过分享交流,加深对主题的理解。

2. 实施要点

鼓励幼儿观察和记录,在艺术活动中表达他们在研学项目中的学习和感悟。例如,组织幼儿在参观动物园后进行动物绘画,以展示他们在活动中的观察和理解。实施要点如下。

① 在研学活动中引导幼儿观察和思考,培养他们对自然和社会的认知能力,以及表达自己的想法和感受的能力。鼓励幼儿观察和记录,通过美术活动来深化对研学项目主题的理解和感悟。

② 引导幼儿通过观察、沟通和合作,获取创作灵感,激发他们的创造力,引导幼儿运用不同的艺术媒介和技巧来表达他们对研学项目的发现和见解。

③ 了解每个幼儿的兴趣和能力,给予适当的指导和支持,让每个幼儿都能够参与到美术活动中,并获得积极的体验和成果。

④ 注重幼儿的参与过程,鼓励他们尝试和探索,关注他们的表达和思考过程,而不只是追求作品的完成度。

⑤ 对幼儿的美术作品给予积极肯定和鼓励,关注作品的独特之处,培养幼儿的自信心,激发幼儿的艺术兴趣。创造展示的机会,让幼儿能够分享他们的作品和想法,并与他人进行互动和交流。

活动示例:"动物世界"

以研学项目"动物世界"为主题,教师在课堂上引导幼儿观察和了解各种动物,了解它们的特点和生活习性,并带领幼儿前往动物园开展研学活动。在美术活动中,可以选择绘画作为活动形式,让幼儿通过绘画展示自己对动物的理解和想象力。可以提供动物图片供幼儿观察和参考,然后让他们用颜色和形状表现出自己心目中的动物形象。鼓励幼儿尝试使用不同的绘画技巧和材料，让他们有更多展现自己创造力的空间。最后，在班级内进行展览或邀请家长参观，通过分享和交流，幼儿对动物世界有更深的认识和理解。

通过以上的详细描述和举例，幼儿园教师可以得到更具体的指导，在设计和指导其他形式的美术活动时能够更好地满足幼儿的学习和发展需求。同时，这些活动也能够促进幼儿的艺术素养和综合能力的提升。

四、其他形式幼儿美术活动的观察与评价

其他形式幼儿美术活动需要在教师的设计与指导下进行，为了保障活动的质量，需要对教师的活动设计方案及教学指导行为进行评价。首先，评价教师的活动设计方案可以评估其质量和合理性，一个好的设计方案能够更好地促进幼儿的参与和学习，提供有意义的艺术经验。此外，观察和评价教师的指导行为，可以确定他们是否有效地引导幼儿参与美术活动，发掘教师可能存在的教学盲点和不足之处，提供有针对性的指导和反馈，帮助教师改进自己的教学方法。

（一）厘清其他形式美术活动的观测点与具体评价标准

观察和评价教师的活动设计方案和指导行为，可以提供有关教学效果和改进的信息，帮助教师提高教学质量，促进幼儿的综合发展。以下是观察与评价教师活动方案时应注意的要点。

1. 活动设计方案的观察与评价要点

① 活动目标：活动设计方案应明确目标，符合幼儿发展需求和学习目标；活动目标可以涵盖幼儿的美术技巧、创造力、审美能力、表达能力等综合素养。

② 活动内容：活动设计方案应包含多种类型的美术活动，如绘画、剪贴、雕塑等，以促进幼儿的多元发展；活动内容应能够满足幼儿的个体需求，考虑每个幼儿的兴趣、能力和发展水平；活动应具有趣味性，能够吸引幼儿的参与，同时也要具有一定的难度，激发幼儿的学习动机和主动性。

③ 活动准备：活动设计方案应明确所需要的材料和资源，并保证准备充分；活动所用材料和工具要考虑幼儿的安全性，并保证幼儿能够理解和操作。

④ 活动过程：教师在活动过程中应提供清晰具体的指导和引导，使幼儿理解活动目标和步骤；在活动过程中应提供足够的学习和互动机会，促进幼儿之间的合作和交流；教师应根据幼儿的表现和需求，适时调整活动过程，提供个性化的支持。

⑤ 设计创新：活动设计方案应具备一定的创意和新颖性，激发幼儿的创造力和想象力；活动设计方案可以与其他领域的内容融合，培养幼儿的综合素养。

2. 教师指导行为的观察与评价要点

① 指导方式：观察教师在美术活动中采用的指导方式，包括直接指导、示范、引导等。

② 教学目标：观察教师在美术活动中设定的教学目标是否明确，是否能够与幼儿的实际情况相匹配。

③ 教学策略：观察教师在美术活动中使用的教学策略，包括激发兴趣、提供示范、启发思考、组织活动等。

④ 积极引导：观察教师是否能够积极引导幼儿表达自己的创意和想法，鼓励他们独立思考和尝试。

⑤ 鼓励和肯定：观察教师是否能够及时给予幼儿鼓励和肯定，以提高幼儿的自信心和积极性。

⑥ 个别指导：观察教师是否能够对不同幼儿进行个别指导，根据幼儿的兴趣、能力和发展需求进行差异化指导。

（二）设计其他形式美术活动的观察评价表

以下以其他领域活动中的幼儿美术活动为例，设计活动观察评价表（见表4-6），以评价教师在该类活动中的活动设计与行为表现。

表 4-6 其他领域活动中的幼儿美术活动观察评价表

幼儿园		班级		教师		主题	
评价者				时间			
观测点	具体评价标准					分值	评分
活动目标	1. 符合《指南》感受与欣赏、表达与创造目标要求					3	
	2. 彰显幼儿的主体性，符合幼儿的年龄段特点					3	
	3. 涵盖幼儿的创造与表达、审美能力等综合素养					4	
	4. 情感、知识和能力三维目标表述到位					4	
活动内容	1. 包含多种类型的美术活动，符合活动目标要求					3	
	2. 贴近幼儿生活，符合幼儿发展水平					3	
	3. 准确把握活动重点，活动难点设置适宜					3	
	4. 挖掘内容内在联系，立足审美整合相关领域					3	
活动准备	1. 经验、材料准备与环境创设符合目标和内容要求					3	
	2. 经验准备充分，支持幼儿主动建构新的审美经验					3	
	3. 材料准备适宜，满足幼儿实际操作和审美体验需要					3	
	4. 环境创设适宜，增强活动的审美性和趣味性					3	

续表

观测点	具体评价标准	分值	评分
活动过程	1. 体现目标要求，主线清晰，结构合理，过渡自然	10	
	2. 方法适宜，提供感知与操作机会，现代化手段适度	10	
	3. 提问有启发性和层次性，符合幼儿特点，切合主题	10	
	4. 重点突出，点面结合，难点突破，化难为易	10	
	5. 采用合适的指导方式，针对不同幼儿进行个性指导	10	
领域融合	1. 具备创意和新颖性，激发幼儿的创造力和想象力	6	
	2. 与其他学科的内容融合，培养幼儿的综合素养	6	
合计		100	

注：评价表中的每个观测点划分为若干具体评价标准，评价者依据实际情况对照标准打分。

使用观察记录表时，教师需要在实际活动中观察幼儿的行为表现，并记录下来。记录中应包括观测点、观察内容、观察时间、评价标准等信息，并附上教师的评价和反思。观察记录表可以作为教师评价幼儿美术活动表现和发展的依据，并为教师提供参考和指导。

在评价过程中要保持客观、公正，注重具体的观察和记录，并将观察与评价的结果同教育目标相结合，为幼儿的个性发展和艺术素养提供持续的支持和引导。观察与评价是一个持续的过程，需要教师不断观察、记录和分析幼儿的表现，与家长和其他教师进行交流和讨论，以促进幼儿的艺术素养和个性发展。

案例分析

大班美术区域活动：美丽的螺旋

设计与执教：厦门市海沧区新阳幼儿园　上官敏
指导：福建幼儿师范高等专科学校　吴丽芳
案例评析：福建幼儿师范高等专科学校　洪欣瑜

大班美术区域活动：美丽的螺旋

设计意图

在区域活动中，教师投放了不同造型、玩法的陀螺玩具，让孩子们探索陀螺在不同地面的旋转速度并记录陀螺的旋转情况。孩子们对科学区这些新增的彩色陀螺玩具很感兴趣,乐乐说:"你们看,陀螺旋转得比较慢的时候可以看到它的颜色像一条线一样,转起来像一个彩色棒棒糖,好美啊!"俊宁说:"陀螺转起来好快,颜色混在一起就变成彩虹一样的七彩色,一圈一圈的。"翰仔说:"陀螺转起来像蜗牛壳上的花纹一样,是一个螺旋的形状……"幼儿在操作体验玩具的过程中,发现了色彩斑斓、形态各异的陀螺,初步感受到陀螺转动起来的美,还用自己的方式记录了陀螺的螺旋美。教师发现孩子们对螺旋的美很感兴趣,并常常关注各种旋转玩具,如风车、齿轮玩具等转起来的形态像一个个美丽的螺旋。为鼓励孩子们继续探索,去寻找大自然和生活中的螺旋美,便开展了"美丽的螺旋"系列活动。

活动目标
1. 寻找生活和自然中的螺旋,感受螺旋的美,并用自己的方式进行记录。
2. 乐于向同伴分享自己所发现的螺旋的美。

活动准备
经验准备:幼儿与家长在生活中寻找、收集的各种各样的螺旋。

环境准备:在班级环境中增加一些有螺旋元素的物品。

材料准备:黑色油性笔、卡纸。

第 一 阶 段

活动观察
基于上周孩子们对科学区玩具的探索及发现,利用周末时间让幼儿与家长一起去寻找生活中的螺旋,在周一的活动中在班级开展"美丽的螺旋"分享会。

活动开始前,孩子们兴高采烈地拿出了自己与爸爸妈妈收集的螺旋资料,有的是照片,有的是视频,还有的带来了玩具……乐乐拿着自己和爸爸寻找的螺旋照片介绍起来:"这是我和爸爸到自助餐厅里发现的,你们知道是什么吗?这是旋转楼梯,围绕着中间的柱子一层一层地旋转上去,太神奇了!""这是我带来的陀螺,你们看,转起来也会有螺旋的线条哦,是彩色的呢。""我也有。"琪琪说完,舞动起手中的彩带,"你们看到螺旋了吗?""哇!好美的彩带螺旋!"孩子们不禁感叹道。"还有呢,我家养的小蜗牛,我看见蜗牛壳上有许多螺旋花纹。""看,动物园里的猴子,倒挂在树枝上,长长的尾巴变成了螺旋。""我这朵花也是有螺旋的,花瓣一片一片重叠在一起,从小到大围着花心排列,也会出现好看的螺旋哦!"……

孩子们收集了这么多的螺旋,分享者讲得兴致勃勃,倾听者听得津津有味,这次的螺旋分享,孩子们都收获了不少。在分享活动结束后,教师和孩子们将这次分享资料进行了分类、小结,螺旋的美各式各样,有色彩美、形态美和动态美,孩子们用教师提供的油性笔和各种纸张记录下他们寻找到的美丽螺旋,并展示在黑板上。

"老师,没有彩色笔,怎么记录螺旋的七彩颜色呢?""老师,我不会画螺旋。""老师,我想用橡皮泥做一条睡觉的蛇。"……活动快结束时,听到了来自孩子们的各种反馈。

活动分析

这次活动,教师邀请家长一起参与寻找生活中的螺旋,帮助幼儿进一步感受生活中的螺旋美,幼儿间相互分享收集到的螺旋美,幼儿自主欣赏、感受,并用语言、动作等方式描述螺旋的色彩、形状及动态的美。欣赏完美丽的螺旋后,引导幼儿思考可以用什么材料表现螺旋的美。大部分幼儿选择了勾线笔、蜡笔、画纸等材料来表现螺旋的美,幼儿选择的材料和表现的形式都比较单一,无法形象地表现出螺旋的美感。《指南》中提出,5—6岁幼儿应能用多种工具、材料或是不同的表现手法表达自己的感受和想象,因此如何提供多种材料供幼儿表现是教师进一步思考的点。

调整与推进

观察幼儿的第一次活动后,教师针对观察后所出现的问题,和幼儿进行了一次谈话,充分了解幼儿的已有经验。教师征求了孩子们的意见,倾听了孩子们的表达愿望。结合《指南》艺术领域指导要点,做了以下调整。

首先,在活动目标方面,做了以下调整。

1. 通过体验与欣赏,感受生活中螺旋的美。
2. 能自选材料,用多种工具、材料表现出螺旋的美。

其次,在材料提供方面,增加了螺旋体验区和表现区的材料投放。具体如下。

螺旋体验区材料:风车、彩带、陀螺、各种生活中美丽的螺旋图片等供幼儿操作、探索的材料。

螺旋表现区材料:纸艺——卡纸、剪刀、刮画纸、彩砂纸等;彩砂——彩砂、白乳胶、底板、砂纸、油画棒等;彩泥——超轻黏土、木棍、底板等;环保——纽扣、坚果壳、豆类、底板等。

第 二 阶 段

活动观察

教师在班级美工区旁边增加了螺旋体验互动区,美工区新增了孩子们在七彩乐园常见的操作材料。区域活动的时候,孩子们一下就被这些与螺旋有关的新材料吸引过去了。诗涵说:"哇,这么多螺旋的图片和玩具啊!这种螺旋形的植物真好看!"乐乐说:"哇,彩带变出来的螺旋真好看,像是在跳舞!"小新也说:"瞧我的陀螺,转起来的时候上面的螺旋色彩好像会变呢!"进入体验区的孩子们开心地交流自己的审美体验,之后他们就迫不及待地进入美工区开始寻找自己喜欢的材料操作起来了。

"哇!阳阳,你看我的沙画螺旋,像不像风车。""嗯,很漂亮哦,五颜六色的。""我的小蛇在圆圆的山洞里睡觉呢。""老师,我的螺旋是双层的,就像扶手梯一样,可以从里往外绕,也可以从外往里绕。"……

创作完成了,孩子们看看班级的环境,找不到合适的地方展出,就只好贴在美工墙的各个角落里。可欣说:"老师,我觉得我的螺旋放在那里不太好看,我不想展在那里,可以带回家吗?"

活动分析

这次活动,除了让孩子们用语言交流对螺旋的感受以外,还创设了螺旋体验区和表现区,新增了低结构的、富有表现力的材料,幼儿可以通过欣赏、实际操作等多种方式和途径,去亲近螺旋,感受螺旋,孩子们和同伴对美感的分享和交流也自然产生了。孩子们在充分体验的基础上自主表现螺旋的美,他们的创作的方式和美感的表现就更加多元了。彩沙画的螺旋、彩泥搓的螺旋、剪纸螺旋……造型多样,色彩也很丰富。《指南》中指出,大班的孩子愿意和别人分享、交流自己喜爱的艺术作品和美感体验。"瞧我的螺旋……"孩子们在游戏中对自己作品的成功感,直接引发孩子们之间的交流与互动,孩子们的语言表达能力与社会交往能力也同时获得了发展。孩子们在创作结束后,因为教师没有提供适宜的展示情境,孩子们的作品美没有得到升华,孩子们创作的成功感在展示的时候被削弱了。而孩子们对作品的展示已经开始有了自己的心理需求。

调整与推进

从这两个方面思考入手,活动结束后,教师和孩子们进行讨论:还可以在生活中玩哪些和螺旋有关的游戏?希望自己的作品展示在什么样的背景上?孩子们的建议非常多样。结合孩子们的建议,教师做了以下两方面的调整。

1. 活动内容调整:进一步加强艺术与生活的结合。在幼儿园利用生活活动时间,带着幼儿到幼儿园的每一个角落寻找生活中出现的螺旋。结合"大风吹""会旋转的风"等体育游戏的方式,让幼儿亲身体验螺旋线条的变化。通过以上方式,尊重幼儿自发的表现和创造。鼓励幼儿在生活中细心观察、体验,为艺术活动积累经验与素材。

2. 展示材料调整:与幼儿讨论,为幼儿的作品提供适宜的展示方式。孩子们结合自己对名画欣赏的经验,最后选择了《生命树》及《漩涡之花》这两幅也具有螺旋元素美的大师画作为展示的背景。

第 三 阶 段

活动观察

区域活动时,几个小朋友又开始自选材料体验和表现螺旋。梓怡边做边跟乐乐说:"我用彩泥做了一个花园,花园里的花很多都是螺旋形的,这是我设计的新的生态花园。"心晨说:"你的花园真好看,我做了妈妈的头发,我妈妈一定会喜欢这个新发型的。"做完以后,她们将自己的作品展示在《生命树》上,站着互相欣赏了一会,并向过来的小朋友介绍自己的作品创意。

活动分析

更换了展示方式以后,孩子们创作的兴趣和对作品的成功感都有明显提升。同时教师发现,孩子们的创意来源于生活,同时又与生活息息相关。"生态花园"是孩子们最爱的户外游戏场所。梓怡将自己对螺旋的想法和生态花园的美结合起来,创设了属于自己心目中的"螺旋"花园王国,孩子们在游戏中的作品不仅有了美感,更是自己对于日常生活中事物的表达和再现,体现了一种创造性思维的发展。陶行知的"一日生活皆教育",也正体现于此。孩子们在体验中感受到了来自自然和生活中的美,对生活的热爱也油然而生。因此,教师也应具有慧眼,在生活中发现适宜的教育契机,从而更好地开展教育教学活动。

活动反思

"美丽的螺旋"这个美工区域活动源自有趣的科学游戏,孩子们在玩陀螺、风车、齿轮等玩具的过程中,发现了色彩斑斓、形态各异的螺旋,初步感受到螺旋转动起来的美。体验活动结束了,孩子们的探索并没有停止,在生活中他们也开始寻找螺旋,探索螺旋,主动地从生活去寻找、发现螺旋的奥秘,于是我们借着这个契机和幼儿一同寻找、感受、发现生活及大自然中的美,支持孩子们在充分体验的基础上自主表现螺旋的美,提供更加开放、自主的机会,鼓励幼儿运用彩泥、彩砂、彩纸等多种材料、多种方式表现螺旋的形态美、线条美和色彩美。这是在尊重幼儿个性化表达的基础上开展的美术区角活动,并通过观察—反思—改进的方式,不断去推进游戏活动的持续性、深入性开展。

活动评析

"美丽的螺旋"活动开展以来,教师在观察幼儿兴趣的基础上,生成了新的系列活动,并以区域活动为载体,让幼儿通过自主学习的方式去欣赏美、感受美和表现美。这个活动的亮点体现在以下几个方面。

1. 艺术审美与生活经验的巧妙结合。无论是活动的由来还是活动的推进,教师都有意识地让幼儿将艺术表现与生活体验相结合,体现了艺术生活化和生活艺术化的教育理念。

2. 感受欣赏与表现创造的相辅相成。对于螺旋的欣赏从科学区开始,又渗透到查找的资料中的螺旋图案,再到寻找身边的螺旋,对于螺旋的欣赏在不断丰富;表现的材料也从最初的勾线笔发展到沙、泥、环保等多种材料的投放,孩子们的表征方式也更加多样和美观,体现了《指南》艺术领域中提出的"尊重幼儿的兴趣和独特感受,理解他们欣赏时的行为。""创设机会和条件,支持幼儿自发的艺术表现和创造。"

3. 艺术领域与其他领域的自然渗透。螺旋系列活动,始于科学领域的探究行为,又引导幼儿和家长一起查找资料,丰富孩子们的社会体验和语言表达,在户外活动中也玩和螺旋相关的体育游戏……教师将领域之间的目标自然渗透在活动之间,促进了幼儿的综合发展。

实训活动　其他形式幼儿美术活动的实习与反思

1. 目标

（1）掌握其他形式幼儿美术活动的主要内容与设计方法。

（2）能分析并评价其他形式幼儿美术活动的成效。

（3）能基于观察、评价提出有针对性的指导方法。

（4）涵养关爱尊重幼儿、基于幼儿身心发展特点施教的师德情怀。

2. 内容要求

（1）协助园所教师开展其他形式的日常美术活动。

（2）熟悉"其他领域活动中的幼儿美术活动观察评价表"，并利用表格协助园所教师记录开展其他形式美术活动的情况。

（3）与园所教师反馈、交流观察记录到的情况，分析并评价其他形式美术活动成效，探讨有针对性的指导方法。

以图画书为载体，整合语言教育与美术教育[①]

图画书以精美的外观造型、色彩搭配、构图方法、表现手法、艺术风格带给幼儿各种不同的视觉领略。它通过特殊的颜色引发幼儿的联想，通过对不同故事情节的描写传达不同的意义，用不同的背景色暗示人物的心情，表现不同的情景意境。还可以通过不同的构图方式，带领幼儿领略不同角度的风景，欣赏不同的艺术风格。然而，图画书在美术教育中最为重要的作用是引发幼儿对艺术创作的兴趣，为他们的想象力提供源泉，丰富他们的创造力，并培养他们的审美情趣。将图画书阅读与美术教学活动进行整合，即整合语言与美术教学，不仅能丰富幼儿的阅读材料，也为幼儿的美术活动提

---

① 林琳，朱家雄.学前儿童美术教育与活动指导[M].上海：华东师范大学出版社，2014.

供了多样的形式,同时还能发展幼儿的绘画表现能力和语言表达能力。

1. 利用图画书激发幼儿的想象力

被誉为"日本图画书之父"的松居直认为,对于读图画书而言,读书就是读故事,通过图画读懂故事,对于幼儿来说,就是把故事这个眼睛看不见的世界变成在自己心中看得见的画(形象)的能力,也就是一般被称为想象力的能力。如果想象力丰富,人就能看到看不见的东西。图画书和想象力有很大的关系。图画书,正是迎合了幼儿天马行空的想象天性,引领着幼儿进入想象的故事世界。

最重要的是,图画书能激发幼儿的想象,有利于幼儿创造力的培养。任何人都不是生来就具有丰富的想象力的,想象力是通过直接、间接的体验获得的,体验越丰富,想象力也越丰富,而图画书就为幼儿提供了丰富体验的机会。图画书故事横跨国界,穿越各种文化背景,透过文字与画面,幼儿得以进入不同的世界,让创造力无限扩大。图画书里还会预留给幼儿许多想象的空间,让幼儿根据图画书的整体意境,对故事情节展开丰富的联想,设计书中人物的语言、动作。画面中的一些细枝末节也会让幼儿产生丰富的联想,对故事进行自我扩充、延伸。

幼儿在阅读过程中,会对所阅读的故事进行加工,还会以表演、绘画等形式表现出来,无形中发展了幼儿的想象力和创造力。例如,《胡萝卜火箭》是日本著名绘本作家佐佐木牧的作品,她以幼儿的生活为出发点,对日常的生活用品进行借物想象,使那些平常无奇的生活用品通过想象变得奇幻无比,故事由形状和色彩引发幼儿的联想,如眼镜变成了自行车,妈妈的高跟鞋变成了小船,彩色铅笔变成了竹筏,易拉罐变成了火车头等,为幼儿的想象提供了大量的素材。

2. 利用图画书提升幼儿的美术表现力

图画书画面精美,富有内涵,能给幼儿美的熏陶。目前图画书中的图画部分,多数是世界知名插画家的作品,他们运用各种手法,或水彩,或剪贴,或水粉,或单色画,营造故事情节,让幼儿在阅读过程中不仅享受文学,而且能受到美学的感染。好的图画书绘画精美,其构图、色彩能在视觉上引起幼儿的愉悦,在阅读上能把幼儿带入美好的故事情节中,幼儿的情感受到陶冶,艺术审美能力不断发展,而这种能力的提升绝不是单单凭借文字阅读所能替代的。

通过经常与优秀图画书的接触、对话和欣赏,幼儿在不知不觉中吸收了插画大师在作品中的线条、造型、构图、对色彩的运用与作画方式等精华,作品中的某些艺术语言在潜移默化地丰富着幼儿的艺术感觉,这些有益的影响也必然会在他们的作品中自然而然地表现出来,从而进一步提升幼儿的美术表现力。

3. 利用图画书丰富幼儿美术表现的方法

图画书是用图画和文字共同叙述一个完整故事的书。图画书图文交融,其画面有着不同的表现方法,有油画处理的、撕贴的、印染的、拓印的等。在日常美术教学中,幼儿较多使用油画棒、记号笔、蜡笔、水彩笔等较为单一的工具、材料进行表现,而幼儿在阅读图画书的过程中,图画书中这些富有特色的表现方法不仅发展他们的读图能力,同时也让他们欣赏到插画家们根据主题内容所运用的迥然不同的表现方法,使幼儿对这些表现方法产生好奇,并不断丰富幼儿的创作表现方法。

例如,图画书《蜡笔小黑》采用拟人化的方式,通过蜡笔颜色的特征,说明了没有哪种颜色是无用的,不同颜色用在不同的地方,都能有出色的表现。在活泼生动的故事中,幼儿自然地获悉了刮蜡画这一极具吸引力的创作方式。又如,图画书《我的手掌印创意绘本——动物园》,该书以手掌盖印的方式,将五彩缤纷的手掌印加上作者的创意与巧思,组合成一个个可爱的小故事。手印画是幼儿喜欢的画画游戏中的一种,用手掌画画的时候,随着手掌张开程度的大小,就能创造出各种各样的动物模样。由此可见,图画书中蕴藏着创意无限的表现方法,教师可以借鉴图画书中的表现手法引导幼儿去发现,去探索,从而使幼儿在阅读的过程中获得更多的绘画表现方法。

赛 证 真 题

赛场直击

[全国职业院校技能大赛 幼儿教师职业素养测评]

1. 在一些幼儿园,老师常用树枝、麦秆等物品引导幼儿制作各种有趣的造型,这类材料属于( )。
   A. 点状材料　　　　　　　　B. 线状材料
   C. 面状材料　　　　　　　　D. 块状材料

招考聚集

[幼儿园新任教师公开招聘考试]

2. 美术教育与其他艺术形式的教育相比,最本质的区别在于它是一门( )。
   A. 时间艺术　　　　　　　　B. 听觉艺术
   C. 视觉艺术　　　　　　　　D. 表演艺术

3. 在美术活动中,教师引导幼儿将猪的身体比成大冬瓜,这种教学方法为( )。
   A. 用手抚摸　　　　　　　　B. 形象比喻
   C. 语言描述　　　　　　　　D. 几何图形概括

4. 幼儿美术教育活动实施的原则是审美性、创造性、情趣性和实践性。( )

答案解析

参 考 文 献

[1] 李紫阳,王燕.学前儿童美术教育与指导[M].北京:人民邮电出版社,2022.

[2] 中华人民共和国教育部.幼儿园教育指导纲要(试行)[M].北京:北京师范大学出版社,2001.

[3] 中华人民共和国教育部.3—6岁儿童学习与发展指南[M].北京:首都师范大学出版社,2012.

[4] 张念芸.学前儿童美术教育[M].4版.北京:北京师范大学出版社,2020.

[5] 徐韵,阮婷,林琳,等.学前儿童艺术学习与发展核心经验[M].南京:南京师范大学出版社,2021.

[6] 梅纳新.幼儿教师说课技能训练[M].上海:复旦大学出版社,2015.

[7] 林琳,朱家雄.学前儿童美术教育与活动指导[M].上海:华东师范大学出版社,2014.

[8] 孔起英.幼儿园美术领域教育精要:关键经验与活动指导[M].北京:教育科学出版社,2016.

[9] 许妮娜.学前儿童美术教育活动与指导[M].北京:中国轻工业出版社,2021.

[10] 王亚芹.身体美学的当代建构意义[J].厦门大学学报(哲学社会科学版),2017(4):36-42.

[11] 蔡一聘.在劳动实践中感受与表现自然美[J].福建教育,2021(38):16-18.

[12] 张晓霞,吴丽芳.基于地域文化背景的幼儿美术教育:以美术活动"市花百合"为例[J].福建教育,2017(47):45-46.

[13] 吴丽芳.学前儿童美育的和谐共生与诗意行走[J].福建教育,2022(38):6-10.

[14] 吴丽芳.基于学习品质视角的美术活动问题诊断与教育反思:以大班美术欣赏活动"蛙声十里出山泉"为例[J].福建教育,2018(42):49-53.

[15] 吴丽芳.彰显美感体验回归游戏精神:幼儿园美术区域活动的研究与实践[J].福建教育,2014(23):67-70.

［16］李桂香.恰当投放材料促进幼儿发展［J］.儿童与健康,2021(10):34-35.

［17］谭晶萌.主题探索中的美术活动［J］.当代家庭教育,2020(26):67-68.

［18］唐成辉.学前儿童美术教育的家庭促进策略［J］.学前教育研究,2019(06):81-84.

［19］张一婷.中国传统节日与节庆文化融入幼儿园课程的策略研究［J］.试题与研究,2023(20):115-117.

［20］庄咪.绘画教学活动提升幼儿观察力的策略研究［D］.上海:上海师范大学,2022.

［21］李霖.幼儿园幼儿创意手工制作评价标准研究［D］.上海:上海师范大学,2019.

［22］郭佳丽.幼儿园"泥趣"园本课程开发实践研究［D］.成都:四川师范大学,2017.

［23］张静宜.基于单项深度法的5—6岁幼儿美工区纸工探索活动的行动研究［D］.南京:南京师范大学,2020.

［24］曹慧.综合材料在幼儿美术活动中的应用研究:以太原市幼儿园为例［D］.西安:陕西师范大学,2019.

［25］王莹莹.儿童美术教育中"绘本导入法"对幼儿绘画表现能力的影响研究［D］.上海:上海师范大学,2018.

［26］骈岑.3—6岁儿童绘画表现能力发展的研究［D］.上海:上海师范大学,2014.

［27］王安冉.5—6岁幼儿意愿画作品特点及教学策略研究［D］.大连:辽宁师范大学,2020.

［28］苏青清.中班区域活动幼儿意愿画创造性表现的研究［D］.桂林:广西师范大学,2020.

［29］侯娟珍.幼儿园手工活动现状及其对策的研究［D］.太原:山西师范大学,2011.

郑重声明

高等教育出版社依法对本书享有专有出版权。任何未经许可的复制、销售行为均违反《中华人民共和国著作权法》，其行为人将承担相应的民事责任和行政责任；构成犯罪的，将被依法追究刑事责任。为了维护市场秩序，保护读者的合法权益，避免读者误用盗版书造成不良后果，我社将配合行政执法部门和司法机关对违法犯罪的单位和个人进行严厉打击。社会各界人士如发现上述侵权行为，希望及时举报，我社将奖励举报有功人员。

反盗版举报电话　（010）58581999　58582371
反盗版举报邮箱　dd@hep.com.cn
通信地址　　　　北京市西城区德外大街 4 号
　　　　　　　　高等教育出版社知识产权与法律事务部
邮政编码　　　　100120

读者意见反馈

为收集对教材的意见建议，进一步完善教材编写并做好服务工作，读者可将对本教材的意见建议通过如下渠道反馈至我社。

咨询电话　400-810-0598
反馈邮箱　gjdzfwb@pub.hep.cn
通信地址　北京市朝阳区惠新东街 4 号富盛大厦 1 座
　　　　　高等教育出版社总编辑办公室
邮政编码　100029

资源服务提示

授课教师如需获得本书配套教辅资源，请登录"高等教育出版社产品信息检索系统"（http://xuanshu.hep.com.cn/）搜索下载，首次使用本系统的用户，请先进行注册并完成教师资格认证。

学前教师课程交流 QQ 群号：69466119